AU PAYS DES BAYOUS

JE TE NOMME LOUISIANE

Du même auteur

Voir page 543

Maurice Denuzière

AU PAYS DES BAYOUS

Tome premier

Je te nomme Louisiane

Découverte, colonisation et vente de la Louisiane

Fayard

Iconographie : Jeanne-Françoise Roche.

*Puissent ainsi, de nos jours et à l'avenir, un
Louisianais et un Français ne se rencontrer
jamais, sur aucun point de la terre, sans se
sentir attendris et portés à se donner
mutuellement le doux nom de frères ;
puisse ce titre être seul capable de représenter,
désormais, l'idée de leurs éternels
engagements et de leur libre dépendance !*

*À La Nouvelle-Orléans,
8 frimaire an XII
de la République française
ou 30 novembre 1803.*

Signé : LAUSSAT.

Dernière proclamation du préfet
Pierre-Clément de Laussat.

SOMMAIRE

TROISIÈME ÉPOQUE
Le temps des colons

AVERTISSEMENT

La Louisiane occupe une place à part dans l'aventure coloniale de la France. D'abord parce que la fondation de cette colonie d'Amérique fut le résultat d'une annexion territoriale relativement aisée, ensuite parce que la présence française, bien que discontinue, ne donna lieu à aucun de ces affrontements violents qui obèrent de rancœurs persistantes les décolonisations arrachées par les armes.

Si l'on en juge par les efforts que déploient les Louisianais pour maintenir, tant que faire se peut, l'usage de notre langue et protéger un héritage culturel et sentimental dont tous sont fiers, il semble que la France ait laissé, dans cette région du monde, le souvenir d'une mère patrie lointaine, plus velléitaire qu'attentive mais noble et libérale. Les descendants des colons français ne paraissent pas lui tenir rigueur d'avoir, deux fois, abandonné leurs ancêtres : en 1762, quand Louis XV fit cadeau de la colonie à son cousin Charles III, et en 1803, quand Bonaparte la vendit aux États-Unis, après se l'être fait restituer par les Espagnols.

Le lecteur ne devra jamais perdre de vue que l'appellation Louisiane recouvrait, jusqu'à la fin du XVIIIe siècle, un vaste territoire s'étendant des Grands Lacs au golfe du Mexique, des montagnes Rocheuses aux Alleghany, soit les superficies additionnées de dix-huit États américains d'aujourd'hui.

On estime que la Louisiane française, en plus de l'État

qui porte ce nom depuis 1812, contenait alors les Dakota, Nord et Sud, le Minnesota, le Wisconsin, l'Iowa, l'Illinois, l'Indiana, le Nebraska, le Kansas, le Missouri, le Kentucky, le Tennessee, l'Oklahoma, l'Arkansas, le Mississippi, l'Alabama, une partie du Nouveau-Mexique et les deux tiers du Texas.

C'est pourquoi l'histoire de cette colonie vaut d'être contée. Elle illustre à jamais, pour les Français, la nostalgie d'un grand rêve américain.

Mars 1990

Le temps des explorateurs

1.

Les précurseurs

Honneur aux Espagnols

Les Français ne furent pas les premiers à s'aventurer dans le delta du Mississippi. Avant eux, des explorateurs espagnols, conquistadores aguerris en mal d'aventure et de profits, avaient parcouru la région. Ces hommes, qui s'étaient emparés chez les Aztèque[1] de fabuleux trésors et de mines fécondes, imaginaient un autre Eldorado à portée de leurs ambitions.

Dans le sillage fameux de Christophe Colomb, dont il avait été le second, don Juan Ponce de León, qui cherchait une fontaine de jouvence dont l'existence légendaire était connue des Indiens et qu'il pensa reconnaître dans une source de l'île de Bimini, avait pris possession de la Floride en 1513.

En 1519, Alvarez de Pineda avait longé la côte du golfe du Mexique et atteint ce qu'il croyait être le delta du

---

1. En référence à la règle ancienne, longtemps appliquée par de nombreux spécialistes – notamment les premiers traducteurs en français de George Catlin – mais quelque peu tombée en désuétude de nos jours, nous avons choisi de n'accorder ni en genre ni en nombre les noms des peuples, confédérations, nations et tribus indiens y compris francisés. De même pour les noms américains. Nous avons aussi maintenu la majuscule initiale, y compris aux adjectifs. Nous avons cependant respecté l'orthographe, quelquefois fantaisiste, des citations de textes anciens.

Mississippi mais n'était vraisemblablement que la baie de la Mobile[1]. Au cours de sa navigation, il avait fait escale en Floride et démontré que cette région n'est pas, comme le croyaient ses compatriotes, une île mais le rivage d'un continent.

En 1526, les Espagnols avaient souffert, dans cette même région, un véritable désastre avec l'échec de l'expédition de Lucas Vázquez de Ayllón (?-1528). En 1528, un autre conquistador, Pánfilo de Narváez, rival que Cortés avait retenu prisonnier pendant deux ans en Nouvelle-Espagne[2], allait mourir, après une incursion en Floride, en revenant vers le Mexique.

Mais celui qui, le premier et à ses dépens, devait faire le plus intensément connaissance avec ce pays, avant de s'aventurer dans l'humide et inhospitalière contrée qui constituerait un jour la basse Louisiane, fut Alvar Núñez Cabeza de Vaca. Cet officier descendait de deux illustres familles. Un des ancêtres de sa mère, simple berger, avait permis à l'armée des trois rois d'Aragon, de Navarre et de Castille de vaincre les Maures, le 12 juillet 1212, lors de la bataille de Las Navas de Tolosa. Le montagnard, précurseur du Petit Poucet, connaissait l'utilité des signes de piste. Il avait eu l'idée, pour guider l'armée chrétienne vers l'ennemi, de jalonner, à travers la sierra Morena, un

---

1. Pendant les premières années de l'exploration et de la colonisation, les Européens avaient coutume de désigner sous le terme de « la Mobile » les zones proches de la rivière. Ensuite ils nommèrent ainsi le fort, puis le poste, construits à l'embouchure de la rivière. Enfin, la ville fut créée sous le nom de Mobile, qu'elle porte encore aujourd'hui.
2. En 1518, Diego Velázquez de Cuéllar, capitaine général de Cuba, avait envoyé Cortés conquérir le Mexique. L'aventurier, après avoir fondé Veracruz, s'était cru le maître du pays et négligeait, depuis, l'autorité de Velázquez. C'est alors que ce dernier envoya Narváez pour rappeler le conquistador à ses devoirs et le remplacer dans ses fonctions. Cortés, peu disposé à se soumettre, avait alors, le 23 mai 1520, livré bataille à l'armée de Narváez, forte de neuf cents hommes. Narváez avait perdu un œil avant d'être fait prisonnier par celui qu'il avait mission d'évincer !

passage difficile mais sûr, au moyen de crânes de vaches fichés sur des pieux. D'où son anoblissement sous le nom héréditaire de Cabeza de Vaca, en français : tête de vache. Du côté paternel, Alvar Núñez était aussi bien loti : son grand-père n'était autre que le conquérant des Canaries.

Personnage hors du commun, Cabeza de Vaca passait à juste titre pour un soldat valeureux. Il s'était battu contre les Français à Ravenne, en avril 1512, et aussi contre les Maures. Ses mérites lui avaient valu d'être promu *Alguacil Mayor*[1] et trésorier du Roi pour accompagner, en 1527, Pánfilo de Narváez dans une nouvelle expédition dont Charles Quint escomptait un supplément d'or. L'empereur, à qui François Ier, récemment rendu à la liberté, donnait quelque souci en refusant de respecter les termes du traité de Madrid, venait de nommer Narváez gouverneur d'une Floride dont on ignorait encore à peu près tout, sauf qu'elle était peuplée d'Indiens Calusa, dont les flèches traversaient les cuirasses espagnoles comme s'il se fût agi de plastrons de carton ! En avril 1528, après une escale à Saint-Domingue, où la moitié des militaires du corps expéditionnaire avaient déserté, et après la perte de deux navires dans les parages de Cuba, Narváez et une partie de la troupe avaient débarqué à l'embouchure de la rivière Apalache, aujourd'hui Apalachicola River, à l'est de Pensacola. Le conquistador avait pris officiellement possession du pays au nom de l'empereur grippe-sou perclus de goutte, qui se faisait envoyer de gras dindons de Mexico pour les déguster, d'après Jean Giono, « en salmis, en filets, aux écrevisses, aux huîtres, en galantine, à la princesse, en capilotade ». Cet appétit, s'il introduisait de l'acide urique dans les articulations de Charles Quint, n'empêchait pas ce dernier de rêver, pendant ses siestes, à l'établissement d'une monarchie universelle, qui étendrait l'autorité du

---

1. Officier supérieur représentant la justice et la puissance royales.

Saint Empire romain germanique au-delà des mers, sur des terres encore inexplorées.

Dans la *Relation*, qu'il adressera plus tard à ce monarque sur tous les plans glouton, Cabeza de Vaca expliquera comment, tandis que les explorateurs parcouraient le pays à la recherche de mines d'or qui n'existaient pas, leurs bateaux, censés longer la côte du golfe du Mexique, avaient disparu et comment Narváez, s'étant embarqué sur un misérable radeau malgré les mises en garde de l'*Alguacil Mayor*, s'était noyé.

Cabeza de Vaca avait refusé de confier son sort aux esquifs construits par ses compagnons pressés de rentrer chez eux. La prudence avait dicté son attitude, mais il n'était sans doute pas mécontent, malgré le tragique de la situation, de voir Narváez prendre le large, au sens propre et au sens figuré du terme. En effet, dès les premières semaines de cohabitation, les deux hommes s'étaient opposés sur la stratégie de l'exploration à entreprendre. Aussi, quand le gouverneur *in partibus*, qui n'était pas du genre capitaine intrépide, déterminé à couler avec son navire, avait lancé avant d'appareiller : « Maintenant, chacun pour soi », Vaca avait dû se contenter de lui souhaiter « Bon vent » !

Trésorier sans trésor, officier de justice d'un roi qui se souciait plus de la composition de ses menus que du sort de ses envoyés spéciaux, Cabeza de Vaca allait connaître, pendant neuf ans, des aventures périlleuses. Celles-ci donnent une assez belle idée de la résistance physique et de la rage de survivre de cet Espagnol de forte race. Malade, très vite abandonné par ses compagnons qui, le voyant au seuil de la mort, se souciaient peu de s'encombrer d'un moribond alors qu'il leur fallait se déplacer sans cesse pour échapper aux Indiens et trouver de la nourriture, Alvar Núñez refusa de finir comme bon nombre de ceux qui s'étaient aventurés dans ces forêts marécageuses.

Il parvint à se rétablir et devint esclave d'une famille indienne. Pendant six années, il s'indianisa au point de jouir d'une relative liberté de mouvement et de se faire colporteur, apprenant mœurs et dialectes. Il réussit quelques guérisons spectaculaires, ce qui finit par lui donner un certain prestige aux yeux des autochtones. Ces miracles étaient uniquement dus, d'après le médecin improvisé, à la mansuétude divine qui, jamais, n'abandonne le chrétien égaré au milieu des Sauvages[1]. Il finit par rencontrer, dans ces forêts réputées désertes, où l'on constate, en lisant chroniques et récits, un va-et-vient permanent de coureurs de bois de tout acabit, trois de ceux qui l'avaient autrefois abandonné et qui, comme lui, avaient été réduits en esclavage par des Indiens. Parmi eux se trouvait un Noir, nommé Estebanico, dont la couleur de peau impressionnait fort les indigènes[2]. Ensemble, ces hommes nus, pustuleux, fiévreux, se nourrissant les bons jours de maïs et de viande de bison, les mauvais de baies amères, risquèrent l'évasion. Après avoir parcouru deux mille cinq cents kilomètres, traversé ce qui constitue aujourd'hui la Louisiane, le Texas et la plus grande partie du nord du Mexique, Cabeza de Vaca et ses compagnons finirent, en 1536, par « retrouver les chrétiens » et arrivèrent en Nouvelle-Galice, colonie espagnole fondée au bord du golfe de Californie.

De son séjour forcé chez les Indiens, expérience assez exceptionnelle à l'époque, Cabeza de Vaca ne conservait

---

1. Terme de l'époque, toujours utilisé dans les archives et par de nombreux auteurs, Chateaubriand notamment.

2. Ce Noir, un homme libre, fut sans doute le premier de sa race à fouler le sol du sud des futurs États-Unis où, moins d'un siècle plus tard, allaient arriver dans les vaisseaux des négriers tant de ses frères, enlevés à leur Afrique natale. Quelques années après, Estebanico, qui avait accepté de servir de guide à une autre expédition espagnole, conduite par le franciscain Marcos de Niza, fut tué par des Indiens qui refusaient d'admettre qu'un grand peuple blanc puisse envoyer un délégué noir !

pas que de mauvais souvenirs. Ayant appris à connaître ceux que les Blancs nommaient Sauvages, il se fit leur défenseur, imitant en cela le dominicain Bartolomé de las Casas[1]. Ainsi, il désapprouva toujours la violence de ses compatriotes quand ceux-ci pratiquaient le *requerimiento*, sorte de mise en demeure odieuse, qui consistait à offrir aux Indiens une seule alternative : se dire catholiques et devenir sujets de Charles Quint, donc protégés de Sa Majesté, ou s'exposer à l'extermination et, en attendant, à l'esclavage et à la déportation[2] !

Si Cabeza de Vaca avait ainsi parcouru les terres qui bordent le golfe du Mexique, il ne semble pas qu'il ait jamais eu conscience de l'existence du grand fleuve que nous nommons aujourd'hui Mississippi. Quand on considère la reconstitution de son itinéraire, on remarque qu'il dut traverser le delta et franchir d'innombrables bras du fleuve, qu'il prit sans doute pour évacuations de marécages ou rivières de peu d'importance.

Il faudra attendre 1542 pour qu'un autre Espagnol, Hernando de Soto, rencontre le Père des Eaux et en meure.

Ce conquistador est un personnage de roman. Né en 1500 à Barcarrota, province de Badajoz, d'une famille dont la noblesse était le seul bien, il eut la chance, très jeune, d'être pris en amitié par un gentilhomme fortuné, bien en cour, ayant le goût de l'aventure, Pedro Arias Dávila. Ce dernier, après avoir offert à son protégé quelques années d'études à Salamanque, l'emmena à Panamá, dont

---

1. 1474-1566, auteur de la *Très Brève Relation de la destruction des Indes*, 1542.
2. Luisita Warren, Indienne née en 1910, résidant à Santa Fe (Nouveau-Mexique), a rapporté, en août 1987, à Joëlle Rostkowski, de l'UNESCO, ce que lui avait dit son oncle, un chef religieux mort à quatre-vingt-seize ans : « Il m'a raconté que nos ancêtres ont dû courber la tête devant la Croix. Ceux qui s'y opposaient étaient décapités [...]. L'adoption du christianisme fut d'abord le seul mode de protection contre l'envahisseur. » *Revue française d'études américaines*, n° 38, volume XIII, novembre 1988.

il était gouverneur. Pedro Arias avait une fille, Isabel, dont Hernando tomba amoureux. Quand le jeune homme eut prouvé son courage et démontré ses capacités à bien conduire une expédition coloniale, Pedro Arias lui accorda la main de la belle. Soto devint ainsi le beau-frère de Vasco Núñez de Balboa qui, en 1513, avait pris possession du Pérou, de manière purement formelle, au nom du roi de Castille. Ce Pérou restait à conquérir. Francisco Pizarro, le plus célèbre des quatre frères conquistadores, et Diego de Almagro, ayant obtenu les moyens qui avaient fait défaut à Balboa, montèrent une expédition, et Soto fut engagé à les suivre. Il suivit si bien qu'il précéda ses compagnons et fut, dit-on, en 1532, le premier Blanc à saluer le roi Atahualpa, que Pizarro fit étrangler quelques jours plus tard. Quand la mésentente s'installa entre les deux chefs de l'expédition, meurtriers de l'Inca, Soto, prudemment, embarqua pour l'Espagne. Désapprouvant les régicides, il s'était contenté de piller un peu les Péruviens. Il rentrait chez lui avec une fortune évaluée à cent quatre-vingt mille ducats et, dans ses bagages, le coussin orné de grosses perles et de joyaux sur lequel s'asseyait le roi des Inca ! Après avoir ainsi redoré son blason, Hernando ne pensa qu'à suivre l'exemple de Cortés et de Pizarro : conquérir, quelque part dans les vierges territoires d'outre-mer, un royaume à la taille de ses ambitions. Nommé gouverneur de La Havane par l'empereur Charles Quint, qu'il avait accompagné dans une expédition peu glorieuse contre le bey d'Alger, Soto choisit, avec la bénédiction du souverain, de s'adjuger la Floride. Ayant repris le projet de Narváez, il sollicita, en 1538, l'assistance de Cabeza de Vaca qui se remettait, à Cuba, des fatigues de ses aventures. L'ancien esclave des Indiens avait de la fierté et se souciait peu de jouer encore les seconds rôles. Il déclina l'invitation au voyage et laissa Soto s'embarquer, le 18 mai 1539, avec six cents hommes, équipés à ses frais, et deux cent trente-sept chevaux. Doña Isabel devait, en l'absence de son mari, assurer l'intérim.

Cette troupe, partie pour « conquérir le fabuleux métal[1] », allait vite déchanter. La *tierra florida*, terre des fleurs, ainsi qualifiée autrefois par Ponce de Léon, apparut d'abord comme un enfer vert et marécageux. Les arbres abattus par les ouragans pourrissaient dans les marais malsains où somnolaient les alligators et proliféraient les moustiques. Les chevaux s'engluaient dans les vases putrides, les lanciers étouffaient sous leur cuirasse, les officiers empanachés, la barbiche trempée de sueur, commençaient à se demander si l'on atteindrait jamais Cibola, la cité secrète et richissime, où les façades des maisons de cinq étages étaient incrustées de pierres précieuses et où l'or passait pour aussi commun que le maïs ! Car certains avaient pris pour vérité ce qui n'était que ragot légendaire entendu chez les Indiens par les rescapés des expéditions précédentes et par Cabeza de Vaca soi-même. Toutefois, ce dernier, qui connaissait bien les Indiens, n'avait pas ajouté foi à ces révélations mirifiques. S'enfonçant dans les terres avec son armée, Soto envoyait des éclaireurs qui ne rapportaient qu'une seule et inquiétante information : les Indiens rencontrés ne se montraient pas toujours aimables et se révélaient meilleurs tireurs que les arbalétriers d'Estrémadure ! Quant aux prêtres qui accompagnaient les explorateurs pour moissonner des âmes sauvages, ils entendaient autour d'eux plus de jurons que de patenôtres ! La Floride n'était pas le Pérou !

Un Sévillan, vraisemblablement quelque déserteur d'une précédente expédition, nu comme un ver et tellement indianisé qu'il échappa de justesse au coup de lance d'un compatriote, se montra à point nommé pour guider les arrivants jusqu'à une contrée plus hospitalière. Soto

---

1. José-Maria de Heredia (1842-1905), *les Trophées*.

retrouva les vestiges du camp du malheureux Narváez, rencontra une princesse indienne qui portait des bijoux en plomb, des perles de rivière dont n'aurait pas voulu une danseuse gitane et qui faisait étalage de plaquettes de mica comme s'il se fût agi des joyaux de la couronne ! On bougonnait, on murmurait, on torturait un peu les Indiens pour leur arracher le secret des mines d'or et des gisements de pierres précieuses. Ni les exhortations des dominicains ni les violences des soudards ne pouvaient arracher à ces malheureux Chacta[1] des secrets qui n'existaient pas. Mais l'Espagnol, avide et obstiné, poursuivait sa vaine chasse au trésor. Pendant des mois, la troupe, dont les fièvres, les flèches indiennes et les désertions amenuisaient de jour en jour les effectifs, allait errer sur des centaines de kilomètres. En se référant à une topographie moderne, on estime que Soto et ses hommes ont visité, en deux ans et demi, tout en combattant les Indiens, la région aujourd'hui occupée par les États de l'Alabama et du Mississippi, qu'ils ont dépassé le confluent des fleuves Arkansas et Mississippi, reconnu les plateaux au-delà des monts Ozark, avant de descendre la Washita jusqu'au territoire qui constitue la Louisiane actuelle. On est certain aussi qu'ils ont traversé, à bord de barges construites sur place et sous les volées de flèches indiennes, un gigantesque cours d'eau coulant du nord vers le golfe du Mexique. Soto, sans beaucoup d'imagination, l'avait nommé *el Río Grande*. Ce fut un des nombreux noms du Mississippi.

Au printemps 1542, épuisé de fatigue, Soto décida de faire halte au village indien de Guahoya, aujourd'hui Ferriday, paroisse Concord. Il y succomba le 21 mai,

---

1. Choctaw. La transcription des noms indiens a subi, chronologiquement, l'influence des langues espagnole, française et anglaise : Alabama, Alibamon ; Chacta, Choctaw ; Chicacha, Chicassa, Chikasha ; Pawni, Pawnee ; Shawni, Shawnee, etc.

sur la berge du fleuve dont il avait été le premier à subodorer l'importance et à proclamer la majesté. Le corps du conquistador, enfermé dans un tronc d'arbre évidé, fut confié à l'onde. Devant les Espagnols consternés, mais en cachette des Indiens, le courant emporta vers sa sépulture océane la dépouille du mari de doña Isabel.

La Louisiane a conservé le souvenir de cet explorateur. Non seulement le profil sculpté de Soto figure, entre ceux de La Salle et Iberville, sur un mur du capitole, à Baton Rouge, mais un bas-relief y rappelle ses étranges funérailles.

Coureurs de bois et dilettantes

Bien longtemps après les incursions sans lendemain des Espagnols, arrivés par le golfe du Mexique dans les bouches du Mississippi, mais avant que Cavelier de La Salle n'entre en scène, des Français épris d'aventures s'étaient lancés à la découverte des pays situés à l'ouest et au sud de la Nouvelle-France.

Coureurs de bois, déserteurs de la marine ou de l'armée, colons du Canada déçus ou en conflit avec les autorités coloniales, garnements paresseux épris d'une Indienne docile, trappeurs d'occasion et parfois honnêtes dilettantes, des hommes, qu'on hésite à nommer explorateurs, ne rêvaient que de fortunes à saisir au-delà d'horizons inconnus. Les plus sérieux, pour justifier leurs dangereuses errances, disaient chercher le fameux passage vers la Chine, dont les gens instruits garantissaient, quelque part, l'existence.

La plupart de ces randonneurs, plus ou moins désintéressés, nous sont inconnus. Capturés, scalpés, torturés à mort et quelquefois mangés par des Indiens anthropophages, victimes d'animaux féroces ou d'accidents, terrassés par le froid ou les fièvres malignes, emportés par les rivières en crue, ils furent nombreux à disparaître sans laisser de trace dans l'histoire coloniale. Leur mémoire survivait quelque temps, « sur les lèvres de leurs amis » rescapés des mêmes aventures, lors des veillées de trappeurs, autour des feux de camp, puis on les oubliait. Les chroniqueurs des XVIIe et XVIIIe siècles, recueillant des récits souvent invérifiables, ont cependant retenu le nom des plus chanceux.

Parmi ces derniers, Jean Nicolet a laissé le souvenir exemplaire d'un errant organisé. Ce fils d'un commissionnaire de Cherbourg, enthousiasmé par l'aventure de Samuel de Champlain et peut-être aussi par les récits d'un coureur de bois, hâbleur et menteur, nommé Nicolas Vignan qui, en 1612, avait passé un an chez les Indiens, était arrivé au Canada en 1618. Champlain, appréciant ce Normand intelligent et vigoureux, l'avait envoyé chez les Algonkin pour apprendre leur langue. Se trouvant à l'aise au milieu des autochtones réputés sauvages, Nicolet avait bientôt adopté leurs mœurs, qui étaient douces, et séduit leurs femmes, qui étaient jolies.

En dix années, s'étant complètement indianisé avec l'aide de l'aimable squaw qui tenait son ménage, le Normand était devenu à la fois l'interprète et l'informateur indispensable aux agents de la Compagnie des Cent-Associés et un véritable cacique chez les Nipissing. Ces derniers le considéraient comme un *manitou iriniou*, c'est-à-dire un être surnaturel. Le fait que Jean Nicolet fût seul à disposer d'une arme à feu, dont les Nipissing ignoraient alors l'existence et le maniement, avait contribué à asseoir sa réputation, quasi jupitérienne, de détenteur de la foudre ! À la demande de Champlain, il avait su réconcilier pour un temps Iroquois et Algonkin et quand, en 1629, les Anglais s'étaient emparés du Canada, il avait pris le maquis avec ses amis indiens, s'efforçant à chaque occasion de faire pièce aux envahisseurs qui tentaient de dresser les tribus contre les Français. Dès que le Canada avait été rendu à la France, en 1632, le *manitou iriniou* venu de Cherbourg avait accepté de guider une expédition vers le pays des « gens de mer » peuple mystérieux dont les Indiens n'évoquaient l'existence qu'avec réticence et qui était censé vivre sur les rivages de la mer Pacifique. Pour atteindre cette mer lointaine, il fallait, disait-on, emprunter un fleuve au cours magique, dont personne ne connaissait ni la source ni l'embouchure.

Faisant allusion au voyage de Nicolet, Remy de Gourmont, un des rares auteurs qui se soient souciés du sort de ce coureur d'aventures, écrit : « Ayant devant lui une immense contrée à parcourir, entendant sans cesse parler de grands cours d'eau, de mers prochaines, de peuples trafiquants et navigateurs, il marchait, dans son imagination, à la découverte du reste du globe, complétant l'œuvre de Colomb et de Cartier, qui avaient voulu se rendre à la Chine, mais en avaient été empêchés par la largeur du continent américain[1]. »

Ayant traversé le pays des Huron, Nicolet découvrit le lac Michigan, alors inconnu des Français. Il s'avança vers les contrées habitées par les Mascoutin, les Poutouamami, les Illinois, puis descendit une rivière que les Indiens nommaient Ouisconsin : le Wisconsin. Celle-ci se jetait dans un grand fleuve qui coulait du nord au sud et sur lequel Nicolet renonça à s'engager. Il s'agissait, estime-t-on aujourd'hui, du Mississippi.

---

1. *Les Français au Canada et en Acadie*, librairie Firmin-Didot et Cie, Paris, 1889. L'écrivain Remy de Gourmont (1858-1915), bibliothécaire à la Bibliothèque nationale, révoqué en 1891, collaborateur du *Mercure de France* dès 1889, fonda *l'Ymagier* avec Alfred Jarry en 1894. Auteur d'un roman et de nombreux essais littéraires et philosophiques, il fut le critique le plus autorisé du groupe des symbolistes. Il devint l'ami de Natalie Barney, et ses fameuses *Lettres à l'Amazone* furent publiées en 1923.

S'il n'avait pas atteint les fabuleuses frontières de la Chine, Nicolet s'était, sans doute le premier, aventuré sur les rives du Père des Eaux. Et si, en 1612, Nicolas Vignan avait menti en affirmant à Champlain « avoir trouvé aux sources de l'Ottawa une grande rivière conduisant à un océan inconnu », l'aventurier n'avait fait, pour construire son mensonge, comme le Baladin du monde occidental, mis en scène par Synge, que s'inspirer des récits des Indiens qu'il avait fréquentés[1].

Moqué par les Indiens, chassé par Champlain, Vignan s'en retourna honteux dans la forêt canadienne et personne n'entendit plus jamais parler de lui. Quant à Jean Nicolet, sa chaloupe ayant chaviré, il se noya, en octobre 1642, dans le Saint-Laurent encombré de glaçons. Cet homme courageux et loyal, marqué du signe de l'eau, ne savait pas nager !

D'autres explorateurs allaient, au cours des décennies à venir, tenter de retrouver et de descendre la grande rivière paisible, magicienne aux mille méandres, qui ne conduit ni à la Chine ni au Japon mais, plus naturellement, au golfe du Mexique, comme allaient le découvrir deux Français, Louis Joliet et le père Marquette.

Des explorateurs français

Avant son départ pour la France, en 1672, l'intendant Jean Talon, envoyé en Nouvelle-France par Colbert, en 1665, pour organiser l'immigration des Français et développer la mise en valeur de la colonie, avait chargé Louis

---

1. Vignan ayant montré à Samuel de Champlain une carte de ses voyages, en partie imaginaires, le gouverneur du Canada avait organisé, en 1613, une expédition qui devait tourner à la confusion du menteur engagé comme guide par les explorateurs.

Joliet, un trappeur, ancien élève des jésuites, d'une mission d'exploration « à la découverte de la mer du Sud ». Cela sous-entendait d'abord la découverte de la grande rivière coulant du nord au sud, qui, d'après la tradition orale fondée sur des révélations indiennes et répétée à travers tout le Canada, devait conduire à la mer Vermeille et aux mines fabuleuses de Sainte-Barbe, qu'on pourrait peut-être ravir aux Espagnols !

Le successeur de Talon, Louis de Buade, comte de Frontenac, confirma dès son arrivée cette patente d'explorateur. Le bénéficiaire de cette accréditation, que beaucoup considéraient comme un simple coureur de bois, avait déjà exploré, en 1670, la région des Grands Lacs en recherchant du cuivre et des pelleteries. Il s'était même empressé de prendre possession de la région au nom du roi de France. Fils d'un charron au service de la Compagnie des Cent-Associés, il avait eu l'occasion de rencontrer Jean Nicolet, venu à Québec, entre deux courses du côté des Grands Lacs, pour assister au mariage d'une cousine. Le frère de Louis Joliet, Adrien, était resté pendant un an prisonnier des Iroquois et faisait la traite de la fourrure dans le haut Michigan. Les Joliet appartenaient à cette race de Français intrépides qui avaient émigré au Canada en 1658, avec l'espoir de faire fortune. Certains chroniqueurs d'autrefois donnent à entendre que Talon avait été influencé en faveur de Louis Joliet par les jésuites qui, très jaloux de leurs prérogatives de missionnaires, ne pensaient qu'à damer le pion à M. Cavelier, un explorateur engagé, lui aussi mais à ses frais, depuis 1669, dans la recherche de la grande rivière mythique. Robert Cavelier, qui n'était pas encore de La Salle, fils de bourgeois rouennais, non seulement avait quitté la Compagnie de Jésus à la fin du noviciat, mais était devenu l'ami des récollets, toujours en compétition avec les jésuites dans la pêche aux âmes sauvages. Ces rivalités, et la prédominance de la Compagnie de Jésus, ont marqué l'histoire de la Nouvelle-France ainsi que l'atteste Frontenac dans une lettre à Colbert : « Par le séminaire de Québec et le grand vicaire de l'évêque, ils [les jésuites] sont les maîtres de tout ce qui regarde le spirituel, qui est, comme vous le savez, une grande machine pour remuer tout le reste. »

C'est peut-être pourquoi Louis Joliet, accrédité par Talon, se vit adjoindre, comme compagnon d'expédition désigné par la Compagnie de Jésus, le père Jacques Marquette, un missionnaire qu'une foi ardente avait conduit à vivre au milieu des Indiens du Nord, les Ojibwa[1], dans une cabane de rondins à Michilimackinac, qu'on appelait pour abréger Mackinac.

Ce village du bout du monde, dont le nom indien signifie la grande tortue, était situé sur la rive sud de l'isthme qui fait communiquer les lacs Michigan et Huron, là où se trouve aujourd'hui la petite ville de Mackinaw City. C'est le pays des arbres géants et des rivières limpides où, deux siècles et demi après les jésuites missionnaires, un jeune Américain nommé Ernest Hemingway viendrait pêcher la perche dans le lac Walloon et la truite arc-en-ciel dans la Black et le Sturgeon[2]. C'est aussi à Michili-mackinac qu'un autre jésuite français, le père Jean Allouez, originaire du Forez, avait construit une chapelle, dédiée à saint Ignace et dont Marquette était devenu le desservant. Les traitants de passage et les coureurs de bois faisaient toujours étape à la mission, et c'est ainsi que Joliet et le père Marquette avaient eu l'occasion de se connaître et de sympathiser.

---

1. Ojibway.
2. « Le grand air du Nord. Sans conteste le meilleur pays pour la pêche à la truite Sans exagération. Splendide région. Belles couleurs, bonne atmosphère septentrionale. Liberté absolue, pas le genre station estivale et des tas de choses à peindre. » Lettre d'Ernest Hemingway au capitaine James Gamble, 27 avril 1919. Citée par Peter Griffin dans *Ernest Hemingway*, Gallimard, Paris, 1989.

Le 13 mai 1673, ils se lancèrent donc, sur ordre, à la recherche de la grande rivière dont tout le monde parlait sans l'avoir jamais vue. Dans deux canots chargés de maïs, de viande boucanée et de pacotille à offrir aux Indiens, les deux hommes, alternant navigation sur lacs ou rivières et portage à travers la forêt, étaient arrivés au Wisconsin qu'ils avaient descendu, découvrant des paysages inconnus, de grasses prairies, des chênes superbes, des bouleaux et des noyers, de vertes collines, des troupeaux de vaches sauvages, une abondance de gibier qui permettait d'améliorer l'ordinaire. Le 17 juin, ils étaient entrés dans une autre rivière, immense, « d'une demi-lieue de large ». Ils se persuadèrent vite qu'il s'agissait du fameux cours d'eau qu'ils souhaitaient tant rencontrer, la grande rivière que les Indiens Illinois, qui parlaient algonkin, appelaient Messi-Sipi et dont ils avaient évoqué l'existence, dès 1666, devant le père Allouez.

Toujours émerveillés et brandissant leur calumet, véritable passeport pour voyager chez les Indiens, dès qu'ils apercevaient des indigènes, les deux hommes s'étaient encore laissé porter pendant plus de trois cents kilomètres par ce fleuve, jusqu'au pays des Arkansa, où le Mississippi accueille la rivière du même nom. Parvenus au confluent, les explorateurs avaient subodoré, d'après les confidences des Indiens, qu'en poursuivant leur voyage vers le sud ils couraient le risque de rencontrer des Espagnols venus du Mexique et des tribus indiennes moins amicales. Des graffiti peints sur les falaises et représentant des monstres effrayants avaient impressionné les voyageurs. Ayant acquis la certitude – ce sont eux qui le dirent plus tard – que le Mississippi n'avait pas sa décharge à l'est sur la côte de la Virginie, ni à l'ouest sur la côte de la Californie, mais au sud dans la mer Vermeille ou du Mexique, qui d'après les Indiens ne se trouvait qu'à une dizaine de jours de navigation, ils considérèrent leur mission accomplie. Le père Marquette, qui portait une dévotion particulière à la Vierge, tint à nommer le fleuve Immaculée Conception, puis les explorateurs rebroussèrent chemin pour regagner la Nouvelle-France et faire part de leur découverte au gouverneur. Sur le chemin du retour, ils hivernèrent chez les Kaskaskia. Le père Marquette en profita pour baptiser quelques douzaines d'Indiens et rédiger un compte rendu d'exploration tendant à démontrer qu'il devait être possible d'aller en canot des Grands Lacs au golfe du Mexique.

Tandis que le jésuite choisissait de rester chez les Kaskaskia pour les instruire des exigences et bienfaits de la religion chrétienne, son compagnon s'en fut seul à Montréal cueillir, à la fin de l'automne, les lauriers glanés à deux au milieu des dangers. Au cours de ce voyage de quatre mois, les explorateurs avaient parcouru plus de huit cents lieues[1].

Un malencontreux naufrage dans le Saint-Laurent, où Joliet faillit périr, comme deux de ses hommes et un petit Indien, amena aussi la perte du rapport rédigé par le père Marquette et de la carte que les explorateurs avaient dressée[2]. L'accident eut lieu – était-ce un signe du destin ? – dans les rapides de La Chine, à hauteur du domaine, ainsi nommé, de M. Cavelier ! Chaudement félicité par Mgr l'évêque, qui fit donner le grand carillon, et par le comte de Frontenac, qui lui offrit à souper, Joliet se mit au travail et rédigea un nouveau rapport qu'il agrémenta d'une carte dessinée de mémoire. En transmettant ce document au ministre de la Marine, le gouverneur du Canada, qui s'était pris entre-temps à détester les jésuites,

---

1. Soit environ trois mille deux cents kilomètres.
2. Prudent, le père Marquette, qui n'accordait peut-être pas une confiance illimitée à Joliet, avait déposé une copie de son compte rendu au Sault Sainte-Marie, un établissement de la Compagnie de Jésus situé près de Michilimackinac, à la jonction des lacs Huron et Michigan.

omit de citer le nom de Marquette dans sa lettre d'accompagnement. Il n'apporta qu'une seule correction au texte du coureur de bois. Il remplaça Frontenac, nom que Joliet, en courtisan avisé, avait substitué à Immaculée Conception pour désigner le fleuve, par celui de Colbert !

À chacun sa courtisanerie ! Le Mississippi, longtemps vecteur d'opportunités flagorneuses, n'en fut jamais à un changement d'identité près !

Deux ans après cette expédition, le 7 octobre 1675, Louis Joliet, alors âgé de trente ans, épousa à Québec Claire Bissot, dix-neuf ans, fille d'un riche négociant en fourrure et petite-fille de Louis Hébert, pharmacien, qui fut, dit-on, le premier colon du Canada. Sept enfants naquirent de cette union. Ayant acquis une certaine aisance, Joliet s'en fut établir des pêcheries à l'embouchure du Saint-Laurent. Léon Lemonnier rapporte qu'en 1690 les Anglais brûlèrent la propriété de l'ancien coureur de bois et emmenèrent en captivité sa femme et sa belle-mère. Honoré comme celui qui avait, le premier, navigué sur les eaux du Mississippi, Louis Joliet devint, en 1697, professeur d'hydrographie à Québec et mourut sans avoir fait fortune.

Quant au père Marquette, dont la modestie fut constante et la foi lumineuse, il succomba à la dysenterie, le 18 mai 1675, alors qu'il se rendait de Kaskaskia, la capitale des Illinois, à Michilimackinac. Il fut sommairement inhumé sur place au bord du lac Michigan, au débouché d'un cours d'eau aujourd'hui nommé Père Marquette River, à l'endroit où se trouve maintenant la petite ville de Ludington. Il était âgé de trente-huit ans. Des mois plus tard, ses amis, les Indiens Ottawa, qui le vénéraient comme un saint et connaissaient sa volonté d'être enterré comme leurs propres ancêtres de l'âge de pierre, retrouvèrent la sépulture, déterrèrent la dépouille du prêtre et, en procession, rapportèrent ses os, dûment nettoyés et rituellement rassemblés, dans la chapelle Saint-Ignace, dont il avait été le desservant, à Michilimackinac.

Le 3 septembre 1877, un évêque vint recueillir le squelette pour le transporter à Marquette, ville de la rive sud du lac Supérieur à laquelle on a donné le nom du jésuite explorateur. En 1896, Donald Guthrie MacNab peignit le crâne que l'on croit être celui du défunt missionnaire.

Aujourd'hui encore, certains historiens estiment que l'on doit considérer Joliet et Marquette comme les véritables découvreurs du Mississippi et ne reconnaissent à Cavelier de La Salle que le mérite d'avoir descendu le fleuve jusqu'au golfe du Mexique. C'est là une polémique qu'attisèrent longtemps les jésuites, supporters de Joliet et de Marquette, et les récollets, amis de Cavelier. Les principaux intéressés n'entrèrent pas, semble-t-il, dans ce jeu. Joliet et Cavelier se connaissaient et s'étaient rencontrés en 1669 à Tenaoutoua, sur les bords du lac Ontario. Or Cavelier revenait à l'époque d'une expédition qui lui avait permis d'atteindre le fleuve Ohio, que beaucoup prenaient alors pour la grande rivière coulant vers le sud. De là à penser que, ce jour-là, les deux hommes échangèrent des confidences ou des informations sur leurs explorations respectives, dont Joliet fit le premier son profit, il n'y a que matière à déductions contradictoires... La postérité ne s'est pas privée d'en faire !

2.

La vocation coloniale

Une image d'Épinal

Les notaires sont gens utiles. C'est grâce à l'un d'eux, Jacques de La Métairie, présent le 9 avril 1682 dans les bouches du Mississippi, que nous possédons l'acte de naissance de la Louisiane.

Si l'on en croit les témoins, futurs mémorialistes plus ou moins scrupuleux ou louangeurs, ce fut un moment exceptionnel et émouvant. Les siècles et les chroniqueurs bien intentionnés, en chargeant cet épisode historique d'une signification grandiose et romantique, en ont fait le symbole des fondations coloniales.

Peintres et graveurs, s'inspirant des minutes du notaire et des souvenirs des participants, ont brossé de l'événement des tableaux bucoliques et majestueux comme celui peint, vers 1860, par Jean-Adolphe Bocquin[1].

On y voit, devant une colonne fleurdelisée, le chef de l'expédition, Robert Cavelier de La Salle, conquistador à la mode française, présider à la prise de possession d'un territoire dont il ignore les véritables limites et qu'il a choisi de nommer Louisiane par révérence envers le roi Louis XIV. Seul un condottiere poète était capable, pour

---

1. Cette gravure coloriée est la propriété de The Historic New Orleans Collection, New Orleans, Louisiana.

désigner au monde sa conquête, d'imaginer un assemblage de syllabes aussi harmonieux qu'un prénom de femme.

Le gentilhomme explorateur a revêtu pour la circonstance un habit bleu, d'autres disent grenat, surbrodé d'or. Il porte écharpe, jabot, manchettes de dentelle et un feutre emplumé sur une perruque cascadante. Il désigne de son épée nue le sol américain et lit l'acte notarié qui assure au roi de France la pleine et entière propriété d'un demi-continent.

Des Indiens musclés, nus, visage peint et occiput planté de plumes, armés d'arcs et de javelots, accompagnés de femmes et d'enfants, suivent le déroulement de la cérémonie avec l'étonnement et l'intérêt que provoque souvent l'incompréhension.

Le tabellion et son instrumentaire, en habit noir, ont l'air de se demander ce qu'ils sont venus faire au milieu de ces Sauvages, réputés bons, dont on confisque le pays. La robe de bure d'un capucin prouve que Dieu patronne cette annexion et, à l'arrière-plan, des militaires, qui paraissent accorder plus d'attention aux croupes dodues des Indiennes qu'au discours de leur commandant, présentent les armes.

Le sabre et le goupillon sont, comme chacun le sait depuis Cortés et Pizarro, instruments universels de colonisation !

En toile de fond, le Mississippi étale jusqu'à l'horizon ses eaux verdâtres sur lesquelles glisse la pirogue d'un pêcheur indien, qui n'a pas jugé indispensable de changer ses habitudes.

Dans le delta, le printemps est la plus incertaine des saisons et avril le plus humide des mois[1]. Les brumes livides qu'exhalent le fleuve écartelé sur des centaines d'hectares, les forêts aqueuses et les marais du plat pays s'obstinent certains jours à résister à la pénétration du

---

1. Il tombe en moyenne mille cinq cents millimètres d'eau.

soleil. Cependant, l'apparition de ce dernier transforme la lande palustre et désolée en une vaste plaine de bord de mer, lumineuse et toute bruissante de milliers d'oiseaux.

En quelques heures, la température peut passer de la froidure hivernale aux moiteurs de l'été subtropical. Les vents du sud et du sud-est, traversant à grand train, sans rencontrer d'obstacles, le golfe du Mexique, poussent dans un ciel d'apocalypse des nuages boursouflés, couleur d'encre, qui installent le crépuscule en plein midi et crèvent soudain comme des outres trop remplies. Des averses d'une violence extrême douchent, plusieurs fois par jour, ces terres spongieuses du delta, grand corps limoneux irrigué par les innombrables ramifications du Mississippi. Elles laissent à peine aux roseaux et aux herbes hautes le temps de sécher et de se redresser avant qu'une rafale diluvienne ne vienne les abattre à nouveau.

Aussi est-il probable que le baptême de la nouvelle colonie d'Amérique se déroula, le 9 avril 1682, entre deux orages. Le précieux notaire du fort Frontenac, dont Cavelier se faisait accompagner depuis son départ du Canada, rapporte d'ailleurs dans son procès-verbal : « On remonta un peu au-dessus du confluent (des trois bras principaux du fleuve), pour trouver un lieu sec et qui ne fût point inondé[1]. » Tous ceux qui suivirent La Salle sont unanimes à reconnaître, dans leurs rapports ou mémoires, que les explorateurs eurent beaucoup de mal à trouver un endroit à l'abri des débordements du fleuve pour ériger la colonne symbolique de la prise de possession.

Celle-ci fut dressée « environ à 27 degrés d'élévation du pôle », précise Jacques de La Métairie. Les charpentiers membres de l'expédition décapitèrent un arbre, l'ébranchèrent, obtinrent ainsi un fût enraciné, susceptible de

---

1. On situe aujourd'hui ce lieu près de Venice, à environ cent quinze kilomètres au sud de La Nouvelle-Orléans.

résister aux vents et à la montée fréquente des eaux. Ils
dressèrent aussi une croix. Sur la colonne improvisée on
cloua les armes royales, découpées dans le flanc d'un
chaudron de cuivre, et le plus habile grava l'inscription :
« Louis le Grand, Roy de France et de Navarre, règne le
9 avril 1682. » Le roi en question se remettait alors, de
l'autre côté des mers, de sa première attaque de goutte !

Au pied de la croix fut enterrée une plaque de plomb
portant, d'un côté, les armes de France avec, cette fois, une
inscription en latin de sacristie : *Ludovicus Magnus regnat
nono Aprilis MDCLXXXII*, et, de l'autre, *Robertus
Cavelier, cum domino de Tonty, legato, R.P. Zenobio
Membre, Recollecto, et viginti Gallis, primus hoc flumen, inde
ab Ilineorum pago enavigavit, ejusque ostium fecit pervium
nono Aprilis anni MDCLXXXII.*

C'est alors que, mettant l'épée au clair, Cavelier de
La Salle donna lecture de l'acte de naissance de la
Louisiane.

Ce texte vaut d'être reproduit car il constitue une pièce
inestimable de l'anthologie colonialiste du XVIIe siècle et
de tous les temps. Il prouve aussi le souci des formes, qui
distinguait alors les explorateurs patentés des coureurs de
bois et autres aventuriers.

« De par très haut, très puissant, très invincible et victo-
rieux prince Louis le Grand, par la grâce de Dieu Roy
de France et de Navarre, quatorzième de ce nom, ce
jourd'hui, neuvième avril mille six cent quatre-vingt-deux,
Je, en vertu de la commission de Sa Majesté, que je tiens
en main, prêt à la faire voir à qui il pourrait appartenir, ai
pris et prends possession, au nom de Sa Majesté et des
successeurs de sa couronne, de ce pays de la Louisiane,
mers, havres, ports, baies, détroits adjacents, et toutes les
nations, peuples, provinces, villes, bourgs, villages, mines,
minières, pêches, fleuves, rivières, compris dans l'étendue
de ladite Louisiane, depuis l'embouchure du grand fleuve

Saint-Louis du côté de l'Est, appelé autrement Ohio, Olighin Sipou ou Chukagoua, et ce du consentement des Chabanon, Chikacha et autres peuples y demeurant, avec qui nous avons fait alliance, comme aussi le long du fleuve Colbert ou Mississipi[1] et rivières qui s'y déchargent, depuis sa naissance au-delà du pays des Sioux ou des Nadoue-sioux, et ce de leur consentement et des Ohotante, Ilinois, Matsigamea, Akansa, Natchè, Koroa, qui sont les plus considérables nations qui y demeurent, avec qui nous avons fait alliance par nous ou gens de notre part, jusqu'à son embouchure dans la mer ou golfe de Mexique, environ les vingt-sept degrés d'élévation du pôle septentrional jusqu'à l'embouchure des Palmes, sur l'assurance que nous avons eue de toutes ces nations que nous sommes les premiers Européens qui aient descendu ou remonté ledit fleuve Colbert ;

» Proteste contre tous ceux qui voudraient à l'avenir entreprendre de s'emparer de tous ou chacun desdits pays, peuples, terres ci-devant spécifiés, au préjudice du droit que Sa Majesté y acquiert, du consentement des susdites nations, de quoi, et de tout ce que besoin pourra être, prends à témoin ceux qui m'écoutent et en demande acte au notaire présent pour servir ce que de raison. »

« Le père Membré entonna le *Vexilla Regis*, puis le *Domine salvum fac regem*, par où la cérémonie finit avec les cris de : "Vive le Roy" », précise l'officier ministériel dans son compte rendu. On ignore ce que dirent et firent les sachems qui n'avaient sans doute retenu du discours de Cavelier que les noms indiens des nations amies ou ennemies de la leur.

Le notaire délivra aussitôt l'acte et le fit signer aux témoins, compagnons de Cavelier, qui, avant d'arriver à

---

1. L'ancienne orthographe, avec un seul p, a volontairement été respectée dans les citations.

cette consécration de leurs efforts, avaient bravé, pendant des mois, tous les dangers que représentait pour une expédition la traversée nord-sud de ce qui constitue aujourd'hui les États-Unis.

Ainsi, après Cavelier, apposèrent leur signature : Zénobe Membré, récollet missionnaire, Henry de Tonty, François de Boisrondet, Jean Bourdon, sieur d'Autray, Jacques Cauchois, Pierre You, Gilles Meneret, Jean Michel, chirurgien, Jean Masse (ou Mas), Jean de Lignon, Nicolas de La Salle et La Métairie, notaire.

Certains de ces hommes seront aussi les témoins, cinq ans plus tard et à peu de distance du site inaugural, dans ce même delta sauvage, de la fin tragique de Robert Cavelier de La Salle.

Catholique et normand

L'homme qui, le 9 avril 1682, prend possession d'un territoire dont il a arbitrairement fixé les frontières est un Normand. D'abord un Normand. Surtout un Normand.

Jusqu'à sa mort, Robert Cavelier de La Salle illustrera le riche tempérament, les fortes qualités – rusticité de mœurs, pugnacité, endurance, esprit d'entreprise – comme les défauts irritants légués par les lointains ancêtres vikings. Descendant de ces demi-barbares, qui arrachèrent des provinces à Charles le Simple et à Raoul de Bourgogne, pour s'en faire un royaume, le fils du drapier, grand bourgeois de Rouen, se comporte comme un Rollon. C'est au nom du roi de France qu'il annexe un pan du continent américain, mais il compte bien que cette colonie sera son domaine, son duché. Il y a un duc de Normandie chez Cavelier comme il y a un vice-roi d'Espagne chez Cortés. Louis XIV ne peut prendre ombrage d'une ambition qu'il a encouragée par lettres patentes du 12 mai 1678. Quant à Colbert, il ne suppute qu'un apport colonial offert par un aventurier de bonne éducation, respectueux du sceptre royal et pieux par-dessus le marché. La permission signée par le roi et délivrée au sieur de La Salle – il a été anobli le 13 mai 1675 « pour ses bonnes actions dans le pays du Canada » – autorise expressément le porteur « à travailler à la découverte de la partie occidentale de la Nouvelle-France, à y construire des forts... ». Tout cela, bien sûr, à ses dépens !

Cette année-là, le Roi-Soleil a non seulement la goutte mais des dettes. Tandis que Cavelier pose symboliquement la première pierre d'une colonie qui fera une grande Amérique française du Canada au golfe du Mexique, le souverain est penché, avec ses architectes, sur les plans de Versailles. Il ne pense qu'à flanquer le château de deux ailes, ce qui coûte cher et donne beaucoup de souci aux responsables des finances royales. Mais cela, l'explorateur l'ignore. Le saurait-il qu'il considérerait sans doute que ce ne sont pas là ses affaires.

Robert Cavelier a de la religion, de l'honneur et un sens inné de la grandeur. C'est un de ces ambitieux intrépides, d'autant plus accrochés à leur ambition que celle-ci les dépasse. Les gens de son acabit voient plus loin qu'une réussite de conquistador. La gloire suffit aux vaniteux, la fortune satisfait les cupides, la possession comble les propriétaires, le pouvoir tient lieu de tout à qui n'est rien. Qui a le sens de la grandeur méprise ces profits trop humains. Il vise au destin exclusif, celui que la postérité ne pourra comparer à nul autre. S'établir dans l'Histoire, grand, unique et solitaire, c'est convoiter l'inaccessible. N'y parviennent que ceux qui osent se saisir des circonstances pour transcender l'extravagance, transmuer la folie en raison et la forfanterie en sagesse. Les petits chefs, ceux qui tranchent de tout, et parfois les têtes, avec suffisance

et niaiserie, voient dans une telle aspiration de la mégalo-
manie et une complexion dictatoriale. Seuls les simples et
les éveillés apprécient pareille passion de la grandeur. Les
premiers parce qu'ils sont capables d'admiration et de foi,
les seconds parce qu'ils admettent l'existence d'hommes
providentiels, c'est-à-dire d'êtres agréés par la Providence.
Les individus de ce type sont adulés par les uns, haïs par
les autres et généralement mieux suivis par les pauvres que
par les nantis.

Aux opportunistes, dont il usera avec mépris, le guide
distribuera des prébendes et des hochets. Les sincères, les
dévoués jusqu'à la mort seront payés de rebuffades, parfois
d'injustice, souvent d'ingratitude. Les opposants seront
traités en rebelles et ne pourront espérer de clémence.
L'homme épris de grandeur ne fait pas de sentiment et
ignore les états d'âme. Il va son destin. Mais, comme il
faut bien que son action s'exerce pour quelque chose qui
en vaille la peine, c'est vers une abstraction incontestable
qu'il se tourne : Dieu ou la Patrie. Quelquefois, les deux
conjointement soudés, comme le voulut Jeanne d'Arc.

Chez les pères jésuites, le jeune Cavelier a longtemps
écrit en tête de ses devoirs la formule : *Ad majorem Dei
gloriam*. Il a failli, en entrant plus tard au service de la
Compagnie de Jésus, consacrer sa vie uniquement à la plus
grande gloire de Dieu, mais il opta pour une grandeur plus
humaine. *Ad majorem patriae gloriam* : telle aurait pu être
sa justification avouée.

Tous les biographes de René Robert s'entendent pour
dire que le fondateur de la Louisiane fut un enfant sage,
un élève appliqué, un adolescent dévot. Il vint au monde
en 1643, l'année où mourut Louis XIII, et fut baptisé le
22 novembre, en l'église Saint-Herbland. Son père, Jean
Cavelier, mercier grossier – on dirait aujourd'hui grossiste
en draps et tissus – figurait parmi les notables d'une cité
prospère qui ne craignait que les épidémies et les bandes

de va-nu-pieds qui organisaient parfois des razzias pour tromper leur misère. Le port accueillait des marchandises apportées d'autres continents par d'intrépides marins. La bourgeoisie rouennaise soutenait de ses deniers, et avec profits, les armateurs audacieux. Les revenants-bons de l'import-export ne datent pas d'hier !

Le benjamin des Cavelier avait dix ans quand il assista, à la Chandeleur 1653, à l'élection de son père au poste envié de maître de la Confrérie Notre-Dame. Son oncle Henri était déjà trésorier de la fabrique et figurait en vingt-quatrième position sur la liste des actionnaires de la Compagnie des Cent-Associés. Cette compagnie, fondée en 1627 par Richelieu, et à laquelle avait adhéré Champlain, fondateur de Québec et défunt gouverneur du Canada, détenait le monopole du commerce de la fourrure « sur un territoire allant de la baie de l'Hudson à la Floride et de Terre-Neuve au lac Huron ». Ce ne fut pas une très bonne affaire pour l'oncle Henri, non plus que pour les autres actionnaires. René Robert avait deux ans quand les Cent-Associés durent céder leurs privilèges à une Compagnie des Habitants organisée en Nouvelle-France.

Comme ses deux frères aînés, le petit Cavelier fut envoyé au collège des jésuites fondé en 1592 par Charles de Bourbon[1], établissement renommé dans toute la Normandie et qui recevait alors mille six cents élèves. Un ancien, anobli par le roi en 1637, était déjà célèbre pour avoir écrit quelques tragédies à succès : *le Cid*, *Horace*, *Cinna*, *Polyeucte* notamment. On ne devait pas manquer de rappeler à René Robert, comme à ses condisciples, que Pierre Corneille avait raflé, en troisième et en première, les prix de vers latins. En revanche, les bons pères s'abstenaient sans doute de raconter que ce même Corneille, fils du maître des Eaux et Forêts de la vicomté de Rouen, était

---

1. Aujourd'hui lycée Corneille.

tombé amoureux, à l'âge de seize ans, alors qu'il était encore collégien, de la fille d'un magistrat des Comptes. Cette idylle faisait encore jaser, d'autant plus que le poète s'était permis, dix ans après cette aventure contrariée, de confesser, dans son *Excuse à Ariste* :

> *Je me sens tout ému quand je l'entends nommer [...]*
> *Je ne vois rien d'aimable après l'avoir aimée.*

Personne ne sait si cette histoire d'amour émoustilla le jeune Cavelier, dont les aspirations sentimentales demeurent, aujourd'hui encore, un mystère. Si nous connaissons de façon assez précise et détaillée le déroulement de la carrière de l'explorateur, ses itinéraires, ses épreuves, les intrigues ourdies contre lui et même ses comptes, nous ne savons rien de sa vie amoureuse. Ses biographes se demandent même si les femmes ont jamais intéressé ce gaillard, qui paraît n'avoir eu pour maîtresse attitrée que son ambition de fonder une Amérique française. Les chroniqueurs ne lui connaissent, par on-dit, qu'une seule aventure dont il se défendit toujours d'être le héros.

L'image d'un gentilhomme aussi abstinent qu'il était sobre est plus édifiante pour la postérité que celle d'un défroqué libertin.

On peut penser qu'en se rendant de la rue du Bec, où habitaient ses parents, à la rue du Maulevrier, où se trouvait le collège, René Robert Cavelier croisait parfois dans les rues de Rouen le grand Corneille, qui habitait rue de la Pie, près du Vieux-Marché. Certains biographes avancent que le futur explorateur fut le condisciple d'un des fils du poète, qui eut sept enfants entre 1642 et 1656.

C'est sans doute sur les quais de Rouen où, après de longues courses sur les mers, les vaisseaux de haut bord venaient éparpiller leurs cargaisons exotiques, comme le voyageur vide ses poches devant la famille ébahie, que Robert eut vent de son destin et sentit naître sa vocation. Ce taciturne dut se faire très vite une certaine idée de la colonisation.

Rouen, porte des Amériques

L'Amérique doit beaucoup à Rouen. Depuis le commencement du XVIe siècle, le port était siège d'une Amirauté à « table de marbre[1] » qui avait à connaître de toutes les causes concernant la police et le commerce maritimes, tant au civil qu'au criminel. C'est de là qu'était parti, en 1503, le capitaine Paulmier de Gonneville, commandant l'*Espoir*, un navire de cent vingt tonneaux armé par des négociants rouennais. Il avait reconnu les côtes du Brésil et ramené un Indien nommé Essoméricq qui devait épouser une cousine du navigateur. Un autre marin de Rouen, nommé Canart, pilote à bord du bateau commandé par le Honfleurais Jean Denis, ou Denys, avait, la même année, visité Terre-Neuve et l'embouchure du Saint-Laurent. En 1508, le Dieppois Thomas Aubert, sur la *Pensée*, un navire armé par Jean Ango, avait fait sensation en ramenant à Rouen, avec leurs vêtements et leur équipement, sept Indiens Beothuk enlevés sur la côte orientale de Terre-Neuve. Le célèbre imprimeur Henri Estienne a laissé une description de ces Indiens importés. On devait encore parler d'eux, dans les familles ayant des intérêts en Nouvelle-France, quand Cavelier de La Salle était enfant.

Ce sont les banquiers florentins de Lyon et des membres

---

1. L'Amirauté constituait avec la Connétablie et les Eaux et Forêts les juridictions dites de la Table de marbre. Ces tribunaux tiraient leur nom de la table placée dans la grande salle du Palais autour de laquelle ils siégeaient.

de la colonie italienne de Rouen qui commanditèrent, le 23 mars 1523, Giovanni da Verrazano pour conduire « un voyage d'exploration à travers des royaumes différents des pays rencontrés par des Portugais ». Les Portugais visés étaient, bien entendu, Magellan et ses compagnons qui, l'année précédente, avaient bouclé pour la première fois le tour du monde. Pour les grands négociants en soierie, le détroit auquel Fernão de Magellan avait donné son nom, avant d'être assassiné aux Philippines par des indigènes, était, d'après l'historien de la marine Charles de La Roncière, « beaucoup trop méridional pour devenir une route commerciale entre l'Europe et l'Asie ». Il convenait donc d'en découvrir une plus courte et plus rentable. N'ayant pu trouver le fameux détroit interocéanique, Verrazano, qui avait tout de même reconnu l'embouchure de l'Hudson puis débarqué sur la presqu'île de Manhattan, aussitôt baptisée Angoulesme, pour plaire à François Ier, ne pensa qu'à reprendre la mer. Ce furent les Rouennais Adam Godefroy et Alonce de Civille, associés à l'armateur Jean Ango, à l'amiral Philippe de Chabot et au contrôleur des finances Prudhomme, qui fournirent au Florentin (peut-être né à Lyon !) les moyens d'une deuxième expédition et quatre navires qui appareillèrent le 11 mai 1526. Cette exploration n'ayant toujours pas permis au navigateur de situer l'isthme dont il estimait l'existence certaine, une troisième expédition fut montée en 1528, toujours avec le concours des Rouennais. C'est au cours de celle-ci que Verrazano trouva la mort. Tombé dans une embuscade avec six de ses compagnons, il fut, comme eux, dépecé et dévoré par les Sauvages sur une île couverte de hautes herbes qui devait être la Jamaïque. Les Florentins de Rouen, qui avaient des intérêts à Dieppe, représentaient une vraie puissance économique et politique depuis qu'Alexandre Farnèse, duc de Parme et gouverneur général des Pays-Bas, venu en France au secours des catholiques, avait forcé Henri IV à lever le siège de la cité normande en 1592, renouvelant ainsi l'exploit accompli devant Paris en 1590.

Les grands marchands rouennais, qui n'étaient pas des philanthropes, ne se contentaient pas de financer des explorations dont ils laisseraient la gloire aux navigateurs mais recueilleraient les profits. Ils avaient été les premiers à construire des raffineries de sucre aux Antilles, ce qui assurait de nombreux mouvements de navires et de fréquents échanges entre sédentaires curieux et marins au long cours.

Le rôle commercial et colonial de Rouen, la ville la plus peuplée de France après Paris, avec près de quarante mille habitants, était donc primordial à l'époque où le jeune Robert Cavelier regardait les bricks, les trois-mâts et les goélettes remonter le fleuve.

Chacun d'entre nous, se référant aux curiosités de sa propre enfance, peut imaginer le fils du drapier flânant sur les quais les jours de congé, humant les senteurs d'épices, essayant de deviner le contenu des ballots et des caisses tirés des cales par les mâts de charge, observant les gestes des matelots au visage buriné par les vents, au teint recuit par le soleil et les embruns salés des tropiques, saisissant des bribes de confidences pas toujours édifiantes pour un élève des jésuites. Ces navires et ces hommes venant d'un autre monde, du Nouveau Monde, prouvaient que l'inconnu était connaissable. Il suffisait peut-être d'une voile, d'un bon vent et d'un peu de courage pour aborder cette cité décrite par le franciscain Marcos de Niza où les hommes raclaient la sueur de leur corps avec des palettes d'or, portaient aux oreilles et aux ailes du nez d'énormes turquoises et se couvraient de tuniques de bison serrées par des ceintures incrustées de pierres précieuses.

L'animation du port, hérissé de mâts, et les mouvements des navires sous voiles prenaient une signification plus concrète au sein de la famille Cavelier. Les conversations portaient fréquemment sur les affaires de Nouvelle-France où un autre fils Cavelier, Jean, de sept ans plus âgé que Robert, missionnaire de l'ordre de Saint-Sulpice, se dévouait au salut des âmes des Huron. La vue des vaisseaux aurait suffi à inspirer au garçon des idées de partance et d'aventure ; l'engagement des siens dans les affaires coloniales et l'évangélisation des Sauvages lui ouvrait les carrières confusément convoitées.

L'ambiance du collège ajoutait aux rêves d'aventure et d'exploration le cautionnement mystique dont un garçon pieux ne pouvait se passer. Entre deux cours, les pères racontaient les succès évangéliques, les tribulations et parfois le martyre d'anciens du collège devenus missionnaires chez les Iroquois et les Huron.

La Nouvelle-France étant placée sous l'autorité de l'archevêque de Rouen, les rapports étaient constants entre la ville et les lointains territoires où les jésuites, pères et novices, se montraient très actifs. Remy de Gourmont évalue à plus de soixante le nombre des membres de la Compagnie qui, après la mort de Champlain, de 1635 à 1647, avaient exploré la région des Grands Lacs. Le père Jean de Brébeuf, professeur de grammaire de Corneille, et le père Charles Lallemand avaient déjà accompagné Champlain, lors de son voyage au Canada, en 1625. De retour à Rouen, ils n'avaient pensé, avant de repartir, qu'à susciter des vocations de convertisseurs coloniaux en racontant leurs pérégrinations, et surtout en faisant instruire au collège, puis baptiser à la cathédrale, le gentil Huron Amantacha, en français Castor, ramené en France pour l'édification des croyants et la mise en confiance des armateurs !

Depuis 1632, le bulletin d'information *Relations de la Nouvelle-France*, publié par les jésuites pour faire connaître les activités de la Compagnie de Jésus au Canada,

apportait aux élèves du collège des nouvelles des profes-
seurs qu'ils avaient connus et qui s'étaient exilés pour
propager la foi chrétienne. Le père Daniel, ami des Huron,
était mort percé par les flèches des Iroquois en défendant
sa chapelle de la profanation. Ces mêmes Iroquois avaient
attaché au poteau de torture le père Jean de Brébeuf et le
père Charles Lallemand qui, en 1649, étaient retournés à
la mission Saint-Louis pour stimuler le zèle des novices.
Les Indiens Mohawk avaient commencé par enlever au
père Brébeuf, paré d'un collier de fers de hache chauffés à
blanc, des morceaux de chair qu'ils s'étaient empressés de
déguster devant leur victime. Puis ils avaient achevé le
jésuite, après avoir bu son sang alors qu'il survivait à
l'épreuve du scalp. Quant au père Lallemand, il avait fallu
lui fendre le crâne à coups de tomahawk pour l'envoyer
rejoindre le Dieu qu'il n'avait cessé d'invoquer pendant
son martyre.

Le destin du père Isaac Jogues paraissait tout aussi
édifiant. Les Iroquois lui avaient tranché les doigts avec
des coquillages affûtés avant de l'abandonner à des gamins
espiègles qui s'étaient amusés à couvrir le malheureux de
tisons ardents ! Le bon père, ayant miraculeusement
survécu à ce barbecue barbare, avait reçu pour réconfort
un épis de maïs et s'était aussitôt appliqué à recueillir les
quelques gouttes de rosée qui perlaient sur les feuilles pour
baptiser deux malheureux Huron attachés à son sort.
Racheté aux Indiens par des trappeurs hollandais qui
entretenaient de bonnes relations avec les Iroquois, le
jésuite mutilé avait pu regagner la France. Dès son retour,
il avait été reçu avec respect par la reine, et le pape lui
avait accordé une dispense, afin qu'il puisse continuer à
célébrer la messe sans doigts !

Robert Cavelier entendit ainsi, pendant toute son
enfance, chanter les louanges des missionnaires de la
Compagnie de Jésus qui méritait déjà le titre de Première

Légion du Christ qu'on allait lui donner plus tard. Rien d'étonnant donc qu'au terme de ses études de rhétorique, les jésuites, qui s'y connaissent en hommes et savent distinguer ceux qui peuvent le mieux servir les intérêts conjugués de Dieu et de la Compagnie, aient proposé à cet élève d'entrer dans leurs rangs. M. Cavelier, le riche marchand de tissu, fournisseur du chapitre de la cathédrale, vit dans la proposition un établissement honorable pour son troisième fils. Les bons pères, qui suivaient depuis l'enfance les progrès de Robert, pensèrent qu'il ferait un bon professeur. Quant à l'intéressé, il estima que la Compagnie de Jésus faciliterait grandement les projets de voyage et d'exploration qui lui trottaient par la tête.

Entré comme novice le 15 octobre 1658, à l'âge de quinze ans, dans la « jésuitière » de Paris, il quittera la Compagnie le 28 mars 1667, après avoir été relevé de ses vœux par le révérend père Oliva, général de l'ordre, qui fit simplement savoir au provincial de France : « Nous vous mandons de renvoyer de la Compagnie Robert Ignace Cavelier, scolastique approuvé. » Le futur fondateur de la Louisiane avait mis neuf ans pour se rendre compte qu'il n'était pas fait pour la prêtrise, mais, pendant ces années, il avait beaucoup appris. Non seulement de la logique, de la physique, de la théologie et des mathématiques, mais surtout de la géographie, sa passion, matière qu'il avait parfois enseignée en assurant l'intérim d'un professeur malade.

Il existe toutes sortes de raisons, bonnes, mauvaises ou simplement douteuses, de jeter la soutane au buisson et la plupart des défroqués se montrent fort discrets sur ce genre de strip-tease. La démission de Robert Cavelier n'eut, semble-t-il, rien de trouble. Elle ne cachait ni désir de dissipation ni reniement de la foi ancestrale. Elle paraît plutôt avoir été l'aboutissement loyal de longues réflexions et d'un débat intérieur au cours duquel les scrupules les plus sincères s'allièrent à un irréfragable désir de liberté et à la conviction très orgueilleuse de pouvoir assumer un destin qui dépasserait les buts ordinaires de la Compagnie et ferait plus pour la gloire de Dieu et de la France que la simple pêche aux âmes sauvages.

Avec sagesse, les jésuites n'acceptaient pas qu'on prononçât des vœux définitifs et qu'on accédât à la prêtrise avant l'âge de vingt-cinq ans. À vingt-quatre ans, Cavelier, voyant arriver l'échéance, demande très officiellement, en exposant franchement ses raisons, à rentrer dans le monde. Le *perinde ac cadaver*, qui est l'obligation absolue du jésuite, lui répugne. Jamais il n'abdiquera comme un cadavre devant qui que ce soit. Robert n'est pas doué pour l'obéissance. Ni pour la diplomatie ni pour le dialogue. C'est un individualiste forcené, qui n'accorde que rarement sa confiance. « Moi, dis-je, et c'est assez ! » aurait-il lancé à l'un de ses compagnons, et quand le dévoué Joutel, un ami inconditionnel, voudra un jour risquer un avis alors que l'expédition patauge dans le delta du Mississippi, il s'entendra répondre sèchement : « Je n'ai pas emmené des conseilleurs avec moi ! »

Dans une lettre du 22 août 1682, écrite alors qu'il vient de regagner Québec après la prise de possession de la Louisiane, l'explorateur, déjà en butte aux incrédules, aux jaloux et aux critiques ignares, qui jugent sa découverte des bouches du Mississippi inutile, se définit avec lucidité face à l'incompréhension que sa personnalité suscite :

« Pour ce que vous me dites de mon extérieur, je le reconnais assez moi-même. Mais *naturam expellas* et outre qu'il faudrait plus de confiance que je n'en ai pour demeurer égal au milieu de tant d'incidents différents, les domestiques n'ont guère le droit de se plaindre de ces sortes de défauts, quand ils ne leur font point endurer de violences ; et si je manque d'ouvertures ou de caresses pour ceux que je fréquente, c'est uniquement par une timidité

qui m'est naturelle et qui m'a fait quitter plusieurs emplois
où j'aurais pu réussir sans cela, mais auxquels, me jugeant
moi-même peu propre à cause de ce défaut, j'ai choisi une
vie approchant à mon humeur solitaire, qui n'a cependant
rien de rude pour mes gens[1]. »

Toutefois ce constat, qui fait la part belle à la timidité
et au goût de la solitude, passe sous silence l'autoritarisme. C'est l'autoportrait d'un homme mûr, qui vient
de réaliser la première de ses ambitions : prolonger, au
long du Mississippi, la Nouvelle-France jusqu'au golfe du
Mexique. Reste à savoir comment il y a réussi.

---

1. Lettre citée par Léon Lemonnier dans *Cavelier de La Salle et l'exploration du Mississippi*, Gallimard, Paris, 1942.

3.

Le seigneur des Sauvages

Les années d'apprentissage

Libre de ses mouvements et ayant reçu pour tout pécule sa part de l'héritage paternel, un capital pouvant produire annuellement quatre cents livres de rente, Robert Cavelier abandonna le prénom supplémentaire d'Ignace, qu'il s'était donné à son entrée dans la Compagnie de Jésus en hommage à son fondateur saint Ignace de Loyola, et s'embarqua pour la Nouvelle-France. Il débarqua à Ville-Marie, près de Québec, le 1er juillet 1666, et retrouva son frère, l'abbé Jean Cavelier, de la Compagnie des prêtres de Saint-Sulpice[1].

Cette année-là, le régiment Carignan-Salières venait de donner une sévère leçon de civilisation aux Iroquois et, sous l'autorité du gouverneur de Québec, M. de Courcelles, et de l'intendant Talon, la Nouvelle-France connaissait une période de paix que les religieux mettaient à profit pour évangéliser les Indiens et construire des missions à travers le pays. Cette propagation de la foi prenait souvent l'aspect d'une compétition qui, pour être pieuse, n'en était pas moins âpre, allant parfois jusqu'à susciter des rivalités où

---

1. Congrégation fondée en 1641, à Paris, par Jean-Jacques Olier, écrivain ascétique (1608-1657). Il lança en 1646 la construction de l'église Saint-Sulpice dont il fut le premier curé.

la charité chrétienne ne trouvait plus son compte. Les jésuites, les sulpiciens et les récollets[1] se comportaient à l'occasion comme des entrepreneurs concurrents, car les ordres religieux ne dédaignaient pas les biens temporels. Les ressources, plus ou moins licites, qu'ils tiraient de l'exploitation des terres défrichées, de la traite de la fourrure et de la vente des produits importés de France étaient certes réservées à des investissements pour la diffusion de l'Évangile, mais elles facilitaient grandement la vie des évangélistes.

Robert Challe, l'écrivain voyageur, qui déteste il est vrai les jésuites, ose écrire dans son fameux journal, le 31 mai 1690 : « Pour moi qui ai suivi ces bons pères et examiné leur conduite au Canada, je suis absolument persuadé que ce n'est que le commerce et le plaisir des sens qui les mènent si loin ; et nullement le zèle de la propagation de la Foi, ni l'envie d'attirer les ouailles dans le bercail du bon Pasteur[2]. » Cette opinion n'engage que son auteur. À côté des évangélistes ardents qui risquaient tortures et privations de toute sorte, et parfois les acceptaient avec une ferveur masochiste pour convaincre les Indiens de l'existence d'un Dieu unique, évoluaient des religieux plus tièdes. Ceux-ci étaient venus chercher en Nouvelle-France une vie moins routinière, plus libre et plus large qu'en métropole. Quant à « ces saints indignes de mes bougies » dont Robert Challe stigmatise la lubricité et l'avarice, ils ne devaient constituer, nous préférons le croire, que de scandaleuses exceptions.

---

1. Religieux réformés de l'ordre de Saint-François, ainsi nommés parce qu'ils n'admettaient dans leur ordre que ceux qui avaient l'esprit de recueillement. Cette congrégation, fondée en Espagne vers 1484, fut introduite en France en 1532. Sous Léon XIII, en 1897, tous les récollets furent incorporés à l'ordre franciscain dit des Frères mineurs.

2. *Journal d'un voyage fait aux Indes orientales*, Mercure de France, Paris, 1983.

C'est en tout cas par l'intermédiaire de son frère aîné, le sulpicien, qui allait exercer sa vie durant sur le cadet une tutelle pesante et intéressée, que Robert Cavelier put obtenir une assez vaste concession sur l'île de Montréal. Le nouveau colon sut rapidement mettre en valeur son domaine, le protéger contre les incursions toujours redoutées des Iroquois, le peupler en louant des arpents défrichés à qui acceptait de payer redevance. Ayant fait du site un lieu de civilisation où poussait l'indispensable maïs et où se développaient cultures et élevage, Cavelier s'habitua à l'entendre nommer La Chine, par de malicieux voisins. Ces derniers connaissaient par cœur la théorie, développée à tout propos par M. Cavelier, de l'existence probable, du côté de l'ouest, d'un chemin conduisant à la Chine, pays fortuné entre tous.

Dès son arrivée en Nouvelle-France, Robert Cavelier avait sans doute appris ce que les Indiens racontaient depuis des années aux missionnaires sur l'existence d'un grand fleuve auquel on pouvait accéder par certains de ses affluents prenant leurs sources près des Grands Lacs. Le fait que des Peau-Rouge de la vallée du Saint-Laurent fussent parés de coquillages inconnus, mais qu'on disait apportés de la grande mer du Sud, la mer Vermeille, par des Indiens nomades, avait de quoi exciter la curiosité. À Rouen, le jeune Cavelier, grand amateur de récits de voyages et d'aventures, avait déjà lu, dans un numéro de 1660 des *Relations de la Nouvelle-France*, publiées par les jésuites, cette information alléchante : « Les Sauvages qui habitent la pointe de ce lac [lac Huron] la plus éloignée de nous ont donné des lumières toutes fraîches, qui ne déplairont point aux curieux, touchant le chemin du Japon et de la Chine, dont on fait tant la recherche, car nous apprenons de ces peuples qu'ils trouvent la mer de trois côtés, du côté du sud, du côté du couchant et du côté du nord ; et de la même extrémité du lac Supérieur tirant au sud-ouest, il y a environ deux cents lieues jusqu'à un autre lac qui a sa décharge dans la mer Vermeille, du côté de la grande mer du Sud ; c'est de l'un de ces deux côtés que les Sauvages ont des marchandises d'Europe et même disent avoir vu des Européens[1]. »

Si, du point de vue géographique, les informations données par les Indiens aux missionnaires jésuites nous paraissent aujourd'hui imprécises, elles constituaient à l'époque de leur divulgation des éléments dont ne pouvaient manquer de tenir compte savants et curieux, d'autant que les Européens, à qui les Indiens faisaient allusion, pouvaient fort bien être des Espagnols, dont on connaissait la présence autour du golfe du Mexique. Pour des gens avides d'aventures et de découvertes comme le jeune Cavelier – il avait dix-sept ans en 1660 – elles offraient un support quasi scientifique à leurs rêves. On imagine que le fils du drapier de Rouen ne souhaitait, en arrivant en Nouvelle-France, que les voir confirmer par ses propres investigations.

Pendant plusieurs années, l'ancien novice des jésuites parcourut les bois et les prairies, les monts et les grèves, navigua sur les rivières et les lacs, approcha les Indiens, étudia leurs mœurs et leurs langues et surtout leur dialectique, ce qui fit de lui un orateur écouté dans les tribus plus ou moins amicales.

Grand, fort et résistant à la fatigue, la lèvre supérieure ornée, sous un nez puissant, d'une moustache fine au retroussis coquin, ce qui lui donne une allure mousquetaire si l'on en juge d'après un médaillon de la bibliothèque de Rouen, il sut bientôt se satisfaire de viande boucanée, de gibier, de poisson et de baies comestibles que les coureurs de bois lui apprirent à reconnaître. Il sut vite confectionner

---

1. Ces extraits des *Relations de la Nouvelle-France* sont cités par Eugène Guénin dans son ouvrage *la Louisiane*, publié en 1904 par la librairie Hachette.

un canot d'écorce de bouleau, identifier les cris des oiseaux, manier la hache et le tomahawk, se diriger sans autres repères que le soleil et les étoiles, dormir en plein air par tous les temps, se tenir sur ses gardes en permanence, commander avec autorité à ceux qui l'accompagnaient.

Cette formation sur le terrain n'était qu'entraînement, préparation physique et technique, à l'expédition qu'il désirait organiser pour tenter de découvrir le fameux chemin rêvé vers la Chine.

Les fleuves et les cours d'eau constituaient, au XVIIe siècle, les seules voies naturelles de pénétration du continent américain et les Indiens les empruntaient régulièrement. Les Seneca, des Iroquois moins vindicatifs que d'autres, avaient souvent parlé à Robert Cavelier d'une grande rivière qu'ils nommaient Ohohio, ce qu'on traduisait par Belle Rivière, et qui d'après eux coulait « vers la mer de l'Ouest ». Le Normand décida de vérifier ces informations.

Se passant de l'assentiment de son frère aîné, qui désapprouvait ces façons d'aventurier, mais après avoir obtenu du gouverneur de Québec des lettres patentes qui l'accréditaient comme explorateur au service du roi, Robert hypothéqua son domaine pour obtenir trois mille huit cents livres qu'il investit aussitôt en armes, en provisions, en canots, en couteaux, haches et pacotille à offrir aux Indiens.

Le 6 juillet 1669, accompagné, d'après Charles de La Roncière, « de deux sulpiciens bretons, un ancien officier de cavalerie et un mathématicien, François Dollier de Casson et René Bréhan de Gallinée », il se lança, avec vingt-deux hommes à bord de sept canots, sur le lac Ontario en direction du lac Érié.

Ainsi commence l'aventure américaine du Normand. La mission vagabonde, dont il s'est lui-même investi en quittant un domaine prospère, le conduira, après maintes explorations et bien des péripéties et déboires, un matin d'avril 1682, dans les bouches du Mississippi, pour une glorieuse prise de possession d'un pays qu'il nommera Louisiane.

Mais entre le premier coup de pagaie sur le lac Ontario et l'aboutissement espéré, treize années s'épuiseront en vaines tentatives. Dès 1669 ou 1670, Cavelier reconnaîtra l'Ohio. D'après un mémoire qu'il adressera à Frontenac en 1677, il descendit ce fleuve en pêchant et chassant, jusqu'à un endroit où la rivière « tombe de fort haut dans de vastes marais à la hauteur du trente-septième degré après avoir été grossie d'une rivière fort large qui vient du nord ». Les Indiens Shawni affirmèrent au voyageur que le cours ordinaire de cet affluent allait du levant au couchant et arrosait probablement « ces terres fertiles en or et en argent qui sont vers la Nouvelle-Espagne ». Il s'agissait du Mississippi, mais Cavelier ne pouvait alors poursuivre sa randonnée pour avoir aussitôt la certitude qu'il avait approché la grande rivière.

Revenu à sa base canadienne, il ne pensera qu'à repartir. Mais, pour monter une nouvelle expédition, il fallait de l'argent dont il se disait lui-même très démuni. « Je suis en grand besoin et nécessité », avouera-t-il à un fonctionnaire de la Ville-Marie qu'il ira solliciter à deux reprises en 1671. Aussi se contentera-t-il, pendant des années, de parcourir la région au sud des Grands Lacs, de parfaire sa formation, de s'endurcir, de se documenter sans jamais perdre de vue le grand dessein qu'il s'était fixé. Un coureur de bois célèbre, Nicolas Perrot, affirmera avoir rencontré Cavelier en 1670 chassant avec des Indiens sur la rivière Ottawa, sans doute pour rassembler des peaux de castor, marchandise d'un bon rapport qui devait lui permettre de se refaire un magot.

Plus de huit cents coureurs de bois hantaient à cette époque la région des Grands Lacs et les rives du Wisconsin et de l'Ouabache. On rencontrait certains de ces aventuriers, souvent de bonne famille, mariés à de jolies Indiennes et parfaitement à l'aise dans les tribus qui les avaient adoptés. Bien avant les écologistes, ils avaient découvert les charmes de la vie dite sauvage et, comme les rares Indiens anthropophages qu'on risquait de rencontrer trouvaient meilleur goût à la chair anglaise qu'à la française, qu'ils jugeaient inexplicablement trop salée (!), les sujets de Louis XIV ne couraient que les risques inhérents à leur condition.

Mais Robert Cavelier ne faisait pas que vagabonder à travers bois et chasser le castor. Il suivait de près les changements intervenus au gouvernement de la colonie et dans les affaires. Quand, en 1672, l'intendant Talon, ami des jésuites, et le gouverneur de Courcelles regagnèrent la France, l'explorateur en mal d'exploration se fit présenter au nouveau gouverneur, Louis de Buade, comte de Palluau et de Frontenac. Ce bel officier s'était illustré au cours de maintes batailles, dans les Flandres, en Allemagne, en Italie, jusque chez les Turcs. Il arrivait au Canada avec le titre de gouverneur général et précédé d'une réputation d'autant plus flatteuse que ce glorieux bretteur passait pour avoir été l'amant de la Montespan. Le fils du bourgeois de Rouen, devenu familier des Indiens, plut tout de suite au militaire par sa prestance, sa virilité et sa façon de tenir les distances. Le comte, qui affichait un certain goût pour le faste représentatif qui donne du style à la colonisation, séduisit Cavelier et, comme l'un et l'autre avaient quelques raisons de se méfier des jésuites, l'accord fut immédiat. En juillet 1673, Robert Cavelier fut officiellement chargé d'organiser à Catarakoui, au bord du lac Ontario, un grand congrès de toutes les nations indiennes. Cette opération de relations publiques fut un succès et le prestige de la France s'en trouva renforcé, autant que celui du nouveau gouverneur. Pour concrétiser cette entente, le comte de

Frontenac adopta six jeunes Iroquois à qui l'on apprendrait le français. En échange de cette gracieuseté francophonique, les Indiens autorisèrent les Français à construire un fort au débouché du Saint-Laurent dans le lac Ontario, à l'endroit où se trouve aujourd'hui la ville de Kingston. Cette construction devrait abriter un magasin, où les indigènes pourraient s'approvisionner en produits venus de France. Ils paieraient naturellement en fourrure. Le fort fut aussitôt nommé Frontenac.

Tout en servant son pays et les intérêts du gouverneur, Robert Cavelier avait donné, au cours du congrès, un aperçu de son éloquence et un avant-goût de ses conceptions coloniales. Ces dernières, révolutionnaires pour l'époque, devaient déplaire à certains, aux jésuites principalement, et valoir à leur promoteur de solides inimitiés. Opposé aux conversions forcées, substrat de la comptabilité évangélique, il préférait traiter les Indiens avec considération, respecter leurs mœurs, apprendre aux chefs de famille à mieux cultiver le sol pour fixer les nomades et leur offrir des rudiments d'éducation afin de les attacher librement à la cause française et à la religion chrétienne. Il désirait faire d'eux, suivant son expression, les enfants rouges du roi de France. C'était là une belle et noble tâche. Celle-ci s'inscrivait à la fois dans les perspectives ouvertes autrefois par Richelieu, quand le défunt ministre de Louis XIII avait décidé que les Indiens baptisés auraient les mêmes droits que les colons canadiens, et dans les vues du regretté Samuel de Champlain, qui avait encouragé les mariages entre Français et Indiennes afin de peupler la colonie.

Terrorisés par les missionnaires, auteurs de descriptions effrayantes de l'enfer où passeraient leur éternité ceux qui ne se feraient pas catholiques, menacés par les militaires d'esclavage ou de déportation dès qu'ils se montraient indociles, les Iroquois, comme les Huron, préféraient entendre les discours chaleureux de Cavelier prônant l'entente entre Indiens et Français, sans autre obligation que le respect de la parole donnée. La plupart des participants au congrès du lac Ontario accordèrent confiance et amitié au délégué du gouverneur général. Cavelier n'était certes pas l'homme des effusions sentimentales, mais ses propos semblaient traduire exactement sa pensée. Étant dans les bonnes grâces de Frontenac, le colon explorateur, pratiquement ruiné par ses expéditions antérieures, décida de passer en France pour développer devant Colbert ses plans de prospection et d'extension de la Nouvelle-France afin obtenir, sinon des subsides, du moins des lettres patentes qui lui conféreraient assez d'autorité pour entreprendre de nouveaux voyages. Or, dans le même temps, M. de Frontenac avait besoin d'un messager de confiance qui puisse faire au ministre de la Marine un rapport propre à contrebalancer les ragots répandus par les sulpiciens et les jésuites. Ces derniers figuraient parmi ses ennemis de toujours, mais il s'était aliéné les premiers en faisant emprisonner un de leurs amis, Perrot, gouverneur de Montréal, qui percevait des royalties indues sur la traite de la fourrure. Aussi le comte offrit-il, de bon cœur, à Cavelier une lettre d'introduction pour Colbert, par laquelle il recommandait le porteur comme « un homme d'esprit et d'intelligence, le plus capable de mener à bien les entreprises et découvertes qu'on voudra bien lui confier ».

Les fruits de l'obstination

En embarquant pour la France, en novembre 1674, Robert Cavelier paraissait bien décidé à faire fi de sa retenue naturelle et de l'orgueil qui prohibait toute courtisanerie exagérée, afin d'obtenir des grands les moyens de réaliser des projets grandioses, dont il n'entendait pas cependant révéler à quiconque l'audacieuse finalité.

Les gens de cour firent à cet homme, qui venait de passer sept années de sa vie au milieu des Sauvages dont il parlait comme d'amis un peu frustes, le même bon accueil qu'ils auraient réservé à qui pouvait les distraire un moment des intrigues mondaines et de la féroce compétition des préséances. Il ne reste nulle trace, dans les archives, d'une entrevue entre Colbert et l'explorateur. On sut plus tard, par une lettre écrite en 1682 de la main de celui qui venait alors de donner la Louisiane à la France, qu'il avait été reçu, en 1674, par le prince de Conti. Bien que ce dernier fût, à l'époque, âgé seulement de quatorze ans, son autorité dut suffire pour imposer Cavelier. Quand, au commencement de l'année 1675, le Normand revint à Paris, après un séjour à Rouen près de sa mère, il apprit que le roi avait apprécié sa piété, son action, et qu'il entendait encourager ses projets. Le 13 mai 1675, Robert reçut des lettres de noblesse qui eussent ravi le marchand de drap, son défunt père. Il devint aussitôt, par la grâce de Louis XIV, sieur de La Salle, du nom d'une terre appartenant aux Cavelier. Ses armes : « lévrier d'argent sur fond de sable sous étoiles à huit raies d'or », parurent assez parlantes à ses amis. M. Cavelier de La Salle n'était-il pas un coureur de bois solitaire, rapide et résistant ? Et combien de nuits n'avait-il pas passées, sur le sable des grèves exotiques, à la belle étoile, pour la plus grande gloire de son roi ?

Mais, plus que ce blason et cette particule, Robert Cavelier apprécia sans doute de se voir nommé, comme il le souhaitait, seigneur de Frontenac, avec charge, il est vrai, de maintenir dans ce fort de Nouvelle-France, dont il devrait rembourser la construction au roi, une garnison égale à celle de Montréal, d'y faire venir vingt ouvriers pour défricher les terres d'alentour, d'y construire une église dès que la population de l'établissement atteindrait cent âmes, et de gérer, au mieux des intérêts de la Couronne, un comptoir de pelleteries. Les îles Ganot-skoueno et Kaouesnesgo, aujourd'hui dans le parc national du Saint-Laurent, figuraient dans l'apanage héréditaire.

Dès son retour en Nouvelle-France, au mois de septembre 1675, et pendant deux années, le propriétaire de Frontenac et autres lieux allait s'appliquer à remplir son contrat, tenir son rang de seigneur à la mode canadienne et faire de son domaine un centre de commerce achalandé. Le fort, à l'origine une simple palissade, devint une belle construction défendue par quatre bastions pourvus de canons. Édifié sur une sorte de presqu'île, l'établissement était protégé par un rempart de sept mètres de haut, de cinq mètres d'épaisseur et, du côté de la terre d'où pouvaient venir les attaques, par un fossé de trois mètres de profondeur creusé dans le roc. Une douzaine de soldats constituaient la garnison de base ; des ouvriers des différents corps de métier, un chirurgien et deux prêtres vivaient à l'intérieur du fort, où l'on entreposait les marchandises. En quelques mois, des centaines d'arpents avaient été défrichés autour de la forteresse et deux villages, abritant l'un des familles françaises, l'autre des familles indiennes, se développèrent. M. de La Salle avait aussi fait construire pour naviguer sur le lac quatre barques dont une, le *Frontenac*, lui était réservée.

Cette réalisation constituait un prototype. Elle illustrait les conceptions coloniales du Normand qui souhaitait établir, autour de forts judicieusement situés au bord des voies d'eau, c'est-à-dire des routes continentales et des lacs, des centres de peuplement où colons et Indiens vivraient en bonne intelligence, cultivant la terre et échangeant les produits de la traite locale contre les marchandises importées de France. Cette façon de concevoir l'implantation française en Amérique devait provoquer critiques et

jalousies. La notoriété et la popularité de Cavelier chez les
Indiens – il se faisait fort de lever en quelques jours une
armée de quinze mille Sauvages – agaçaient les jésuites et
les militaires. Les premiers, à cause de la complicité de
leur ancien novice avec les récollets, risquaient de perdre
le monopole des conversions et l'exclusivité de la fondation
des missions qu'ils s'étaient arrogés. En drainant les
affaires de pelleterie en des lieux sûrs et accueillants, le
seigneur de Frontenac, qui envisageait de bâtir d'autres
forts, au bord du lac Érié et dans le pays des Illinois
notamment, restreignait les profits, plus ou moins licites,
des négociants privilégiés. Cavelier de La Salle eut à
souffrir aussi d'un vieux mal français incurable que les
administrateurs de tout rang et les colons, du plus fortuné
au plus modeste, avaient exporté au Canada : l'aversion
pour qui réussit par audace et labeur, l'antipathie qu'éveille
celui qui tient ses distances, n'explique pas ses décisions,
n'étale pas ses états d'âme. Au fil des années, ses ennemis
suscitèrent mille entraves à l'action du colonisateur et lui
tendirent de nombreux pièges. Pour ruiner la réputation
morale du gêneur, une dame Bazire, la belle épouse du
fermier des Droits du roi à Québec, à qui M. de La Salle
avait rendu visite pour emprunter dix mille livres, se
plaignit d'avoir été effrontément courtisée par le Normand
au cours d'un tête-à-tête et s'en fut, toute rougissante,
raconter l'assaut à l'institution de la Sainte-Famille que
fréquentaient toutes les commères de la ville. La dame
était une pénitente assidue des jésuites. Cavelier estima
que les minauderies de la dévote ne visaient qu'à provoquer
une offensive qu'il se défendit toujours d'avoir conduite. Il
connaissait, depuis le collège, l'histoire de Mme Putiphar
et de Joseph, aussi s'empressa-t-il de rendre à M. Bazire
ses dix mille livres et de rentrer chez lui. Entre-temps, de
bonnes âmes s'étaient démenées pour que les échos de ce
scandale de sous-préfecture coloniale parvinssent jusqu'à la

cour, où l'on s'intéressait plus, à ce moment-là, à la rivalité opposant Mme de Montespan à Mme de Maintenon qu'aux risques encourus par la vertu de la femme d'un lointain fonctionnaire du Trésor. Un seul fut ému, l'abbé Cavelier, frère du seigneur de Frontenac, resté à Paris, à la demande de l'explorateur, pour réunir des fonds en vue de futures expéditions. Le sulpicien pudibond fut toutefois rassuré en arrivant en Nouvelle-France. Robert, qui était censé avoir enlevé une femme mariée, vivait au fort Frontenac en compagnie de deux religieux dont l'un était le père Hennepin. Pierre Leprohon, dans la biographie de Cavelier de La Salle[1], conseille de prendre l'anecdote pour ce qu'elle vaut mais avance une explication romanesque : « La Salle se méprit peut-être sur les intentions de sa séductrice. Vit-il du calcul et de la feinte, là où n'était que passion sincère ? Il était assez bel homme pour en inspirer. Quoi qu'il en soit, il se refusa au jeu. Ce sont là choses qu'une femme ne pardonne pas. »

Si les biographes accordent à cette mésaventure de Cavelier plus de place qu'elle n'en eût normalement mérité, c'est parce qu'elle constitue la seule intervention connue d'une femme dans la vie du héros. L'ancien novice des jésuites était-il scrupuleusement chaste ou appliquait-il au domaine sexuel la même discrétion qu'il mettait en toute chose ? Ce genre de mystère contribue à la grandeur quasi inhumaine du personnage.

Tout cela était oublié quand, en 1678, M. de La Salle fit un nouveau séjour à Paris. Cette fois, il vit Colbert ou Seignelay, ou les deux, et se répandit dans quelques salons où, éloquemment, il sut créer une ambiance favorable en racontant la vie des Sauvages. Il fit frémir les dames en détaillant les tortures qu'infligeaient les Indiens à leurs

---

1. *Cavelier de La Salle, fondateur de la Louisiane,* éditions André-Bonne, Paris, 1984.

prisonniers et plusieurs chroniqueurs notèrent ses confidences. Il ne manquait pas de glisser à l'occasion des informations subversives sur les bons pères de la Compagnie de Jésus qui traitaient âprement la fourrure, comme des coureurs de bois sans religion, mais pour entretenir leurs missions, bien sûr !

Malgré les interventions sournoises de ses ennemis qui avaient délégué à la cour un messager en soutane pour prévenir le ministre de la Marine que M. de La Salle était « bon pour les Petites-Maisons », l'asile psychiatrique du moment, l'explorateur sut convaincre Colbert de l'intérêt pour la France de la réalisation de ses plans et de sa capacité à les mener à bien. L'homme de confiance du roi, qui gérait à lui seul huit ou neuf ministères, avait cependant fort à faire à l'époque avec d'autres colonies, notamment l'île Bourbon, aujourd'hui la Réunion. Les colons de cette possession de l'océan Indien lui adressaient sans cesse mémoires et pétitions pour se plaindre des mauvais traitements que leur infligeaient les dirigeants des compagnies de commerce et du dénuement dans lequel tous se trouvaient, « sans fer, sans meubles, sans toiles ni marmites ni poêles[1] ».

Le 12 mai 1678, Louis XIV signa, à Saint-Germain-en-Laye, des lettres patentes autorisant Cavelier « à travailler à la découverte de la partie occidentale de nostre dit pays de la Nouvelle-France », à construire des forts dont il aurait la jouissance, le tout à ses dépens et aux mêmes conditions que celles contenues dans les lettres patentes du 13 mai 1675 que le souverain confirma à cette occasion. La compagnie que La Salle était autorisé à fonder pour mener à bien ses entreprises jouirait, pendant cinq ans, du monopole commercial des peaux de bison.

---

1. Cité par André Hibon de Frohen dans sa thèse *la Famille Hibon de Frohen à l'île Bourbon*, université de Provence, Aix-en-Provence, 1973.

Nanti de ce précieux document, assuré de l'appui du grand Colbert, du fils de ce dernier, Jean-Baptiste de Seignelay, qui venait de succéder à son père comme secrétaire d'État à la Marine, et du prince de Conti, dont la vie dissolue n'entamait en rien l'autorité, Robert Cavelier de La Salle se mit en quête d'hommes capables de le suivre et d'argent à emprunter. Pour le recrutement, il eut la main heureuse en engageant un manchot de vingt-huit ans que lui avait fait connaître le prince de Conti ou l'abbé Renaudot, le chevalier Henry de Tonty, fils de Lorenzo Tonti, banquier napolitain, ancien gouverneur de Gaète, réfugié politique en France en 1650 et inventeur du système de mutuelle financière qui porte son nom : la tontine[1].

Henry de Tonty avait non seulement francisé son nom mais il s'était vaillamment battu pour la France. En 1668, alors qu'il guerroyait en Sicile contre les Espagnols, il avait eu l'avant-bras droit enlevé par une grenade. Un artisan habile l'avait doté d'une main d'argent qu'il portait gantée et qui ne semblait nullement le gêner quand il s'agissait d'en découdre ou de faire le joli cœur devant les dames.

Cavelier engagea aussi le capitaine La Motte-Lussières, qui recruta trente hommes choisis plutôt pour leur robustesse et leur courage que pour leurs vertus ! En 1678, le 14 juillet, qui n'était pas encore une date historique, la troupe, grossie de deux récollets, les pères Zénobe Membré et Watteau, embarqua à La Rochelle. L'évêque de Québec, Mgr Barrois, qui rejoignait son poste, se trouvait à bord et l'on avait chargé les armes, les outils et les provisions rassemblés par M. de La Salle endetté de

---

1. Association de personnes qui mettaient des capitaux en commun et en touchaient les revenus, à condition que les parts des décédés revinssent aux survivants. Mazarin créa la première tontine en France par un édit de novembre 1653 (Larousse).

plus de quarante cinq mille livres. Le navire accosta le 13 septembre à Québec et, dès son arrivée au fort Frontenac, Cavelier, qui avait mûri ses plans, envoya le capitaine La Motte au lac Érié, c'est-à-dire au-delà des chutes du Niagara, avec mission de trouver un lieu favorable à la construction d'un grand bateau. Dans l'esprit du seigneur des Sauvages, ce navire devait lui permettre, dans un premier temps, de se déplacer avec sa troupe sur les lacs puis de transporter les pelleteries récoltées dans les forts ou les postes des traitants. Le bateau fut construit, un brigantin de quarante-cinq tonneaux censé porter sept canons et que l'on baptisa, avec tout le cérémonial convenable, *Griffon*, sans doute pour plaire au comte de Frontenac, protecteur de Cavelier, dans les armes de qui figurait l'animal héraldique mi-aigle mi-lion. Mais ce navire, qui impressionnait fort les Indiens, qu'enviaient les jésuites et les négociants, imaginant déjà toutes les concurrences possibles, ne fit que peu d'usage à son propriétaire. Quelques mois après son lancement, il disparut corps et biens, avec douze mille livres de pelleterie à bord[1]. On sut plus tard que l'équipage de vingt hommes avait déserté après avoir pillé la cargaison et peut-être sabordé le bateau, puis participé au saccage des forts Crève-cœur et Saint-Louis que M. de La Salle avait fait construire sur la rivière Illinois, affluent du Mississippi. Le Normand n'était pas homme à laisser une telle trahison impunie. Il fit tendre des embuscades aux renégats qui fuyaient à bord de plusieurs barques. La plupart d'entre eux furent arrêtés et envoyés en prison à Québec. Deux, qui avaient fait mine de résister, furent abattus. Parmi ceux qui disparurent et réussirent à échapper aux Miami, les Indiens dévoués à

---

1. Ses débris auraient été découverts, en 1920, sur un rivage désert du lac Michigan.

Cavelier, quelques-uns se réfugièrent, dit-on plus tard, dans les colonies anglaises.

Ce ne fut pas la seule déception que La Salle dut éprouver ces années-là. Ses ennemis, jaloux de son prestige, incapables de reconnaître son intrépidité et sa valeur, ou d'imaginer l'ampleur de ses vues, suscitèrent des obstacles de toute sorte sur sa route, s'ingénièrent à le desservir auprès de ses amis indiens. Ils tentèrent même de l'empoisonner en lui servant une salade assaisonnée d'après une recette de la marquise de Brinvilliers, décapitée et brûlée trois ans plus tôt pour avoir donné de la « poudre de succession » à son père et à ses frères !

Malgré toutes ces péripéties, parfois tragiques, Robert, qui avait le courage et l'obstination d'un véritable conquérant, quitta une nouvelle fois l'abri du fort Frontenac au cours de l'été 1681, après avoir rédigé son testament en faveur de son cousin François Plet, un bourgeois parisien qui lui avait prêté, en 1678, près de douze mille livres. On s'est étonné que Cavelier, qui comptait plusieurs frères, des neveux et des nièces, eût fait d'un simple cousin son légataire universel : « Je transfère, par les présentes, audit M. Plet, en cas de mort, la seigneurie de Frontenac et les terres qui en dépendent, et tous mes droits sur le pays des Miami, des Illinois et autres du sud, l'établissement des Miami, celui de Niagara et tous les autres que je pourrai fonder, ensemble tous les canots, barques, grandes barques, immeubles, privilèges, rentes et bâtiments. » M. de La Salle entendait, par-delà sa mort, payer ses dettes.

Au moment où il décida de tenter à nouveau la grande aventure en disant : « J'y réussirai ou j'y périrai », il avait toutes raisons de penser en effet qu'il risquait de perdre non seulement sa vie, ce qu'il acceptait, mais aussi sa réputation si la ruine absolue de ses projets causait, *post mortem*, un préjudice irréparable à ses créanciers.

Car, en cette fin d'année 1681, le bilan n'était guère stimulant. Le *Griffon* et une autre grande barque qu'il avait fait construire gisaient au fond du lac Michigan. Les forts des Miami et de Niagara avaient été pillés ou incendiés. Du grand village des Illinois, situé au pied de la falaise que dominait le fort Crèvecœur, il ne restait que des cendres. Les Iroquois, comme les Huns, ne faisaient pas de quartier. Quand il s'y rendit, en novembre 1680, Cavelier ne vit que des cabanes calcinées et des cadavres à demi dévorés par les loups. Le fort, dont il pensait faire un camp de base, avait aussi été détruit, non par les Indiens mais par les hommes de Tonty qui avaient profité d'une absence de leur chef pour piller le magasin et disparaître avec la poudre, le plomb, la fourrure, les provisions. L'un deux, dont Cavelier reconnut l'écriture, avait laissé sur le bordage d'une barque un message laconique mais qui disait la folie des traîtres : « Nous sommes tous Sauvages, ce 13[1] avril 1680. » Tonty et ses officiers restaient introuvables. Étaient-ils morts ou prisonniers des Sauvages ? Cavelier, accompagné de M. d'Autray, fils du procureur du roi à Québec, d'un charpentier de marine, déserteur repenti, d'un chirurgien, de trois soldats, de quatre ouvriers et de deux chasseurs Mohican, sillonna vainement le pays pendant des mois, visita cent tribus, pour tenter de retrouver les compagnons égarés.

Si l'on ajoute à cela que la guerre indienne faisait rage, que le père Gabriel de Ribourde, un prêtre chenu, compagnon de Tonty, avait succombé sous une volée de flèches alors qu'il se dégourdissait les jambes sur la berge de l'Illinois, on admettra qu'il fallut au Normand une téméraire confiance en lui et une foi extravagante en la Providence pour lancer un quatrième défi au destin et entreprendre une nouvelle expédition.

---

1. Certains chroniqueurs de l'époque écrivent 15.

Décidé cette fois à descendre coûte que coûte, jusqu'à son embouchure, la grande rivière sur laquelle avaient navigué vers le sud Marquette et Joliet sept ans plus tôt, il finit par rejoindre Henry de Tonty, enfin retrouvé indemne à Michilimackinac. Les deux hommes, écoutant les ragots, sans doute inspirés par les robes noires et qu'avait propagés, de tribu en tribu, le « téléphone indien », s'étaient mutuellement crus morts ! Après avoir tenu une série de palabres pour tenter de réconcilier Iroquois et Illinois et surtout s'être assurés de la neutralité d'autres tribus, Cavelier et son lieutenant regagnèrent le fort Frontenac pour préparer le voyage de la dernière chance.

4.

Robert le Conquérant

La descente du Mississippi

La troupe constituée pour le grand voyage comptait vingt-trois Français dont Henry de Tonty, le père Zénobe Membré, M. d'Autray, le notaire Jacques de La Métairie, le chirurgien Jean Michel, Gilles Meneret, Jacques Cauchois, Pierre You, François de Boisrondet, et le jeune Nicolas de La Salle qui, malgré une similitude de nom, n'était pas parent du chef de l'expédition mais, croit-on, le fils du commis de la Marine qui avait assisté Robert Cavelier de La Salle pour la mise au point de l'itinéraire. Dix-huit Indiens mercenaires, Loup, Mohican et Abnaki[1], accompagnaient les Français. Venus de Nouvelle-Angleterre et payés cent peaux de castor par guerrier pour assurer par leur chasse le ravitaillement de l'expédition, ils avaient été engagés par Tonty. Les Loup mariés refusant de se déplacer sans leurs femmes, corvéables à merci, M. de La Salle se vit contraint d'emmener aussi dix Indiennes et trois enfants !

Plusieurs participants à l'expédition ont donné, avec plus ou moins de retard et quelques variantes, de longs comptes rendus de la descente du Mississippi, dont se sont inspirés les historiens. Le procès-verbal, dressé par le notaire Jacques de La Métairie, sans faire état de détails ou

---

1. Abenaqui.

d'anecdotes que développeront ensuite d'autres témoins, résume assez bien la randonnée de Cavelier à la tête d'une caravane qui comprenait plus de cinquante personnes. Après l'introduction d'usage, le notaire, dont nous avons, pour la commodité de la lecture, modernisé l'orthographe, raconte : « Le vingt-septième décembre mille six cent quatre-vingt-un, M. de La Salle étant parti à pied [du fort Frontenac] pour rejoindre M. de Tonty qui avait, avec ses gens et tout l'équipage, pris le devant, le joignit à quarante lieues du pays des Miami où les glaces l'avaient obligé de s'arrêter au bord de la rivière de Chékagou[1], pays des Maskouter. Les glaces étant devenues plus fortes, on fit faire des traîneaux pour traîner tout le bagage, les canots et un Français qui s'était blessé, tout le long de cette rivière et de celle des Illinois l'espace de soixante-dix lieues. Enfin, tous les Français s'étant rassemblés, le vingt-cinquième janvier mille six cent quatre-vingt-deux, on arriva à Pimitéoui [aujourd'hui la ville de Peoria], où la rivière n'étant plus glacée que par endroits on continua la route jusqu'au fleuve Colbert[2], éloigné de Pimitéoui de soixante lieues ou environ et du village des Illinois de quatre-vingt-dix lieues ou environ. On arriva au bord du fleuve Colbert le sixième de février et on séjourna jusqu'au treizième pour attendre les Sauvages que les glaces avaient empêchés de suivre. Le treizième, tout le monde s'étant rassemblé, on partit au nombre de vingt-deux Français portant armes, assistés du R.P. Zénobe Membré, récollet missionnaire, et suivis de dix-huit Sauvages, de ceux de la Nouvelle-Angleterre et quelques femmes Algonquin,

---

1. Le fleuve Chicago, le Checagua ou Chékagou, « oignon sauvage » ou « putois » des Indiens, avait été exploré, en 1673, par Marquette et Joliet. La ville de Chicago était autrefois divisée en trois parties par les bras du fleuve qui lui a donné son nom.

2. Cavelier de La Salle avait donné le nom du grand ministre de Louis XIV au Mississippi.

Otchipois et Huron. Le quatorzième on arriva au village des Maroa (Tamaora) consistant en cent cabanes qu'on trouva vides (les Indiens étaient partis chasser le bison). Après avoir navigué jusqu'au vingt-sixième février, l'espace d'environ cent lieues sur le fleuve Colbert, ayant séjourné pour chasser, un Français s'étant égaré dans les bois et ayant été rapporté à M. de La Salle qu'on avait vu quantité de Sauvages dans le voisinage, sur la pensée qu'ils pouvaient avoir pris ce Français, il fit faire un fort à la garde duquel ayant laissé M. de Tonty avec six hommes, il alla avec les vingt-quatre autres pour ravoir le Français et reconnaître les Sauvages. Ayant marché deux jours à travers bois sans en trouver, parce qu'ils avaient tous fui par l'appréhension des coups de fusil qu'ils avaient entendus, il envoya de tous les côtés les Français et Sauvages à la découverte avec ordre, s'ils trouvaient des Sauvages, d'en prendre en vie sans leur faire de mal, pour savoir des nouvelles de ce Français. Le nommé Gabriel Barbier, avec deux Sauvages, en ayant rencontré cinq de la nation des Chikasha [Chicacha], en amenèrent deux. On les servit le mieux qu'on put après leur avoir fait entendre qu'on était en peine d'un Français et qu'on ne les avait pris que pour le retirer d'entre leurs mains s'il y était et ensuite faire avec eux une bonne paix, les Français faisant du bien à tout le monde. Ils apprirent qu'ils n'avaient point vu celui que nous cherchions mais que la paix serait reçue de leurs anciens avec toute sorte de reconnaissance. On leur fit force présents et, comme ils avaient fait entendre qu'une de leurs bourgades n'était éloignée que d'une demi-journée de chemin, M. de La Salle se mit en chemin le lendemain pour s'y rendre... »

Le procès-verbal, déposé aux Archives nationales, se poursuit dans le même style notarial et tient en trois pages.

L'égaré, un armurier nommé Pierre Prudhomme, ayant

été retrouvé sain et sauf, Cavelier donna son nom au fort qu'on venait d'achever et le voyage, qui n'avait rien d'une aimable croisière, reprit.

Pour ces pionniers qui ne disposaient d'aucune carte ni relevé fiable, le Mississippi devait être, à l'époque encore plus qu'aujourd'hui, rempli d'obstacles naturels tels que bancs de sable affleurants, arbres à la dérive, sauts imprévus ou tourbillons nés de la confluence de rivières inconnues, qui obligeaient à des portages exténuants. La navigation, rendue hasardeuse par les crues soudaines que provoquent souvent les orages tropicaux, devenait encore plus risquée dans les approches du delta, où le fleuve se peuplait d'alligators à l'affût d'une proie sous des nuées de moustiques. Il fallait aussi redouter la rencontre de tribus indiennes vindicatives. Cavelier de La Salle, qui fréquentait les indigènes depuis quinze années et parlait plusieurs langues ou dialectes, ne manqua pas une occasion, après avoir revêtu son plus bel habit, de rendre visite, tout en se tenant sur ses gardes, aux caciques des villages établis sur les rives du fleuve, de leur tendre son calumet, prouvant par là qu'il connaissait les usages et ne souhaitait que la paix. On l'entendit maintes fois répéter : « Je viens offrir aux nations de l'Amérique l'alliance du plus puissant des rois de la terre : le roi de France. » Il ajoutait même avec un certain aplomb : « Toutes les nations d'En-Haut se sont déjà engagées sous la domination d'un si grand prince. » Il faisait distribuer les cadeaux les plus prisés par les Sauvages, haches, couteaux, aiguilles à coudre, étoffes de couleur, chemises, cabans, chaudrons, marmites, colliers, bracelets, épées damasquinées pour les chefs. En échange de ces présents, les Français recevaient, en plus des offrandes rituelles, calumets, robes de fourrure, colliers de perles et pleines pirogues de vivres. Les Indiens sédentaires et cultivateurs offraient généreusement maïs, pois, patates douces, riz sauvage, melons d'eau, potirons, poulets, dindes, viande de bison ou de cerf séchée et quantité de fruits excellents. Il arriva même qu'un chef de tribu fît livrer aux visiteurs de succulentes pâtes de fruits, moulées en forme d'animaux et dignes de l'étalage d'une confiserie anglaise.

Les explorateurs n'avaient pas manqué de constater, après avoir franchi le confluent de l'Ohio et salué les Kaskaskia, amis du père Marquette, que les Indiens du Sud étaient beaucoup plus évolués que ceux du Nord, surtout plus disciplinés et plus gais. Les Kappa ne perdaient jamais l'occasion de plaisanter et les Arkansa, occupants d'un vaste territoire au confluent du Mississippi et de la rivière qui porte leur nom, se souvenaient de la visite du jésuite et de Louis Joliet, en 1673. L'enseignement de l'évangéliste n'avait cependant laissé aucune trace chez ces animistes polygames. Cinquante lieues plus bas, chez les Taensa, Cavelier et ses compagnons découvrirent huit villages construits autour d'un lac et, dans celui où résidait le chef, la capitale, des maisons de pisé rigoureusement alignées au voisinage de vergers bien entretenus. Le cacique, monarque absolu, habitait un palais aux murs de trois mètres de haut peints à fresque et surmonté d'un dôme fait de cannes tressées. Il reçut ses hôtes en cape blanche, coiffé d'une impressionnante tiare emplumée et leur expliqua qu'on avait trouvé les perles fines qu'il portait aux oreilles dans des coquillages d'une lointaine mer de l'Ouest et non du Sud comme auraient voulu l'entendre dire les explorateurs. Il accepta d'échanger ces pendentifs contre le bracelet que lui proposa Tonty. Le vieillard usait de quatre épouses souriantes et chapeautées de paille. Douze guerriers assuraient sa garde. Des domestiques stylés le servaient à table et il ne sortait jamais sans que fût balayé le chemin qu'il devait emprunter. Ses conseillers étaient les chefs des villages établis autour du lac. Dans un temple, face au palais, où de nobles vieillards entretenaient un feu perpétuel devant un autel surmonté de trois aigles, les guerriers venaient, au lever et au coucher du soleil, faire leurs oraisons. « Ils hurlaient comme des loups. C'était là toute leur prière ! » rapporta le père Membré.

L'expédition, arrivée le 22 mars chez les Taensa, dut passer plusieurs jours en leur compagnie puisqu'elle ne se présenta que le 26 mars devant le village des Natchez, où l'on évita de justesse une bagarre quand les Français s'aperçurent qu'ils étaient attendus sur la rive par deux cents guerriers prêts à faire usage de leur arc. La vue du calumet brandi par Tonty fit sur les excités plus d'effet que les mousquets pointés par ses compagnons. On pétuna de concert et les Natchez invitèrent les explorateurs à dîner. Ceux-ci se reposèrent jusqu'au dimanche de Pâques, jour qu'ils choisirent pour reprendre leur navigation. En descendant le fleuve, que les indigènes appelaient tantôt Espíritu Santo, comme l'avait nommé Soto en 1540, tantôt Messi-Sipi, les explorateurs étaient assurés de trouver la mer à dix journées du village des Natchez. Ces derniers, qui, d'après Adrien Simon Le Page du Pratz[1], aimaient « se barbouiller tout le corps de noir, de rouge, de jaune et de gris depuis la tête jusqu'aux pieds » et portaient des ceintures garnies de grelots, mirent en garde leurs amis blancs. Près de la mer, ils risquaient de rencontrer des Espagnols mais aussi des gens encore moins fréquentables, les Quinipissa, qui avaient coutume de manger de la chair humaine. Le 2 avril, alors que le convoi naviguait depuis plusieurs jours entre des rives plates et boisées à perte de vue, les Quinipissa apparurent. Ils accueillirent par des volées de flèches les envoyés de Cavelier, avant de se disperser dans la forêt au sol spongieux. Ayant débarqué, les Français découvrirent avec effroi ce qui restait d'un village de Tangipahoa, que le

---

1. 1695-1775, auteur d'une fameuse *Histoire de la Louisiane*, Paris, 1758.

notaire Jacques de La Métairie appelle les Mahcouala, sans doute dévasté par les cannibales. Les visiteurs horrifiés trouvèrent, entassés dans trois cabanes, des piles de corps amputés. Ils imaginèrent aisément pour quels festins barbares les anthropophages venaient puiser dans cette réserve putride. Le père Membré dit une prière, bénit les dépouilles et l'on s'éloigna rapidement du charnier.

Quarante-huit heures plus tard, le paysage avait changé. Le fleuve s'étalait maintenant à travers une sorte de savane humide hérissée de roseaux et de cannes. Le majestueux Mississippi semblait mêler ses eaux boueuses à celles des marais peuplés d'oiseaux innombrables, de hérons, de flamants, d'alligators et de tortues à carapace noire. Des cyprès chauves, dressés comme des squelettes sur des faisceaux de racines coniques émergeant de l'eau, dont les branches courtes et torses supportaient des écheveaux de lianes grises semblables à des scalps, prenaient, sur fond de nuages bas couleur de plomb, l'aspect d'épouvantails. Le 7 avril, le fleuve parut, devant les rameurs, se diviser en trois chenaux. M. de La Salle choisit d'explorer celui de droite, Tonty fut envoyé au centre et M. d'Autray s'engagea à gauche. Ce fut Tonty qui, le premier, vit la mer, ramassa un crabe, goûta l'eau et la trouva saumâtre. Les trois équipes se réunirent sur une langue de terre pour y camper. Le but était atteint. « M. de La Salle fut visiter et reconnaître les côtes de la mer voisine », constate laconiquement le tabellion dans son procès-verbal. Il n'était pas chargé de transmettre à la postérité la jubilation, que l'on suppose intense, des découvreurs, encore que l'on ne puisse imaginer Robert le Conquérant battant des mains ou poussant un hourra comme un champion de pétanque !

Le lendemain, qui était le neuvième jour du mois d'avril 1682, M. de La Salle revêtit son habit galonné d'or, noua son jabot de dentelle, coiffa son feutre empanaché, fit ébrancher un tronc qui reçut les armes du roi de France

gravées sur un flanc de chaudron. Ayant fait aligner ceux
qui portaient un fusil, il demanda au récollet de bénir ce
jour et cette terre. Dieu ayant été remercié pour la protection accordée aux découvreurs, on en vint au baptême.
« Je te nomme Louisiane », aurait simplement dit le
Normand[1] avant de commander une salve d'honneur qui
fit s'envoler les oiseaux. Il ne restait plus aux témoins qu'à
signer le procès-verbal rédigé par le notaire.

L'histoire a de ces banalités administratives déconcer-
tantes. Ces dernières inspirent parfois aux artistes des
images d'Épinal, comme celle qui ouvrait ce chapitre,
fameux entre tous, de l'aventure coloniale de la France.

Lauriers amers et gloire reconnue

Ce lieu unique, M. de La Salle entendait pouvoir le
retrouver si, comme il était probable, le Mississippi, ne
respectant pas le blason du roi de France, emportait avec
désinvolture et du même geste au cours d'une crue l'arbre-
colonne et la croix du Christ. De nombreux historiens ou
biographes écrivent que, pour estimer sa position, Robert
le Conquérant disposait d'un astrolabe. Le mot s'applique
à tant d'instruments qu'il est difficile de connaître celui qui
fut utilisé par le découvreur. Il est probable que Cavelier
voyageait avec une boussole et un quadrant ou un anneau
astronomique. Constitué par un cercle de bois, gradué en
degrés, suspendu à un anneau et supportant un fil à plomb,
cet instrument était aussi pourvu d'un système élémentaire
d'optique permettant de viser l'axe du soleil le jour, de
l'étoile Polaire la nuit. Il fournissait ainsi la hauteur du
soleil ou de l'astre, d'où l'on déduisait la latitude du site

---

1. Il avait choisi dès 1681 le nom de Louisiane pour le territoire qu'il envisageait d'explorer (lettre du 22 août 1681).

considéré. Le notaire Jacques de La Métairie nota d'ailleurs scrupuleusement le relevé du 9 avril 1682 : 27 degrés d'élévation du pôle septentrional. Cependant, pour faire un point précis, il eût fallu déterminer aussi la longitude, ce qui était impossible avec les instruments de l'époque. L'explorateur ne possédait pas d'horloge astronomique, ni même de chronomètre, et le méridien de Greenwich n'avait pas encore été choisi comme référence par le Bureau des longitudes ! Cette lacune avait joué de mauvais tours à plus d'un navigateur, y compris au plus fameux d'entre eux, Christophe Colomb. Une telle imprécision, aggravée par l'absence de repères dans le décor plat du delta où le Mississippi joue sans arrêt, au rythme des marées, sous l'influence d'une tornade ou par l'apport soudain d'un bayou, à modifier le réseau de ses innombrables bras navigables, devait conduire Cavelier de La Salle à sa perte et la Louisiane à l'abandon.

Mais, le 10 avril 1682, Cavelier et ses compagnons ne pensaient qu'à prendre le chemin du retour vers la Nouvelle-France. L'explorateur parce qu'il entendait faire part de sa découverte au comte de Frontenac, les autres parce qu'ils souhaitaient rentrer chez eux. La remontée du fleuve ne fut pas de tout repos. Gonflé par la fonte des neiges dans le haut de son cours, le Mississippi roulait des eaux tumultueuses. Il fallut ramer ferme, souvent le ventre creux, tantôt en se battant, tantôt en rusant avec des tribus hostiles, pendant deux bonnes semaines, avant d'atteindre le pays des gentils Taensa qui hébergèrent et nourrirent les découvreurs de la mer Vermeille. À peine la flottille avait-elle repris sa navigation vers le nord que Cavelier tomba malade. Incapable de voyager, il dut s'arrêter quarante jours au fort Prudhomme pour se reposer, tandis que le fidèle Tonty était envoyé en éclaireur pour porter la grande nouvelle à Québec. L'homme à la main d'argent avait dû composer avec des tribus en guerre contre les Iroquois, et n'était arrivé qu'au pays des Illinois quand M. de La Salle, à demi guéri, se mit en route. Il rejoignit son lieutenant à Michilimackinac en septembre. Fidèle à sa tactique, qui consistait à jalonner de forts, centres de civilisation attractifs pour les négociants et les Indiens, la route liquide qui permettrait désormais de se rendre du pays des Grands Lacs jusqu'au golfe du Mexique sans quitter le territoire français, l'explorateur prit le temps de construire sur l'Illinois, près du confluent de la rivière Divine, un nouvel établissement, qu'on appela fort Saint-Louis des Illinois.

À peine la forteresse fut-elle achevée que des centaines puis des milliers d'Indiens, Abnaki, Miami, Chaouanon et Illinois, vinrent faire allégeance à celui que les moqueurs nommaient, avec plus d'à-propos qu'ils ne pouvaient imaginer, le seigneur des Sauvages. Ces tribus amies attendaient du Français qu'il les conduisît dans la guerre que leur faisaient les Iroquois, activés en sous-main par les marchands anglais.

Ainsi, le grand dessein colonial, conçu par un seul homme, commençait à prendre corps. La constitution d'un royaume français d'Amérique, considérée comme utopie et dénoncée comme telle par les ignorants, les médiocres, les cuistres et les jaloux, pouvait devenir une réalité territoriale, stratégique, politique et commerciale. Mais construire des forts, assurer la sécurité de la navigation, mettre en valeur les terres coûtait cher. Il fallait de l'argent, des armes et des cadeaux pour entretenir les autochtones – aiguillonés par les Britanniques dans les bonnes dispositions qu'ils manifestaient à l'égard des Français. L'aide de l'État devenait donc indispensable. M. de La Salle avait dépensé deux cent mille livres pour réussir sa démonstration et ne possédait plus un sol. Louis XIV, devenu, par acte notarié, propriétaire exclusif d'un demi-continent supposé plein de richesses exploitables, se devait de prendre le relais.

Le 23 juillet 1682, Tonty, parvenu le premier à Michili-mackinac, avait envoyé une relation du voyage au comte de Frontenac. Il s'agissait de préparer le terrain pour les sollicitations futures.

Hélas ! Des changements radicaux étaient intervenus à Québec. Pendant que les pionniers naviguaient sur le Mississippi ou ses affluents, les basses intrigues des jésuites, les ragots des cercles coloniaux, la cupidité des négociants dont Frontenac voulait limiter les privilèges, les querelles de préséance, les prétentions des subalternes incompétents, avaient fait le jeu des ennemis du protecteur de Cavelier.

À Paris, on se souciait peu des conceptions coloniales de M. de La Salle. Pendant que ce dernier et ses compagnons risquaient leur vie pour agrandir le royaume de France, Louis XIV faisait de la décoration d'intérieur ! En avril 1682, tandis que Cavelier plante la colonne fleurdelisée dans la boue du delta sauvage, le roi, à Versailles, choisit des luminaires. Il hésite, nous dit Jacques de Saint-Germain[1], entre des chandeliers représentant Hercule terrassant le lion et des candélabres supportés par le même Hercule étranglant l'hydre.

Prompt à donner raison au dernier courtisan qui a parlé, le roi prêtait aussi l'oreille aux détracteurs du comte de Frontenac. C'est ainsi que le gouverneur du Canada avait été rappelé, comme le sont aujourd'hui les préfets de la République quand ils cessent de plaire !

Le 1er mai 1682, alors que Cavelier grelottait de fièvre au fort Prudhomme, un nouveau gouverneur avait été nommé, M. Antoine Joseph Le Fèvre de La Barre. Ce général, ami des jésuites, alors âgé de soixante ans, avait été successivement intendant du Bourbonnais, de l'Auvergne, de Paris, puis gouverneur de la Guyane en

---

1. *Louis XIV secret*, Hachette, Paris, 1970.

1663. Il avait conquis Cayenne sur les Hollandais, négocié avec la Compagnie des Indes des accords ouvrant le commerce des Antilles aux négociants français. Comme il restait sans fortune malgré une impudente propension à réclamer des pots-de-vin, il comptait bien, comme d'autres, s'enrichir au Canada.

Quand, au mois de novembre 1683 Cavelier arrive à Québec, l'accueil est plutôt frais. La Barre à demi gâteux, déjà en relation d'affaires avec deux négociants, créanciers de l'explorateur, Le Bert et La Chesnaye, non seulement refuse d'octroyer les fournitures demandées par M. de La Salle mais confisque le fort Frontenac et tout ce qu'il contient, sous prétexte que le seigneur des Sauvages n'y a pas maintenu la garnison prévue par les lettres patentes de 1678 ! La Barre ne dit pas, en revanche, qu'il a conclu un accord financier avec les deux « repreneurs » des biens de M. de La Salle. Le gouverneur touchera désormais la moitié des bénéfices réalisés par La Chesnaye et Le Bert. Comme le vieux concussionnaire est inquiet, il fait ouvrir le courrier de Cavelier, supprime les passages qui mettent en valeur la découverte du Normand et ajoute des commentaires pernicieux à destination du ministre de la Marine. Ceux-ci sont de nature à faire croire que M. de La Salle est un mythomane, qu'il a perdu la tête et veut créer « un royaume imaginaire en débauchant tous les banqueroutiers et fainéants de ce pays ». N'en étant pas à une vilenie près, La Barre destitue le capitaine Henry de Tonty de son commandement du fort Saint-Louis des Illinois et donne à entendre aux Iroquois que, si un malheur arrivait aux aventuriers français qui soutiennent contre eux les Miami et les Illinois, il n'en ferait pas une affaire d'État !

Il ne restait plus à M. de La Salle, bien qu'il eût des choses plus urgentes à entreprendre, qu'à traverser une nouvelle fois l'Atlantique, pour demander justice au roi. À

Paris, il pouvait compter sur M. de Frontenac qui l'avait précédé en compagnie du père Zénobe Membré. Bien que récollet détesté par les jésuites, ce prêtre était non seulement un saint homme mais un témoin loyal et irréfutable du voyage dans le delta.

Le 13 novembre 1683, Cavelier appareilla pour la France avec son Indien Nika et le major La Forest, commandant du fort Frontenac que le gouverneur renvoyait en France. En débarquant à La Rochelle, le 23 décembre 1683, il savait que seul M. de Seignelay, qui venait de succéder à son père, pouvait entendre ses justifications. Car le grand Colbert était mort le 6 septembre et on avait dû l'enterrer de nuit pour soustraire son corps à la fureur du peuple, qui le détestait à cause de la politique autoritaire imposée par l'intérêt national. Les bourgeois affairistes et les gens du négoce, qui voient rarement plus loin que le bout de leur tiroir-caisse, avaient mal supporté la création des manufactures de textiles et les ordonnances fiscales. Quelques jours avant sa mort, le grand ministre avait reçu, maigre consolation, l'acte officiel de prise de possession de la Louisiane des mains du comte de Frontenac.

À Paris, M. de La Salle constata que ses amis lui étaient restés fidèles et que bon nombre de gens éclairés appréciaient à leur juste valeur ses découvertes, maintenant officiellement révélées, et l'encourageaient à poursuivre. Il devint, grâce aux salons et aux journaux, le paladin du moment. *Le Mercure galant* rendit compte à sa manière des aventures du gentilhomme : « Il a vu diverses nations barbares. Comme il possède dix sortes de langues de ce pays-là, il a eu moyen de reconnaître leur religion et leur police. La plupart adorent le soleil et l'esprit qui le gouverne. Les hommes vont nus. Pour les femmes mariées, on les oblige à une conduite exacte et on leur coupe les oreilles et le nez quand on les surprend dans quelque faute[1]. » Ce genre de commentaire avait de quoi donner de délicieux frissons aux Parisiennes dont les infidélités conjugales ne connaissaient pas d'aussi cruelles sanctions !

À la demande de Seignelay, le roi reçut, en toute discrétion et fort aimablement, la vedette du jour. Louis XIV, en deuil de la reine Marie-Thérèse, morte le 30 juillet, devait porter, ce jour-là, un justaucorps violet et une cravate sobre, tenue choisie pour marquer son récent veuvage. Comme tous les maris qui ont abondamment trompé leur femme, le souverain témoignait d'une grande déférence au souvenir de la sienne, bien que l'on racontât déjà qu'il avait, dès le mois de septembre, secrètement épousé Mme de Maintenon. À Versailles, où l'on commençait la construction de l'aile nord du château, Cavelier fut écouté comme devaient l'être les conquistadores quand ils réapparaissaient à la cour d'Espagne après une heureuse expédition.

Rien ne transpira de l'entrevue royale et les courtisans indiscrets, comme les amateurs de ragots, en furent pour leurs frais. On vit cependant, en peu de jours, les effets de cet échange de vues. Non seulement le roi accorda immédiatement à Cavelier réparation des préjudices causés en ordonnant à La Barre de restituer sur-le-champ à leur propriétaire les forts confisqués, mais il délivra, le 14 mars 1684, de nouvelles lettres patentes nommant M. de La Salle « gouverneur de toutes les contrées de l'Amérique septentrionale soumises et à soumettre du fort de Saint-Louis des Illinois jusqu'à la Nouvelle-Biscaye », c'est-à-dire les possessions espagnoles bordant le golfe du Mexique. La commission donnait aussi pouvoir à l'explorateur de commander tant aux Français qu'aux Sauvages

---

1. Cité par Charles de La Roncière dans *Cavelier de La Salle, explorateur de la Nouvelle-France*, Mame, Tours, 1936.

de ces régions et de nommer les gouverneurs et commandants. Si Cavelier avait rêvé un jour de posséder un duché, il pouvait être satisfait au-delà de ses espérances : Louis XIV venait de le faire, en trois phrases, vice-roi d'Amérique.

Ayant obtenu l'agrément du souverain et fait taire ses détracteurs, il dépêcha le major La Forest en Nouvelle-France pour reprendre le contrôle du fort Frontenac et transmettre à Tonty l'ordre de rassembler tous les Indiens qu'il pourrait enrôler près du fort Saint-Louis des Illinois. Comme le colonisateur – il mérite dès à présent ce titre – l'avait proposé au roi, il s'agissait en effet de constituer une armée de quinze ou vingt mille Sauvages, encadrés par des soldats venus de France et de robustes boucaniers recrutés à Saint-Domingue. Cette troupe permettrait de monter une expédition guerrière contre les Espagnols et de leur dérober le Mexique, dont la capitale comptait alors plus de cent mille habitants. Le projet pouvait paraître fou et, en tout cas, téméraire, mais la France était alors puissante et redoutée de l'Espagne, ce qui encourageait une telle entreprise. Charles II avait déjà dû abandonner à Louis XIV la Franche-Comté et une partie de la Flandre et il s'apprêtait à signer un traité accordant, pour vingt ans, Strasbourg à la France, en échange de Courtray et de Dixmude[1]. Il ne saurait pas mieux défendre sa colonie mexicaine que ses possessions européennes, pensait-on avec optimisme à Versailles. Le maréchal de Bellefonds n'était-il pas entré à Gérone en mars, au moment où le roi de France signait les nouvelles lettres patentes de Cavelier de La Salle ?

---

1. Traité de Ratisbonne, 15 août 1684.

Les années d'errance

Fort de ses nouveaux privilèges, et cette fois-ci de l'appui du roi et de l'État, Cavelier de La Salle s'embarqua pour la Louisiane le 24 juillet 1684. Il disposait d'une flottille de quatre navires, le *Joly*, trois-mâts portant trente-cinq canons, la *Belle*, petite frégate armée de six canons et offerte par le roi à l'explorateur, l'*Aimable*, flûte jaugeant trois cents tonneaux, propriété d'un armateur de La Rochelle, M. Massiot, le *Saint-François*, cotre à tapecul de petit tonnage, chargé de vin et de denrées destinées aux habitants de Saint-Domingue et qui devait faire route jusqu'à cette île avec la flottille. Après cette escale, les bateaux contourneraient la pointe de la Floride et débarqueraient les pionniers dans les bouches du Mississippi, visitées deux ans plus tôt par le chef de l'expédition. On emportait du matériel, des fournitures et des objets de première nécessité destinés aux colons qui accepteraient de s'installer dans le delta.

Deux cent quatre-vingts soldats, ouvriers et volontaires étaient du voyage. Ces gens, qui avaient souvent été enrôlés, à La Rochelle et à Rochefort, par des recruteurs professionnels, et payés, c'est le cas de le dire, à la tête du client, représentaient, d'après La Salle lui-même, un bel échantillon de « cette racaille de toutes les nations qui hante les grands ports[1] ». Le seigneur réhabilité de Frontenac avait sélectionné personnellement les officiers qui devaient encadrer cette troupe peu reluisante. Certains d'entre eux avaient choisi l'aventure coloniale pour se faire oublier en métropole. C'était le cas du marquis de La Sablonnière, un libertin ruiné par le jeu et les donzelles.

---

1. Léon Lemonnier, *Cavelier de La Salle et l'exploration du Mississipi*, Gallimard, Paris, 1942.

Il comptait que l'exploration de la Louisiane serait plus payante que la campagne contre les Barbaresques d'Algérie, dont il n'avait rapporté que la vérole. Parmi les recommandés dont Cavelier fut obligé de s'encombrer figurait le fils d'un secrétaire du roi, Pierre Meunier, un bon à rien que sa famille souhaitait éloigner. Avaient embarqué aussi des commerçants rouennais, Legros et les frères Duhault, qui, ayant investi dans les fournitures, voulaient s'assurer par eux-mêmes de la rentabilité de l'opération. De braves soldats faisaient heureusement partie de la troupe, notamment Henri Joutel, fils du jardinier des Cavelier, qui avait reçu une bonne éducation et comptait dix-sept ans de service dans l'armée. Il serait pour La Salle, comme Tonty, un lieutenant à la fidélité inaltérable et publierait en 1713 une relation de l'expédition[1]. Trois missionnaires récollets figuraient parmi les passagers, le père Zénobe Membré, qui connaissait le pays, et ses confrères Maxime Le Clercq et Anastase Douay. On avait invité aussi des sulpiciens, Jean Cavelier, le frère de Robert, et les abbés Chefdville et Esmanville. M. de La Salle, pour plaire à sa famille, avait encore accepté de prendre à bord deux de ses neveux qui voulaient voir l'Amérique, Crevel de Moranger et Nicolas Cavelier. Enfin, comme il valait mieux dans ce genre de croisière avoir un chirurgien sous la main, on s'était entendu avec un certain Liotot, qui avait mis un peu d'argent dans la pacotille à vendre aux Indiens.

Si M. de La Salle commande aux soldats, un capitaine de la marine royale, M. Le Gallois de Beaujeu, normand comme l'explorateur, commande aux navires. La Salle choisit l'itinéraire mais Beaujeu décide des manœuvres.

---

1. *Journal historique du dernier voyage que feu M. de La Salle fit dans le golfe du Mexique pour trouver l'embouchure et le cours de la rivière Mississipi*, E. Robinot, Paris, 1713.

C'est là que gît, dès avant l'appareillage, le ferment d'un désaccord que l'opposition des caractères amplifiera et qui conduira à des conflits très préjudiciables à l'expédition.

La Salle n'était pas un de ces vaniteux ordinaires qui se prennent pour génie universel parce que la fortune leur a, une fois, souri. Conscient de sa valeur, il entendait tenir la place que l'Histoire consentait enfin à lui attribuer et n'admettait pas qu'on méconnût ses compétences déjà prouvées, ni qu'on empiétât sur ses prérogatives. Il n'avait pas pour habitude de révéler aux autres par le détail ses projets et ses plans. Peut-être estimait-il que ses interlocuteurs eussent été incapables, ne distinguant que les signes extérieurs de l'entreprise, de comprendre l'immense ambition qui l'animait. Cavelier le Normand se faisait une certaine idée de l'Amérique française. Cette idée primait tout. Les contingences ne pouvaient l'infléchir, l'intendance devait suivre, les hommes marcher sans murmurer ni même poser de questions. À ceux qui avaient accepté de l'accompagner, Cavelier ne promettait que l'honneur de figurer parmi les défricheurs d'un nouveau royaume. Il eût pu dire « Je suis la Louisiane » sans que cela fît sourire, tant on devinait qu'il avait engagé son honneur et sa vie dans l'aventure. Les uns l'appelaient Don Quichotte, les autres le Christophe Colomb de la vallée du Mississippi, mais tous reconnaissaient en lui le condottiere intrépide qui sait faire front à la défaveur éventuelle du destin. M. de La Salle montrait en toute circonstance un sens féodal du devoir et de l'autorité. Il entendait imposer comme un dogme sa conception réaliste et moderne de l'entreprise coloniale. Ce type de chef déplaît plus encore aux proches par le grade ou la fonction qu'aux subalternes et l'époque n'était pas à la concertation ou au dialogue. M. de La Salle ne recherchait pas le consensus, qui est une mode récente et réputée démocratique. Il prescrivait à chacun de servir à la place assignée, sans tergiversations ni plaintes. Les pusillanimes et les délicats qui osaient exhiber leurs états d'âme étaient promptement désignés pour les missions dangereuses ou rebutantes, ce qui les ramenait aux considérations primordiales de l'existence. L'action dilue les mélancolies que le narcissisme exaspère. Pour le Normand, il n'existait pas de meilleur critère d'appréciation que l'efficacité.

C'est pourquoi, dès les premiers jours du voyage qui, faute de vent, ne commença que le 1er août, les heurts se succédèrent entre le capitaine Beaujeu et Cavelier. Le marin tenait aux préséances de Neptune, qui font en mer d'un capitaine le substitut de Dieu. Il souffrit donc, tout de suite, de se voir cantonné dans le rôle du navigateur mis au service d'un coureur de bois par décision royale. Il trouva bientôt excessif le nombre des gens qui mangeaient à sa table... et à ses frais : quatorze personnes, dont six prêtres. Puis il prit très mal que M. de La Salle eût refusé de faire escale à Madère et encore plus mal que ce taciturne lui cachât, depuis le départ, la destination exacte de la flottille. Cavelier craignait les espions espagnols et n'avait pas tort. Beaujeu, qui s'était attiré quelque reconnaissance de Seignelay pendant la campagne d'Algérie, se plaignit par lettre au ministre de la Marine de l'attitude de son passager. « C'est un homme si défiant, qui a tellement peur qu'on ne pénètre dans ses secrets qu'on ose *[sic]* lui rien demander », écrivit-il. Les choses se corsèrent quand M. de La Salle refusa avec hauteur de se plier au cérémonial burlesque qui préside traditionnellement au passage de la Ligne. « C'est une insulte à la marine française », aurait dit, entre deux parties de cartes, le capitaine Escartefigue. Beaujeu ne le dit pas mais ressentit comme un affront la dérobade de son passager. Il est probable que les marins réservaient au gentilhomme sec et distant, qui les considérait sans aménité comme de simples auxiliaires des transports maritimes, un baptême particulièrement soigné. La Salle trouvait cette momerie ridicule et le dit clairement, ce qui fit gronder l'équipage du *Joly* et ceux des autres navires.

Quand le journal intime du père Membré, où le religieux décrivait toutes les fredaines des marins et les algarades du bord, tomba sous les yeux du capitaine, l'atmosphère devint irrespirable. Fort heureusement, on arrivait à Saint-Domingue où l'on débarqua d'abord les nombreux malades qui se trouvaient à bord des bateaux. M. de La Salle ayant été terrassé, semble-t-il, par la même fièvre dont souffraient marins et passagers, bien que certains historiens aient cru reconnaître dans les symptômes vaguement décrits une congestion cérébrale, et que d'autres y aient vu la main d'un empoisonneur, il fallut prolonger l'escale. L'explorateur allait passer deux mois dans ce pays où, d'après Joutel, l'air et les fruits étaient mauvais et où l'on trouvait « quantité de femmes pires encore que l'air et les fruits ! ».

Couché dans une mansarde sordide, tandis que les matelots ivres braillaient toutes les nuits en sortant des cabarets de la rue voisine, que le marquis de La Sablonnière vendait ses vêtements pour payer les filles de joie et que les commerçants rouennais liquidaient à bon prix une partie des produits destinés à la future colonie, l'explorateur crut mourir d'amertume autant que de maladie. Les désertions se multipliaient et il voyait l'expédition compromise. Quand il apprit que le plus lent des bateaux, le cotre *Saint-François*, empli de meubles, d'outils et de munitions, avait été saisi par les Espagnols, comme Jérémie il se tourna vers le mur de sa chambre et se mit à délirer. Son frère, l'abbé Cavelier, le croyant perdu, lui fit porter la communion, ce qui, sans doute pour l'édification des libertins, le calma et fit tomber la fièvre.

Quelques jours plus tard, bien que très affaibli, M. de La Salle reçut le gouverneur de l'île et prépara le départ de la flottille. Après cette longue escale à Saint-Domingue, on mit à la voile le 25 novembre. Cette fois-ci, Cavelier, qui avec le commandant des îles reprochait à Beaujeu la perte du *Saint-François*, parce qu'il n'avait pas attendu ce vaisseau, trop poussif à son gré, embarqua sur la flûte l'*Aimable* avec ses officiers.

Les bateaux risquaient de se perdre de vue, Beaujeu n'ayant sans doute pas l'intention de tenir compte du message envoyé par Cavelier qui lui demandait de ne pas forcer l'allure. L'*Aimable* était en effet incapable de suivre le *Joly*. On s'était donc donné rendez-vous, par 28 degrés 20 minutes, dans la mer Vermeille, point le plus proche, selon M. de La Salle, de l'embouchure du Mississippi.

Après être passés au large de Cuba, les navires regroupés entrèrent ensemble dans le golfe du Mexique, mais, à partir de là, personne ne sut plus se diriger. Ni M. de La Salle ni Beaujeu ne distinguèrent la baie de la Mobile, devant laquelle ils défilèrent dans la brume sans ralentir. Quelques jours plus tard, on vit par chance, sur une pointe, des feux allumés par des Sauvages et Cavelier se crut près du but, imaginant qu'il s'agissait des Appalache. Or les Indiens, très courtois, qu'on amena à bord parlaient une langue incompréhensible à La Salle qui en connaissait cependant beaucoup. Ils donnèrent à entendre, avant de rentrer chez eux comblés de cadeaux, que le Mississippi coulait plus loin vers l'ouest alors qu'il se trouvait à l'est. La flottille ayant déjà dépassé l'embouchure du fleuve noyée dans le brouillard, il eût fallu rebrousser chemin, ce qu'on ne fit pas. Le 5 février, M. de La Salle, qui avait repéré une baie et souhaitait se débarrasser au plus vite de Beaujeu, demanda qu'on fît débarquer la troupe que lui avait donnée le roi de France. Dès que celle-ci eut mis pied à terre, on prit la direction de l'ouest, s'éloignant ainsi du fleuve recherché. Beaujeu, goguenard, conduisant la flottille, longeait la côte en suivant à la longue-vue la progression des explorateurs.

Le 16 février, M. de La Salle, étant arrivé au bord d'une baie plus large que celle où il avait débarqué et qu'il prit, nouvelle erreur, pour un des bras du Mississippi, organisa un campement de fortune au milieu des roseaux. Il décida d'attendre la livraison des fournitures et des provisions qui se trouvaient à bord de la flûte. Malchance, étourderie ou manœuvre stupide, l'*Aimable*, poussée par un fort vent d'est, s'échoua. Il fut impossible de décharger toute la précieuse cargaison avant l'arrivée d'une violente tempête.

Au petit jour, la silhouette de la flûte, dont on avait dû, la veille, abattre les mâts pour réduire la prise au vent, ne se détachait plus sur le ciel laiteux. Pendant la nuit, le navire avait été englouti. Quelques barriques de vin se dandinaient ironiquement sur les vagues. Les Indiens, qui avaient observé les péripéties du naufrage, pillèrent discrètement l'épave. Leurs femmes se taillèrent des robes dans les pièces de tissu dérobées.

Ce fut un rude coup pour le moral des hommes, et l'humeur de M. de La Salle s'en trouva singulièrement aigrie. Il advint encore, pour rendre plus détestable l'accueil d'une terre aux charmes tant vantés, que des Français qui avaient emprunté sans autorisation des canots aux Indiens furent attaqués par ces derniers. Deux soldats périrent et le neveu de Cavelier, le jeune Moranger, regagna le camp avec une flèche dans le bras. Déjà, certains déprimés ne pensaient qu'à rembarquer sur le *Joly* et rentrer en France. L'ingénieur Minet et le sulpicien Esmanville étaient du nombre.

Ainsi, le 5 mars 1685, ayant manqué les bouches du Mississippi, Cavelier installa sa base dans une baie que les Français nommèrent Saint-Bernard et dont on sait aujourd'hui qu'elle est la baie de Lavaca, située au fond de Matagorda Bay, à plus de cent cinquante kilomètres à l'ouest de

Galveston, au Texas. L'explorateur égaré se trouvait donc à environ six cents kilomètres du lieu, aujourd'hui Venice, en Louisiane, où il avait, cinq ans plus tôt, planté le poteau à fleurs de lis de la prise de possession.

Pendant trois semaines, La Salle et Beaujeu échangèrent des messages dont les termes, d'une politesse conventionnelle, cachent mal l'irritation croissante de l'un et l'agacement contenu de l'autre. Aux demandes réitérées de Cavelier, qui voulait tirer des bateaux vivres et canons, répondaient les refus circonstanciés du marin qui n'acceptait pas de se dessaisir de provisions jugées indispensables pour le voyage de retour. Portées par des rameurs qui faisaient la navette entre les bateaux et la terre, ces lettres[1] – seize écrites entre le 23 janvier et le 10 mars 1685 – illustraient le désaccord des deux hommes.

Quand, le 12 mars, le capitaine Beaujeu fit mettre à la voile pour retourner en France, il emmenait avec lui l'ingénieur Minet, le sulpicien Esmanville et ce Nicolas de La Salle, devenu écrivain de marine, c'est-à-dire employé aux écritures, dont l'homonymie avec le héros n'était guère flatteuse pour ce dernier. Il dut y avoir ce jour-là, dans le cœur de ceux qui restaient sur le rivage, beaucoup de mélancolie et plus d'inquiétude que d'espoir de fortune. Ils savaient cependant qu'un des bateaux, la *Belle*[2], petite frégate à six canons offerte par le roi à Cavelier, croiserait au long des rivages du golfe et se présenterait en juillet devant le fort en construction.

Dès que les voiles eurent disparu de l'horizon, M. de La Salle, qui ignorait tout de sa position, n'eut qu'un seul but, regagner les rives du Mississippi pour y fonder un établissement qui assurerait la présence française, puis remonter le fleuve à la rencontre de Tonty et des gens que

---

1. Elles sont aujourd'hui conservées aux Archives coloniales.
2. Retrouvée en 1997 au large du Texas.

ce dernier avait dû rassembler. Ensuite, avec une armée indienne bien encadrée, on pourrait envisager une expédition contre les Espagnols.

Pendant deux ans, Robert le Conquérant allait errer à la recherche du grand fleuve qui, malignement, se déroba. Le seigneur des Sauvages commença par construire, en un lieu que les Texans situent aujourd'hui près de Port Lavaca, un fort qu'il nomma Saint-Louis, sans doute par référence au fort Saint-Louis des Illinois où le fidèle Tonty attendait les ordres de son chef.

La chronique de ce fort texan est instructive et, bien qu'édulcorée sans doute par les témoins, elle permet de mesurer ce que dut être, au fil des saisons, le désenchantement de M. de La Salle.

Celui qui voulait fonder un empire était condamné à vivoter comme un clochard exotique, à tourner en rond, sur des centaines de kilomètres carrés, dans les prairies, les forêts et les marécages, à gourmander sans arrêt les pseudo-colons qui ne pensaient qu'à s'enivrer et faire ripaille dès qu'il avait le dos tourné. Il devait aussi déjouer les plus mesquines intrigues, prévenir les désertions et parfois les rébellions, se conduire durement avec les soldats pour maintenir un semblant de discipline. La nourriture, certes, ne manquait pas. Le pays était, à la fin du XVIIe siècle, encore plus giboyeux que de nos jours où il a été sacré *Sportsmen Paradise*. Les canards étaient légion comme les oies, les courlis et les pluviers. L'écureuil, le lapin, l'opossum, le rat musqué y abondaient. La rivière de la Vache, ainsi nommée par Cavelier[1] et qui coulait au pied du fort, fournissait de succulents poissons. Défrichée, la

---

1. Elle s'appelle toujours la Vaca et a donné son nom à Port Lavaca, localité texane de dix-huit mille habitants, dont l'économie est à quatre-vingts pour cent agricole. La petite ville est au cœur de la région où les Texans viennent chasser le cerf.

terre se révélait fertile et produisait aisément légumes, melons, citrouilles, oignons. La vigne sauvage, les pruniers, les noyers et les mûriers fournissaient des desserts acceptables. Quand on voulait déguster une belle entrecôte, il suffisait de marcher vers le nord jusqu'aux prairies où paissaient les bisons, à moins qu'on ne préférât rôtir un cuissot de chevreuil, que les gourmets accompagnaient d'une sauce liée à l'œuf de tortue !

Dans ce fort vivaient sept femmes, la plupart normandes, qui faisaient la cuisine, ravaudaient le linge et émoustillaient les hommes. L'une, Mme Talon, était veuve d'un militaire canadien (homonyme du célèbre intendant) qui lui avait laissé une fille et trois fils, une autre était l'épouse d'un soldat de la troupe venu de Saint-Jean-d'Angély, une troisième, célibataire, se disait cousine du curé de Saint-Eustache et une quatrième, célibataire, dont la chronique n'a retenu que le sobriquet, se faisait appeler la Parisienne. Une autre mère de famille, épouse d'un artisan rouennais, et deux demoiselles complétaient la population féminine qui devait comprendre aussi quelques Indiennes, compagnes temporaires mais fort prisées des solitaires. Quand M. de La Salle s'éloignait avec un détachement pour sacrifier à sa marotte, la recherche du Mississippi, Joutel, promu commandant du fort, s'efforçait de faire respecter les règles du savoir-vivre et la vertu des dames. Comme on redoutait toujours une attaque des Indiens, les officiers organisaient des concours de tir dotés de prix. Les femmes, qui devaient savoir tenir un fusil, y participaient. Ensuite on buvait, on dînait, on dansait et les flirts allaient bon train, non seulement avec les demoiselles françaises, dont le gynécée ne comportait pas de clôture, mais avec les jolies Indiennes ramenées des randonnées dans la forêt. Le père Anastase Douay était toujours prêt à baptiser les fruits des amours fortuites. Il eut même l'occasion de célébrer le mariage du lieutenant

Gabriel Minisme, dit le Barbier, avec une demoiselle de la colonie. Quand le marquis de La Sablonnière, suivant l'exemple de son camarade, demanda la main de la Parisienne, il fut éconduit. Toutes les femmes du fort Saint-Louis connaissaient la nature de la maladie qui minait la santé du libertin !

D'ailleurs, l'état sanitaire de cette colonie naissante laissait beaucoup à désirer et l'on mourait plus souvent de maladie que d'une flèche indienne. Les séquelles des fièvres et autres maux contractés à Saint-Domingue tuèrent trente hommes en quelques mois, et l'on dut créer un cimetière à proximité du fort. On perdit aussi Legros, le riche négociant rouennais, qui, en dépit d'une amputation pratiquée par le chirurgien Liotot, ne survécut que peu de jours à la gangrène provoquée par la morsure d'un serpent à sonnette. On trouva, dans son bagage, un millier de livres en louis d'or, que M. de La Salle confisqua.

Les reconnaissances que conduisait inlassablement le chef de l'expédition, parfois à plusieurs semaines de marche du fort Saint-Louis, réservaient de temps à autre des rencontres intéressantes. C'est ainsi que Cavelier identifia un jour, à quinze lieues du camp, les vestiges d'un grand fort abandonné. Entre deux canons rouillés, une poutre portait encore les armes de Castille et une date : 1588. Les Indiens de la région présentèrent aux Français des épées, des lampes, des cuillers, de la dentelle et même des livres trouvés dans les établissements des Espagnols, qui apparaissaient périodiquement et leur cédaient des chevaux. C'est au retour d'une de ces explorations que Cavelier comprit, après une heureuse rencontre avec des Indiens Chaouanon, que pour retrouver le Mississippi tant désiré il fallait faire route à l'est et non à l'ouest. Il comptait donc utiliser la *Belle* et ses barques pour longer la côte jusqu'à l'embouchure du fleuve, mais, avant qu'il ne parvienne au fort, le bateau offert par le roi coula à la suite d'une manœuvre désastreuse, dirigée par un capitaine d'occasion. Il ne restait plus qu'à marcher jusqu'au delta.

Une première expédition, partie le 26 avril 1686, fut un échec. Après deux mois d'errance et un séjour chez les Indiens Ceni où, se trouvant à l'aise, quatre soldats désertèrent pour se mettre en ménage avec des squaws, M. de La Salle, ayant échappé de justesse à la noyade, ne ramena au fort que huit compagnons sur les vingt que comptait la troupe au départ. Dominique, le plus jeune des frères Duhault, et un valet nommé Dumesnil avait été tués par les Comanche. Duhault l'aîné rendit Cavelier responsable de ces disparitions. Six autres compagnons avaient succombé à des fièvres récurrentes ou s'étaient égarés, peut-être volontairement... Seul résultat positif de ce voyage, les Ceni avaient accepté d'échanger, contre des haches, cinq chevaux achetés aux Comanche qui les avaient, eux, volés aux Espagnols !

Rompu de fatigue, découragé, souffrant d'une hernie, sentant autour de lui monter une grogne prête à se muer en haine, constatant que l'on mettait en doute ses capacités et que les gens ne se souciaient plus que de manger et de boire, le chef se fit de plus en plus autoritaire et cassant. Si Joutel et quelques autres appartenaient, comme Cavelier, à la caste des « marche ou crève », la majorité des rescapés, trente-sept hommes, sur les deux cent quatre-vingts embarqués à La Rochelle deux ans plus tôt, sept femmes et une demi-douzaine d'enfants, ne souhaitaient que survivre le plus commodément possible en attendant de trouver le moyen de rentrer en France ou de gagner le Canada.

Après un temps de repos, M. de La Salle réussit à décider seize compagnons à se lancer une nouvelle fois avec lui à travers forêts et rivières vers l'est où, cela était maintenant confirmé par des témoignages d'Indiens, on ne pouvait manquer de rencontrer le Mississippi. Ces gens, qui erraient depuis bientôt deux ans dans la région côtière que constituent aujourd'hui les comtés texans de Calhoun, Jackson, Matagorda, Wharton et Brazoria, quittèrent le fort Saint-Louis le 12 janvier 1687. On peut imaginer, malgré la rusticité de ces aventuriers, que ceux qui partirent comme ceux qui restèrent eurent le sentiment qu'il s'agissait du voyage de la dernière chance. Plus tard, Joutel se souviendra de ce jour en rédigeant son *Journal historique du dernier voyage que feu M. de La Salle fit dans le golfe du Mexique pour trouver l'embouchure et le cours de la rivière Mississipi*[1]. On se sépara « d'une manière si tendre et si triste, qu'il semblait que nous avions tous le secret pressentiment que nous ne nous reverrions jamais ».

Le héros assassiné

On se mit en route avec, cependant, un certain optimisme. Une partie de l'itinéraire avait déjà été parcourue lors de la précédente randonnée, des tribus indiennes amies et connues offraient des relais sûrs et, pour la première fois, on se déplaçait avec cinq chevaux chargés de vivres et de bagages. Enfin, la colonne rassemblait, avec les meilleurs, les plus risque-tout : le frère abbé et les deux neveux de M. de La Salle, Crevel de Moranger et Cavelier, qui avaient donné des preuves de leur résistance et de leur courage, Henri Joutel, le père Anastase Douay, le chirurgien Liotot, Duhault le marchand, Hiens, un aventurier wurtembourgeois rencontré à Saint-Domingue, luthérien sachant le latin et les mathématiques, James qui se disait anglais, personnage au passé mal défini, Tessier, le pilote de la *Belle*, qui n'avait plus de bateau, Ruter, marin breton prompt à lutiner les Indiennes, le jeune fils de la veuve

---

1. Ancienne orthographe.

Talon, un garçon nommé Marle qui faisait volontiers précéder son nom d'une particule sans doute usurpée, un certain Barthélemy, boute-en-train parisien, Larchevêque, valet de Duhault, Saget, valet de M. de La Salle, et le fidèle Chaouanon Nika, sur lequel on pouvait compter pour améliorer l'ordinaire avec du gibier.

Parmi ces hommes se cachaient des assassins, mais cela, M. de La Salle l'ignorait.

Tout alla relativement bien jusqu'au 15 mars, date à laquelle la colonne arriva dans une région plus humide où de nombreux cours d'eau rendaient la progression des hommes et des chevaux difficile. Il s'agissait d'un territoire habité par les Indiens Ceni et que l'on situe aujourd'hui à une centaine de kilomètres au nord de la baie de Galveston, entre les fleuves San Bernard et Brazos. La troupe se scinda en plusieurs équipes, dont une fut chargée de chasser pour assurer la subsistance de tous. Si l'on en croit Joutel et les autres chroniqueurs, c'est pour une question d'os à moelle qu'une dispute survint au cours d'un repas. Cavelier de La Salle, qui présidait à la distribution des parts, réservait toujours, disaient certains, les meilleurs morceaux à ses neveux. Or Duhault, s'il admettait que l'on avantageât le jeune Cavelier, âgé de dix-sept ans, refusait de considérer comme prioritaire Crevel de Moranger, à qui M. de La Salle déléguait souvent une part de ses responsabilités. Le négociant rouennais détestait ce garçon au sang vif, sûr de lui, qui, ayant un jour pris l'initiative d'ouvrir le feu sur des Indiens, avait déclenché une bagarre inutile où deux Français avaient péri. Il lui reprochait surtout de ne pas l'avoir attendu le jour où il était resté en arrière pour réparer ses mocassins, s'était égaré et avait erré seul pendant trois semaines avant de retrouver le chemin du fort. Enrichi par le négoce colonial, Duhault avait sans doute l'habitude, à Rouen, de voir ses avis écoutés avec déférence par les bourgeois, d'être obéi avec docilité par ses commis, servi avec respect, et peut-être obséquiosité, par ses valets. L'argent incite facilement les boutiquiers et les petits esprits à surévaluer leurs mérites et à magnifier leur personne. Or, non seulement Duhault pleurait son jeune frère Dominique, tué un an plus tôt par les Indiens, mais il continuait à se lamenter en évoquant la disparition en mer Caraïbe du *Saint-François* et le naufrage de l'*Aimable* dans le golfe du Mexique. Les cargaisons de ces navires lui appartenaient pour moitié et aucune assurance maritime ne le rembourserait jamais. M. de La Salle, tenu pour responsable par Duhault de la mort de Dominique, avait certes exprimé des regrets et présenté des condoléances, mais le préjudice matériel causé au commerçant par flibuste et naufrage ne l'avait pas ému outre mesure. Le Normand regrettait certes les bateaux disparus et le matériel colonial englouti, mais il semblait considérer la perte des produits commercialisables embarqués par Duhault comme fortune de mer et désagrément mineur. C'est auprès du chirurgien Liotot que le négociant rouennais trouvait le plus de compréhension. Le médecin avait, lui aussi, investi de l'argent dans l'expédition et il devenait clair pour tout le monde que les commanditaires ne rentreraient pas dans leurs frais.

Depuis plusieurs semaines, les deux hommes et quelques autres ne supportaient plus les exigences, le ton cassant, la moue dédaigneuse dont M. de La Salle accompagnait ses remarques et ses remontrances. Ils avaient aussi le sentiment d'avoir été dupés et se demandaient même si le seigneur de Frontenac avait jamais navigué sur le Mississippi !

Le 16 mars, Duhault, Liotot, Hiens, Tessier, les deux valets Larchevêque et Saget et le chasseur Nika, que M. de La Salle avait envoyés au ravitaillement dans une cache où il avait entreposé du maïs lors d'une précédente reconnaissance, trouvèrent le blé d'Inde corrompu par l'humidité et mangé par la vermine. Par chance, le Chaouanon Nika abattit deux bœufs sauvages et la nouvelle fut portée au camp principal par Saget, avec mission de ramener des chevaux pour transporter la réserve de viande ainsi constituée. M. de La Salle délégua son neveu Moranger et deux hommes pour aller quérir les provisions. À peine le contact fut-il établi entre Moranger et Duhault que la dispute aurait commencé à propos d'un os à moelle et des pièces mises à griller, sans doute le meilleur morceau, la bosse du bison, que le négociant et le chirurgien se préparaient à déguster. La querelle se serait envenimée au cours du repas. Il est bien probable qu'un différend de cet ordre, entre gens qui depuis deux ans menaient en commun une vie difficile et dangereuse, ne suffit pas à expliquer le drame qui allait se dérouler la nuit suivante. Ce dernier est plutôt l'aboutissement des rancœurs accumulées, des déceptions, des fatigues endurées, des risques vainement encourus, des promiscuités forcées où s'exaspèrent les défauts des uns, la mesquinerie des autres, et où les débrouillards prennent le pas sur les scrupuleux. Peut-être faut-il tenir compte aussi de l'atmosphère d'un pays aux moiteurs aussi débilitantes pour le corps que pour l'esprit.

Ce soir-là, s'étant éloignés de leurs compagnons sous prétexte d'aller couper du bois, Duhault et ceux qui partageaient ses ressentiments se concertèrent et, de sang-froid, mirent au point l'exécution de M. de La Salle. Il fallait d'abord se débarrasser de Moranger et des fidèles de l'explorateur, son valet Saget et le Chaouanon Nika, qui pourraient soit intervenir, soit dénoncer le complot. Assez lâchement, Tessier, le pilote, déclara ne pas vouloir se mêler de ce genre d'affaire mais promit sa neutralité. James, l'Anglais, qui avait déjà connu les galères, se joignit par esprit de lucre à la conjuration. Hiens, le Wurtembourgeois, suivit le mouvement. Quand les trois victimes désignées furent endormies, Liotot, le chirurgien que n'incommodait pas la vue du sang, se saisit d'une hache et, avec la détermination d'un tueur des abattoirs, porta plusieurs coups à la tête de Moranger. Croyant en avoir fini avec cet homme, il se précipita sur l'Indien Nika puis sur Saget et, de la même façon, leur défonça le crâne. Ces derniers succombèrent instantanément, mais Moranger trouva la force de se redresser en râlant. Comme Marle, qui ne savait rien des projets criminels de Duhault, se réveillait et découvrait avec horreur le carnage, les assassins exigèrent de ce piètre aventurier qu'il achevât le neveu de M. de La Salle s'il voulait conserver la vie. Devenu complice des meurtriers, Marle ne pourrait que tenir sa langue et se garderait de donner l'alerte.

Duhault et ses amis comptaient en effet qu'au bout d'un jour ou deux La Salle, ne voyant pas revenir son neveu, se mettrait à sa recherche. Les assassins avaient calculé juste et, le 19 mars, Cavelier, accompagné du père Anastase Douay et d'un guide indien, se mit en route. Sachant la haine de Duhault et Liotot pour Crevel de Moranger, peut-être avait-il le pressentiment d'un drame. Ce furent les choucas, sans doute attirés par les dépouilles des bisons dépecés deux jours plus tôt, qui guidèrent le Normand jusqu'au campement des meurtriers de son neveu. Prévenus de l'approche du chef, Duhault et ses complices armèrent leurs fusils, se mirent en embuscade et envoyèrent Larchevêque au-devant de M. de La Salle et du religieux. Dès qu'il aperçut le valet, Cavelier s'enquit du sort de Moranger. « Il est à la dérive », aurait répondu avec insolence le domestique, faisant sans doute allusion au fait que les corps des victimes avaient été jetés dans la rivière proche.

Outré par cette réponse d'un laquais qui ne s'était même pas découvert devant lui, M. de La Salle s'apprêta à châtier Larchevêque. Plus tard, dans leur récit, tous les témoins insistèrent sur ce détail. Le seigneur des Sauvages n'eut toutefois pas le temps de corriger l'effronté. Les tireurs, dissimulés dans les hautes herbes, ajustèrent leur coup et M. de La Salle s'écroula, la tête fracassée, aux pieds du père Anastase Douay, qui vit avec horreur expirer le vice-roi d'Amérique. Le chirurgien Liotot, surexcité par ses crimes, trouva pour la première fois assez d'audace pour insulter le cadavre d'un homme qu'il n'avait jamais osé contredire de son vivant. « Te voilà grand Bacha ! » cracha-t-il avant de dépouiller le Normand de ses vêtements et de traîner le corps inerte dans les buissons où l'on peut imaginer que, la nuit venue, les loups, nombreux à l'époque, vinrent disputer aux choucas et autres rapaces les restes du fondateur de la Louisiane.

Des chercheurs texans, après de multiples recoupements et l'étude des chroniques ou témoignages livrés par les survivants du dernier voyage de Cavelier, estiment aujourd'hui que le crime eut lieu près de Navasota, un bourg du comté de Grimes, à une soixantaine de kilomètres au nord-est de Houston[1]. Cela nous permet de constater qu'au jour de sa mort tragique M. de La Salle se trouvait encore à plus de trois cents kilomètres de l'endroit où, cinq ans plus tôt, il avait dressé, dans le delta du Mississippi, une colonne aux armes de France.

On sait, par le journal de Joutel, comment l'officier, l'abbé Cavelier, frère de l'explorateur assassiné, le père Anastase Douay et quelques autres retrouvèrent, grâce aux

---

1. Les Américains ont érigé une statue de Cavelier de La Salle à Navasota (Texas). Il existe d'autre part un buste du héros, par H. Lagriffoul, offert en 1937 par la Mission nationale française aux États du Texas et de la Louisiane. Une autre statue, due au ciseau du sculpteur Gudebrod, a été placée à Saint Louis (Missouri), en 1903, à l'occasion du centenaire de l'achat de la Louisiane par les États-Unis. Enfin, en 1937, lors du 250e anniversaire de la mort de Cavelier, la Monnaie de Paris frappa, à son effigie, une médaille du graveur Delannoy. Celle-ci fut rééditée en 1982 pour la célébration du tricentenaire de la prise de possession de la Louisiane.

Indiens, le Mississippi qu'ils remontèrent pour regagner le Canada sans ébruiter le drame qu'ils avaient vécu. Les historiens continuent à s'interroger sur les raisons réelles qui incitèrent alors l'abbé Cavelier à cacher avec obstination pendant des mois, et au prix de mensonges déconcertants, la mort de son frère aux gens qu'il rencontra. Les bienveillants estiment qu'il agit ainsi pour protéger jusqu'à son retour en France l'exclusivité de l'œuvre entreprise par Robert, dont il comptait poursuivre lui-même les projets coloniaux. D'autres avancent que le sulpicien tenait surtout à s'approprier les biens du disparu, dont le stock de peaux de castor entreposé dans les forts, avant que les créanciers soient informés de la mort de leur débiteur. À Paris, comme à Québec, on savait M. de La Salle lourdement endetté.

Le fait qu'en retrouvant, sept mois plus tard, au fort Saint-Louis des Illinois, le fidèle Tonty, l'abbé ait raconté qu'il avait laissé son frère en excellente santé le 15 mai 1687 au pays des Arkansa, dans la maison d'un certain Couture, alors que Robert était mort le 19 mars, donne en effet à penser que les dissimulations du sulpicien n'étaient pas désintéressées. Après avoir émis ce mensonge, en présence du père Anastase Douay qui avait recueilli le dernier soupir de l'explorateur et de Tessier, témoin indifférent des crimes mais à qui les religieux avaient pardonné sa lâcheté, l'abbé produisit un document daté du 9 janvier 1687 et signé de Robert Cavelier, sieur de La Salle. Le papier ordonnait de remettre au porteur tout ce qu'il demanderait pour assurer son passage en France. L'officier à la main d'argent reconnut l'écriture de son chef, dont il ne savait rien depuis deux ans, et crut au récit rassurant du prêtre.

Au printemps 1685, Henry de Tonty, prévenu par un courrier de Paris émanant du ministère de la Marine que

M. de La Salle avait débarqué à l'embouchure du Mississippi (l'information avait dû être donnée par Beaujeu à son
retour d'Amérique), s'était empressé d'aller, comme prévu,
à la rencontre de son chef. Avec une petite troupe de vingt-
cinq hommes et un contingent d'Indiens, il avait, comme
en 1682, descendu le Mississippi et était arrivé dans le
delta le 10 avril. Il y avait séjourné une dizaine de jours,
fort déçu de ne pas y trouver La Salle. Il avait tout de
même fait construire un fortin et envoyé, sur quelques
lieues au long de la côte, de part et d'autre du fleuve, deux
canots montés par des éclaireurs chargés de s'informer
auprès des Indiens de la présence éventuelle des Français
dans la région. Mais en avril 1685 M. de La Salle se
trouvait à des centaines de kilomètres de là, ce que Tonty
ne pouvait imaginer. Convoqué à Québec par le nouveau
gouverneur, marquis de Denonville, « brave et vertueux
gentilhomme » d'après Saint-Simon, successeur du triste
La Barre destitué par le roi, c'est la mort dans l'âme que
l'intrépide manchot avait repris le chemin du nord. Aussi
fut-il bien aise d'apprendre par l'abbé Cavelier que M. de
La Salle, qu'il croyait à jamais perdu, « travaillait à créer
deux ports sur le golfe du Mexique », l'un à la baie Saint-
Louis, aujourd'hui baie de Matagorda, l'autre près de l'embouchure du Mississippi. C'est en ajoutant qu'il était
chargé par son frère de porter ces informations à la cour
que le sulpicien avait présenté le papier ordonnant qu'on
lui fournît les moyens financiers de passer en France, avec
le récollet et qui bon lui semblerait. Tonty ne se fit pas
prier et délivra sur-le-champ au prêtre deux mille six cent
soixante-deux livres que M. de La Salle disait, dans sa
lettre, devoir à son frère, plus des peaux de castor dont
l'abbé Cavelier tira, paraît-il, sept mille livres en arrivant
à Québec.
    Au marquis de Denonville l'abbé Cavelier raconta la
même fable qu'à Tonty et ce n'est qu'arrivé en France, le

9 octobre 1688, qu'il avoua la vérité à Seignelay, lequel était d'ailleurs à la veille de l'apprendre par une autre source.

En Louisiane, Henry de Tonty avait en effet eu connaissance de la tuerie du 19 mars 1687. De passage au fort Saint-Louis des Illinois, le traitant Couture, résidant habituellement chez les Arkansa, rapporta qu'il avait hébergé l'abbé Cavelier, le père Douay, Joutel et leurs compagnons en route pour le Canada. Il avait aussi recueilli les confidences du jeune Barthélemy qui, séduit par une Indienne, avait décidé de partager la vie du collecteur de fourrure. Couture raconta donc ce qu'il savait de la mort de M. de La Salle. Il ajouta des détails si révoltants sur le comportement de l'explorateur assassiné que Tonty marqua quelque scepticisme quant à la réalité des faits. D'après Barthélemy, cité par Couture, M. de La Salle était devenu d'humeur bizarre et irascible depuis qu'il avait pris conscience de l'échec de l'expédition. « Il entra dans un tel chagrin, pour ne pas dire désespoir, écrit Couture le 1ᵉʳ mars 1690 en rapportant une nouvelle fois les propos de Barthélemy, qu'il ne connaissait et ne ménageait plus personne. Il n'assistait plus à la messe ni à la prière et ne s'approchait plus des sacrements depuis deux ans. Il traitait M. Cavelier, son frère, avec le dernier mépris, l'ayant chassé de sa table et ne lui faisant donner qu'une poignée de farine pendant qu'il mangeait du bon pain. Il a tué lui-même, de sa main, quantité de personnes et ses douze charpentiers, à coups de levier, ne travaillant pas à son gré. Il n'épargnait pas même les malades dans leur lit, les tuant impitoyablement sous prétexte qu'ils ne faisaient les malades que pour ne pas travailler. Il a arraché les deux yeux à un jeune homme qui vivait encore il y a plus de trois ans, sans parler de ceux qu'il a fait pendre, ou passer par les armes fleuredelisées. Et en un mot, de quatre cents personnes qu'il avait amenées de France, sans compter plusieurs jeunes gens et officiers de Saint-Domingue qui s'étaient joints à lui, il n'en restait que trente. » Ce portrait si noir de Cavelier de La Salle est heureusement démenti par tous. Le Normand pouvait, certes, se montrer inflexible et sans aucune considération pour les faibles qui devaient se plier à la loi commune, mais il n'avait pas emmené de France quatre cents personnes, comme le disait le Parisien, seulement deux cent quatre-vingts. Si l'explorateur exigeait des autres, quel que fût leur grade, un labeur harassant, il était toujours en pointe dans l'effort comme au danger. On ne trouve nulle part, ni chez les inconditionnels comme Tonty ou Joutel ni chez les jésuites, pires rivaux de La Salle, mention d'un réflexe cruel, d'une punition injuste, d'une violence démesurée. Un comportement du genre de celui rapporté par Couture eût d'ailleurs été très vite sanctionné par une mutinerie brutale. Le récit fantaisiste de Barthélemy, enregistré par le traitant des Arkansa, s'explique peut-être par la peur que devaient inspirer au jeune homme ses anciens camarades devenus les assassins de Cavelier. En accablant la victime de toutes les turpitudes, il fournissait aux bourreaux des circonstances atténuantes et se ménageait, au cas où il les eût rencontrés, une excuse à ses bavardages.

Les assassins, qui se souciaient peu de rejoindre le Canada, où ils eussent risqué leur tête, avaient décidé, au lendemain de leurs forfaits, de retourner au fort Saint-Louis du Texas avec l'intention d'y construire des bateaux pour quitter le pays. L'abbé Cavelier, Joutel, le père Anastase Douay, Marle, Tessier, Barthélemy, Pierre Meunier et le petit Talon entendaient regagner le fort Saint-Louis des Illinois. Les deux groupes, quoiqu'il en coûtât sans doute aux amis des victimes de voyager avec des assassins, qui pouvaient à chaque instant attenter à leur vie, durent faire un bout de chemin ensemble. Tous devaient, en effet, passer par le grand village des Ceni pour

embaucher des guides, sans qui les uns et les autres se
fussent une fois de plus égarés. C'est chez les Indiens qu'ils
rencontrèrent, au mois de mai 1687, deux anciens marins
de l'expédition, Ruter et Grollet. Tous deux avaient déserté
pour vivre chez les Sauvages. Nus, le visage tatoué, ils
s'étaient fait une réputation de grands chasseurs grâce à
leurs fusils. La polygamie, en usage chez les Ceni, leur
paraissait très agréable. James s'empressa de se joindre à
ses anciens compagnons, mais, avant de quitter les autres,
il exigea de Duhault, qui s'était promu chef d'expédition,
les gages que M. de La Salle était censé lui devoir, plus
des étoffes destinées aux futures épouses qu'on ne
manquerait pas de lui proposer ! Comme le négociant
refusait avec humeur, l'Anglais l'abattit d'un coup de
pistolet tandis que Ruter blessait de plusieurs balles le
chirurgien Liotot. Bien qu'étant du complot, les deux
aventuriers, qui n'escomptaient que le butin qu'on venait
de leur refuser, n'avaient pas pris part aux meurtres. Aussi
eurent-ils l'audace, devant Joutel et les religieux, de se
poser en justiciers, vengeurs de M. de La Salle dont ils
chantaient, un peu tard, les louanges. Comme Ruter se
préparait à donner le coup de grâce à Liotot, l'abbé
Cavelier obtint que le meurtrier pût se confesser. Ruter
accorda le délai demandé, puis, ayant fait observer que
M. de La Salle et Moranger n'avaient pas eu la même
faveur, il acheva froidement le chirurgien.

Quand vint le moment de la séparation, Pierre Meunier,
fils d'un secrétaire du roi, choisit lui aussi de rester chez
les Sauvages. On lui confia le petit Talon, qui, suivant les
vœux exprimés autrefois par M. de La Salle, devrait
apprendre la langue des Indiens.

Quelques semaines plus tard, alors que Joutel et ses amis
remontaient le Mississippi, Marle se noya. Les autres
mutins ne connurent pas un sort meilleur. Le valet de
Duhault, Larchevêque, et Grollet furent, en avril 1689,

saisis par des Espagnols venus du Mexique. Le Français qui guidait cette reconnaissance vers le fort Saint-Louis du Texas, dévasté par les Indiens, était un ancien de la troupe de M. de La Salle. Il identifia les deux loustics indianisés comme les complices des assassins de son maître. Alonzo de León, le gentilhomme qui commandait le détachement, fit arrêter les renégats et les envoya en Espagne, où ils furent jetés en prison.

Dans son excellente biographie de Cavelier de La Salle, Léon Lemonnier[1] nous apprend ce qu'il advint de deux autres complices des meurtriers : « Quant au flibustier James, vengeur de La Salle, et qui était resté chez les Sauvages, il fut tué par son acolyte Ruter, lequel fut à son tour massacré par les Ceni. Ainsi va clopin-clopant, dans ces déserts comme ailleurs, la justice immanente », constate l'écrivain rouennais.

Ceux que M. de La Salle avait laissés au fort Saint-Louis du Texas en partant pour son dernier voyage, au mois de janvier 1687, eurent aussi, pour la plupart, une fin tragique. Les Indiens Clamcoe, vrais nomades qui ne cultivaient pas la terre et ne construisaient pas de cabanes, ceux à qui autrefois des Français avaient volé des canots, le bien le plus précieux de ces primitifs, attaquèrent l'établissement en janvier 1689 et massacrèrent tous les occupants, hommes, femmes et religieux. Trois enfants Talon, qui virent égorger leur mère, et un petit Parisien nommé Eustache Brémant furent recueillis par des femmes indiennes, puis remis plus tard aux Espagnols en échange de haches et d'outils. Marie-Madeleine Talon et ses deux petits frères furent adoptés par la comtesse de Gabez, épouse du vice-roi du Mexique, qui les emmena en Espagne après la mort de son mari en 1696. Pierre, l'aîné

---

1. 1890-1953, auteur de plusieurs biographies, de nombreux ouvrages critiques, de romans ; traducteur de Charles Lindbergh.

des Talon, que Joutel avait confié aux Ceni, fut, lui aussi, après sept années de séjour chez les Indiens, libéré par les Espagnols. Comme Jean, son frère cadet, il s'engagea dans la marine de Sa Majesté Catholique et finit ses jours en France, à l'île d'Oléron, montrant volontiers aux visiteurs les tatouages indélébiles qu'il devait aux Sauvages.

La disparition de Robert Cavelier de La Salle allait entraîner l'abandon, pendant dix ans, du grand projet colonial que le Normand avait fait admettre par le roi avant de se perdre sur les rivages du golfe du Mexique.

En ce temps-là, à Versailles, les ministres avaient mieux à faire que s'occuper de la lointaine Louisiane. Une nouvelle fois, les souverains européens s'étaient ligués contre Louis XIV, que Fagon venait d'opérer avec succès d'une fistule. Une longue guerre commençait, au cours de laquelle les Français auraient à se battre contre les soldats de dix nations en colère. En 1689, le Roi-Soleil devrait vendre son argenterie pour payer ses troupes et une paix aléatoire ne serait rendue aux peuples qu'à l'automne 1697, à Ryswick.

DEUXIÈME ÉPOQUE

Le temps des pionniers

1.

L'Amérique oubliée

Les héritiers du conquérant

Pendant la guerre de la ligue d'Augsbourg, que les Anglais appelèrent guerre de Neuf Ans, Louis XIV eut fort à faire et beaucoup à dépenser. Il ne put rien distraire ni de la flotte ni de l'armée ni même de ses caisses, qui sonnaient creux, pour relancer la colonisation de la Louisiane. Il fallut attendre, à l'automne 1697, la signature de la paix de Ryswick et l'apparition des velléités britanniques d'explorer les bouches du Mississippi pour que les sollicitations des héritiers, naturels ou moraux, de Cavelier de La Salle fussent prises en considération.

Le premier à se manifester, dès 1690, fut l'abbé Jean Cavelier, frère de l'explorateur défunt. Il ne cachait plus les tragiques circonstances de la mort de Robert et tentait, depuis son retour en France, de mobiliser les amis du disparu. Tourville et d'Estrées venaient de remporter, à Beachyhead, une belle victoire sur les flottes anglaise et hollandaise, quand le prêtre produisit un mémoire destiné à prouver au ministre de la Marine, le marquis de Seignelay, fils du grand Colbert, qu'il était indispensable de poursuivre l'œuvre commencée outre-Atlantique par le vice-roi d'Amérique. Il donnait fort justement à entendre que, si les Anglais contrôlaient un jour le cours du Mississippi, la France perdrait, non seulement la Louisiane, mais aussi le Canada. Ce mémoire éveilla peut-être des échos de sympathie mais ne provoqua aucune initiative officielle. L'État croulant sous les frais de toute nature, l'abbé et ses amis comprirent que la situation des finances royales constituait un obstacle infranchissable à la réalisation de leurs projets. On peut se demander si Jean Cavelier, qui se présentait comme le gardien intransigeant de la gloire de son frère, ne pensait pas aussi à sa carrière. Ses supérieurs lui avaient, semble-t-il, promis le poste de grand vicaire de la Louisiane, ce qui lui aurait conféré autorité, en tant que délégué de l'évêque de Québec, sur tous les religieux de la vallée du Mississippi.

Bien que démuni d'argent et pensant au sort des Français restés au fort Saint-Louis du Texas (il ignorait que ces derniers étaient morts depuis un an), le sulpicien tenta de trouver des commanditaires pour fréter un navire et retourner en Louisiane.

Seignelay, qui avait toujours soutenu Robert Cavelier de La Salle, fut emporté trop tôt par une pourpre soudaine et l'abbé Cavelier se trouva sans protecteur à la cour ni interlocuteur bienveillant. Tous ses efforts pour intéresser des gens influents à son affaire furent vains. Découragé, il regagna Rouen pour n'en plus sortir[1].

En dépit d'une victoire navale qui avait réjoui les Français mais qui avait été suivie de revers, le moment choisi par le sulpicien pour présenter ses projets coloniaux n'était peut-être pas aussi propice qu'il l'avait cru.

Le roi, grand travailleur, bien que très attentif à la

---

1. Mgr Olivier Maurault, recteur de l'université de Montréal, a révélé en 1938, dans un article intitulé « Les compagnons de Cavelier de La Salle : les sulpiciens » la fin de vie de l'abbé Cavelier : « Il mourut après 1720 – il avait donc quatre-vingt-quatre ans – chez une de ses nièces, peut-être chez cette dame Leforestier, née Madeleine Cavelier, qui possédait encore, en 1756, les papiers de La Salle. » *Louisiane et Texas*, ouvrage collectif, publié conjointement par l'Institut des études américaines et Paul Hartmann, éditeur, Paris, 1938.

conduite de la guerre, ne se privait pas pour autant des plaisirs auxquels il était habitué. Il aimait la bonne chère – surtout le gibier et les viandes en sauce, qui lui provoquaient des crises de goutte – la chasse et les ragots. Il poursuivait avec application l'embellissement de Versailles, « cette royale maison bâtie dans un fond fort ingrat qui lui a déjà coûté trois cents millions », racontait François Hébert, curé de la paroisse[1]. En revanche, pour ce qui concerne les divertissements de la chair, qu'il avait fort goûtés, le Roi-Soleil paraissait assagi. Mme de Maintenon, « messagère de la Providence », pieuse maîtresse devenue épouse secrète, veillait. Elle faisait servir des grillades et clore les alcôves.

Si le souverain menait une vie relativement rangée, la cour offrait en revanche un échantillon de tous les vices humains. L'abbé Hébert explique, dans ses *Mémoires*, qu'on avait à Versailles la folle passion du jeu. « On voyait des bouchers enrichis jouer avec des cordons bleus », c'est-à-dire des dignitaires du Saint-Esprit. On buvait aussi beaucoup de vin et de liqueurs et les amours dérobées étaient si courantes que personne n'y prêtait attention. On considérait même, avec dédain, « la fidélité conjugale comme vertu roturière ». Mais il y avait pis, constatait le prêtre scandalisé. « Les crimes les plus abominables et les plus opposés à la nature et au bien de la société, ces crimes punis autrefois par le feu du ciel et dignes, selon les lois, d'être réprimés et châtiés par les flammes, étaient devenus communs. On parlait de ces sortes d'exécrables engagements entre les libertins de profession, comme si l'on eût parlé d'une galanterie entre homme et femme. » Et Monsieur, frère du roi, en était !

C'est dans cette atmosphère sulfureuse, assez peu

---

1. *Mémoires du curé de Versailles François Hébert (1686-1704)*, Éditions de France, Paris, 1927.

favorable à l'exposé des causes nobles, que l'abbé Cavelier
s'était manifesté comme un trouble-fête, rapportant des
faits macabres et semant l'inquiétude quant à l'avenir de
nos colonies du Nouveau Monde. Resté en Louisiane, le
brave Tonty, à qui le roi avait concédé, en partage avec
le major La Forest, le fort Saint-Louis des Illinois pour
dédommager les deux hommes des créances impayées par
La Salle, se démenait pour qu'on l'autorisât à reprendre les
projets de l'explorateur défunt. Il expédiait à la cour lettres
et mémoires afin d'expliquer, comme l'abbé Cavelier, que
les Anglais pouvaient fort bien, à partir de leurs colonies
de la côte atlantique, organiser des expéditions vers la
vallée du Mississippi. Il révélait comment des traitants de
fourrure britanniques, venus des Carolines, avaient installé
un poste chez les Indiens Cherokee, et comment un autre
Anglais, parti d'Albany, colonie de New York, avait été
reçu chez les Miami. Il mettait le ministre de la Marine
en garde contre l'arrivée possible d'autres négociants par
les affluents du Mississippi, principalement l'Ohio et son
tributaire, le Tennessee.

Henry de Tonty, âgé de plus de quarante-cinq ans,
vouait un véritable culte à La Salle, dont il avait été le
lieutenant préféré. La réalisation du plan de colonisation
conçu par son chef lui tenait d'autant plus à cœur qu'elle
allait dans le sens de son intérêt. En 1692, il avait formé,
avec La Forest, une société au capital de vingt mille livres
et abandonné le fort Saint-Louis des Illinois qui, bâti sur
un rocher, était facile à défendre en cas d'attaque mais
impossible à approvisionner en cas de siège. Les associés
avaient auparavant construit un autre fort « de mille huit
cents pieux » et plusieurs maisons, près du village de Pimitéoui, à trois kilomètres au nord du lac Peoria, à l'endroit
où avait été édifié en 1681 par La Salle un fort provisoire
nommé Crèvecœur. Tonty et La Forest avaient encore

construit un entrepôt à fourrure au débouché de la rivière Chicagou dans le lac Michigan.

Quand, en 1696, le roi permit à Tonty de traiter des peaux de castor avec les Indiens de l'Ouest, ce qui était désormais interdit aux autres traitants français[1], l'homme à la main d'argent imagina le développement que pourrait connaître le commerce de la pelleterie si l'on jalonnait de postes et de forts les berges du Mississippi, des Grands Lacs au golfe du Mexique, comme l'avait voulu Cavelier de La Salle.

D'autres que Tonty étaient prêts à tenter cette lucrative aventure et l'on recevait à Versailles des offres de service émanant d'officiers et de marins installés au Canada.

Les jésuites, qui ne sont jamais à court d'idées, ne restaient pas inactifs. Ils avaient déjà présenté un projet de mise en valeur de la Louisiane pendant que Cavelier de La Salle errait au Texas à six cents kilomètres de l'embouchure du Mississippi. Ils avaient demandé l'autorisation de construire un vaisseau et des barques pour descendre le fleuve, reprenant ainsi l'idée de La Salle qui avait autrefois lancé le *Griffon* sur le lac Michigan, avec la malchance que l'on sait. Les robes noires non seulement s'engageaient à évangéliser les Indiens, ce qui était leur mission ordinaire, mais ils proposaient de dresser une carte du fleuve et de ses affluents, de décrire la faune et la flore, de recueillir des échantillons de minerai. Ils oubliaient d'ajouter que la Louisiane, n'étant pas comprise dans la Nouvelle-France, échappait, au moment de leur demande, à la réglementation de la traite, ce qui leur permettrait d'apporter des ressources commerciales supplémentaires à

---

1. Louis XIV avait cédé à la pression des missionnaires et des fermiers qui ne parvenaient pas à écouler les peaux de castor rassemblées dans leurs magasins. Les permis de traite étaient accordés aux familles nobles dans le besoin. Les bénéficiaires de ces licences les exploitaient eux-mêmes, en allant traiter les peaux chez les Sauvages, ou vendaient leur permis à des traitants professionnels.

la Compagnie. Ce projet datant du vivant de La Salle explique sans doute pourquoi le père Allouez, explorateur expérimenté que la Compagnie de Jésus avait désigné comme successeur du père Marquette, avait préféré, bien que malade, quitter le fort Saint-Louis des Illinois en voyant arriver, le 14 septembre 1687, l'abbé Cavelier et le récollet Anastase Douay. Ces derniers lui donnèrent à penser par leurs propos mensongers que l'entreprise de La Salle, occupé, d'après eux, à construire des ports à l'embouchure du Mississippi, était en voie de réalisation. Les jésuites, habituellement bien renseignés, ignoraient donc la mort de leur ancien novice. Le père Allouez, croyant ce dernier bien portant, se souciait peu de le rencontrer s'il venait à débarquer au fort Saint-Louis des Illinois après son frère.

Pendant ces années d'abandon de la Louisiane par l'État, la présence française, entre les Grands Lacs et le golfe du Mexique, demeura réelle, bien que diffuse et sans représentation officielle. Les coureurs de bois et les traitants parcouraient le pays, visitant les villages indiens, parfois à bord de grands canots chargés de produits manufacturés qu'ils troquaient contre de la pelleterie et les vivres nécessaires à leur subsistance.

De nombreux Franco-Canadiens, doués d'une résistance physique exceptionnelle, habitués depuis l'enfance aux hivers rudes et aux étés brûlants, connaissant le réseau des fleuves et des rivières, tireurs adroits, sachant s'orienter et interpréter les signes de piste des Indiens, nomades, menaient cette vie libre, le plus souvent solitaire et toujours dangereuse. « Ils battaient la prairie dans toute son étendue, parcourant en une année la distance qui sépare le Mexique du Canada, par des routes, des *trails*[1], à peu près toujours les mêmes et dont quelques-uns devaient indiquer plus

---

1. Pistes.

tard la voie aux convois d'émigrants et enfin aux chemins de fer[1]. »

Ces hommes frustes, aux mœurs rustiques et d'une animalité crue, ne souhaitaient que se procurer au meilleur des peaux de castor qu'ils revendaient le plus cher possible dans les postes aux représentants des compagnies. Informateurs précieux et colporteurs de nouvelles, ils entretenaient le souvenir laissé par La Salle et ses compagnons. À travers leurs récits, l'aventure devenait légende. Toutefois ces individualistes, pour qui la notion de patrie restait des plus floue, n'hésitaient pas à soutenir, le plus souvent comme agents de renseignements, tantôt la cause française, tantôt les intérêts anglais, suivant le camp où ils trouvaient le meilleur compte. Quand, en 1696, Louis XIV imposa des restrictions draconiennes à la traite et que les coureurs de bois furent mis hors la loi, plusieurs traitants français décidèrent d'aller livrer leur castor aux Anglais de Pennsylvanie ou du Maryland.

On rencontrait aussi, dispersés dans les tribus entre les Grands Lacs et le fleuve Arkansas, des aventuriers de tout poil temporairement sédentarisés. Rescapés ou déserteurs d'expéditions antérieures, ils avaient élu domicile parmi les autochtones et participaient, à l'occasion, aux conflits locaux, fréquents entre nations indiennes. Ils se faisaient souvent, grâce à leurs armes à feu, des situations de manitou ou de sorcier. La plupart d'entre eux avaient adopté les mœurs de leur tribu d'accueil et cohabitaient avec une ou plusieurs Indiennes qui leur donnaient de beaux enfants métis. Les missionnaires de passage tentaient parfois de ramener ces évadés des sociétés policées à la civilisation qu'ils avaient délibérément fuie. Les prêtres en étaient généralement pour leurs frais, mais, pour la plus

---

1. *Mœurs et histoire des Peaux-Rouges*, René Thévenin et Paul Coze, Payot, Paris, 1928.

grande gloire de Dieu et la tranquillité d'esprit des marginaux indianisés, ils baptisaient les fruits des amours exotiques qui en valaient bien d'autres !

On comptait aussi, autour des Grands Lacs, sur les rives du Mississippi, de ses affluents et jusqu'au pays des Arkansa, des missions catholiques tenues par des religieux intrépides comme le père Pierre-François Pinet, qui fonda la mission de l'Ange-Gardien à proximité du fort construit par Tonty et La Forest, le père Jacques Gravier, qui réactiva, avec les pères Bineteau et Gabriel Marest, la mission de l'Immaculée-Conception créée par le père Marquette en 1673, ou le père Sébastien Rales, qui vivait avec les Indiens Kaskaskia, près du lac Peoria.

Étant donné l'immensité du territoire, ces Français, coureurs de bois, traitants, officiers ou religieux, ne pouvaient prétendre lutter efficacement contre les ingérences anglaise ou espagnole. Aux Illinois, Tonty, le mieux loti, disposait d'une garnison de soixante hommes qui, en 1689, avaient participé à la guerre contre les Iroquois. Ces Indiens, ennemis héréditaires des Huron, manipulés et armés par les Anglais qui entendaient bien profiter de la guerre de la ligue d'Augsbourg pour attaquer la France dans ses colonies d'Amérique, constituaient déjà une menace permanente pour la tranquillité des colons de Nouvelle-France. « Les Iroquois descendaient dans la colonie par une rivière qui se décharge dans le fleuve Saint-Laurent, un peu au-dessous du lac Saint-Pierre [...]. Ils se répandaient de là dans toute la colonie, et il fallait, pour se garantir de leur fureur, construire sur chaque paroisse des espèces de forts, où les habitants pussent se réfugier à la première alarme. On y entretenait nuit et jour un ou deux factionnaires... », écrit le père Charlevoix[1].

Par deux fois, en 1690 et en 1692, les Iroquois avaient

---

1. *Voyage en Nouvelle-France*, Paris, 1744.

attaqué le fort de Verchères qui, chaque fois, avait été sauvé par des femmes courageuses dont on racontait, en les embellissant un peu, les exploits guerriers. Lors de la première offensive des Indiens ce fut Mme de Verchères, dont le mari était absent au moment de l'assaut, qui prit en main la défense du fort et força, à coups de fusil, les assaillants à se retirer. Deux ans plus tard, ce fut la fille du chef de poste, âgée de quatorze ans, qui, après avoir enfermé les femmes terrorisées, sous prétexte que leurs gémissements ôtaient le courage aux quelques hommes présents, se déguisa en soldat, courut d'un bastion à l'autre, le fusil à la main, pour stimuler les assiégés et finit par tirer, elle-même, le canon, ce qui mit en déroute les Sauvages ! Mais les vraies menaces pour la Louisiane ne venaient pas des Indiens. Elles résidaient plus clairement dans les convoitises des deux puissances coloniales déjà présentes en Amérique, la Grande-Bretagne et l'Espagne, avides l'une et l'autre d'agrandir leur domaine sur un continent qui n'avait pas encore révélé toutes ses richesses.

« Il y a deux choses principales qui, coutumièrement, excitent les rois à faire des conquêtes, le zèle de la gloire de Dieu et l'accroissement de leur propre. » Ce constat simple mais réaliste avait été fait, dès 1609, par Marc Lescarbot[1].

Douze colonies anglaises

Celui qui a le goût des comparaisons et veut se donner la peine de considérer les apports européens à l'Amérique du XVIIIe siècle est bien obligé de constater que les possessions anglaises, bénéficiant d'une antériorité de fondation, avaient, dans tous les domaines, une considérable avance

---

1. Dans la dédicace au roi qui ouvre son *Histoire de la Nouvelle-France*.

sur la Louisiane. Grâce à l'octroi de chartes et à une relative autonomie de gestion, elles se peuplèrent très tôt de gens entreprenants, qui tenaient à se faire une place au soleil sans trop attendre d'une lointaine mère patrie.

Au printemps 1682, à l'époque où Cavelier de La Salle, conquistador attardé, dressait avec fierté une colonne fleurdelisée dans le delta du Mississippi, William Penn, le quaker, ayant reçu de Charles II concession d'un territoire situé au nord du Maryland, fondait la « ville de l'amour fraternel », Philadelphie, et jetait les fondements d'un premier *frame of government* qui servirait plus tard de modèle à la Constitution américaine. En 1690, alors que Jean Cavelier cherchait des commanditaires pour la Louisiane, la Pennsylvanie comptait déjà douze mille habitants.

Tout avait commencé deux siècles plus tôt par le voyage d'un Vénitien patronné par le roi d'Angleterre. En 1497, soit un an après le retour de Christophe Colomb de son deuxième voyage et avant qu'il ne reparte, Henri VII avait autorisé Jean Cabot « à chercher, conquérir et occuper, pour les soumettre à l'autorité royale, toutes les terres jusque-là inconnues des chrétiens ». Cabot atteignit le Labrador la même année, ce qui lui vaut d'être considéré aujourd'hui comme le premier Européen à avoir foulé le sol du Nouveau Monde.

Le pape Alexandre VI ayant, par une bulle du 3 mai 1493, accordé à l'Espagne, alors très puissante, une sorte d'exclusivité partagée avec le Portugal, pour l'évangélisation des terres inconnues, Henri VII ne voulut pas entrer en compétition et peut-être en conflit avec Sa Majesté Catholique. Le voyage de Jean Cabot, renouvelé l'année suivante par son fils Sébastien, n'eut donc pas de suite.

Les Espagnols, nantis de l'autorisation papale, occupèrent les Antilles en 1506 et, en 1519, Hernán Cortés prit pied au Mexique qui, avec les tueries que l'on sait, fut soumis à la loi espagnole en deux ans. Si Henri VII s'était montré respectueux des décisions du pape, François Ier en tint moins compte et envoya, en 1524, Verrazano dans le sillage du Vénitien Cabot. Le Florentin, après avoir longé les côtes des régions que les géographes nomment aujourd'hui Amérique du Nord, donna le nom de Nouvelle-France aux territoires reconnus. La guerre contre Charles Quint, le désastre de Pavie et, en 1525, la captivité de François Ier mirent fin, pour un temps, aux ambitions coloniales françaises. Il fallut attendre les expéditions de Jacques Cartier pour que la France prenne, en 1534, possession du Canada.

En 1524, les Espagnols avaient déjà fondé des établissements en Floride, terre visitée par Juan Ponce de León en 1513. En 1579 et 1580, les Anglais abordèrent à leur tour en Amérique du Nord, dans la région côtière aujourd'hui dévolue à l'État du Maine. Le 17 août 1585, les premiers colons britanniques s'installaient à Roanoke.

La colonisation de l'Amérique du Nord était lancée. Anglais, Espagnols et Français allaient, au cours des deux siècles à venir, se disputer ce continent neuf, peuplé – on a tendance à l'oublier un peu – de centaines de milliers d'Indiens groupés en nations et tribus. Bien que les recensements fassent défaut, les premières estimations chiffrées, fournies par des missionnaires à la fin du XVIIe siècle, révèlent, dans le seul secteur des Grands Lacs, la présence de trente-cinq mille Huron et Iroquois et de quatre mille Algonkin. Les études les plus récentes des anthropologues américains permettent de supposer que trois millions d'Indiens vivaient en Amérique du Nord avant l'arrivée des Blancs.

Dès 1603, des Suédois, des Finlandais et des Hollandais avaient fondé des établissements dans la région que couvrent aujourd'hui les États de New York, du New Jersey et du Delaware, mais ces postes, destinés à servir de base aux traitants de fourrure, n'avaient pas connu de développement important.

La Virginie, la plus ancienne des colonies anglaises du Nouveau Monde, symboliquement fondée en 1584 par sir Walter Raleigh, avait reçu sa première charte en 1606 et, l'année suivante, cent quinze colons s'étaient installés en un lieu qu'ils avaient nommé Jamestown. En 1690, au moment où l'abbé Jean Cavelier s'agite à Versailles pour tenter de convaincre le ministre de la Marine de poursuivre l'exploration du territoire annexé par son frère, la Virginie compte déjà cinquante-trois mille habitants.

Avec les autres colonies fondées entre 1620 et 1680 – Massachusetts, Plymouth, Connecticut, New Hampshire, Rhode Island, Delaware, Caroline, Pennsylvanie, New York, New Jersey et Maryland – c'est plus de deux cent mille colons, pour un temps encore sujets du roi d'Angleterre, qui travaillaient à rendre prospères des territoires qu'ils géraient à leur façon, alors que l'on aurait eu du mal à trouver mille Français entre les Grands Lacs et le golfe du Mexique !

Cette étonnante disproportion dans le peuplement, l'organisation, l'exploitation et la rentabilité de colonies situées sur un même continent tient d'abord aux conceptions différentes que se faisaient Anglais et Français de la colonisation. Hors de toute considération politique, stratégique, économique ou humanitaire, ce sont des questions d'éthique et d'amour-propre qui font la distinction. La France affecte le comportement distant et paternaliste du civilisé au grand cœur arrivant chez les bons Sauvages. Il y a de la superbe, presque de la fatuité, dans l'attitude de nos colonisateurs, qui, lorsqu'ils ne sont pas issus de l'aristocratie, ne souhaitent que s'y introduire. On le voit bien quand M. de Rémonville réclame au roi, pour ceux qui se seront bien acquittés de leurs devoirs au sein de la compagnie coloniale qu'il projette de former, « des marques d'honneur qui passeront jusqu'à leur postérité ».

La colonie ne peut être qu'un lieu de passage, une villégiature temporaire, une possibilité de s'enrichir à moindre effort, en tout cas l'occasion de jouir d'une liberté de mœurs et de mouvements ou de voir du pays, parfois l'opportunité de faire oublier quelque frasque commise en métropole. Les militaires y viennent avec l'espoir d'accomplir sans grands risques une action d'éclat contre les Sauvages, ce qui leur vaudra un avancement rapide. Les gens bien en cour, qui bénéficient de concessions, ne songent qu'à faire exploiter celles-ci par des intendants sachant commander aux esclaves, Indiens d'abord, Noirs plus tard. Les armateurs et les négociants sont assurés de tirer profit des marchandises qu'ils fourniront aux colons et de la bimbeloterie qu'ils offriront aux Indiens en échange de fourrure. Si leurs bateaux reviennent chargés de fret exotique, l'affaire sera encore meilleure.

Dans son *Histoire des États-Unis*[1], Firmin Roz explique ce comportement colonial. « Les Français, installés là où leur gouvernement voulait qu'ils fussent, se contentaient de bâtir des postes frontières sur les lacs et les fleuves, mettaient la main sur les territoires que leur assignaient les ordres du roi, accomplissaient chaque jour, sans se préoccuper d'autre chose, le travail qu'on leur fixait. Ils n'avaient pas vraiment formé des groupements autonomes et bornaient leur ambition à tirer du sol de quoi subsister, ou à vivre de ce que leurs bateaux leur apportaient de France. »

Et cependant, malgré une absence de politique coloniale cohérente, pugnace et réaliste, la France suscitait crainte et respect chez les Anglais, rivaux directs et déjà bien établis dans le Nouveau Monde. Dans l'introduction à sa

---

1. Librairie Arthème Fayard, Paris, 1930.

biographie de George Washington[1], Woodrow Wilson, le futur président des États-Unis, alors professeur d'histoire, se livrait à une intéressante comparaison entre les comportements coloniaux des deux nations. « Les Français avaient consacré de longues années à leur tâche, accomplie pour le compte d'un monarque ambitieux. Ce qu'ils avaient créé l'avait été en vertu de principes établis et restés immuables, malgré la succession des ministres et même des dynasties. Les Anglais s'étaient portés en foule et au gré de leur fantaisie vers les côtes du continent. Ils étaient déjà plusieurs dizaines de milliers que les Français n'étaient encore que quelques centaines. Mais ces derniers avaient découvert le magnifique Saint-Laurent, réceptacle des eaux des Grands Lacs et de tout le centre du continent. Leurs postes avaient des garnisons. Les hommes dont ils disposaient, ils les installaient, à chaque étape de leur avance, sur quelque point stratégique d'un lac ou d'un fleuve d'où l'on ne pouvait les déloger sans peine. Leurs vaillants trappeurs, leurs missionnaires intrépides pénétraient partout au cœur des forêts, menant de front commerce et conquête. Si bien que, traversant le bassin de l'Illinois et dépassant le Michigan, ils atteignirent un beau jour les rivières qui coulaient vers l'ouest jusqu'au puissant Mississippi. On expédia des colons à l'estuaire du vaste fleuve, des postes jalonnèrent ses rives, des navires sillonnèrent son cours et les Anglais, ouvrant enfin les yeux, purent voir, à quelque temps de là, une série ininterrompue d'établissements français s'allonger derrière la Virginie et les Carolines, depuis les lacs jusqu'au golfe du Mexique. »

Ces lignes du futur président des États-Unis, qui devait engager son pays dans la guerre au côté de la France en 1917, prouvent avec le recul du temps que, si la France

---

1. Rédigée en 1893-1894 et publiée en 1896 par Harper and Brothers, New York. Édition française, Payot, Paris, 1927.

sut, avec intelligence et audace, conquérir des positions enviables dans l'Amérique du XVIIIe siècle, elle ne parvint pas, en revanche, à faire du territoire de l'immense Louisiane une entité coloniale puissante, comparable aux colonies anglaises.

Les domaines espagnols

Les conquistadores du XVIe siècle avaient donné à l'Espagne un vaste royaume en Amérique du Sud, partie méridionale du continent américain comprenant les terres qui se développent de l'isthme de Panama jusqu'au détroit de Magellan et au cap Horn. En 1690 ils possédaient trois vice-royautés : Tierra Firme[1], Pérou, Río de la Plata, et des capitaineries générales : Guatemala, Chili, Caracas, Porto Rico. À cela s'ajoutaient, en Amérique du Nord, la Nouvelle-Espagne, État actuel du Mexique, et La Havane. Ces territoires formaient un empire immense et peuplé. Buenos Aires, ville principale du Río de la Plata[2], abritait six mille trois cent soixante habitants, plus deux mille cinq cents militaires dans quatre cent cinquante maisons et plusieurs casernes. Lima avait une population de quinze mille créoles ou Espagnols, auxquels il convenait d'ajouter quatre mille Noirs. Ces bases puissantes, La Havane notamment, permettaient aux Espagnols de se maintenir en Floride où ils étaient présents depuis 1513, malgré les convoitises de la France et de l'Angleterre.

En 1565, les Espagnols avaient massacré un grand nombre de colons français, en majorité luthériens, qui s'étaient exilés en Floride pour fuir les persécutions dont ils étaient l'objet et y créer un établissement à Matanzas.

---

1. Ou Costa Firme : aujourd'hui, le Venezuela et la Colombie.
2. Aujourd'hui l'Argentine.

La France n'avait pas réagi à cette tuerie. Seul le capitaine Dominique de Gourgue avait décidé, en 1567, « de venger l'insulte faite au roi de France » par ses propres moyens. Il avait repris pied en Floride avec quatre-vingts arquebusiers, détruit deux forts espagnols avec l'aide des Indiens et « branché », c'est-à-dire pendu haut et court, aux mêmes arbres qui avaient servi au supplice des Français, les bourreaux espagnols. « Cette exécution ayant été faite, le capitaine, qui avait fait ce pour quoi il avait entrepris le voyage, délibéra de s'en retourner... »

Chassés un moment par les corsaires de sir Francis Drake qui brûlèrent leur établissement de San Agustín en 1586, les Espagnols se réinstallèrent dès le départ des assaillants. En 1690, ils occupaient encore plusieurs sites de la vaste péninsule qui couvre le territoire compris entre Savannah, sur l'océan Atlantique, aujourd'hui port de Georgie, la pointe de Key West et, sur le golfe du Mexique, la baie de la Mobile. La chaîne des Appalaches, qui s'étire sud-ouest - nord-est, constituait une frontière naturelle entre la possession espagnole et la Louisiane d'une part, la Floride et la Caroline, colonie anglaise, d'autre part.

Les Espagnols étaient aussi présents sur la côte du Pacifique où ils tenaient la longue et large bande de terre fertile qu'ils avaient appelée Californie, du nom d'une île imaginaire et paradisiaque inventée par l'écrivain espagnol Garcia Ordoñez de Montalvo en 1510. Les jésuites et les franciscains y maintenaient des missions qui avaient pour ambition de convertir les Indiens et d'organiser la colonisation de la région où se rendaient, à partir de la Nouvelle-Espagne, des familles de colons avec leurs troupeaux.

Les Espagnols comme les Anglais avaient donc une avance considérable sur les Français dans la colonisation de leur part d'Amérique. Sitôt la paix de Ryswick signée, Louis XIV allait enfin réagir à la menace britannique et même investir personnellement trois cent mille livres dans une redécouverte de la Louisiane. Deux événements allaient ranimer l'intérêt des Français pour cette colonie négligée pendant dix ans.

Le cas Hennepin

À la fin de l'année 1678, Cavelier de La Salle, qui savait utiliser les compétences, les enthousiasmes et les ambitions de ceux qui souhaitaient se mettre en valeur, avait envoyé le récollet Louis Hennepin, le capitaine La Motte-Lussières et quinze hommes au pays des Illinois. Ce groupe avait pour mission de préparer l'exploration qu'il projetait et surtout de repérer, sur la rive sud du lac Érié, un lieu propice à la construction d'un grand bateau, le *Griffon*. On sait quel fut le destin de ce navire et la déconvenue qu'éprouva La Salle du fait de sa perte. Celle-ci eut pour conséquence majeure de retarder de deux années le grand raid du Normand vers le delta du Mississippi.

Hennepin et La Motte s'étant bien acquittés de leur mission en 1678 et 1679, l'explorateur confia, en 1680, au récollet et à deux autres de ses hommes, Accault et Picard du Gay, une reconnaissance du haut Mississippi. Le père Hennepin s'engagea, semble-t-il, à contrecœur dans cette nouvelle randonnée, mais, le 20 février, le religieux et ses compagnons prirent le chemin du sud-ouest, atteignirent le fleuve Illinois et le descendirent malgré les avertissements des Indiens du même nom, qui redoutaient pour leurs amis blancs une rencontre avec des Sioux vindicatifs. Les voyageurs entrèrent cependant sans encombre dans le Mississippi, qu'ils remontèrent pour suivre les ordres de La Salle, alors que le récollet aurait préféré le descendre, comme autrefois Marquette et Joliet, et ajouter ainsi au palmarès de son ordre une découverte que Robert le Conquérant entendait bien se réserver. L'expédition avait déjà dépassé le confluent du Wisconsin quand, le 11 ou le 12 avril, deux cents Sioux, revenant de guerroyer contre les Miami, firent prisonniers les trois hommes avec l'intention de les conduire dans leur territoire à l'est du lac Supérieur. Les Sioux aimaient se faire servir par des esclaves blancs, ce qui n'était après tout qu'une compensation à la servilité parfois imposée à leurs frères par les Français et les Anglais. Dix-neuf jours après leur capture, les prisonniers, que les Indiens traitaient correctement, bien qu'ils les obligeassent à chanter pour distraire les guerriers, arrivèrent avec leurs geôliers devant des chutes qui interrompirent la navigation. Le père Hennepin, respecté plus que les autres parce qu'il possédait un ciboire pour potion magique et une boussole, donna le nom de saint Antoine à cette cascade. Il apprit aussi sans plaisir qu'il serait adopté, à deux cent cinquante kilomètres de là, par un vieux chef indien en manque de fils !

Le récollet passa ainsi plusieurs mois chez les Sioux. Accault et Gay avaient été emmenés dans d'autres villages où leur captivité ressemblait fort à une aimable liberté surveillée. Ce n'est qu'au commencement de l'été, au moment où la tribu reprit la route du sud et des prairies pour chasser le bison, que Louis Hennepin retrouva Accault et Gay, au bord du Mississippi, et obtint de son père adoptif l'autorisation de retourner avec eux chez les Français à la fin de la saison de chasse. Aussi, quand Hennepin et ses compagnons rencontrèrent un célèbre coureur de bois nommé Duluth, ou Du Luth, connu et estimé des Indiens, qui avec quatre Canadiens remontait le fleuve, il fut décidé que tous accompagneraient les Sioux jusqu'à Mille Lac, leur grand village, dont on sait aujourd'hui qu'il était situé à moins de cent cinquante kilomètres de la source du Mississippi, alors ignorée[1].

Les Sioux offrirent un banquet aux Français qui, après un nouveau séjour chez les Indiens, allèrent hiverner à Michilimackinac, à la jonction des lacs Huron et Michigan. La petite troupe fit une halte à la mission Saint-François-Xavier tenue, au sud de la baie des Puants, aujourd'hui Green Bay, par le père Allouez.

Le 29 mars 1681, Louis Hennepin, Duluth et deux autres Français quittèrent la mission Saint-Ignace de Michilimackinac pour Montréal. Parvenu à destination, le récollet rendit visite au comte de Frontenac, à qui il se mit à débiter des fables que l'on devait retrouver dans un rapport de 1683 à la cour de France sous le titre : *Description de la Louisiane Nouvellement découverte au sud-ouest de la Nouvelle-France, par ordre du Roy. Avec la carte du pays, les mœurs et la manière de vivre des Sauvages. Dédiée à Sa Majesté par le R. P. Louis Hennepin, Missionnaire Récollet et Notaire Apostolique.*

Ce texte fut publié « à Paris, chez la veuve Sébastien Huré, rue Saint-Jacques, à l'image Saint-Jérôme, près Saint-Séverin ». L'ouvrage comptait deux cahiers de trois cent treize et cent sept pages et ouvrait sur une « Epystre au Roy », qui avait accordé privilège de publication.

Hennepin ne s'est pas attardé à Montréal. À la fin de

---

1. Le Mississippi prend sa source au lac Itasca, dans l'État du Minnesota. Celle-ci fut découverte, le 13 juillet 1832, par l'explorateur Henry Rowe Schollcraft. Neuf ans plus tôt, le 31 août 1823, l'Italien Giacomo Costantino Beltrami, un des premiers voyageurs à parvenir dans la région, avait situé la source du fleuve à soixante kilomètres de-là, dans un autre lac de ce secteur qui en compte quinze mille ! Beltrami, croyant de bonne foi avoir découvert la source du Mississippi, avait donné à ce lac le prénom de celle qu'il aimait et que la mort venait de lui enlever, la comtesse Giulia Spada de Medici. On consultera avec profit l'excellente biographie que M. Augusto P. Micelli, juriste éminent de La Nouvelle-Orléans, a consacrée à Beltrami sous le titre *The Man with the Red Umbrella*, Claitor's Publishing Division, Baton Rouge, Louisiana, 1974.

l'année 1681, alors que Cavelier de La Salle en est aux derniers préparatifs de l'expédition qui va assurer sa gloire, le récollet s'est embarqué sur un bateau de pêche pour rentrer en France. On peut apprécier le sens inné et moderne que le prêtre semble avoir eu de la publicité et des relations publiques. À peine débarqué au Havre, il décide de rejoindre le couvent de son ordre, à Saint-Germain-en-Laye, en remontant la Seine à bord d'un canoë en écorce de bouleau rapporté de chez les Indiens ! Bateliers et riverains ne manquent pas de remarquer ce religieux qui pagaie sur un esquif de type inconnu en Normandie. Le fait que le canoë soit peint aux couleurs du roi de France force à la fois l'attention et le respect. Cette initiative ne fut cependant pas du goût de l'abbé Jean Dudouyt, représentant de l'évêque de Québec à Paris, qui le fit savoir.

En décembre 1681, le père Hennepin se trouve à Versailles où tout se passe, où tout s'obtient. Il se met à parler de ses explorations avec feu comme s'il en était le promoteur, dénigre les jésuites pour valoriser les récollets, dit qu'il faut prévoir des établissements tout au long du Mississippi. Grisé par l'accueil chaleureux de ceux à qui il raconte sans vergogne qu'il a descendu le grand fleuve jusqu'à la mer du Mexique, alors que La Salle n'a pas encore pris le départ pour le delta, il ne peut pas refuser longtemps d'écrire un rapport circonstancié destiné à la cour mais qu'il compte bien faire imprimer. C'est le bon moyen, pense-t-il, de s'assurer une priorité que l'Histoire enregistrera.

Or, dans le même temps, Robert Cavelier de La Salle adressait aussi régulièrement que le permettaient les communications maritimes de copieuses lettres à son ami l'abbé Claude Bernou, spécialiste de la rédaction de mémoires scientifiques ou d'exploration destinés à la cour. Ce « nègre » en soutane était un ami d'Eusèbe Renaudot, orientaliste, membre de l'Académie française et surtout fils de Théophraste Renaudot, fondateur, en 1631, de *La Gazette*. Avec son frère Isaac, Eusèbe Renaudot assurait la publication du journal paternel, dont l'abbé Bernou était l'un des collaborateurs. En adressant à Bernou ces lettres-rapports, Cavelier de La Salle préparait le récit de ses explorations afin que la cour fût informée au plus vite des résultats de ses recherches. Par chance, toutes les lettres de l'explorateur à son « nègre » ont été retrouvées et l'on sait comment, à partir de ces récits, l'abbé Bernou rédigea sa *Relation des découvertes et des voyages du Sieur de La Salle*. Ce document fut remis au ministre de la Marine, le marquis de Seignelay, avant que le fondateur de la Louisiane ne vienne en France, en décembre 1683, recueillir les lauriers du triomphe. Mais, au cours de l'été 1682, après que l'abbé Bernou eut été avisé de la réussite de l'expédition de Cavelier, l'explorateur, qui savait le père Hennepin présent à Paris, avait écrit à son scribe pour l'inviter à prendre contact avec le récollet. Ce dernier pourrait lui donner des détails sur son propre voyage dans le haut Mississippi, sa captivité chez les Sioux et compléterait les observations envoyées de Louisiane. En mettant ainsi Hennepin « dans le coup », La Salle entendait, non seulement utiliser les informations recueillies par le prêtre, mais aussi prévenir une critique que le récollet et ses compagnons d'expédition auraient été en droit de formuler à l'égard de leur chef.

Il avait en effet été prévu, en février 1680, que, si l'absence des trois hommes envoyés dans le haut Mississippi se prolongeait au-delà de la normale, Cavelier déléguerait des gens à leur recherche. Or Hennepin et ses compagnons avaient disparu pendant un an chez les Sioux sans que le seigneur des Sauvages se fût inquiété de leur sort ! La Salle, qui redoutait, semble-t-il, l'amertume et les

bavardages de Louis Hennepin, mit l'abbé Bernou en
garde dans une lettre datée du 22 août 1682 : « ... il faut
un peu le connaître, car il ne manquera pas d'exagérer
toute chose : c'est dans son caractère ! [...] et il parle plus
conformément à ce qu'il veut qu'à ce qu'il sait. »

M. Armand Louant, archiviste honoraire de la ville de
Mons, a tiré méticuleusement au clair l'attitude du
récollet[1]. Il semble ne faire aucun doute que ce dernier
collabora avec l'abbé Bernou pour la rédaction de sa
Relation des découvertes et des voyages du Sieur de La Salle.
Il ne subsiste aucun doute non plus sur l'étonnante
duplicité de ce religieux menteur, hâbleur et vaniteux.
Dans le même temps qu'il travaillait avec le collaborateur
de *La Gazette* pour mettre en valeur l'aboutissement des
explorations de Cavelier, le récollet rédigeait, d'autre part,
le rapport que lui avait demandé la cour en « démarquant »
outrageusement, non seulement les lettres de La Salle à
Bernou, dont ce dernier avait dû lui donner connaissance,
mais aussi certains articles parus autrefois dans la fameuse
revue *Relations de la Nouvelle-France*, dont les jésuites
avaient interrompu la publication en 1673 !

M. Armand Louant, qui a scrupuleusement comparé les
textes de la *Relation* et de la *Description*, est formel :
« Systématiquement, Hennepin usa de la *Relation* en la
déformant. Il supprima dans sa *Description* tous les
passages consacrés aux affaires personnelles de La Salle,
mit Frontenac en évidence et se fit passer lui-même pour
le chef de l'exploration du haut Mississippi. Il introduisit
de nombreux éloges sur l'œuvre des récollets au Canada et
sur leur rôle dans l'expédition, mais il passa sous silence
l'existence des missions jésuites. Bref, il fit un plaidoyer

---

1. *Le Cas du père Louis Hennepin, récollet, missionnaire de la Louisiane, 1626-170? ou Histoire d'une vengeance,* Annales du Cercle royal d'histoire et d'archéologie d'Ath et de la région et musées athois, tome XLVII, 1978-1979.

pro domo : pour lui-même et pour son ordre. » La publication du texte ayant été autorisée, quel ne fut pas l'étonnement de l'abbé Bernou quand il découvrit que ce qu'il croyait être un rapport confidentiel et complémentaire de celui écrit pour La Salle était un livre vendu chez les libraires, dans lequel son auteur se donnait la vedette et laissait dans l'ombre le véritable fondateur de la Louisiane ! Et encore l'abbé ignorait-il, à ce moment-là, que le récollet avait rédigé un second cahier dans lequel il racontait sans vergogne sa descente imaginaire du Mississippi jusqu'à la basse Louisiane. Si le manuscrit du premier cahier qui reçut l'imprimatur est connu, celui du second n'a jamais été retrouvé.

Hennepin, qui ne pouvait contenir sa vanité, devait en dévoiler plus tard le contenu dans un autre ouvrage publié en 1697 où il écrivait : « ... cependant je n'y donnay point la connoissance du grand fleuve dans toute son étendue. Je fus obligé d'en supprimer une partie parce que je crus que mon silence préviendroit certaines choses que je n'ay pourtant pu éviter... » En vérité, il semble bien que le ministre de la Marine eut quelque doute sur l'authenticité des révélations contenues dans le second cahier du père Hennepin et crut prudent de lui faire conseiller la discrétion dans le même temps qu'il autorisait la publication du premier cahier.

En arrivant en France le 23 décembre 1683, Cavelier de La Salle apprit certainement, peut-être du père Zénobe Membré qui l'avait précédé, la publication, le 5 janvier précédent, du rapport Hennepin et l'existence de son annexe non divulguée. L'explorateur remit aisément les choses au point. Quant au récollet qui avait tenté d'enlever à Cavelier de La Salle l'honneur et la gloire d'une grande première américaine, il s'était prudemment éclipsé.

Quand le père Hyacinthe Lefèvre, supérieur provincial des récollets, apprit la supercherie qu'un prêtre de son ordre avait montée à la cour de France pour se faire reconnaître des mérites auxquels il ne pouvait prétendre, il envisagea de réexpédier l'encombrant fabulateur au Canada. Faisant référence aux constitutions de son ordre, qui l'autorisaient à refuser une telle affectation, Louis Hennepin se récusa. Il accepta en revanche la direction du couvent de Renty, en Artois, où il serait resté trois ans avant que, les choses allant leur train ecclésiastique, il soit réellement sanctionné par ses supérieurs et se retrouve simple moine chez les récollets de Saint-Omer. D'après M. Armand Louant, le père Hyacinthe Lefèvre, qui tenait sans doute à protéger la réputation de son ordre, avait secrètement obtenu de Louvois un arrêté d'expulsion du père Hennepin qu'il garda un certain temps par-devers lui. Il ne produisit le document qu'au moment où il jugea indispensable d'éloigner le récollet de la cour de France, ce qui dut avoir lieu, suivant les informations de l'ancien archiviste de la ville de Mons, à la fin de l'année 1691.

Contraint à se rendre dans les Flandres, alors sous domination du roi Charles II d'Espagne, Louis Hennepin se découvrit espagnol, puisque né à Ath en 1626 ! À dater de cette constatation qui le libérait unilatéralement de ses obligations de prêtre français, le récollet décida de changer de camp. Il écrit dans la préface du *Nouveau Voyage* : « Je ne manquerais pas de donner la connaissance de nos grandes découvertes de l'Amérique à des gens qui auraient plus de charité pour moi qu'en ont eu *[sic]* le Père Hyacinthe et le sus-mentionné sieur de La Salle. » La personne dont le religieux attendait plus de considération n'était autre que Guillaume III, roi d'Angleterre et stathouder de Hollande ! Dès lors, celui qui n'était jusque-là qu'un hâbleur mythomane devint une sorte de traître, prêt à mettre son expérience et ses connaissances de l'Amérique au service des Anglais et des Hollandais, dont il n'ignorait pas les visées sur la vallée du Mississippi. La démarche était laide.

Le père Hennepin ayant mis sa conscience à l'aise en se disant sujet du roi d'Espagne, donc allié potentiel bien que provisoire du roi d'Angleterre, fit savoir à William Blathwayt, secrétaire à la Guerre et favori de Guillaume III, qu'il était disposé à servir de guide pour conduire une expédition en Louisiane par la mer. Les récollets avaient, d'après lui, une sorte de monopole pour l'évangélisation des Sauvages et, détenant personnellement une obédience de son ordre pour l'Amérique, il rendrait les plus grands services. Tandis que ces contacts étaient établis, et sans doute pour confirmer ses compétences en matière coloniale, le père Louis, comme on l'appelait alors, publia à Utrecht, en 1697, sous le titre alambiqué de *Nouvelle Découverte d'un très grand pays situé dans l'Amérique, entre le Nouveau Mexique et la mer Glaciale. Avec les cartes et les figures nécessaires, et de l'Histoire morale et naturelle, et les avantages qu'on peut en tirer par l'établissement des colonies*, un ouvrage où le récollet apparaît sous les traits d'un religieux coureur de bois intrépide, débrouillard, audacieux, sorte de trompe-la-mort au service de Dieu. « Je suis venu à bout d'une entreprise capable d'épouvanter tout autre que moi », écrivait-il modestement !

Cette chronique d'un voyage, que l'on sait aujourd'hui en grande partie imaginaire, fut accueillie comme un véritable roman d'aventures par les lecteurs de l'époque. Il y avait du Fenimore Cooper, du Walter Scott et un rien de Chateaubriand chez ce mystificateur au demeurant bon écrivain. Le livre connut un enviable succès[1]. L'édition

---

1. La *Nouvelle Découverte* fut l'ouvrage de Louis Hennepin qui connut le plus d'éditions. M. Armand Louant en signale vingt-quatre, onze françaises, six néerlandaises, quatre allemandes, deux anglaises et une espagnole. La dernière édition date de 1938.

originale en deux volumes ouvrait sur une dédicace dithy-
rambique « à Sa Majesté Guillaume III, par le R. P. Louis
Hennepin, Missionnaire Récollet et Notaire Apostolique ».

L'ambassadeur de France à La Haye, M. de Bonrepos,
au courant des agissements du père Hennepin, et sans
doute l'un des premiers lecteurs du livre, avait aussitôt
alerté le comte de Pontchartrain, secrétaire d'État à la
Marine et à la Maison du roi. Il avait même reçu le récollet
maintenant bien ennuyé car les Anglais, qui l'avaient pris
au mot, formaient déjà sur les bords de la Tamise « une
compagnie pour la rivière du Mississippi » et comptaient
que le religieux leur servirait de guide comme il s'y était
engagé ! Pris au piège de ses affabulations, de ses rancœurs
et de sa vanité, changeant une nouvelle fois de camp, le
religieux finit par dévoiler au représentant de la France les
projets anglais, expliqua qu'il se souciait peu de servir ces
derniers et demanda l'autorisation de retourner au Canada.
Pontchartrain autorisa ce voyage mais envoya au gouverneur de Nouvelle-France l'ordre d'arrêter Louis
Hennepin dès son arrivée à Québec. Flairant le piège, le
récollet préféra se faire embaucher comme aumônier à
bord d'un grand vaisseau génois qui devait appareiller
d'Amsterdam pour l'Italie. Comme dans les meilleurs
romans d'espionnage, le père Hennepin, recherché à la fois
par les Anglais et les Français, en rupture de ban avec son
ordre dont il ne pouvait plus rien attendre, craignait d'être
attendu à Gênes par des agents de Louis XIV ou de Guillaume III ! Aussi débarqua-t-il à Cadix pour y séjourner
plusieurs mois...

Le récollet, devenu discret, finit par arriver à Rome à la
fin de l'année 1699 et, s'étant retiré dans un couvent des
Frères mineurs, il tenta d'intéresser à son sort le cardinal
Fabrizio Spada. Ses démarches furent sans doute vaines,
car les chercheurs les plus pugnaces perdent définitivement

la trace de ce missionnaire hors série à partir de 1701. Nous ignorons la date et le lieu de son décès. Il est probable qu'il dut mourir dans son couvent romain, caressant jusqu'aux derniers jours de sa vie l'ambition de se faire reconnaître pour le premier Européen ayant descendu le Mississippi, des Grands Lacs au golfe du Mexique.

On peut imaginer qu'au moment de quitter ce monde décevant il confessa ses vantardises et sa lubie. À moins qu'au fil des années ses mensonges ne se soient imposés à son esprit comme vérité d'Évangile et qu'il ait emporté dans l'au-delà l'amère déconvenue des incompris et des persécutés. Personnalité complexe, imposteur avide de gloire, enclin à dominer, vaniteux comme un paon, le père Hennepin fut en revanche un prêtre sans faiblesses coupables et un missionnaire courageux. Aumônier lors de la sanglante bataille de Maastricht en 1673, il secourut les blessés et administra les derniers sacrements à de nombreux mourants, parmi lesquels figurait peut-être d'Artagnan. Prisonnier des Sioux, il se comporta dignement et ne parut jamais intéressé, au contraire d'autres missionnaires, par les biens temporels.

Le portrait du père Hennepin, que possède la Minnesota Historical Society, révèle un homme au visage long et maigre, aux traits dissymétriques et sévères. La bouche étroite, aux lèvres minces, le menton en galoche, fendu d'une fossette, le nez puissant et le regard noir sous de gros sourcils bruns excluent cette douceur évangélique que les peintres donnent volontiers aux religieux. En détaillant ce physique, dont la reproduction, apparemment sans concession, est due à un artiste anonyme, on peut se demander si la véritable vocation de Louis Hennepin, fils d'un boulanger et petit-fils d'un boucher des Flandres, n'était pas celle, contrariée, d'un condottiere du Nouveau Monde.

L'étrange comportement de ce missionnaire, fabulateur conséquent dans ses mensonges et organisé dans leur exploitation, eut au moins le mérite, par les convoitises anglaises qu'il encouragea, de contraindre le gouvernement de Louis XIV à prendre conscience de l'importance stratégique de la Louisiane délaissée.

Le cas du docteur Coxe

La ligue d'Augsbourg, fondée en 1686 par l'empereur d'Autriche, le roi de Suède, le roi d'Espagne et les princes allemands, avait reçu, dès 1688, le renfort de l'Angleterre et de la Hollande. Les hostilités ouvertes en 1689 avaient rapidement été exportées d'Europe en Amérique, aussi bien par les Français que par les Anglais. Ainsi, tandis que les troupes de Louis XIV se battaient dans le Palatinat et que les navires ennemis bombardaient Le Havre, Dunkerque, Saint-Malo, Dieppe et Calais, une autre guerre faite de coups de main et d'embuscades se déroulait au long de la frontière méridionale de l'Acadie. Cette province orientale du Canada français, la première où des colons avaient tenté de se fixer dès 1604, jouxtait la Nouvelle-Angleterre, qui comptait déjà cinq colonies britanniques organisées, Massachusetts, Plymouth, Rhode Island, Connecticut et New Haven. La frontière entre les deux territoires était des plus floue. Les Anglais soutenaient qu'elle suivait le cours de la rivière Sainte-Croix, qui se jette dans la baie de Fundy et sépare aujourd'hui, dans la zone côtière, l'État du Nouveau-Brunswick de l'État du Maine, tandis que les Français la voyaient plus au sud, sur la rivière Pentagouët, aujourd'hui nommée Penobscot, sur les berges de laquelle le Béarnais Saint-Castin avait installé un poste militaire. Dans cette vaste pénéplaine, limitée, au nord, par le plateau de l'Aroostook, à l'ouest, par les White Mountains et le Saint-Laurent, à l'est, par la mer, on compte les lacs par milliers, les rivières par centaines, et d'immenses forêts recouvrent montagnes et vallées. À la fin du XVIIᵉ siècle et au commencement du XVIIIᵉ, les rares établissements français isolés n'étaient souvent séparés que de quelques dizaines de kilomètres des postes anglais. Les colons, quelle que fût leur nationalité, essayaient toujours de se concilier les Indiens, Abnaki ou Mic-Mac, qui peuplaient la région.

Les Acadiens et les Américains, comme on appelait déjà les colons d'origine britannique ou hollandaise, se livraient à des surenchères en cadeaux pour amadouer les chefs de tribu ou obtenir le concours des guerriers dans les échauffourées frontalières. Si les Iroquois se montraient sensibles aux largesses des Anglais, les Abnaki préféraient les Français. En 1689, c'est avec l'appui de ses guerriers, des Abnaki, que le baron de Saint-Castin prit aux Britanniques le fort de Pemaquid tandis que d'autres Indiens anéantissaient un village du New Hampshire. Ces massacres provoquèrent une réaction des colons du Massachusetts, qui réussirent à sauver leur établissement de Casco, assiégé par une horde d'Indiens. Ces derniers avaient la réputation de scalper les hommes, de violer les femmes, d'enlever les enfants, de piller les dépôts et d'incendier les maisons avant de se retirer en braillant.

On se battait aussi sur la mer et les corsaires français arraisonnaient les navires anglais qui entraient ou sortaient des ports de Nouvelle-Angleterre. En représailles, la marine anglaise avait attaqué Port-Royal, mais, dès que Louis XIV eut envoyé comme gouverneur du Canada le comte de Frontenac, qui, dans les mêmes fonctions, avait su rendre, de 1672 à 1682, la colonie relativement quiète et prospère, les Franco-Canadiens reprirent confiance en leur destin.

Bien qu'âgé de soixante-neuf ans, cet « homme de

beaucoup d'esprit, fort du monde et parfaitement ruiné »,
d'après Saint-Simon, avait été l'ami et le supporter inconditionnel de La Salle. Il considérait que l'œuvre de l'explorateur défunt méritait d'être protégée et, poursuivie. Il
stimula si bien ses capitaines que ces derniers, avec l'aide
des Sauvages, anéantirent, en 1690, Shenectady (État de
New York), Salmon Falls (Massachusetts) et Fort Loyal
(Maine). Les Acadiens ne purent empêcher leurs alliés
indiens de massacrer, à l'occasion de ces attaques, près de
deux cents personnes ni d'emmener en captivité une trentaine de femmes. Ces procédés cruels exaspérèrent les
colons britanniques, qui obtinrent que fût montée, à la
fois par terre et par mer, une expédition contre Québec.
Trente-quatre vaisseaux, transportant mille deux cents
hommes, quittèrent Boston tandis qu'une troupe à laquelle
devaient se joindre, au long du parcours, des centaines
de guerriers Iroquois commença à remonter la vallée de
l'Hudson. Les Français, peu nombreux mais bien préparés et bien armés, attendaient la marine de Sa Majesté.
À peine débarqués, les mille deux cents soldats de sir
Williams Phips furent mis en déroute par les canons de
Frontenac et ne pensèrent qu'à rembarquer. Comme
les boulets français s'en prenaient aussi aux vaisseaux britanniques, l'escadre penaude remit prestement le cap sur
Boston. Comble de malchance pour ce corps expéditionnaire en retraite, une tempête survint, qui noya un millier
d'hommes, puis une épidémie lui succéda, qui tua une
bonne partie des survivants. Quant à la troupe envoyée par
voie de terre, elle fit demi-tour en arrivant au lac Champlain, les Iroquois ayant refusé de s'engager dans une
guerre contre les Français et les Abnaki.

C'est dans cette ambiance de guérilla permanente que
Daniel Coke, un ancien médecin de Charles II d'Angleterre, devenu copropriétaire, avec un groupe de spéculateurs, de ce qu'on nommait alors West New Jersey, et d'un

vaste domaine dans la Caroline, eut l'idée, après avoir lu les ouvrages du père Hennepin, de coloniser à son profit le bas Mississippi en y transportant des huguenots, français, hollandais et peut-être allemands. Il obtint, pour ce faire, l'autorisation de Guillaume d'Orange, devenu Guillaume III.

Le souverain devait l'éviction de Jacques II et son accession au trône à des troupes où figuraient bon nombre de protestants français et hollandais réfugiés. Or, depuis que le Parlement avait décidé que l'armée permanente ne pourrait compter que sept mille hommes, tous anglais, il lui fallait licencier les auxiliaires étrangers à qui le Parlement refusait la nationalité britannique. Guillaume III ne pensait donc qu'à se débarrasser de ces gens avant qu'ils ne lui reprochent son ingratitude et causent des troubles dans Londres. Les nouvelles colonies d'Amérique, le Massachusetts, la Pennsylvanie, la Virginie et surtout la Caroline, pouvaient en accueillir beaucoup et l'on tenta de convaincre les démobilisés d'aller chercher fortune de l'autre côté de l'Atlantique.

L'idée de Daniel Coxe ne pouvait donc que plaire à ce roi, à qui Hennepin avait dédié sa *Nouvelle Découverte* et fait des offres de service. Le docteur Coxe fut donc invité à prendre contact avec le missionnaire pour organiser l'émigration des huguenots français et hollandais en Louisiane. La chose était plus facile à suggérer qu'à faire, car le récollet imaginatif demeurait introuvable. Il se prélassait alors à Cadix, en attendant de se faire oublier par tous. Le propriétaire du West New Jersey décida, avec l'aide de lord Lonsdale, chancelier de l'Échiquier, de passer sans le concours du prêtre à la réalisation de son projet. Il vendit ses terres à une société composée de quarante-huit spéculateurs de son acabit et commença à organiser sa compagnie d'immigration. Dès le 2 mai 1698, Coxe lança le projet en publiant des prospectus vantant les charmes d'une contrée qu'il ne connaissait que par les récits des voyageurs. En dépit de l'appui du roi d'Angleterre, qui s'était engagé à envoyer à ses frais six cents ou huit cents réfugiés français, principalement des vaudois, dès que les premiers Anglais auraient pris pied en Louisiane, la tentative échoua.

Les agents de Pontchartrain en Angleterre avaient signalé, dès le 18 juin 1698, au ministre de la Marine que Guillaume III venait d'accorder des lettres patentes « à deux seigneurs et trois capitaines de navires pour aller au Mississippi avec quatre compagnies de protestants français accompagnés de leurs ministres ». Quand, près d'un an plus tard, les trois vaisseaux de l'expédition Coxe se présentèrent dans les bouches du Mississippi, ils y trouvèrent les Français commandés par Iberville qui, à la tête d'une troupe déterminée, portée par trois frégates et un traversier[1], venait de confirmer la prise de possession, au nom du roi de France, du territoire nommé Louisiane, que Cavelier de La Salle avait annexé à la Couronne seize ans plus tôt.

Louis XIV, Pontchartrain, les ministres, la cour et les Français informés avaient enfin réagi. Ce retour à la Louisiane, que ni Tonty ni l'abbé Jean Cavelier ni les jésuites n'avaient pu obtenir, Hennepin et Coxe venaient de le provoquer. Les traîtres et les ennemis sont parfois gens utiles !

---

1. Chasse-marée à trois mâts. Petit bâtiment en usage au XVIIe siècle, servant pour les courtes traversées, le cabotage et la pêche.

2.

La Louisiane revisitée

Les effets de la conjoncture

Louis XIV, seul souverain d'Europe à avoir refusé jusque-là de reconnaître le prince d'Orange comme roi d'Angleterre, fut contraint en 1697, par l'évolution hasardeuse d'une guerre qui durait depuis sept ans, d'envisager des pourparlers de paix avec ses ennemis coalisés et d'admettre Guillaume III comme successeur de son beau-père Jacques II. Accueilli à Saint-Germain avec sa seconde épouse, née Marie-Béatrice d'Este, et leurs enfants, le descendant des Stuart, devenu catholique et chassé du trône, paraissait résigné à l'exil. L'épuisement de la France dictait au Roi-Soleil cette attitude et ses adversaires y souscrivirent d'autant plus aisément que leur situation n'était guère meilleure que la sienne. La médiation de la Suède fut acceptée et c'est au château du Nieuwburg, propriété de Guillaume de Nassau, situé à Ryswick, village des environs de La Haye, que la paix fut signée le 20 septembre 1697. Par ce traité, la France reconnaissait sans réserve la souveraineté de Guillaume III sur l'Angleterre, que lui apportait sa femme Marie II, admettait le rétablissement de la liberté de commerce entre les deux pays et acceptait de discuter, à Londres, les prétentions des deux Couronnes sur certains territoires situés en Amérique. La France restituait à la Hollande toutes les conquêtes opérées depuis la paix de Nimègue ; à l'Espagne elle rendait la Catalogne, le Luxembourg et les places annexées dans les Flandres ; quant à l'empereur Léopold, qui ne signa la paix que le 30 octobre, il récupérait tous les territoires conquis par les Français sauf Strasbourg, Sarrelouis et Longwy, échangés contre la Lorraine occupée depuis 1670.

Dès qu'il fut débarrassé du souci de la guerre, le roi tendit une oreille plus attentive à tous ceux, marins, militaires, négociants, religieux et savants, qui l'encourageaient à entreprendre enfin la colonisation de la Louisiane. Un avocat au Parlement, Gabriel Argou ou Argoux, avait déjà envisagé, avec l'armateur Rémonville et un négociant fortuné qui possédait des intérêts en Angleterre et dont un frère vivait en Floride, la création d'une société pour exploiter le bassin du Mississippi. Ces gens entreprenants firent tenir un mémoire à la cour.

Cette fois-ci, soit à cause des appuis dont jouissaient ces hommes, soit parce que les menaces anglaises et espagnoles se faisaient plus pressantes, l'idée de l'envoi d'un contingent de marins et de militaires qui exploreraient méthodiquement le delta du Mississippi et de colons capables d'y fonder un ou plusieurs établissements fut retenue par le souverain.

Les Pontchartrain – Louis, secrétaire d'État à la Marine et à la Maison du roi, et son fils Jérôme, qui allait lui succéder officiellement dans ces fonctions en 1699, quand le premier serait nommé chancelier de France – considéraient qu'il était indispensable pour la sécurité de nos possessions américaines de s'assurer, par le contrôle de la vallée du Mississippi, une voie de communication directe entre la Nouvelle-France et les rivages du golfe du Mexique.

Dans le même temps, par une heureuse conjoncture, des savants, comme les géographes Claude Delisle et ses fils Guillaume et Nicolas, ou Alexis Hubert Jaillot, auteur d'un nouvel atlas, qui ne manquaient jamais d'interroger les navigateurs au retour de leurs voyages et de lire tous les mémoires et récits d'exploration qui leur tombaient sous les yeux afin de fignoler les cartes, s'intéressent au Mississippi dont ils ne peuvent, par manque d'informations et de relevés précis, situer exactement l'embouchure. Des religieux érudits, comme l'abbé Claude Bernou, ami et scribe de La Salle, l'abbé Jean-Baptiste Dubos, qui, à vingt-huit ans, affiche une vraie passion pour l'histoire, la géographie, les langues, et passe son temps à courir l'Europe afin de réunir des documents, et toute l'équipe de *La Gazette* entraînée par l'abbé Eusèbe Renaudot, soutiennent le projet.

Autre élément favorable à ceux qui demandent l'achèvement de l'œuvre de La Salle : on a présentement sous la main, à Versailles, l'homme capable de mener à bien l'expédition. Il se nomme Pierre Le Moyne d'Iberville et c'est un héros de la mer. La ville de Rochefort l'a accueilli frénétiquement en novembre 1697, au retour de la baie d'Hudson où il avait donné aux Anglais, au cours d'une bataille navale spectaculaire, une prodigieuse leçon de tactique, de manœuvre et d'audace.

Entre 1688 et 1694, Iberville avait déjà détruit, sur la côte atlantique, de nombreux postes britanniques et saisi plusieurs vaisseaux de Sa Majesté. Quand les Anglais reprirent le fort Bourbon, il fut dépêché de Terre-Neuve avec trois vaisseaux et un brigantin pour tenter de reconquérir la position perdue. Parti le 8 juillet 1697, il s'était présenté le 3 août à l'entrée du détroit d'Hudson donnant accès à la baie. Bloqués par les glaces « qui écrasèrent le brigantin sans qu'on pût rien sauver de l'équipage », confessa-t-il lui-même, la flottille française ne put intervenir, après avoir réparé ses avaries, que le 28 août. Monté sur le *Pélican*, une frégate de quarante-six canons, Iberville avait mis aussitôt le cap sur le fort Nelson qui défendait la rive ouest de la baie. Comme il arrivait en vue de l'établissement, trois navires anglais s'étaient portés à sa rencontre, un de cinquante-deux canons et deux cent cinquante hommes d'équipage, et deux de trente canons. Bien qu'il fût seul, les deux autres bateaux français étant hors de vue, Iberville décida d'attaquer l'ennemi. Les Anglais, le trouvant fort présomptueux, lui proposèrent de se rendre, ce qu'il prit fort mal. « Le chevalier commença le feu à neuf heures du matin ; à midi, voyant que la partie était décidément inégale, il résolut d'en finir ; fit pointer tous ses canons à couler bas, aborda vergue à vergue le gros vaisseau anglais, et lui envoya sa bordée, qui le fit sombrer sur-le-champ. Puis il se jeta sur le second vaisseau pour l'enlever à l'abordage ; celui-ci aussitôt amena son pavillon. Iberville poursuivit le troisième vaisseau qui avait pris le large et fuyait toutes voiles dehors. Le *Pélican*, "crevé de sept coups de canon" et ayant eu deux de ses pompes brisées pendant le combat, ne pouvait épuiser l'eau ; aussi laissa-t-il échapper le troisième vaisseau anglais[1]. »

C'était là un de ces exploits qui réjouissaient la marine et assuraient la réputation d'un capitaine. Dans les tavernes des ports, dans les arsenaux, sur les môles, les gens de mer acclamaient ceux qui, ayant été de la fête, revenaient au pays. Entre deux chopes, devant les terriens éberlués, les matelots commentaient les manœuvres, tenaient comptabilité des coups donnés et reçus, évaluaient les prises. Toute bataille navale opposant nos vaisseaux à ceux des Anglais s'inscrivait comme épisode viril et signifiant d'un jeu de haut goût entre marines rivales. Risquer sa tête au vent des boulets, le bras ou l'œil à la pointe d'un sabre d'abordage, envoyer un grappin sur le passavant d'un navire ennemi, lancer des hérissons dans son gréement, se

---

1. *Le Canada sous la domination française*, L. Dussieux, édition J. Lecoffre, Paris, 1862.

partager butin et rhum du vaincu passaient, suivant qu'on gagnait ou perdait, pour distraction plaisante ou fortune de mer. On embarquait certes pour naviguer et voir du pays, mais aussi et surtout pour se colleter avec les hasards océaniques, pour se battre, pour acquérir de la gloire, pour se faire un nom et pour se divertir ! « Car, manquer la joie, c'est tout manquer. Dans la joie des acteurs réside le sens de toute action[1]. »

Il ne s'agissait en effet ni de philosophie, ni d'éthique, ni même, au sens moderne, de patriotisme. La manie de justifier sa conduite aux yeux des autres, même quand ils ne vous demandent rien, est un complexe moderne, une forme de vanité niaise, un tic médiatique. Nés dans un camp, les amateurs de bagarre y restaient parce qu'il fallait bien, pour combattre, suivre un panache et disposer d'un répondant honorable. Cela distinguait ceux qui faisaient la guerre pour se distraire des mercenaires payés au ramponneau et au cadavre, qui changeaient parfois d'employeur en pleine action pour vingt sols de mieux !

Les baroudeurs de ce temps-là ne se posaient pas de questions métaphysiques ou politiques. Ils laissaient cela aux chefs qui avaient leurs raisons, toutes personnelles, d'organiser les rencontres. Ils ne demandaient à leurs capitaines que de les mettre en situation de jouir d'une belle bataille et, éventuellement, ce qui faisait partie du jeu, de trouver l'occasion de mourir galamment. Car ces gaillards, qui en prenaient à leur aise avec les dix commandements, restaient persuadés que Dieu remettait les péchés des braves et tenait paradis ouvert aux guerriers loyalement étripés.

Les gens comme Iberville étaient donc des vedettes que l'on accueillait à la cour comme nos ministres reçoivent aujourd'hui un champion olympique ou un chanteur de

---

1. Robert Louis Stevenson, *les Porteurs de lanternes*.

rock ! Aussi, quand il fallut désigner un chef capable de conduire une expédition par mer à l'embouchure du Mississippi que La Salle n'avait pas su retrouver, les Pontchartrain, père et fils, qui avaient l'un et l'autre la fibre coloniale, pensèrent tout naturellement à l'homme que tout Paris, après Montréal, nommait le Cid canadien.

Une famille franco-canadienne

Les Le Moyne ou Lemoine étaient d'origine modeste. Le grand-père du sieur d'Iberville tenait, vers 1640, une taverne dans le quartier du port à Dieppe. Tous les bourlingueurs de passage s'y donnaient rendez-vous et il est probable que Charles, né en 1625, un des neuf enfants du tenancier, écoutait les récits des marins. On devait encore parler en ville, à cette époque, des exploits d'un certain David Kirke, né à Dieppe d'une mère française et d'un père écossais. Ayant opté, comme ses deux frères, pour la nationalité paternelle, David Kirke avait obtenu des lettres de marque du roi Charles Ier d'Angleterre et s'était offert le rare plaisir, en 1629, de s'emparer des établissements français du Saint-Laurent, d'affamer Québec par un blocus strict, de faire capituler la ville le 20 juillet, de capturer et d'expédier Champlain en Angleterre et, surtout, de saisir dix-huit vaisseaux de la Compagnie des Cent-Associés, créée par Richelieu, ce qui avait mis le cardinal d'humeur fort peu chrétienne. Depuis cette éprouvante agression, les choses s'étaient arrangées. Après les victoires de Louis XIII sur les impériaux et la signature du traité de Suse, l'Angleterre avait restitué le Canada à la France. En 1633, Samuel de Champlain avait repris son poste de gouverneur de Nouvelle-France où il était mort, à l'âge de soixante-huit ans, trois années plus tard. Ces

Village indien fortifié, par Théodore de Bry. Extrait de *Admiranda Narratio*, 1585-1588. (Service historique de la Marine, Vincennes ; photographie Lauros-Giraudon.)

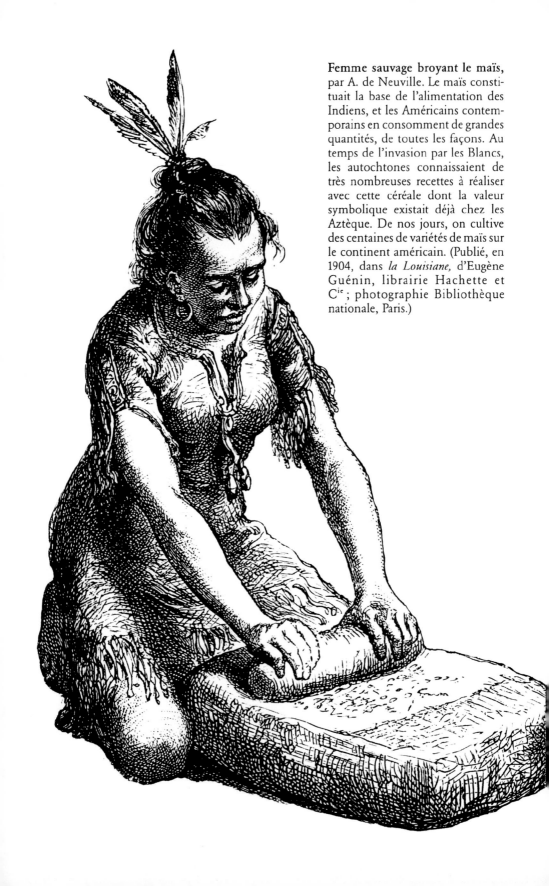

Femme sauvage broyant le maïs, par A. de Neuville. Le maïs constituait la base de l'alimentation des Indiens, et les Américains contemporains en consomment de grandes quantités, de toutes les façons. Au temps de l'invasion par les Blancs, les autochtones connaissaient de très nombreuses recettes à réaliser avec cette céréale dont la valeur symbolique existait déjà chez les Aztèque. De nos jours, on cultive des centaines de variétés de maïs sur le continent américain. (Publié, en 1904, dans *la Louisiane,* d'Eugène Guénin, librairie Hachette et Cie ; photographie Bibliothèque nationale, Paris.)

Chasse générale du Chevreuil.

Chasse générale du chevreuil, par Antoine Simon Le Page du Pratz, ingénieur qui vécut dans la colonie française de 1718 à 1734 et publia, en 1758 à Paris, une *Histoire de la Louisiane*, illustrée de sa main. Les Indiens pratiquaient la chasse au chevreuil en solitaire ou en groupe. Le chasseur qui partait seul se couvrait la tête et le haut du corps d'un massacre et de peau de chevreuil afin d'approcher le plus possible l'animal. Quelquefois, les Indiens organisaient une chasse en groupe pour honorer le Grand Soleil. De nombreux jeunes gens participaient à l'expédition qui consistait à encercler le chevreuil, quelquefois pour le capturer et le rapporter vivant, quelquefois pour le sacrifier sur place ou au temple. (Bibliothèque du Muséum d'histoire naturelle, Paris.)

Attaque d'un village indien à l'aide de flèches enflammées, par Théodore de Bry et Lemoyne de Morgues. Extrait de *Brevis Narratio*, 1563. (Service historique de la Marine, Vincennes ; photographie Lauros-Giraudon.)

Façon de construire les bateaux, par Théodore de Bry. Les premiers colons s'inspirèrent de la technique indienne pour évider les troncs d'arbres et les transformer en pirogues. Ce sont aussi les Indiens qui initièrent les envahisseurs à leurs méthodes de pêche et de chasse et leur apprirent à accommoder les produits locaux. (Service historique de la Marine, Paris ; photographie Lauros-Giraudon.)

Voiliers français, par Witmont (1603-1683). Ces vaisseaux français, peints ici en rade de Dieppe, sont le symbole du rêve de découverte et de colonisation des Européens. (Photographie Bulloz.)

Robert Cavelier de La Salle (1643-1687).
En 1937, lors du 250ᵉ anniversaire de l'assassinat de Cavelier par ses hommes, la Monnaie de Paris frappa cette médaille du graveur Delannoy. Celle-ci fut rééditée en 1982, pour la célébration du tricentenaire de la prise de possession de la Louisiane. (Monnaie de Paris ; photographie Jean-Loup Charmet.)

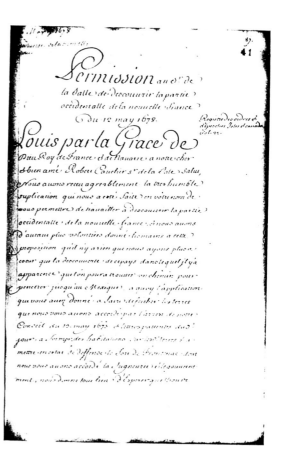

Permission au sieur de La Salle de découvrir la partie occidentale de la Nouvelle-France, accordée le 12 mai 1678, par le roi Louis XIV. Le conquérant était ainsi autorisé à entreprendre l'exploration des terres vierges de la colonie française d'Amérique. (Archives nationales, Paris.)

Assassinat de Robert Cavelier de La Salle, 19 mars 1687. Le drame a souvent été représenté. Une gravure illustrant l'ouvrage du père Louis Hennepin, *Nouvelle Découverte d'un grand pays situé dans l'Amérique,* montre la mort tragique de Cavelier. Un ouvrage publié en 1852, *Mila ou la mort de La Salle,* drame en trois actes, est illustré d'une autre gravure représentant l'assassinat de l'explorateur. La scène représentée ici montre sans doute Robert Cavelier découvrant les corps de son neveu Moranger, de son valet Saget et de son esclave Nika. Le prêtre qui se trouve à son côté pourrait être le père Anastase Douay, qui accompagnait l'explorateur dans cette reconnaissance. On voit, à gauche, l'un des tireurs, caché dans les hautes herbes, prêt à ajuster son coup. Quelques instants plus tard, Robert Cavelier de La Salle va s'effondrer, foudroyé. (The Historic New Orleans Collection, New Orleans, Louisiana.)

Cabane de pionnier, par A. de Neuville. La première préoccupation du pionnier qui décidait de s'installer en Louisiane était de construire une cabane en rondins pour se protéger des animaux et des intempéries. Ensuite, il défrichait une petite parcelle de terre, de quoi faire un champ et un petit potager. Dans le champ il plantait du maïs et, entre les pieds de céréales, quelques haricots. Les Indiennes lui avaient montré plusieurs façons d'accommoder l'un et l'autre. Dans le potager, il semait des navets et des courges, réputés pour pousser rapidement grâce au climat. Accompagnés du produit de la chasse, ces légumes lui permettraient de mitonner dans l'âtre des potées qui lui rappelleraient la mère patrie. (Publié, en 1904, dans *la Louisiane,* d'Eugène Guénin, librairie Hachette et Cⁱᵉ, photographie Bibliothèque nationale, Paris.)

Jean-Baptiste Le Moyne, sieur de Bienville (1680-1767). Ce portrait du frère cadet d'Iberville, peint par un artiste inconnu de l'École française du XVIIIᵉ, montre le meneur d'hommes, intrépide et autoritaire, qui a revêtu sa cuirasse pour poser, le célibataire raffiné, portant perruque courte et manchette de dentelle. (Louisiana State Library, Baton Rouge, Louisiana.)

Carte de la Louisiane, par Guillaume Delisle (1675-1726), dit Guillaume l'Aîné. Cette carte est datée de 1718, commencement du troisième gouvernement de Bienville en Louisiane et année où Guillaume Delisle devint premier géographe du roi. Le père de l'artiste était aussi géographe du roi et ses trois frères ont laissé un nom dans l'histoire des sciences. (Bibliothèque nationale, Paris.)

Antoine Crozat, marquis du Châtel (1655-1738). Ce portrait du richissime financier est attribué à Nicolas Alexis Simon Belle. (Réunion des musées nationaux, Paris.)

Vue du camp de la concession de John Law au Nouveau Biloxi, en Louisiane, gravure, d'après plume, encre et lavis, par Jean-Baptiste Michel Le Bouteaux, 1720. La légende précise notamment l'emplacement du magasin ; des tentes du directeur général, du second directeur, du sous-directeur, du chirurgien-major, du saint aumônier, de l'inspecteur du tabac ; des baraques des ouvriers ; de la maison de l'aumônier, du boucher, de celle de l'armurier ; des

forges ; de la baraque de l'apothicaire et des garçons chirurgiens ; de l'hôpital ; des chaloupes et chalands ; du projet de jetée ; de la fontaine ; de la chaudière des malades. Il est précisé que depuis ce dessin ont été ajoutés une chapelle et un corps de garde au même alignement que la maison de l'aumônier. (Newberry Library, Ayer Collection, Chicago, Illinois ; The Historic New Orleans Collection, New Orleans, Louisiana.)

Publicité pour la Louisiane : première page d'un ouvrage de J. Friedrich Gleditschen, publié à Leipzig en 1720 par Seel Sohn, et vantant les mérites de la Louisiane, pour y attirer de nouveaux colons de langue allemande. La description idyllique fit sans doute son effet puisque plusieurs centaines d'Allemands s'installèrent en Louisiane en 1721. Toute une région de la colonie prit le nom de Côte des Allemands. Le bayou et la ville Des Allemands existent encore de nos jours, dans la paroisse Saint Charles. Des Lorrains suivirent en 1754, puis des soldats suisses de langue allemande. (Reproduit dans *The Settlement of the German Coast of Louisiana and the Creoles of German Descent,* by J. Hanno Deiler ; Tulane University Library, Louisiana Collections, New Orleans, Louisiana.)

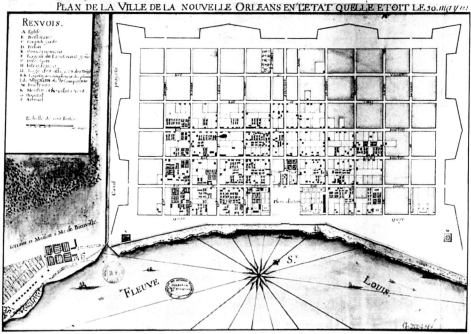

Plan de la ville de La Nouvelle-Orléans en l'état qu'elle était le 30 mai 1725. Probablement établi par l'ingénieur Adrien de Pauger et son atelier. En plus des indications permettant de repérer plusieurs bâtiments comme l'église, le presbytère, l'hôpital ou l'arsenal, on notera la place d'Armes (de nos jours : Jackson Square) et, à gauche, le terrain et la maison appartenant à M. de Bienville. (Bibliothèque nationale, département des cartes et plans, Paris.)

péripéties coloniales, comme les anecdotes que les matelots colportaient sur les Indiens, les missionnaires, les coureurs de bois et les traitants de fourrure censés faire fortune en un rien de temps, avaient mis le Canada à la mode. Le jeune Charles Le Moyne, percevant l'appel de l'aventure, décida, en 1641, de passer l'océan et d'aller tenter sa chance outre-Atlantique. Il ne semble pas que sa famille ait tenté de faire obstacle à ce dessein et, dès son arrivée en Nouvelle-France, le jeune homme « se donna » aux jésuites. Le terme était aussi courant que la chose, car il fallait bien qu'un garçon de seize ans, sans expérience, qui débarquait dans un pays inconnu et parfois inhospitalier, eût des protecteurs.

Charles Le Moyne passa quatre années au service des missionnaires de la Compagnie de Jésus, au cours desquelles il apprit beaucoup de choses, notamment l'algonkin et peut-être d'autres dialectes parlés par les Sauvages entre le Saint-Laurent et les Grands Lacs. Devenu interprète patenté, il fut pris en flagrant délit de traduction édulcorée par Robert Cavelier, qui comprenait les langues indiennes. Les propos des Huron n'étant pas, ce jour-là, favorables aux robes noires, ses maîtres, Le Moyne avait pratiqué cette commode restriction mentale, souvent admise par les jésuites ! Quand Charles décida, à vingt ans révolus, de se faire greffier à Montréal, les bons pères le vêtirent de pied en cap et lui donnèrent vingt écus pour démarrer dans la vie.

En épousant, en 1654, Catherine Primot, parente d'un riche négociant nommé Le Bert – ce créancier de La Salle qui devait, en 1683, faire saisir les biens de l'explorateur –, Charles Le Moyne se procurait une position dans le négoce canadien. Il s'assurait aussi une belle et glorieuse descendance, puisque de cette union devaient naître quatorze enfants. Deux premiers fils lui furent donnés,

Charles, futur baron de Longueuil, en 1656, et Jacques, qui prendrait le nom de Sainte-Hélène, en 1659, avant que naisse le plus fameux de la lignée.

Montréal conserve l'acte de baptême de ce troisième petit-fils du cabaretier de Dieppe, Pierre, qui allait, sous le nom d'Iberville, assurer le renouveau de la présence française en Louisiane. Le futur capitaine fut tenu sur les fonts baptismaux, le 20 juillet 1661, par Jean Grenier, représentant le « noble homme Pierre Boucher demeurant au cap proche Trois-Rivières ». La marraine était Jeanne Le Moyne, femme de Jacques Le Bert, marchand, peut-être une tante du nouveau-né.

Recommandé par les jésuites et son beau-père à l'intendant Talon, Charles Le Moyne avait obtenu une première concession à Longueuil « vis-à-vis de Montréal », sur la rive droite du Saint-Laurent, puis bientôt deux autres, sur les îles Ronde et Sainte-Hélène. Il avait aussi acheté, le 9 janvier 1669, pour trois mille huit cents livres, à Robert Cavelier, qui n'était pas encore « de La Salle » mais cherchait à faire de l'argent pour financer une expédition, le domaine de Saint-Sulpice qu'on appelait La Chine.

Charles Le Moyne savait conduire ses affaires et se pousser dans le monde colonial. Tandis que sa femme mettait des enfants au monde avec une régularité édifiante, il obtint, une fois devenu propriétaire et négociant patenté, que ses terres fussent érigées en seigneuries. Ces lettres de noblesse, enregistrées en la Chambre des comptes en 1663, ne seront cependant confirmées « en la Cour de Parlement de Paris et la Cour des Aides » qu'en 1717, après la mort de son fils aîné, Charles, baron de Longueuil. Les premières, bien que provisoires, lui permirent de donner à ses descendants des noms que l'histoire a retenus.

Pierre Le Moyne devint ainsi seigneur d'Iberville et

d'Ardillières ; le plus connu de ses frères, Jean-Baptiste, né en 1680, futur gouverneur de la Ville-Marie puis, plus tard, trois fois gouverneur de Louisiane, fut nommé seigneur de Bienville, titre qu'avait porté un de ses aînés, François, né en 1666 et mort jeune ; Louis, né en 1676, reçut la terre et le nom de Châteauguay puis succomba, sous la mitraille anglaise, lors de l'attaque du fort Bourbon en 1694 ; Antoine, le benjamin, né en 1683, à qui l'on donna le titre de ce défunt, devint gouverneur de la Guyane ; Joseph, né en 1668, fait seigneur de Sérigny, accompagna Iberville en Louisiane et mourut gouverneur de Rochefort ; Paul, seigneur de Maricourt, né en 1663, périt de maladie et de fatigue au cours d'une opération contre les Iroquois ; François-Marie, né en 1670, fut emporté en bas âge. On semble ignorer le destin d'un autre garçon, né en 1681 et qui fut appelé Gabriel d'Assigny. Peut-être fut-il plus terne que celui de ses frères. Le quatorzième enfant, dont nous ignorons le sexe et le prénom, dut mourir quelques jours après sa naissance, car il ne figure pas dans la généalogie des Le Moyne dressée par Fred Swayze[1].

Quant aux filles, Catherine-Jeanne, née en 1673, et Marie-Anne, née en 1678, elles firent de beaux mariages. La première épousa Pierre Payen de Noyan, dont elle eut deux fils, Gilles-Augustin et Pierre-Benoît, chevalier de Chavoy, qui servirent tous deux en Louisiane. Le premier devait, en 1706, commander l'*Apollon*, une frégate de seize canons appartenant à l'escadre que son oncle Iberville conduisit dans les Antilles contre l'île de Névis. Cet exploit fut le dernier, car Iberville devait mourir dans l'année, mais peut-être le plus spectaculaire du fondateur de la Louisiane. Avec ses marins et l'aide, par voie de terre, de mille aventuriers antillais, il rafla ce jour-là aux Anglais trente

---

1. *The Fighting Le Moynes*, Ryerson Press, Toronto, 1958.

navires chargés de richesses ! La seconde demoiselle Le
Moyne se maria avec le sieur de Chassagne, major de
marine.

Ainsi, en une génération, Charles Le Moyne, qui
mourut en 1685 en laissant une belle fortune et de grands
domaines à ses descendants, avait non seulement fondé
une des plus prestigieuses familles franco-canadiennes
mais réussi la gageure de passer du cabaret dieppois au
château colonial ! Parmi les parents ou alliés de cette lignée
de soldats explorateurs figureront encore des hommes que
nous retrouverons étroitement associés à la colonisation
et à l'histoire louisianaise, comme les Juchereau de Saint-
Denys, les Charleville, les Sauvolle, les Le Sueur, les
Boisbriant et d'autres.

Le ministre et le centurion

En novembre 1696, Pierre Le Moyne d'Iberville, qui,
après sa victoire sur les Anglais dans la baie d'Hudson,
était rentré en France avec trois cents hommes malades
du scorbut à bord de ses bateaux, avait choisi de s'installer
à Belle-Île pour rédiger le rapport qu'il devait remettre
au ministre de la Marine, M. de Pontchartrain. Quand
ce travail fut terminé, il se rendit à Versailles, reçut les
éloges que méritait sa conduite et se mit aux ordres du
roi. Saint-Simon nous apprend dans ses *Mémoires*
qu'Iberville se vit alors confier, à l'occasion de ce que nous
appellerions aujourd'hui « un mouvement diplomatique »,
une ambassade à Mayence. Il s'agissait sans doute de
conduire des négociations préliminaires au traité de paix
que l'on se préparait à signer, l'année suivante, à Ryswick.
« Iberville avait été dans les bureaux de M. de Croissy, d'où
on le prit pour Mayence. C'était encore un Normand et

fort délié, et très capable d'affaire », écrit le chroniqueur qui semble ignorer que ce Normand était né à Montréal. Par ce que l'on connaît de la personnalité du lieutenant de vaisseau baroudeur – quand il pose pour un peintre, il quitte son habit de cour et se glisse dans sa cuirasse – on peut imaginer que le Canadien devait être plus à l'aise sur la dunette d'une frégate que devant une table de conférence diplomatique. À la guerre, les coups sont francs et chacun subit dans l'heure les conséquences, bonnes ou désastreuses, de ses décisions. En diplomatie, les coups sont fourrés, montés, tordus, de théâtre ou de Jarnac, et ceux qui les donnent n'en souffrent que rarement les retombées. Aussi, dès que sa mission fut accomplie, Iberville revint à Paris pour s'entendre signifier par Pontchartrain fils qu'on envisageait, en haut lieu, une expédition du côté du golfe du Mexique et qu'il fallait, sans éventer le projet ni donner d'explication aux intéressés, retenir les rudes et vaillants Canadiens qui avaient participé aux combats de la baie d'Hudson. Le 23 juillet 1698, le ministre de la Marine adressait à l'officier pressenti une longue lettre contenant les instructions du roi « pour aller reconnaître l'embouchure du fleuve de Mississippi, dont la découverte a été tentée jusqu'à présent avec si peu de succès ». Le ministre annonçait que Sa Majesté avait fait armer, à La Rochelle, deux de ses frégates, la *Badine* et le *Cheval-Marin*, qu'on appelait plus communément le *Marin*, et que Michel Bégon, intendant de l'arsenal de Rochefort, avait reçu l'ordre de mettre à la disposition d'Iberville « un traversier, deux biscayens[1] et trois canots d'écorce avec les vivres et les munitions qu'il [Iberville] a estimé lui-même nécessaires pour le succès de cette entreprise ». Louis XIV, soudain pressé, souhaitait

---

1. Embarcations à rames, de la taille d'une chaloupe ou d'un canot, dont les extrémités se relèvent en pointe.

qu'Iberville appareillât au plus vite et ne fît à Saint-Domingue « que le séjour indispensable pour rafraîchir ses équipages et y prendre les choses qui lui seront nécessaires ». Dans le même temps, le marquis de Châteaumorand, capitaine de vaisseau, commandant du *François*, une frégate de vingt-huit canons envoyée à Saint-Domingue pour assurer la sécurité des huit mille Français habitant cette île, recevait de Pontchartrain l'ordre de se rendre dans le golfe du Mexique et d'y rejoindre Iberville. Un mémoire et une carte, joints aux instructions, permettraient à Châteaumorand de se familiariser avec « les signaux de reconnaissance du sieur d'Iberville et la copie du chiffre qui lui a été donné ». Pour prévenir toute réaction de susceptibilité du marquis, officier d'un grade supérieur à celui d'Iberville, le ministre ajoutait à l'intention de Châteaumorand qu'il aurait « [...] à suivre ce que ledit sieur d'Iberville jugera plus convenable, sans prétendre y commander, ce que Sa Majesté lui prescrit, non pour rien ôter au caractère supérieur qu'il a, mais parce que le sieur d'Iberville, connaissant les moyens qu'il est nécessaire d'employer pour la découverte du pays ou pour l'établissement, il jugera mieux de ce qui pourra y contribuer que le sieur de Châteaumorand, qui n'est envoyé que pour l'aider et le secourir ». Les choses étaient claires, les responsabilités définies, les préséances établies. On devait encore se souvenir, dans les bureaux de la marine, du conflit d'autorité qui avait autrefois opposé La Salle à Beaujeu et provoqué, pour une bonne part, l'échec de l'expédition de 1685. Ce luxe de précautions s'expliquait aussi par la nécessité de tenir secrète la destination de la *Badine* et du *Marin* dont on donnait à entendre qu'ils se rendaient à la rivière des Amazones ou en Acadie. Inutile de dire que les agents anglais savaient à quoi s'en tenir et que l'on accélérait à Londres l'organisation de la compagnie de Daniel Coxe, pour laquelle les investisseurs ne marquaient pas grand enthousiasme et qui n'attirait guère de candidats à l'exil colonial.

Le 24 octobre 1698, la *Badine*, trente-deux canons, commandée par Pierre Le Moyne d'Iberville, et le *Marin*, trente-huit canons, commandé par le capitaine de frégate François de La Rochefoucauld, chevalier Grange de Surgères, quittaient La Rochelle. Iberville emmenait avec lui son frère, Le Moyne de Bienville, son cousin, l'enseigne de vaisseau Antoine de Sauvolle, le père Anastase Douay, qui avait accompagné La Salle dans sa fatale expédition et recueilli le dernier soupir de l'explorateur assassiné, et un dessinateur nommé Rémy Reno qui devrait « dessiner les plans et cartes des pays que visiterait le sieur d'Iberville ». La troupe était formée d'une soixantaine de Canadiens placés sous l'autorité de Le Vasseur de Ruessaval, dit Bagaret, un rude gaillard qui avait autrefois voyagé avec La Salle, et de deux cent cinquante marins et soldats.

Ainsi était relancée l'aventure américaine avec, cette fois, quelque chance de succès, car Jérôme de Pont-chartrain, le ministre bailleur de fonds et de fournitures, et Iberville, centurion discipliné, étaient en parfait accord pour faire de ce territoire, négligé pendant plus de dix ans, une colonie puissante et productive. En effet, les rapports spontanément établis entre les deux hommes, si différents de caractères et de physiques si dissemblables, étaient pro-metteurs.

Iberville passait pour bel homme. Grand, solidement charpenté, résistant à la fatigue, sachant commander, il possédait à la fois l'assurance du militaire et l'aisance du courtisan. Le meilleur portrait de cet officier le montre dans sa cuirasse d'acier bleui, portant perruque Louis XIV. Un minuscule jabot de dentelle émerge comme une coquetterie civile du gorget et la croix de Saint-Louis, suspendue à l'épaulière, atteste ses mérites. Le visage aux traits puissants révèle un tempérament équilibré, le regard net distille un chatoiement malicieux[1].

Un mâle aussi glorieux plut tout de suite à Pontchartrain, alors qu'il aurait dû lui déplaire. Le fils du chancelier, au contraire d'Iberville, avait été, en effet, plutôt maltraité par la nature. Saint-Simon, qui ne pouvait le souffrir, bien que la femme de Jérôme fût une amie de la duchesse, fait du ministre de la Marine un méchant portrait. « Sa taille était ordinaire, son visage long, mafflu, fort lippu, dégoûtant, gâté de petite vérole qui lui avait crevé un œil. Celui de verre, dont il l'avait remplacé, était toujours pleurant et lui donnait une physionomie fausse, rude, renfrognée, qui faisait peur d'abord, mais pas tant encore qu'il en devait faire. » Si l'on ajoute à cela que Pontchartrain était, en plus, affligé d'une claudication comique et souffrait d'une inocclusion qui gênait son élocution et faisait que la langue lui pendait de la bouche quand il parlait, on comprendra que ce garçon plutôt timide et âgé de vingt-quatre ans au moment où il rencontra Iberville aurait pu ne pas se sentir à l'aise devant le héros de la baie d'Hudson. Mais ce laid était fort intelligent, cultivé, travailleur et désireux, comme son père, de faire de la France la première puissance coloniale du monde.

Grâce à un précepteur attentif, l'abbé Jacques Tourreil, neveu de Fieubet, un familier de Mme de Sévigné, Jérôme Phélypeaux avait acquis, dès son jeune âge, de solides connaissances et obtenu en Sorbonne, à dix-huit ans, un doctorat de droit. Devenu, en 1692, conseiller au Parlement, il avait rapidement fait son apprentissage administratif et judiciaire et, l'année suivante, était entré au Conseil des prises, alors que son père lui faisait octroyer la survivance de ses propres charges de secrétaire d'État.

---

1. Collection particulière, Montréal.

Pendant cinq années, il avait poursuivi sa formation en visitant les ports et les arsenaux, en fréquentant des savants et des académiciens, en interrogeant marins et explorateurs. Quand son père, promis à la haute fonction de chancelier de France, lui eut délégué ses responsabilités de ministre de la Marine, qui couvraient aussi le commerce et les colonies, Jérôme de Phélypeaux, qu'on appelait toujours Pontchartrain le fils, prit quelques initiatives heureuses pour continuer l'œuvre commencée par Colbert et poursuivie par son père. Il créa le Dépôt des cartes et plans, recruta des ingénieurs, comme Jean-Baptiste Louis Franquelin, des graveurs-cartographes, comme Nicolas de Fer, et s'assura occasionnellement le concours de tous ceux qui comptaient dans le milieu scientifique français de l'époque. Saint-Simon, qui ne peut être soupçonné de complaisance envers Jérôme, le dit du bout des dents « appliqué, sachant bien sa marine... ». Ajoutons pour l'anecdote que cet être disgracieux, curieux de tout et travailleur infatigable, ne manquait pas d'humour. En juin 1695, alors qu'il assistait sans doute à des essais dans le port d'Agde, « il lui arriva de recevoir dans l'œil une pièce d'artifice qui brisa son œil de verre. Ce n'est rien, dit-il, j'en ai d'autres dans mes malles[1]. »

Iberville, homme de guerre et de conquête, n'avait rien de ces têtes brûlées qui ont plus de muscle et de courage que de science et de jugeote. C'était un homme instruit des choses de la mer, des affrontements guerriers et des randonnées exotiques. Il maîtrisait son impétuosité naturelle et ne s'engageait à fond qu'au moment où la raison autorisait le coup d'audace. Il appréciait le panache, certes, mais pondérait les risques en fonction du but à atteindre. Chez les Le Moyne nés au Canada, l'atavisme normand

---

1. Cité par Luc Boisnard dans son ouvrage *les Phétypeaux*, Sedopols, Paris, 1986.

restait vivace. Iberville, au contraire de La Salle, ne méprisait ni l'argent ni les biens temporels. Il avait le goût de la propriété, et en cela il ressemblait aux Pontchartrain, qui ne songeaient qu'à ajouter des seigneuries à celles qu'ils possédaient pour agrandir leur domaine.

Ayant les honneurs, Iberville escomptait le profit qu'on pouvait en tirer. On le verra en 1706 quand Pontchartrain, apprenant que les navires du roi confiés au commandant de la Louisiane transportent des marchandises que les frères Le Moyne et leurs officiers négocient pour leur propre compte, ordonnera sans plaisir, car il estimait Iberville, ce que nous nommerions aujourd'hui un audit. « L'enquête permit d'établir trois chefs d'accusation, portant respectivement sur la vente des "effets" provenant des "prises" et du "butin" réuni au cours de la campagne, sur les profits auxquels avait donné lieu la négociation des marchandises embarquées en contravention des ordonnances, sur les malversations, enfin, qui avaient précédé l'appareillage des navires[1]. » Mais, avant qu'intervienne ce « procès de l'armement de d'Iberville », comme le nomme Marcel Giraud, le Franco-Canadien allait ajouter à sa gloire le titre de fondateur de la Louisiane, que lui ont décerné les historiens américains.

Le Cid canadien à l'ouvrage

Partie de La Rochelle le 24 octobre 1698, la flottille d'Iberville, composée comme prévu de la *Badine* et du *Marin* qu'accompagnait le traversier la *Précieuse*, arriva le 4 décembre, après une traversée sans incident notable, à Cap-Français, aujourd'hui Cap-Haïtien, port situé sur la

---

1. *Histoire de la Louisiane française*, volume I, Marcel Giraud, Presses universitaires de France, Paris, 1953.

côte septentrionale de l'île de Saint-Domingue. Un second traversier, le *Voyageur*, dérouté par les vents et des orages vers l'île Madère et dont un mât s'était rompu, rejoignit l'escadre dix jours plus tard. Le 12 décembre, le *François*, commandé par Joseph-Charles Joubert de La Bastide, marquis de Châteaumorand, et le *Wesp* ralliaient à leur tour Cap-Français. En dépit des instructions envoyées de Versailles, il fallut à Iberville une certaine obstination pour convaincre Jean Ducasse, huguenot né à Bayonne, riche importateur d'esclaves aux Antilles devenu gouverneur de Saint-Domingue, d'autoriser Châteaumorand à le suivre au Mississippi et obtenir les renforts, les provisions et les munitions nécessaires à l'expédition. En fait de renfort, Iberville put engager quelques flibustiers et la seule recrue de choix fut un ancien pirate d'origine hollandaise, Laurens-Cornille Baldran de Graff, qui, après avoir servi dans la marine espagnole, où il était connu sous le nom de Lorencillo, avait vécu avec les boucaniers des Caraïbes et s'était fait un nom terrifiant dans la piraterie en pillant le port de Veracruz en 1683. En 1686, Franquesay, alors gouverneur de Saint-Domingue, ayant besoin d'hommes déterminés pour défendre l'île, avait promu Graff lieutenant de vaisseau et lui avait confié le commandement d'une frégate. Devenu honorable mercenaire, l'ancien pirate avait mis très loyalement ses compétences au service de la France. Il connaissait toutes les côtes atlantiques jusqu'à la Floride et possédait de précieuses informations, recueillies auprès des pilotes espagnols, sur les rivages du golfe du Mexique.

À neuf heures, au soir de la Saint-Sylvestre 1698, la flotte de la reconquête avait levé l'ancre et, le 23 janvier 1699, Iberville avait repéré dans sa longue-vue les côtes de la Floride. Le 31, ses navires mouillaient dans le golfe du Mexique, à proximité de la rivière Mobile.

Méthodique, Pierre Le Moyne d'Iberville tenait scrupuleusement, depuis son départ, un journal de bord grâce
auquel nous possédons, jour après jour, le compte rendu
de son voyage et de ses explorations. Nous savons ainsi
qu'il ne se mit pas tout de suite en quête de l'embouchure
du Mississippi mais atterrit d'abord, le 2 février, sur une
île sablonneuse de trente kilomètres de long, mais fort
étroite, où les Français découvrirent un horrible charnier.
« Je la nommai île Massacre[1], raconte Iberville, parce que
nous avons trouvé, à l'extrémité sud-ouest, un endroit où
il a été défait plus de soixante hommes ou femmes, ayant
trouvé les têtes et le reste des ossements avec plusieurs
affaires de leurs ménages ; il paraît pas *[sic]* qu'il y ait plus
de trois ou quatre ans, rien n'étant encore pourri. » Il
s'agissait bien sûr d'Indiens massacrés par d'autres Indiens
mais cela n'enlevait rien à l'horreur du spectacle. Ce
premier contact, fort macabre, avec une région que les
explorateurs devraient parcourir aurait impressionné des
âmes sensibles. Iberville et ses compagnons, familiers de la
mort brutale et du sang répandu, ne s'émurent pas pour
autant et reprirent leur navigation vers l'ouest, jusqu'à ce
que le capitaine décidât de faire escale à la verticale d'une
autre baie, figurant sur les cartes espagnoles sous le nom
indien de Bilocchy[2]. Ayant reconnu plusieurs îles alignées
parallèlement à la côte, Iberville en choisit une, près de
laquelle il fit jeter l'ancre. On la nomma aussitôt, et avec
à-propos, l'île au Mouillage. Elle devint plus tard l'île aux
Vaisseaux, et c'est sous le nom de Ship Island que la
connaissent les pêcheurs américains d'aujourd'hui, car dans
ses eaux pullulent soles, mulets, merlans, truites de mer,
rougets grondins et sérioles. Les amateurs de pêche

---

1. Cette île fut, plus tard, nommée Dauphine. C'est le nom qu'elle porte
encore aujourd'hui.
2. Biloxi.

sportive y poursuivent aussi, à bord de puissants canots, les marlins bleus dont les nageoires dorsales, dressées comme des voilures, intriguaient si fort les marins d'autrefois. L'île aux Vaisseaux, située à une douzaine de kilomètres de la côte, entre les villes du Gulfport et de Biloxi, dans l'État du Mississippi, appartient à un archipel qui s'étire de l'île du Massacre à l'île aux Chèvres. Toutes ces terres, plates et le plus souvent dépourvues de végétation, furent nommées par les compagnons d'Iberville, il y a trois siècles : l'île aux Chats, l'île à Corne, l'île Petit-Bois.

C'est à partir de ce mouillage que, fort prudemment, le chef de l'expédition allait envoyer des officiers, dont son frère Bienville, et des Canadiens aguerris, en reconnaissance dans les îles puis sur la côte. Les biscayens, ces longues barques très maniables apportées de La Rochelle, permettaient une approche aisée et discrète des lieux où l'on ne pouvait manquer de rencontrer les Indiens dont les marins avaient déjà repéré, à la nuit tombée, les feux de camp. Les Indiens, Iberville lui-même les approcha, au matin du 14 février, alors qu'il conduisait un groupe d'éclaireurs. Les Sauvages s'enfuirent à la vue des Blancs, abandonnant aux mains des visiteurs un vieillard malade et une femme apeurée qui n'avaient pu s'éloigner à temps. Les cadeaux, chemises, hachettes, couteaux, pipes, tabac, marmites et colliers de perles remplirent instantanément leur office. Le lendemain, alors que Bienville et deux Canadiens acceptaient de rester en otages avec les Indiens, trois de ces derniers finirent par monter à bord de la Badine. Les canonniers firent tonner l'artillerie en leur honneur, mais aussi pour donner aux invités une idée de la puissance de feu des navires. Ces Indiens Annoxi et Moctobi, petites tribus peu connues venues du nord, s'étaient intégrés aux Biloxi qui hantaient depuis longtemps la région. Comme ces derniers, ils appartenaient à la lointaine nation des Sioux, dont ils parlaient l'un des dialectes, peu usité mais que comprenaient les Winnebago, les Osage, les Dakota, les Omaha et quelques autres familles des Grandes Plaines. Ils portaient des bandes-culottes[1], des jambières, des mocassins et, en hiver, des manteaux de peau. Ils se coiffaient de plumes, arboraient des colliers faits d'os et de becs de flamant ; des anneaux leur pendaient au nez et aux oreilles ; leur visage, comme leur torse, était décoré de tatouages dont la signification échappait aux Blancs nouveaux venus. Grâce aux informations données par ces autochtones, Iberville et ses compagnons rencontrèrent bientôt d'autres Indiens, notamment des Chacta qui vivaient sur les rives du Mississippi. Ces derniers leur indiquèrent la direction des passes qu'ils recherchaient.

Difficiles à situer dans le labyrinthe lagunaire du delta, souvent noyés dans les brouillards du golfe ou la brume qu'exhalaient les terres alluvionnaires gorgées d'eau, les bras du Mississippi étaient réputés dangereux et les marins comprenaient soudain pourquoi le capitaine Beaujeu avait marqué tant de réticence à s'approcher des côtes et comment La Salle s'était égaré.

Comme il eût été imprudent d'engager les gros bateaux dans cette zone où les sondeurs ne relevaient que quelques brasses d'eau, Iberville embarqua une petite troupe à bord des biscayens. « Le 27 février, je suis parti des vaisseaux en deux chaloupes avec le sieur de Sauvolle, enseigne de vaisseau sur le *Marin*, mon frère, le père récollet et quarante-huit hommes avec vingt jours de vivres, pour aller au Mississippi, que les Sauvages de ces quartiers nomment Malbanchya et les Espagnols la Palissade. » Les

---

1. Ces Indiens se nouaient autour de la taille une ceinture de cuir qui soutenait une longue bande de peau souple passant entre les jambes et retombant librement devant et derrière.

Espagnols disaient plutôt Río de la Palizada et les explorateurs allaient bientôt comprendre la raison de cette appellation.

Avant le retour des Français, des envoyés de Sa Majesté Catholique avaient été surpris, au cours de leurs incursions dans les bouches du fleuve, de rencontrer ce que les géographes américains appellent aujourd'hui *mud lumps*, des amas de boue, qui constituent une particularité géologique du subdelta du Mississippi. Le fleuve décharge en effet, chaque année, dans le golfe du Mexique, cinq cents millions de tonnes d'un mélange de sable, de vase et de glaise[1]. Ces sédiments, charriés à partir du Wisconsin sur plus de trois mille kilomètres par les eaux, vont s'entasser, quand ils ne rencontrent pas d'obstacles, à l'embouchure du Mississippi. Ils se déposent sur les hauts-fonds, se superposent et agrandissent, au fil des ans, le territoire vaseux du delta. Mais le Père des Eaux transporte aussi les troncs, branchus ou non, des arbres déracinés de ses rives par la fonte des neiges, les crues, les ouragans, les affaissements de terrain. À ces déchets naturels s'ajoutaient, autrefois plus qu'aujourd'hui, tous ceux en provenance des villages indiens. Dans le delta, quand les eaux s'étalaient librement en de multiples ramifications qui pouvaient rappeler les empreintes laissées sur le sable des grèves par les pattes des oiseaux de mer – d'où le nom de *bird's foot* donné à cette zone palustre par les Anglo-Saxons –, la boue argileuse, dont l'écoulement était périodiquement contrarié par les marées, se fixait ici ou là et ne tardait pas à former des îlots. Ces tas de boue, d'une étonnante densité, de toute taille et de toute forme, cônes, mamelons, murettes, émergeaient parfois de deux mètres et pouvaient couvrir des centaines de mètres carrés sur lesquels

---

1. On estime que le delta, dont la superficie dépasse dix mille kilomètres carrés, avance chaque année d'une centaine de mètres dans la mer.

se développait assez vite, sous le climat subtropical, une végétation aquatique.

Les cyprès chauves, aux branches courtes et défeuillées, mais supportant, tels des lambeaux de linceul balancés par le vent, des écheveaux de mousse grisâtre[1], nommée barbe de capucin par les marins, offraient un aspect fantomatique. Entre les arbres poussaient des nyssas à gomme, des orchidées géantes, des cannes et de hautes herbes coupantes où nichaient flamants, hérons, canards, aigrettes et l'horrible anhinga, sorte de serpent volant dont l'apparition passait pour maléfique. Autour de ces îlots somnolaient les alligators ; des rives plongeaient les rats musqués et les loutres. Des tortues de toute taille dressaient, hors de leur carapace, une tête curieuse au passage des barques. Ces réserves naturelles, aujourd'hui protégées, compliquaient la navigation des pionniers et prenaient au crépuscule l'inquiétante apparence de navires à demi engloutis montés par des squelettes. Mais ces présences n'auraient rien eu de très impressionnant pour les rudes Canadiens si le mélange de glaise, de vase et de sable n'avait produit, sous la pression des couches accumulées et par fermentation, des gaz bleus qui s'échappaient parfois de petits cratères et par les craquelures de la croûte de boue séchée. Ces feux follets du delta, dont les gens superstitieux disaient autrefois qu'ils étaient les petits génies des passes du Mississippi, avaient déjà retenu l'attention des Espagnols. Le cosmographe Carlos de Sigüenza y Góngora,

---

1. Cette mousse, que les Louisianais nomment aujourd'hui mousse espagnole, que les Espagnols appelaient jadis perruque à la française, avant que les Français ne la qualifient à leur tour de barbe espagnole, n'est, du point de vue botanique, ni une mousse ni une liane. C'est un épiphyte, végétal qui croît sur d'autres végétaux sans être parasite, comme le lierre. Imputrescible, la mousse espagnole fut, de tout temps, récoltée, nettoyée et séchée pour être utilisée, aussi bien dans la construction des murs des maisons, mêlée à de la glaise, qu'en literie et tapisserie, pour bourrer matelas et coussins.

chargé d'effectuer le relevé des côtes du golfe du Mexique lors de l'expédition conduite par l'amiral don Andrés de Pez, en mai 1693, notait dans son journal : « Un grand nombre de troncs abattus par les crues violentes du fleuve sont visibles. La boue agglomérée autour de ces troncs constitue, en durcissant, des îlots dangereux pour les bateaux quand ils sont à fleur d'eau. » Comme ces amas finissaient par former de véritables barrières, un autre membre de l'expédition, Juan Jordan de Reina, ajoutant encore un nom à tous ceux déjà donnés au grand fleuve, avait fait du Mississippi le Río de la Palizada !

Quant à Iberville, il n'avait disposé que de cartes espagnoles très imprécises, des relations de voyage de Cavelier de La Salle, des rapports de Joutel et de Tonty, pour retrouver le delta. Une fois parvenu sur place, il dut, pour identifier parmi ces multiples émissaires circulant entre des îlots de boue, qu'il prenait pour des récifs, les véritables bras du fleuve, se fier à « l'eau blanche et boueuse » décrite par La Salle comme étant celle du Mississippi.

Il y parvint et raconte en ces termes sa quête au milieu des *mud lumps* dans son journal de voyage : « J'ai passé entre deux de ces roches, à douze pieds d'eau, la mer fort grosse où, en approchant des roches, j'ai trouvé de l'eau douce avec un fort courant. Ces roches sont de bois pétrifié avec de la vase et devenues roches noires, qui résistent à la mer. Elles sont sans nombre hors de l'eau, les unes grosses, les autres petites, à distance les unes des autres de vingt pas, cent, trois cents, cinq cents, plus ou moins, courant au sud-est, ce qui m'a fait connaître que c'était la rivière de la Palissade qui m'a paru bien nommée, car étant à son embouchure, qui est à une lieue et demie de ces roches, elle paraît toute barrée de ces roches. À son entrée il n'y a que douze à quinze pieds d'eau, par où j'ai passé, qui m'a paru une des meilleures passes où la mer brisait le moins.

Entre les deux pointes de la rivière j'ai relevé dix brasses[1], le courant fort, à faire une lieue un tiers par heure, l'eau toute bourbeuse et fort blanche, la rivière ayant de large trois cent cinquante toises[2]. »

Dès qu'ils furent à peu près certains de naviguer sur un des bras du fleuve, Iberville et ses compagnons commencèrent à remonter le courant. Cette navigation, rendue pénible par la force du flot, par la présence sournoise de troncs d'arbres dérivants, par les bancs de vase ou de sable immergés, par les hautes cannes brisées et enchevêtrées qui formaient parfois des barrages, par les innombrables méandres du Mississippi, par les portages exténuants et aussi par des myriades de moustiques qui semblaient avoir une prédilection pour les peaux blanches, dura du 3 au 22 mars. Le 3 mars, le père Anastase Douay eut l'occasion de célébrer une messe à l'endroit, estima le religieux, où Cavelier de La Salle avait, en 1682, fait clouer sur un tronc les armes du roi de France découpées dans le flanc d'un chaudron de cuivre. L'arbre avait été, depuis longtemps, emporté par une crue du Mississippi ou déraciné par un ouragan, mais Iberville, qui ne voulait causer nulle peine au récollet, retint le site comme historique.

Les explorateurs, dont on estime aujourd'hui qu'ils atteignirent le lieu où se trouve maintenant la ville de Baton Rouge, capitale de l'État de Louisiane, parcoururent près de cinq cents kilomètres en visitant, avec tout le cérémonial appris, les villages des Arkansa, Taensa, Coroa, Tangipahoa, Ouacha, Napissa, Ouma, Bayagoula, qui tous appartenaient au groupe linguistique des Muskogi et parlaient la langue des Biloxi et des Pascagoula.

Les Français, partout bien accueillis par les autochtones,

---

1. Ancienne mesure de longueur pour les cordages, servant aussi à indiquer la profondeur de l'eau. Elle était de 1,624 mètre.
2. Ancienne mesure de longueur valant 1,949 mètre.

dont certains se rappelaient encore la visite de La Salle, rencontrèrent un dignitaire des Mougoulacha qui arborait, d'une façon tout à fait inattendue, un manteau de serge bleue fabriqué dans le Poitou ! Interrogé, l'Indien révéla que ce vêtement lui avait été autrefois offert par Henry de Tonty quand, en avril 1686, le lieutenant de La Salle était passé au village, cherchant à retrouver son chef dont on était sans nouvelles. Cette rencontre prouva à Iberville qu'il se trouvait bien dans la région décrite par son prédécesseur. Cela le convainquit aussi que le père Hennepin, qui donnait des distances fantaisistes, n'avait jamais mis les pieds dans ces villages. Les chefs de tribu appréciaient un calumet en signe de paix et les hachettes, couteaux, chemises, colliers distribués par les nouveaux venus. Courtoisement, ils indiquaient, en journées de navigation et de portage, les distances qui séparaient leur tribu des autres réparties sur les berges du fleuve et fournissaient volontiers des guides aux voyageurs.

Quand les vivres embarqués commencèrent à manquer, les explorateurs durent se nourrir du produit de leur chasse, de leur pêche et des provisions offertes par les Sauvages. Le gibier partout abondait et, avec plus ou moins de plaisir, Iberville et ses compagnons cuisinèrent de l'ours, du cerf, du ragondin, jusqu'au jour où ils rencontrèrent, loin du delta, un troupeau de deux cents bisons dont quelques-uns leur fournirent une excellente viande à boucaner.

Vint un moment où Iberville, à qui fumer le calumet donnait des nausées, car il n'avait jamais usé du tabac, fut partagé entre le désir de poursuivre l'exploration et la nécessité de redescendre le fleuve pour retourner à bord des navires ancrés à l'île au Mouillage. Il savait que l'équipage du *Marin* manquait de vivres et, prévoyant l'échec éventuel de sa randonnée, il avait donné pour consigne à Surgères de lever l'ancre avec la *Badine* s'il le laissait plus de six semaines sans nouvelles. Arrivés au confluent de la Rouge – rivière qui se perd dans le Mississippi pendant une douzaine de kilomètres avant de l'abandonner en lui prenant, en période de crue, une partie de ses eaux pour se jeter dans l'Atchafalaya, qui coule vers le golfe du Mexique – les Français firent demi-tour. Ayant commencé à descendre le Mississippi, ils découvrirent le 24 mars, sur la rive gauche du fleuve, une rivière que les Indiens appelaient Ascantia, mais que les Canadiens nommèrent d'Iberville pour honorer leur chef. Ce dernier choisit aussitôt de l'emprunter, estimant, d'après les informations données par les Indiens, qu'elle le conduirait, par une succession de lacs et de passes, jusqu'à la baie de Biloxi, c'est-à-dire à proximité de l'endroit où étaient ancrés la *Badine* et le *Marin*. Iberville décida que Sauvolle retournerait avec le père Anastase Douay à l'île au Mouillage par le Mississippi, que Bienville, à bord de l'autre chaloupe, irait chez les Bayagoula chercher un guide, tandis que lui-même, avec deux canots d'écorce et quatre compagnons, suivrait le cours de la rivière à laquelle on venait de donner son nom. Au cours de ce voyage, le petit groupe emprunta une autre rivière adjacente, coulant vers le sud, l'Amite, et traversa deux lacs, dont l'un reçut le nom de Maurepas et l'autre, plus vaste, le nom de Pontchartrain. Ces attributions constituaient un double hommage au chétif ministre de la Marine, à la fois comte de Maurepas et de Pontchartrain. Si la rivière Iberville est devenue aujourd'hui le bayou Manchac, les lacs ont conservé les noms que leur donna Iberville en 1699.

C'est au cours de la descente du fleuve qu'un Indien Bayagoula apprit à l'explorateur qu'un lieutenant du sieur de La Salle avait laissé autrefois au chef d'un village de Mougoulacha une lettre à remettre à un Français « qui viendrait de la mer ». Comme dans les romans d'aventures

les mieux conçus et les plus riches en suspense, cette indi-
cation donna du cœur aux rameurs. Les Français, étant
passés lors de la remontée du fleuve au village désigné
comme poste restante, s'étonnèrent que personne ne leur
eût alors remis le message. Ce fut Bienville qui le reçut,
quelques jours plus tard, des mains du chef des Mougoulacha. Ce dernier, respectant la consigne donnée par Tonty
et craignant d'avoir affaire à des Espagnols camouflés,
s'était bien gardé de parler du pli lors de sa première
rencontre avec les Français.

On devine quelle dut être l'émotion d'Iberville quand il
ouvrit cette lettre écrite près de quatorze ans plus tôt par
Henry de Tonty et destinée à « M. de La Salle, gouverneur
général de la Louisiane ». Le texte confié aux Indiens, qui
l'avaient fort scrupuleusement conservé, résume les inquiétudes, hélas fort justifiées, de Tonty et prouve l'affection
que l'officier portait à La Salle.

« Du village des Quinipissa, ce vingtième d'avril 1685.

« Monsieur, ayant trouvé le poteau où vous aviez planté
les armes du roi renversé par les bois de marées, j'en ai fait
planter un autre en deçà, environ sept lieues de la mer, et
j'ai laissé une lettre dans un arbre à côté, dans un trou de
l'arrière, avec un écriteau dessus. Les Quinipissa m'ayant
dansé le calumet, je leur ai laissé cette lettre pour vous
assurer de mes très humbles respects et vous faire savoir
que sur les nouvelles que j'ai reçues au fort, que vous aviez
perdu un bâtiment et que les Sauvages vous ayant pillé
vos marchandises vous vous battiez contre eux, je suis
descendu avec vingt-cinq Français, cinq Chaouanon et
cinq Illinois. Toutes les nations m'ont dansé le calumet.
Ce sont des gens qui nous craignent extrêmement depuis
que vous avez défait ce village ici. Je finis en vous disant
que ce m'est un grand chagrin que nous nous en retour-
nions avec le malheur de ne vous avoir pas trouvé après
que deux canots ont côtoyés *[sic]* du côté du Mexique

trente lieues, et du côté du cap de la Floride vingt-cinq, lesquels ont été obligés de relâcher faute d'eau douce. Quoique nous n'ayons pas entendu de vos nouvelles ni vu de vos marques, je ne désespère pas que Dieu donne un bon succès à vos affaires et à votre entreprise. Je le souhaite de tout mon cœur puisque vous n'avez pas un plus fidèle serviteur que moi qui sacrifie tout pour vous chercher. »

En annexe à cette missive, sans aucun doute dictée par Tonty mais rédigée par quelqu'un qui usait du français mieux que cet Italien, était joint un rapport. Il concernait la guerre que les Illinois, les Ouatoua et les Chaouanon envisageaient de mener contre les Iroquois, donnait des informations sur les personnes récemment décédées en Nouvelle-France et annonçait l'arrivée en Acadie de François-Marie Perrot, gouverneur de Montréal, avec vingt-cinq soldats.

Le 31 mars, Iberville et ses compagnons débouchaient, après avoir franchi une dernière passe dans la baie de Biloxi, à huit lieues de leurs vaisseaux. Sans perdre de temps, Iberville fit construire dans la baie de Biloxi, à une quinzaine de kilomètres de l'île au Mouillage, un fort de bois à quatre bastions, « ponté comme un navire » et pourvu de quatorze canons bien amunitionnés. Ce fort, nommé Maurepas, où l'on entassa six mois de vivres, servirait de base au détachement, composé de soixante-dix hommes, marins, Canadiens, boucaniers, artisans, militaires, et de seize mousses, qui devait rester en Louisiane. Commandés par l'enseigne Sauvolle secondé par Bienville, promu lieutenant du roi, avec pour major Le Vasseur de Ruessaval, pour aumônier Bordenave et pour chirurgien Pierre Cave, les pionniers reçurent pour mission d'explorer le pays, de se familiariser avec les mœurs des Indiens, d'interdire toute incursion étrangère dans les passes du Mississippi et surtout de rechercher un lieu plus propice à la création d'un établissement colonial plus important.

Les Indiens des environs avaient donné quelques signes d'inquiétude en regardant construire le fort et plus encore en suivant la mise en place des canons, dont ils connaissaient maintenant la puissance meurtrière. Quelques cadeaux judicieusement choisis, y compris des miroirs et des peignes pour les dames et demoiselles, dissipèrent leur méfiance et ils offrirent aux pionniers, pour lesquels ils étalèrent sur le sol trois cents peaux de chevreuil, trois jours de fête ininterrompue !

La construction de ce premier fort était justifiée par la proximité de l'établissement espagnol de Pensacola qui ne semblait pas, pour l'instant, constituer une menace. Châteaumorand y avait fait escale et constaté le dénuement dans lequel se trouvaient les trois cents hommes qu'on avaient transportés là, des repris de justice pour la plupart. Il avait fait distribuer des vivres du *François* aux marins de la chaloupe espagnole qui l'avait conduit à terre avec quelques officiers de son bord. Le commandant Andrés de Arriola avait expliqué à Châteaumorand qu'il regrettait de ne pouvoir autoriser le *François* à entrer dans le port, les « colons » ne pensant qu'à déserter comme avaient tenté de le faire, quelques semaines plus tôt, quarante Mexicains condamnés à des peines diverses.

Pendant que Châteaumorand faisait déjà route vers Saint-Domingue et qu'Iberville se préparait à rentrer en France étaient arrivés, le 22 avril, au fort Maurepas, cinq Espagnols qui avaient fui Pensacola. Ils expliquèrent qu'ils ne souhaitaient que retourner à La Havane ou à Veracruz et que, des trois cents hommes transportés à Pensacola, il ne restait qu'une cinquantaine de valides, les autres ayant déserté ou étant morts de maladie. Iberville, partagé entre la pitié et la méfiance, car ces déserteurs pouvaient être des espions, en embarqua aussitôt deux sur le *Marin* et trois sur la *Badine*.

Quand, le 3 mai 1699, les navires prirent le vent et

s'éloignèrent de l'île au Mouillage, des cabanes de bois toutes neuves se blottissaient contre les palissades du fort, les joyeux Canadiens rôtissaient des cuissots de cerf ; le maïs et les pois plantés quelques semaines plus tôt sortaient de terre. On interpréta cette germination rapide comme un heureux présage pour l'avenir de la colonie.

3.

Naissance d'une colonie

L'art de convaincre un ministre

Quand, le 29 juin 1699, la *Badine* et le *Marin* mouillent devant La Rochelle, Pierre Le Moyne d'Iberville, assisté du chevalier de Surgères, sait déjà comment il va s'y prendre pour convaincre Pontchartrain de fournir ce qui est nécessaire au développement d'une colonie qui, réunie par une chaîne de postes militaires au Canada, peut devenir puissante, productive, et permettre de faire pièce aux ambitions anglaises. Il a préparé un mémoire qu'il remet au ministre dès son arrivée à Versailles. Après avoir énuméré les ressources du pays et les possibilités qu'offre celui-ci, dans le domaine agricole, de fournir « tout ce qu'on cultive aux îles d'Amérique » et, dans le domaine commercial, d'apporter toutes les ressources que l'on peut attendre de la traite de la fourrure, Iberville, qui a une saine vision des choses, risque une mise en garde en forme de prédiction. « Si la France ne se saisit pas de cette partie de l'Amérique, qui est la plus belle, pour avoir une colonie assez forte pour résister à celle de l'Angleterre, qu'elle a dans la partie de l'est, depuis Pescadoué jusqu'à la Caroline, la colonie anglaise, qui devient très considérable, s'augmentera de manière que dans moins de cent années elle sera assez forte pour se saisir de toute l'Amérique et en chasser les autres nations. Car, si on fait réflexion, on verra que nous n'augmentons pas dans les îles à proportion des Anglais, qui sont des gens qui ont l'esprit de colonie, et quoiqu'ils s'y enrichissent ne retournent pas en Angleterre, et restent, et font fleurir par leurs richesses et grandes dépenses ; au lieu que les Français les abandonnent et se retirent si tôt *[sic]* qu'ils ont un peu de bien, ce qui vient que ce sont de mauvais pays et qui ne valent pas la France. » Pierre Le Moyne n'est pas qu'un baroudeur ; il a la tête bien faite, de l'instruction, et l'on ne peut contester la justesse étonnante de son pronostic. Connaissant les défauts français, sachant, lui qui est glorieux, se garder des vanités de basse cour, ayant appris, lui qui est âpre au gain comme le grand-père cabaretier, qu'il faut investir dans une colonie les bénéfices qu'on en tire pour en faire une province à part entière, persuadé enfin, en tant que Français né au Canada, que la « peuplade[1] » est le meilleur moyen de conserver les colonies et de les rendre prospères, il sait convaincre ses interlocuteurs et décourager ses détracteurs. Parmi ces derniers, le capitaine Beaujeu, qui ne sut pas conduire La Salle au delta du Mississippi.

L'ex-commandant du *Joly*, qui s'est retiré au Havre, est ulcéré qu'un navigateur aux allures d'aventurier et qu'il tient pour un vantard infréquentable ait, sans hésitation, trouvé son chemin dans le golfe du Mexique et levé toutes les hésitations géographiques en fixant l'embouchure du fleuve à 28 degrés 4 minutes de latitude alors que lui-même l'avait vainement cherchée autour de 27 degrés. Iberville, qui ne manquait pas de charité chrétienne – à moins que, persifleur, il n'eût voulu, ce jour-là, offrir au capitaine jaloux une excuse trop facile pour tromper les marins –, expliqua que seules de mauvaises cartes avaient pu être à l'origine d'une telle erreur de navigation !

Le gouverneur de Saint-Domingue, Jean Ducasse, était

---

1. Le peuplement.

aussi du nombre des critiques. Il voyait l'avenir de la colonie compromis parce que, d'après lui, les Espagnols installés à Pensacola, dont on a vu la situation, pouvaient, avec ceux du Mexique, envoyer cent mille hommes et des nuées d'Indiens pour combattre les Français en Amérique ! Et Ducasse terminait sa lettre du 10 avril 1699 au ministre de la Marine en affirmant que la Louisiane était peuplée de millions de barbares et que la froideur du climat rendait totalement aléatoire « la fabrique de denrées qui se font ailleurs ».

Parmi ceux qui soutenaient le projet de développement de la colonie figuraient heureusement les savants, d'éminents juristes et des investisseurs comme M. de Rémonville. Ces derniers, pendant l'absence d'Iberville, avaient assidûment fréquenté le salon de l'épouse du navigateur restée à Paris. Ils espéraient ainsi se faire une alliée capable de convaincre le Cid canadien de poursuivre le grand dessein colonial dont ils attendaient maintes découvertes passionnantes. Ces hommes, le plus souvent désintéressés comme l'abbé Bernou, avaient vu juste car Iberville tenait compte des appréciations de sa femme bien qu'il n'appartînt pas à la catégorie des explorateurs mondains qui emmènent leur femme en voyage, s'encombrent de camé-ristes, de bagages et naviguent en plaisanciers pour ne pas donner le mal de mer aux dames ! En ce temps-là, l'aventure maritime était affaire d'homme. Les épouses restaient à la maison, s'occupaient de l'éducation des enfants, veillaient à maintenir la réputation de l'absent, même quand elles le trompaient pour passer le temps, ce qui aidait parfois à l'avancement du cocu !

La femme de Pierre Le Moyne d'Iberville n'avait rien de ces mijaurées, abusives et geignardes, qui se plaignent sans cesse des absences de leur mari. Marie-Thérèse, née Pollet, fille du sieur de Lacombe-Pocardière, capitaine au régiment de Carignan, et de Marie-Anne Juchereau de

Saint-Denys, connaissait, dès avant son mariage, le délais-
sement, les inquiétudes, l'instabilité dévolus aux femmes
de marins et de militaires qui ne faisaient pas carrière à la
cour ou dans les salons. Son père s'était battu au Canada
contre les Anglais et les Indiens ; son grand-père maternel,
bien qu'âgé de soixante ans, avait pris part à la défense de
Québec lors de l'attaque britannique conduite par l'amiral
William Phips, en 1690, et laissé un bras dans l'échauffourée. Iberville avait donc une épouse digne d'un grand
capitaine et l'on peut penser qu'elle approuvait les projets
de son mari quand il parlait de l'avenir de la Louisiane.

Après avoir consulté les experts, entendu les courtisans
et pris un temps de réflexion, Pontchartrain décida une
demi-mesure, méthode ministérielle courante, propre à
limiter les risques afférents à la profession. Le 15 juin
1699, il annonça, par lettre à Iberville, que le roi avait
résolu d'envoyer en Louisiane la frégate *Renommée*,
qu'accompagnerait un bâtiment de charge. Puis il ajouta,
laissant toute la responsabilité de l'affaire au marin : « Mais
comme il est question de prendre en ce voyage une
dernière résolution sur cet établissement, soit pour le
conserver ou l'abandonner, Sa Majesté désire que vous
commandiez cette frégate, parce que vous jugerez mieux
qu'un autre du mérite des découvertes qu'auront faites les
gens que vous y avez laissés, sur les ordres que vous leur
avez donnés. » On peut penser qu'Iberville, capable
d'évaluer le taux de courage d'un ministre par rapport au
niveau de ses craintes de faire une gaffe coûteuse, dut
sourire. Quand on lui annonça que le roi venait de lui
décerner, ainsi qu'à François de La Rochefoucauld,
chevalier de Surgères, la croix de Saint-Louis, il apprécia
le geste d'encouragement. Comme le brave François
acceptait de le suivre, Pierre Le Moyne d'Iberville prit
le commandement de la *Renommée*, frégate neuve de
quarante-six canons, laissant au chevalier celui de la

Gironde. À bord des navires se trouvaient le chevalier de Rémonville, armateur, ami de Cavelier de La Salle, qui avait obtenu une concession sur les rives du Mississippi, le père Paul Du Ru, un jésuite de choc, né en 1666 à Vernon, qui avait étudié pendant cinq ans à Paris avant d'enseigner à Vannes et à Quimper, un oncle de Mme d'Iberville, Louis Juchereau de Saint-Denys, capitaine des Canadiens, volontaire pour la Louisiane, les frères Pierre et Jean Talon, survivants du massacre du fort Saint-Louis du Texas en décembre 1688, et Pierre-Charles Le Sueur, un cousin des Le Moyne. Ce dernier, ayant longtemps séjourné chez les Sioux, espérait exploiter, près de la rivière Verte, les mines de cuivre et de plomb dont lui avaient parlé les Indiens.

Des visiteurs importuns

Les navires quittèrent La Rochelle le 15 septembre 1699 et se présentèrent le 8 janvier 1700 devant l'île au Mouillage. Les occupants du fort Maurepas accueillirent chaleureusement les arrivants. Antoine Sauvolle de La Villantray, commandant de la colonie, et Bienville, lieutenant du roi, firent leur rapport, qui ne manquait pas d'intérêt. Certes, le jardin potager et même le carré de maïs avaient été anéantis par un été caniculaire qui avait asséché les marais et tari les sources. On avait dû se défendre des incursions des crocodiles et le chien de Sauvolle avait succombé, en moins d'un quart d'heure, à la morsure d'un serpent à sonnette. En revanche, les Français avaient établi de bonnes relations avec les Indiens. Les Pascagoula étaient venus visiter le fort et fumer le calumet avec les officiers. Deux missionnaires, les pères Montigny et Davion, de passage avec leurs chasseurs, des Chaouanon et Taensa, avaient séjourné à Maurepas. Les prêtres s'y trouvaient si bien qu'ils s'y seraient incrustés. Le commandant dut rappeler aux missionnaires que des milliers d'âmes indiennes vivaient dans l'ignorance de l'existence de Dieu et méritaient d'être tirées du paganisme par leurs soins. Comme les visiteurs ne semblaient pas apprécier l'urgence d'un tel apostolat, on finit par leur dire clairement qu'on ne pouvait les héberger plus longtemps, faute de vivres !

Mais l'événement le plus important s'était produit le 15 septembre 1699, quand M. de Bienville, qui rentrait avec six hommes d'une exploration vers le nord, chez les Natchez, avait rencontré, à vingt-trois lieues de l'embouchure[1] et remontant le Mississippi, une corvette anglaise à douze canons. Comme la barque des Français s'opposait à la progression du bateau britannique, le commandant de ce dernier, le capitaine Lewis Banks, demanda s'il se trouvait bien dans le Mississippi. On ne répondit pas à sa question mais Bienville l'invita à faire demi-tour et à prendre le large après lui avoir signifié en termes courtois – nous sommes entre gens de mer galonnés – que sa corvette se trouvait dans une annexe du royaume de France où sa présence ne pouvait plus longtemps être tolérée. Étant monté à bord du vaisseau battant pavillon de l'Union Jack, le fougueux Bienville (il venait d'avoir vingt ans) apprit de la bouche d'un des passagers, un ingénieur français nommé Second, que la corvette avait quitté Londres en octobre 1698, avec trois autres vaisseaux transportant deux cents émigrants huguenots, recrutés pour fonder une colonie anglaise sur les rives du Mississippi.

C'était le premier convoi de l'entreprise organisée par Daniel Coxe. L'ingénieur glissa discrètement à Bienville un mémoire, signé de quatre cents familles de protestants

---

1. Cent deux kilomètres environ.

français déjà débarquées en Caroline et qui, ne s'adaptant pas aux mœurs britanniques, demandaient humblement au roi de France la permission de s'installer en Louisiane, où ils travailleraient en sujets loyaux et soumis, pour mettre le pays en valeur, à condition toutefois qu'on les laissât pratiquer leur religion. Second souffla à l'officier que les autres vaisseaux anglais croisaient dans le golfe du Mexique en attendant le résultat de la reconnaissance conduite par Lewis Banks.

L'Anglais finit par s'en aller, non sans avoir promis qu'on le reverrait l'année suivante, avec une force capable d'imposer aux Français la présence des sujets de Guillaume III. Quand Bienville, qui nomma Détour aux Anglais la courbe du fleuve où il avait intercepté le vaisseau britannique, rapporta cette rencontre à son frère, ce dernier se souvint qu'il connaissait Lewis Banks pour l'avoir fait prisonnier, en 1694, dans la baie d'Hudson. Bien qu'il tînt le marin anglais pour benêt et irréfléchi, il estima qu'on devait prévoir un retour offensif et prendre des précautions. Il ordonna la construction d'un nouveau fort, sur la rive gauche du fleuve, à dix-huit lieues de l'embouchure.

Pourvu de canons, ce fortin, bâti sur un terrain inondé à chaque crue, au contraire de ce qu'avait affirmé un Indien, et chichement pourvu d'eau douce, reçut le nom de fort Mississippi, puis celui de La Boulaye, mais ne fut jamais achevé. Très sagement, Iberville fit aussi agrandir et consolider le fort Maurepas, dont l'artillerie contrôlait l'entrée de la baie de Biloxi et, de ce fait, les voies d'eau permettant d'accéder au Mississippi par le lac Borgne, le lac Pontchartrain et la rivière aux Chênes, au confluent de laquelle se trouvait le fort La Boulaye. Accompagné de ses frères, Bienville et Châteauguay, de Juchereau de Saint-Denys et d'une soixantaine d'hommes, le marin employa les trois mois qu'il passa en Louisiane à visiter les tribus indiennes, à s'assurer de leur alliance par des échanges de cadeaux, et à participer à leurs cérémonies, même quand celles-ci révoltaient la conscience des plus rudes coureurs de bois. Ils virent un jour avec stupeur, mais sans pouvoir intervenir, un sorcier jeter dans le feu cinq nouveau-nés offerts par leurs mères pour apaiser le courroux du ciel, parce que la foudre avait détruit le temple du village ! En revanche, ils apprécièrent un peu plus tard l'autorité du père Montigny, qui s'était trouvé si bien au fort Maurepas, quand le missionnaire réussit à dissuader des Natchez d'immoler, comme ils en avaient l'habitude, une douzaine de femmes, élues pour accompagner un chef décédé dans les verts pâturages dont personne n'est jamais revenu !

Iberville rentra au fort Maurepas, qu'on appelait aussi maintenant fort Biloxi, pour apprendre qu'une corvette espagnole ayant à son bord M. de Riola, gouverneur de Pensacola, s'était, pendant son absence, présentée dans la baie où mouillait la *Renommée*. La vue du vaisseau français avait dissuadé les Espagnols d'approcher de la côte. Ceux-ci avaient cependant signifié aux Français qu'ils occupaient indûment un territoire dont le roi d'Espagne pouvait, à juste titre, revendiquer la propriété ! Quelques jours plus tard, le 5 avril, le gouverneur espagnol était réapparu dans un équipage beaucoup moins reluisant. Sa frégate avait fait naufrage au cours de la nuit du 30 au 31 mars, alors qu'il regagnait Pensacola. Il naviguait depuis cinq jours, à demi nu sous la pluie, dans une mauvaise chaloupe, en compagnie de deux officiers rescapés. Accueillis à bord de la *Renommée*, les Espagnols furent soignés, nourris, réconfortés, et l'on fit prévenir la garnison de Pensacola que le gouverneur était sain et sauf. Une corvette, dont l'équipage espagnol fut agréablement traité par les Français, vint prendre le gentilhomme naufragé, qui reçut en souvenir de son séjour quelques belles chemises et un fusil. Dans un rapport au ministre de la Marine, M. de Ricouard, lieutenant de vaisseau à bord de la *Renommée* qui avait accueilli M. de Riola, commenta ainsi les événements : « S'il est vrai, comme je l'ai appris, qu'ils soient venus (les Espagnols) à mauvaise intention dans leur première visite qu'ils nous ont faite, nous leur avons rendu le bien pour le mal, à quoi nous n'avons nul regret, si vous l'avez pour agréable. » En ce temps-là, un gentilhomme ne comptait d'ennemis que pendant les grands jeux sanglants, parfois atroces, souvent mortels mais ouverts à l'exploit individuel, qu'étaient les batailles. L'honneur, la charité chrétienne et la fraternité d'armes commandaient à tous, pendant les entractes, d'oublier la guerre comme s'il se fût agi d'une affaire sans importance. Les Français et les Espagnols, qui auraient d'autres occasions de s'affronter autour du golfe du Mexique, n'hésitèrent cependant jamais, en cas de disette dans l'une ou l'autre colonie, à se porter mutuellement secours, à échanger leurs prisonniers, quitte à s'entre-tuer gaillardement et en toute bonne conscience dès que, la forme étant revenue, ils étaient à nouveau contraints d'en découdre !

Pendant le deuxième séjour d'Iberville en Louisiane, un autre événement d'importance eut lieu, qui réjouit tout le monde : l'arrivée d'Henry de Tonty avec cinquante Canadiens intrépides. Le lieutenant de La Salle, qui avait un temps marqué quelque amertume en apprenant que la fondation de la colonie était confiée à Le Moyne d'Iberville, alors qu'il s'estimait le plus apte à mener cette tâche à bien, avait descendu le Mississippi avec sa troupe, du fort Saint-Louis des Illinois au delta, à bord de dix grands canots chargés de provisions et de fourrure. Ce contingent allait renforcer la garnison du fort Biloxi pendant que Juchereau de Saint-Denys irait au pays des Ceni, où La Salle avait péri, à la recherche des vestiges du fort Saint-Louis du Texas, et que Le Sueur retournerait chez les Sioux, pour construire un fort et organiser l'exploitation des mines de cuivre et de plomb, maintenant repérées au confluent de la rivière Verte et de la rivière Saint-Pierre[1], elle-même affluent du Mississippi. Une société d'exploitation, la Compagnie des Sioux, qui comptait parmi ses associés Iberville, Argoud, Rémonville, le fermier général L'Huilier et d'autres investisseurs optimistes, avait été constituée à Paris. Le père Paul Du Ru résidait déjà chez les Bayagoula et construisait, près du village indien de Mougoulacha, la première église catholique de la colonie[2]. Quant à Bienville, il devait poursuivre, comme Tonty, l'exploration systématique de la région, s'assurer des alliances indiennes et visiter, à l'est de la baie de Biloxi, la baie de la Mobile. Iberville pensait y fonder plus tard un établissement sûr, permettant une meilleure surveillance des Espagnols de Pensacola et, à l'extrémité sud de la chaîne des Appalaches, l'interception des traitants anglais, capables de descendre de la Caroline vers le golfe du Mexique.

Car l'occupation, si longtemps différée, de la Louisiane irritait les deux puissances coloniales ayant des intérêts en Amérique, l'Espagne et l'Angleterre. Elle agaçait aussi les négociants canadiens. Ces derniers craignaient de voir les courants commerciaux, notamment la traite si rentable des peaux de castor et de bison, drainés par les établissements des rives du Mississippi, aboutir au golfe du Mexique, ce qui eût été préjudiciable à leurs intérêts et à l'économie du Canada. Le chevalier Louis Hector de Callières, gouverneur de Nouvelle-France depuis 1699, subodorant la concurrence de l'entreprenante tribu des Le Moyne, avait demandé au roi de lui conférer autorité sur « le bas du Mississippi », ce qui ne devait pas lui être accordé. C'est

---

1. Aujourd'hui dans le comté Le Sueur, situé au sud-ouest de Minneapolis, dans le Minnesota.

2. Aujourd'hui Bayou Goula, dans la paroisse Iberville, au sud-ouest de Baton Rouge.

donc l'esprit tranquille et emportant dans ses cantines des échantillons de cuivre recueillis par Le Sueur, des peaux de bison, des plantes, des perles offertes par les Indiens qu'Iberville mit à la voile pour la France le 28 mai 1700.

Vauban colonialiste

À Versailles, le Cid canadien trouva cette fois un allié très influent en la personne de Vauban, maréchal de France, illustre ingénieur, grand maître des fortifications, mentor puis conseiller écouté de Jérôme de Pontchartrain. Vauban, passionné de statistiques, connaissant mieux que quiconque, d'après ses contemporains, ce que nous appellerions aujourd'hui la France profonde, portait grand intérêt aux établissements coloniaux. Dans une lettre à Pontchartrain le fils datée du 28 avril 1699, il appuyait déjà les vues d'Iberville en écrivant : « Si le roi ne travaille pas vigoureusement à l'accroissement de ces colonies, à la première guerre qu'il aura avec les Anglais et les Hollandais, qui s'y rendent de jour en jour plus puissants, nous les perdrons, et pour lors nous n'y reviendrons jamais, et nous n'aurons plus en Amérique que la part qu'ils nous en voudront bien faire par le rachat de nos denrées, auxquelles ils mettront le prix qu'ils voudront[1]. » Ainsi épaulé, Iberville put exposer son projet de fondation d'un établissement dans la baie de la Mobile et le faire approuver par le ministre. Pontchartrain obtint d'autant plus aisément l'accord de Louis XIV que ce dernier venait de solliciter, de son petit-fils le duc d'Anjou, devenu roi d'Espagne sous le nom de Philippe V, la cession de Pensacola à la France « afin de mettre cette place à l'abri d'une attaque des Anglais ». La réponse demandée à la Junte des Indes par

---

1. Cité par Eugène Guénin dans *la Louisiane*, Hachette, Paris, 1904.

le nouveau souverain espagnol tardant à venir, ce qui n'était pas bon signe[1], l'envoi en Louisiane de nouveaux renforts, matériel et provisions fut décidé. Iberville se mit aussitôt à la préparation de son troisième voyage en Amérique.

Bien que les tanneurs de Niort aient trouvé les peaux de bison grossières, que les orfèvres aient fait la moue devant les perles indiennes, que les échantillons de terre et les plantes aquatiques n'aient pas suscité chez les botanistes et les savants plus que de la curiosité, Iberville restait persuadé que la Louisiane recelait des richesses qui, sans valoir celles que les Espagnols tiraient du Mexique, méritaient tout de même qu'on s'y intéressât.

Quand, le 21 septembre 1701, la *Renommée*, commandée par Iberville, et la flûte[2] *Palmier*, confiée au fidèle Surgères, quittèrent le port de La Rochelle, le chef de l'expédition avait reçu la dose d'encouragement que l'on doit périodiquement aux bons et loyaux serviteurs. Il s'agissait d'une lettre de Pontchartrain dont une phrase surtout retint l'attention du marin : « Je suis bien aise de vous répéter encore que Sa Majesté est satisfaite de vos services et qu'elle vous accordera, à votre retour, la commission de capitaine de vaisseau qu'elle vous a fait espérer. » Il y avait tout de même quinze ans que Pierre Le Moyne piétinait dans son grade de lieutenant de vaisseau en se battant sur mer et sur terre pour la plus grande gloire du roi de France ! L'avancement avait, en ce temps-là, pour les baroudeurs, des lenteurs acceptées et il ne suffisait pas de savoir coudre, comme on le vit parfois en notre siècle, pour

---

1. La réponse ne fut donnée que le 5 juillet 1701. Elle fut négative, la Junte demandant, au contraire, la cession à l'Espagne du fort construit par les Français sur le Mississippi et estimant que Pensacola était la meilleure place pour protéger les possessions de Sa Majesté Catholique.

2. Corvette de charge de huit cents tonneaux environ, dont on avait ôté une partie des canons et réduit l'équipage pour faire place à la cargaison.

prendre du galon ! En plus des vivres et des munitions dont la flûte était chargée, les navires transportaient un autre frère d'Iberville, Joseph de Sérigny, lieutenant de vaisseau, récemment rentré de la baie d'Hudson, et, pour le malheur des Le Moyne, ce Nicolas de La Salle dont l'homonymie avec le grand explorateur qu'il avait accompagné dans la descente du Mississippi, en 1682, était fortuite mais devait tromper, jusqu'à nos jours, beaucoup de gens. Cet écrivain de marine, qui, lors de la dernière et mortelle expédition de Cavelier, avait préféré rentrer en France avec Beaujeu, plutôt que partager le sort de ses compagnons restés à terre afin de rechercher l'embouchure du Mississippi, avait fait le siège d'Iberville. Chargé de famille, ne recevant que des émoluments modestes – cinquante livres par mois –, il s'était proposé, arguant de sa connaissance des rivages du golfe du Mexique, pour accompagner les pionniers.

L'ordonnance de la marine, édictée par Colbert en août 1681, définissait les fonctions de l'écrivain de marine, qui était plus qu'un polygraphe navigant. « C'est proprement une espèce de notaire ou greffier dans un vaisseau, pendant un voyage au long cours, pour y faire et recevoir tous les actes qui doivent avoir le caractère d'actes publics et authentiques, et comme c'est une espèce d'officier public, il doit prêter serment devant le lieutenant de l'Amirauté du lieu de l'embarquement, avant que de s'embarquer, et avoir un registre ou journal, coté et paraphé dans toutes les pages, par première et dernière, par le lieutenant de la même Amirauté, ou par deux des principaux propriétaires du navire, ou intéressés de la cargaison. » Le style est alambiqué mais les responsabilités sont clairement définies. L'écrivain de marine, qui pouvait recevoir les testaments « de ceux qui décéderont sur le vaisseau pendant le voyage » et servir de greffier à l'occasion d'un procès criminel, devait en outre veiller à la distribution et à la conservation des vivres. Toute mention fausse dans le journal d'un écrivain de marine, nommé parfois écrivain du roi, comme dans les minutes d'un notaire ou les exploits d'un huissier, était punissable de la peine de mort.

Nicolas de La Salle, à qui Iberville fit donner six cents livres par an, décida d'emmener en Louisiane sa femme et ses enfants. Ce fut la première famille de la colonie restaurée.

Après une escale à Saint-Domingue, la *Renommée* arriva en vue de Pensacola le 15 décembre 1701. Iberville, souffrant d'un abcès au flanc, ou plutôt des suites de l'intervention d'un chirurgien barbare qui avait pratiqué « à travers le ventre une incision de six pouces », y apprit de la bouche du gouverneur espagnol que son cousin, l'enseigne Sauvolle, commandant du fort Maurepas, était mort de maladie le 22 août 1700. Les Français savaient déjà que Biloxi était une villégiature insalubre, mais Pensacola leur parut bien pire. Le dénuement des Espagnols, contraints pour l'honneur à faire les braves et, par respect pour la Junte des Indes, à signifier aux visiteurs qu'ils devaient s'abstenir de créer de nouveaux établissements dans la région, fit sourire les Français mais leur inspira une grande pitié. Sans vivres, sans vêtements, sans argent, ne disposant d'aucun navire, cent quatre-vingts hommes, dont soixante forçats prêts à entrer en rébellion, étaient bien incapables de s'opposer aux visées françaises et d'ailleurs ne le souhaitaient guère. Ils escomptaient des secours et des soins qu'Iberville leur accorda spontanément. Celui-ci offrit même de mettre à la disposition de Riola le traversier la *Précieuse*, pour permettre au gouverneur de faire son devoir, c'est-à-dire de se rendre à Veracruz afin d'informer le vice-roi de Nouvelle-Espagne que les Français, passant outre aux injonctions, avaient décidé, malgré le déplaisir qu'en aurait Sa Majesté Catholique, de construire un fort dans la baie de la Mobile !

Au fort Maurepas, ce fut Bienville, commandant par intérim, qui accueillit son frère et les nouveaux arrivants. Voyant combien les hommes restés en Louisiane souffraient du climat et de l'inconfort de la position, le chef de l'expédition organisa immédiatement la prise de possession de la rivière Mobile et de sa baie. Ce cours d'eau, né dans les Appalaches, coule en Alabama, parallèlement au Mississippi, et se jette dans le golfe du Mexique à une centaine de kilomètres à l'est du grand fleuve. L'annexion se fit dans les règles, au nom du roi de France comme d'habitude. Le 15 février, Iberville se sentit assez gaillard pour se rendre sur les lieux retenus par ses lieutenants à quatre-vingts kilomètres environ de l'île au Mouillage, sur la rive droite de la rivière Mobile, afin de dessiner sur place les plans du nouvel établissement à naître. Un fort carré, conçu d'après les conseils et les techniques de Vauban, et qui comportait aux quatre angles des bastions à saillants triangulaires pourvus chacun de six canons, assurerait la protection du site. Fait de madriers de chêne blanc, arbre abondant dans la région, construit sur une pointe de la berge et un tertre boisé dominant la rivière de sept mètres à l'est et au sud, le fort fut entouré d'un assez large fossé. Quand, les magasins achevés, on put y entreposer, à l'abri de l'humidité et de la vermine, les vivres et munitions apportés par les navires, les cent quatre-vingt-dix hommes devant constituer la garnison s'y trouvèrent en sécurité. Ils entreprirent aussitôt le défrichement des terrains situés au nord et à l'ouest du fort où s'élèverait, toujours d'après les plans d'Iberville, la première « ville » de la colonie. Celle-ci se développerait autour d'une place d'armes, au long de rues se coupant à angle droit et délimitant des carrés et des rectangles destinés à devenir autant de parcelles à concéder. Quatorze habitations réservées aux officiers, un hôpital, une maison pour les prêtres des missions étrangères, une maison pour les jésuites, une chapelle figuraient

dans le projet initial. Les premiers emplacements « urbains »,
attribués par Iberville à ceux qui souhaitaient construire
leur maison, revinrent à Bienville, Tonty, Le Vasseur,
Boisbriant, Nicolas de La Salle, aux Canadiens Sauton et
Bellefeuille, et aux charpentiers de marine et forgerons
dont la colonie ne pouvait se passer. Abandonnant provisoirement son rôle d'urbaniste, Iberville se fit médiateur
afin d'établir la paix entre les Chacta et les Chicassa qui
s'entre-tuaient à la plus grande satisfaction des Anglais,
toujours prêts à exploiter les guerres indiennes pour
s'assurer de nouvelles positions. Iberville et Bienville,
ayant réuni les délégués des deux nations, réussirent à les
convaincre que les colons britanniques souhaitaient leur
anéantissement mutuel afin de s'emparer plus aisément de
leurs territoires, alors que les Français, respectant les
frontières, ne voulaient que vivre en paix et commencer
loyalement avec les tribus. Les cadeaux distribués aux chefs
et aux guerriers des nations représentées, deux cents
livres de balles, autant de poudre et de plomb, douze fusils,
cent haches, cent cinquante couteaux, des chaudrons, des
aiguilles, des colliers, firent au moins autant que les
discours pour ramener la concorde. Les Indiens réconciliés
promirent « de ne plus avoir aucun commerce avec les
Anglais », ce que personne, heureusement, ne prit pour
engagement définitif.

Quand, en avril 1702, Iberville décida de regagner la
France, il emportait l'espoir de voir enfin la colonie
prendre son essor. Ceux qu'il laissait à Biloxi et à Mobile
étaient en bons termes avec les Indiens Alabama et
Chacta, ce qui leur garantissait la fourniture régulière de
denrées, maïs, pois, fruits, viande de chevreuil et de bison,
huile ou graisse d'ours, volaille, en attendant que la colonie
produise elle-même sa subsistance. Les deux douzaines
de vaches, les deux taureaux, les cochons, le cheval et
les juments importés de Saint-Domingue semblaient

s'acclimater. On pouvait espérer qu'ils se multiplieraient au cours des années à venir. Dans le nord du pays, Le Sueur avait construit un fort, appelé tantôt Vert, du nom de la rivière voisine, tantôt L'Huilier, du nom d'un actionnaire de la Compagnie des Sioux. Vingt-cinq soldats composaient la garnison et huit gaillards, engagés pour trois ans à des salaires annuels variant de cent cinquante à trois cents livres, tiraient d'une première mine une bonne quantité de cuivre. Chez les Kaskaskia, le Canadien Antoine Villedieu, guidé par des missionnaires, recherchait d'autres gisements, tandis que Juchereau de Saint-Denys installait au bord de la rivière Rouge, chez les Indiens Caddo, un atelier où seraient tannées, non seulement les peaux de bison, de cerf, de chevreuil et d'ours de la région, mais aussi les peaux de castor que les traitants de fourrure, Indiens et coureurs de bois, pourraient livrer. Quant aux missionnaires, même si les sempiternelles rivalités entre jésuites, récollets et prêtres séculiers des missions étrangères nuisaient parfois à l'efficacité de l'apostolat, ils se répandaient chez les Indiens, diffusant la parole du Christ et servant le roi de France. Ces religieux procédaient souvent par intimidation morale pour convertir les Sauvages, brossant d'effrayants tableaux de l'Enfer où brûleraient éternellement les païens. Peut-être montraient-ils aux Indiens ces gravures de Théodore de Bry, publiées en 1512 et illustrant la relation de Jean de Léry, *Histoire d'un voyage fait en la terre du Brésil*, où des démons hideux tourmentaient des Indiens tatoués, les flagellaient en grinçant des dents tandis que surgissaient de la mer de monstrueux poissons volants, bavant de rage. Les missionnaires ne manquaient jamais de faire remarquer sur ce genre d'image que seuls les Indiens placés sous la protection de la croix et des prêtres bénisseurs échappaient aux supplices !

La Louisiane, sous le double patronage du sabre et du goupillon, paraissait donc promise à un bel avenir colonial.

Quelques semaines après son arrivée en France, M. d'Iberville reçut enfin, datée du 1er juillet 1702, la commission de capitaine de vaisseau promise depuis longtemps par le roi. Cette promotion était assortie du titre et des responsabilités de commandant général de la Louisiane, de l'attribution d'une concession à la rivière Mobile, que le marin se proposait de faire rapidement ériger en comté, d'une mine de plomb restant à découvrir et, privilège plus lucratif, du droit de faire la traite des Noirs en Guinée. Louis XIV, reconnaissant, accordait aussi au colonisateur de nouvelles lettres de noblesse, attachées aux seigneuries d'Ardillières, située à une vingtaine de kilomètres au nord-est de Rochefort, et de Duplessis, que le Cid canadien avait achetée deux ans plus tôt. « Le Mississippi n'est pas un aussi mauvais pays qu'on l'a voulu dire ! » aurait écrit avec quelque ironie l'intendant de Rochefort, Michel Bégon[1].

Sur place, loin de l'Aunis fertile et de la douce Saintonge, des rives du golfe du Mexique aux Illinois, tout restait à faire pour que le grand pays sauvage, parcouru du nord au sud sur plus de trois mille cinq cents kilomètres par le Mississippi, devînt une authentique province française, dans une Amérique où d'autres puissances, depuis longtemps, s'activaient. Avec le recul des siècles, il n'est pas interdit de voir, dans une simple comparaison, le symbole du retard fatal pris par la France dans la colonisation de sa part d'Amérique. En 1701, tandis qu'Iberville et ses compagnons en étaient encore à bâtir des forts en rondins, à vivre comme des coureurs de bois et à se nourrir à la mode indienne, l'enseignement supérieur se développait

---

1. Cité par Marcel Giraud dans *Histoire de la Louisiane française*, volume I, Presses universitaires de France, Paris, 1953.

dans des colonies anglaises intelligemment administrées. Après la création, en 1636, dans le Massachusetts, de ce qui allait devenir la fameuse université Harvard, puis en 1693, en Virginie, de William and Mary University, des éducateurs dynamiques venaient d'ouvrir un troisième établissement à Saybrook[1], dans le Connecticut, où l'on comptait déjà plus de vingt-deux mille habitants.

La Louisiane attendait toujours ses premiers colons !

La fin d'un condottiere

Il arrive que les plus forts des hommes, les plus pugnaces des bâtisseurs, les plus avides de gloire et de biens, découvrent un jour que leur corps, soudain, renâcle à obéir. Les guerriers commandent longtemps à la carcasse, corvéable à merci, qui tremble au danger, jusqu'au soir où l'organisme affiche sa démission. Le héros au corps malade se trouve alors rendu à l'humanité ordinaire. Ayant accepté, dès sa première aventure, de rencontrer la mort dans les batailles, ayant enduré, sans gémir, blessures et privations, il est mortifié par les affections communes. Les plaies d'orgueil sont pour lui plus éprouvantes que la douleur physique. La perspective de mourir dans son lit, entouré des siens comme un bourgeois, l'exaspère ; il y voit l'humiliation suprême et, honteux, appréhende de se présenter en chemise de nuit aux portes du Walhalla, où tant d'amis dorment dans leur armure !

Iberville était de ceux qui ne sentent la fatigue qu'au moment où, triomphant de leur volonté, elle les terrasse et les immobilise. Dès son retour de Louisiane, le condottiere,

---

1. La future Yale, ainsi nommée en 1716, lors de son transfert à New Haven, en l'honneur d'un riche bienfaiteur, Elihu Yale (1649-1721), né à Boston, négociant devenu gouverneur de Madras, en Inde.

qui avait enduré les fièvres, les douleurs articulaires, maux des tropiques humides, et les bistouris des chirurgiens de marine, dut s'aliter à Paris. On le vit soudain si faible qu'on alerta sa femme et son frère Sérigny, qui arrivèrent en chaise de poste de La Rochelle. Soigné par les siens, il se rétablit et commença à préparer un nouveau départ pour la colonie où son frère Bienville assurait, une fois de plus, l'intérim. Pontchartrain consultait le convalescent et ses conseils étaient écoutés. De sa chambre, Iberville envoyait des instructions, établissait des projets de budget pour la colonie, discutait avec les géographes et les savants. En septembre 1703, des navires rassemblés à La Rochelle n'attendaient que lui pour appareiller, mais, la veille du départ, la carcasse, à nouveau, regimba. La mort dans l'âme, le nouveau capitaine de vaisseau dut renoncer à prendre la mer. Il n'allait pas pour autant rester inactif.

Depuis 1701, la France était à nouveau en guerre contre la moitié de l'Europe, ce qui mobilisait l'attention des ministres et les ressources du pays. Il s'agissait de cette affaire de succession au trône d'Espagne qui avait mal tourné et n'avait pas, jusque-là, rapporté grand-chose puisque la Junte des Indes, qui semblait se soucier comme d'une guigne de l'opinion du roi d'Espagne, petit-fils de Louis XIV, avait refusé de céder Pensacola à la France. Quand, en 1700, le Roi-Soleil avait accepté la couronne de Charles II pour le duc d'Anjou, l'empereur d'Autriche, qui escomptait voir le royaume ibérique et toutes les possessions coloniales afférentes revenir à son deuxième fils, l'archiduc Charles, s'était senti frustré. Quand le souverain français avait garanti à son petit-fils, devenu Philippe V, des droits éventuels sur la couronne de France et s'était empressé d'envoyer des troupes relever aux Pays-Bas les soldats hollandais, Léopold Ier avait vu rouge. Les contrats, passés en 1701 et 1702, entre l'Espagne et la France, portant sur l'introduction d'esclaves noirs, capturés en

Afrique, dans les colonies espagnoles d'Amérique, avaient aggravé les choses et inquiété, non seulement les négriers anglais et hollandais, mais aussi les négociants de Londres et d'Amsterdam. Par ce traité franco-espagnol, dit de l'*Asiento*[1], la Compagnie française de Guinée s'engageait à conduire dans le Río de la Plata quarante-huit mille Noirs en dix ans, en payant au roi une redevance de 33 écus 1/3 pour chacun des quatre mille premiers *negros* introduits dans l'année !

Comme pour ajouter aux bravades commerciales une nouvelle provocation dynastique, dirigée cette fois contre Guillaume III, roi d'Angleterre, Louis XIV, au lendemain de la mort de Jacques II, le Stuart exilé à Saint-Germain-en-Laye, disparu le 16 septembre 1701, avait proclamé que le fils du défunt était le seul souverain digne de régner sur les îles Britanniques. Comme il fallait s'y attendre, Guillaume d'Orange avait très mal pris cette immixtion dans les affaires de son royaume et s'était associé à Léopold Ier et à la plupart des princes allemands et danois pour constituer la Grande Alliance destinée à combattre la politique et les prétentions du roi de France. Les hostilités ouvertes en Italie, où les troupes autrichiennes, commandées par le prince Eugène, avaient rossé les armées de Catinat et de Villeroi, avaient renforcé l'assurance des alliés. Ceux qui avaient espéré que la mort de Guillaume III, intervenue le 19 mars 1702, empêcherait le conflit de s'étendre s'étaient trompés. Après quelques atermoiements dus à des alliances

---

1. Mot espagnol signifiant contrat d'achat. Plus spécialement nom donné par les Espagnols au monopole qu'ils accordèrent aux XVIe et XVIIe siècles, en échange d'une forte redevance payable à la Couronne, à plusieurs puissances, Gênes, le Portugal, la Hollande, la France, pour la capture en Afrique et le transport dans leurs colonies d'Amérique des Noirs promis à l'esclavage. Le privilège accordé à la Compagnie française de Guinée, le 27 août 1701, fut transféré pour trente ans, lors du traité d'Utrecht, en 1713, à une compagnie britannique, la South Sea Company.

de la France avec le Portugal, les électorats de Cologne et de Bavière, et la maison de Savoie, qui ne furent pas toujours respectées, la guerre était entrée dans une phase plus active. Les troupes françaises avaient connu des succès, mais la réaction des coalisés avait été telle qu'on avait perdu Ulm et la Bavière, et vu, en 1705, les Anglais s'emparer de Gibraltar, Barcelone capituler, puis la Catalogne, Murcie et Valence passer du côté de Léopold.

On en était là quand Pierre Le Moyne d'Iberville, se sentant à nouveau apte au service armé, avait commencé par organiser la défense côtière, avant de proposer un plan d'attaque de la flotte anglaise, dont la suprématie l'agaçait prodigieusement depuis que l'amiral Rooke avait envoyé par le fond, dans la baie de Vigo, onze galions espagnols chargés d'or. C'était réflexe de marin devant une bataille perdue et de Normand devant l'or disparu ! Sept millions étaient tombés aux mains de l'amiral et quatorze avaient été engloutis. Le Cid canadien, qui souhaitait s'en prendre d'abord aux escadres britanniques affectées à la défense des colonies américaines, imaginait qu'il pourrait, à l'occasion de ces expéditions, livrer en Louisiane, dont le roi et ses ministres semblaient une nouvelle fois se désintéresser, des renforts et des munitions. Ayant obtenu assez de navires, dont l'*Aigle* qui se dérouterait pour ravitailler la Louisiane, et bien que d'une santé chancelante, il prit le commandement du *Juste* et mit à la voile, cinglant vers la mer Caraïbe. Il y parvint assez tôt pour attaquer la flotte anglaise qui venait de s'en prendre aux établissements français des Antilles. Ayant monté une opération, à la fois terrestre et maritime, devant les îles Névis et Saint-Christophe, il se saisit, comme on l'a vu, des cargaisons de trente navires ennemis. Ces prises, qui réjouirent l'escadre, allaient valoir plus tard bien des ennuis à la veuve du Canadien, à ses frères et à ses associés.

Cette campagne des Petites Antilles avait épuisé,

semble-t-il, les dernières forces de Pierre Le Moyne d'Iberville. Lors de l'escale à La Havane, il fut incapable de descendre à terre. L'historien américain Edwin Adam Davis estime que le commandant général de la Louisiane venait de contracter la fièvre jaune, maladie endémique dont on ignorait alors qu'elle était propagée par le moustique[1]. Le marin soutint vaillamment son dernier combat et la Providence lui accorda la grâce de mourir à bord de son bateau, le 3 juillet 1706, deux semaines avant qu'il ne célébrât son quarante-cinquième anniversaire. Il fut inhumé, six jours plus tard, dans l'église de San Cristobal.

La Louisiane venait de perdre, avec son fondateur, l'homme qui croyait le plus en son destin colonial. Jean-Baptiste de Bienville, frère préféré du plus grand des Canadiens, animé, comme tous les Le Moyne, de la force et de la foi des bâtisseurs d'empires, était prêt à poursuivre l'œuvre entreprise. Il devait, lui aussi, y laisser la vie.

---

1. Le médecin cubain Carlos Juan Finlay démontra, en 1901, que le moustique stégomyie *(Stegomyia fasciata, Ædes argenteus)* est le vecteur du virus de la fièvre jaune ou *vómito negro*. Les travaux d'une mission américaine envoyée à Cuba et ceux du docteur Walter Reed confirmèrent cette découverte.

Le temps des colons

1.

Vivre au Mississippi

Bienville succède à Iberville

À la mort de Pierre Le Moyne d'Iberville, le frère de ce dernier, Jean-Baptiste Le Moyne de Bienville – qui n'avait toujours pas reçu de commission officielle de lieutenant du roi, fonction qu'il occupait depuis plusieurs années, tout en assumant régulièrement l'intérim de son aîné, commandant général de la Louisiane –, prit tout naturellement la succession du défunt.

Âgé de vingt-six ans, formé à la dure école des coureurs de bois franco-canadiens, courageux, résistant à la fatigue, pugnace et même un tantinet tête brûlée, il savait admirablement, depuis l'enfance, composer avec les Indiens qui avaient été ses compagnons de jeux. Ambitieux, intéressé comme tous les descendants du cabaretier de Dieppe, il passait pour un peu brouillon aux yeux de certains contemporains. Conduit par les circonstances à relayer le premier des Le Moyne, Jean-Baptiste entendait se montrer à la hauteur des responsabilités qui, soudain, lui incombaient et se voulait continuateur digne et capable de l'œuvre de son frère. Comme Iberville et, avant ce dernier, le découvreur Cavelier de La Salle, il se donna aussitôt pour mission de jalonner les rives du Mississippi de forts et de magasins afin de rendre sûr et commercialement exploitable le long chemin liquide qui, des Grands Lacs au golfe du Mexique, traverse l'Amérique du Nord.

Si Iberville laisse un patrimoine personnel important, sa succession coloniale, bien que prometteuse, est encore en friche. Quand le marin meurt, en juillet, à La Havane, léguant aux siens une fortune considérable en domaines situés en France, à Saint-Domingue, à Cuba et en Nouvelle-France, le bas Mississippi, dont il comptait bien tirer quelques profits, ne peut même pas encore prétendre au statut de colonie. À l'est du delta, autour des forts Biloxi et Louis – Maurepas, construit par Iberville lors de son premier séjour, a été abandonné dès 1702 parce que trop insalubre –, vivent, dans quatre-vingts cabanes de rondins, couvertes de feuilles de latanier ou de canne, deux cent soixante-dix-neuf personnes dont cent vingt-deux militaires et quatre-vingts Indiens, plus ou moins contraints de servir les Blancs. À la même époque, la Nouvelle-France compte déjà seize mille quatre cent dix-sept habitants.

Le fort Louis de la Mobile constitue, sur la rive droite de la rivière, malgré de fréquentes inondations, la base la plus sûre de la colonie. C'est à partir de l'embryon de ville dessiné autour de cette position stratégique que l'on envisage d'attribuer des concessions à ceux qui en feraient la demande. Or on ne se bouscule pas pour devenir colon en Louisiane. Des soixante Canadiens arrivés en 1700, bien peu ont, à l'exemple des Saucier, construit une maison et défriché quelques arpents de terre. On sait qu'à Rochefort certains militaires affectés à la Louisiane, imitant le garde-marine Vaugelas, ont refusé d'embarquer. Peut-être ont-ils eu raison !

Les officiers et les soldats en garnison à la Mobile n'ont pas touché de solde depuis plusieurs années. Ils ont troqué leurs uniformes rapiécés contre des vêtements de peau et subsistent grâce aux produits de la chasse et de la pêche, en élevant des cochons et des poules, en trayant quelques vaches, rescapées du troupeau importé de Saint-Domingue, qui s'acclimatent difficilement. Le froment, sitôt planté, produit de beaux épis qui, hélas ! ne parviennent que rarement à maturité à cause des pluies diluviennes. Quand les Indiens, auprès de qui les Français dépenaillés ont perdu une bonne part de leur prestige, refusent de fournir du maïs, que tout le monde nomme blé d'Inde, de la viande de bison séchée, de l'huile et de la graisse d'ours, c'est la famine. Périodiquement manipulés par les traitants anglais, qui font de discrètes incursions à travers les Appalaches, il arrive même que les Mobiliens se montrent agressifs.

Certains militaires, négligeant le service d'un roi lointain et indifférent, oubliant la discipline censée faire la force des armées, se sont mis en ménage avec des Indiennes dans les tribus accueillantes des Pascagoula et Capina, où ils sont assurés de ne pas mourir de faim. D'autres ont tout simplement déserté et rejoint, avec l'aide de guides indiens, la colonie anglaise de la Caroline, où ils ont été fort bien reçus.

Les fidèles, les consciencieux, les patriotes guettent, derrière les palissades des forts, l'apparition des vaisseaux de France qui apporteraient ce qu'il est convenu d'appeler la ration du roi. Mais la guerre de Succession d'Espagne mobilise en d'autres mers la marine royale et n'incite guère les armateurs du commerce à risquer des voyages vers un établissement dont les rares habitants sont trop démunis d'argent pour acheter leurs marchandises et où les capitaines ne chargeraient d'autre fret de retour que des peaux de chevreuil ou de bison à demi pelées ! Au cours de l'été 1706, l'*Aigle* a livré quelques provisions vite épuisées et, depuis, aucun vaisseau ne s'est présenté à l'entrée de la baie de la Mobile.

Les armateurs français avaient tout de même trouvé le

moyen, en 1705, d'envoyer dix-sept navires sur la côte de Guinée pour embarquer des centaines de Noirs capturés par les négriers et destinés aux colonies espagnoles. Il est vrai que le commerce dit du bois d'ébène est alors plus rentable que l'approvisionnement des colons de la Louisiane. On sait par exemple que le sieur Danican, qui transporte des Noirs d'Afrique à Buenos Aires, fait, bon an mal an, plus de trois cent mille livres de bénéfice, malgré un taux de mortalité effrayant puisqu'un bon tiers des esclaves embarqués meurent en cours de traversée[1] !

Pour qu'une colonie se développe, il convient avant tout de la peupler. Pour cela, les femmes sont indispensables et les célibataires de la Mobile en réclament au moins autant que des vivres et des munitions !

Dès 1704, alors qu'il était retenu en France par la maladie et la fatigue, Le Moyne d'Iberville avait prôné le peuplement de la région de la Mobile par de vrais colons, qui accepteraient la sédentarisation et se mettraient à défricher et cultiver des terres dont la fertilité ne faisait, d'après lui, pas de doute : « Il faut trouver les moyens, disait-il au ministre de la Marine, d'envoyer des laboureurs en Louisiane. Ce qui fait que nos colonies avancent si peu, c'est qu'on y [sic] envoie que des gueux pour s'enrichir ! » Les Canadiens venus par la mer avec les Le Moyne ou descendus des Illinois avec Tonty ne pensaient qu'à courir les bois et les plaines pour chasser le bison, l'ours, la loutre et le castor, afin d'en négocier les peaux. Les premiers métropolitains, artisans ou militaires, débarqués l'année précédente n'aspiraient pour leur part qu'à se lancer à la recherche de mines de plomb, de cuivre ou de métaux précieux inexistants.

Ces gens épris d'aventure, escomptant avec naïveté des

---

1. Cité par Pierre Bonassieux dans *les Grandes Compagnies de commerce*, Plon, Paris, 1892.

fortunes rapides, n'avaient pas vocation de cultivateur. Ils ne se préoccupaient même pas, dans la plupart des cas, d'assurer leur propre subsistance et se satisfaisaient, en attendant mieux, du régime des Indiens. Les premiers habitants des rives de la Mobile attendaient de la métropole provisions, armes, outils et vêtements, sans proposer en échange aucun produit colonial vendable et consommable en France.

La guerre européenne ayant, une nouvelle fois, condamné la Louisiane à l'isolement, les liaisons maritimes étaient devenues rares. Un seul navire, la *Loire*, avait ravitaillé la colonie, déjà au bord de la disette, pendant l'année 1703. Iberville, conscient de la situation, avait bien tenté de recruter des familles de ruraux de la région d'Avranches, mais son entreprise n'avait pas connu grand succès.

En 1704, le *Pélican*, commandé par un frère d'Iberville, Le Moyne de Châteauguay, avait transporté de La Rochelle à la Mobile des provisions, des instruments aratoires et des munitions. Dix-sept artisans, charpentiers, forgerons, briquetiers, tonneliers, serruriers, étaient du voyage ainsi que le premier contingent de filles à marier que réclamaient, depuis des mois, les célibataires de la colonie. Ces Parisiennes avaient été sélectionnées à la demande d'Iberville par les soins de Mgr de Saint-Vallier, évêque de Québec, dont l'autorité diocésaine s'étendait à la Louisiane. Comme le prélat se trouvait à Paris en même temps que le commandant général de la Louisiane, il avait veillé personnellement au choix des demoiselles « élevées dans la vertu et la piété ». N'avaient été retenues que les jeunes filles qui s'étaient déclarées formellement volontaires pour l'exil et le mariage et non celles que désignaient des parents prêts à se raviser au moment de la séparation.

Ainsi, en octobre 1703, vingt-quatre demoiselles, nanties d'un trousseau par les soins de dames patronnesses et assurées d'être entretenues pendant un an par le roi, avaient quitté Paris, en charrettes, pour La Rochelle, où elles attendirent dans un désœuvrement regrettable, jusqu'au printemps 1704, le moment d'embarquer sur le *Pélican*. Les Rochelais, qui, mieux que les religieuses chargées d'accompagner les fiancées coloniales, connaissaient, par les confidences des marins et des voyageurs, la qualité de la vie en Louisiane, durent brosser pour les jouvencelles un tableau de la colonie moins idyllique que celui présenté à Paris par les sergents recruteurs à cornette de Mgr de Saint-Vallier ! Ces révélations avaient suscité des craintes, parfois des larmes et vraisemblablement quelques désertions.

L'évêque, qui savait à quoi s'en tenir sur la promiscuité des croisières vers le Nouveau Monde, avait obtenu pour les voyageuses, à bord du navire, un espace protégé et relativement confortable. Il avait aussi interdit toute communication entre les jeunes filles et les officiers ou autres passagers. Comme les tendrons parisiens se rendaient en Louisiane pour contribuer, avec le concours d'époux promis mais inconnus, au peuplement de la colonie, Iberville, malade cette année-là et ne pouvant participer au voyage, avait fait embaucher, au salaire de quatre cents livres par an, Marie Grisot, une sage-femme de bonne réputation. Cette dame aurait non seulement à s'occuper, le moment venu, des parturientes, mais devrait soigner les malades des deux sexes. Parvenue à destination, elle fit plus tard des manières pour donner aux hommes des soins qui, par leur nature, n'entraient pas dans ses attributions professionnelles, encore qu'ils aient intéressé, dans bien des cas, les organes de la procréation[1] !

---

1. En 1713, Bienville réduisit de moitié les gages de la sage-femme, qui refusait de soigner les marins scorbutiques parce que « après avoir touché un scorbutique elle ne pouvait plus toucher une femme en couches, ni même un nouveau-né sans risquer pour eux la contagion ». L'affaire remonta jusqu'au roi, qui, de Versailles, approuva la décision de Bienville.

On ignore si, pendant la traversée, les consignes d'isolement et de protection données par Mgr de Saint-Vallier
furent strictement respectées, mais l'on sait, en revanche,
que le *Pélican* ne toucha La Havane qu'au mois de juillet.
C'est au cours de cette escale qu'une épidémie, malaria ou
fièvre jaune, se déclara sur le bateau. Pierre Charles Le
Sueur, qui s'en retournait à sa mine du pays des Sioux,
avait été l'une des premières victimes. On devait en
compter d'autres, car le *Pélican*, vaisseau infesté, avait
transporté la maladie en Louisiane. La petite communauté
du fort de la Mobile, atteinte à son tour, comme celle de
l'île Massacre où quelques Canadiens s'étaient établis, avait
déploré en quelques semaines une quarantaine de morts,
dont Le Vasseur, chef des Canadiens. Le brave Henry de
Tonty, glorieux manchot et fidèle lieutenant de Cavelier
de La Salle, frappé lui aussi de la « peste de La Havane »,
avait survécu jusqu'en septembre. Il était âgé, au jour de
sa mort, de cinquante-quatre ans.

Comme il ne restait plus, cette année-là, dans la colonie
que deux femmes, l'épouse de Nicolas de La Salle, promu
commissaire ordonnateur, et celle d'un artisan, les Parisiennes avaient été accueillies chaleureusement. Quinze
d'entre elles, bien que très éprouvées par la traversée et à
peine remises de l'angoisse de l'épidémie, avaient trouvé
rapidement des époux parmi les Canadiens ou les artisans.
On devait apprendre, au fil des années, que ces mariages
exotiques n'apportèrent que rarement le bonheur à des
femmes que rien ne préparait à la vie rude des pionniers.

Marcel Giraud a donné les raisons du rapide désenchantement des épouses importées : « À l'insalubrité apparente
de la colonie s'ajoutait l'absence de confort matériel, la
médiocrité des ressources de la population. La plupart
avaient quitté Paris dans l'espoir de trouver en Louisiane
une existence plus facile, séduites par la promesse que la
monarchie garantirait leur subsistance pendant un an.

Mais l'assistance promise ne pouvait leur permettre d'atteindre, dans un aussi court délai, le degré d'aisance qu'on leur avait fait entrevoir à Paris. [...] Le régime alimentaire, enfin, dont la bouillie de maïs était l'élément dominant, ne tarda pas à leur inspirer une aversion d'autant plus grande que l'évêque de Québec leur avait représenté le pays comme "bien approvisionné". »

On peut aussi penser que ces demoiselles de la ville ne s'habituèrent pas aisément à vivre dans des cabanes de rondins où s'engouffraient, le soir venu, des nuées de moustiques affamés de sang frais, où se glissait parfois un serpent, tandis que d'étranges oiseaux se disputaient, en criant, les ordures ménagères. Certaines personnes, pauvres mais de petite noblesse, avaient espéré rencontrer parmi les officiers de la garnison des jeunes hommes du type prince charmant ou guerrier romantique, qui apprécieraient leur éducation, leur tiendraient la main au clair de lune en récitant des vers sucrés, et ne leur proposeraient l'hymen qu'après une cour faite dans les règles. Or, à peine débarquées, les plus laides avaient perçu dans le regard des hommes la convoitise élémentaire et la rustique concupiscence du mâle longtemps privé de femme. Celles qui refusèrent en rougissant les hommages appuyés et les propositions sans fioriture des braves Canadiens, plus habiles à dépouiller un bison qu'à délacer un corset, se virent admonestées par Bienville. Venues en Louisiane aux frais du roi pour assurer le peuplement du pays, ne devaient-elles pas « s'établir suivant l'usage des colonies » ?

L'état des lieux

La Louisiane du commencement du XVIIIe siècle n'avait rien de la terre accueillante que décrivaient alors, à Paris, les recruteurs coloniaux. Le voyageur d'aujourd'hui peut aisément imaginer, en parcourant le delta sauvage où, il y a une trentaine d'années, William Faulkner chassait le daim et le cerf, ce que devaient ressentir les Européens qui débarquaient en 1700 dans ce pays subtropical. Le décor naturel du bas Mississippi, où il serait vain de chercher une pierre, car la terre n'est que limon porté par le fleuve au cours des millénaires, n'a guère changé, même si les derricks des pétroliers dressent, çà et là, des silhouettes importunes. Sur des milliers d'hectares, l'immense plaine palustre, parsemée de cyprières, lézardée de ramifications sinueuses par où s'écoulent paresseusement vers la mer, derrière des rideaux de plantes aquatiques, les eaux lasses du fleuve, suscite autant l'admiration que l'angoisse. Sur les quelques routes inondables qui traversent maintenant cette vaste réserve naturelle, des panneaux indiquent clairement au voyageur de notre temps qu'il circule à ses risques et périls. Les initiés ne s'y aventurent qu'à bord de quatre-quatre amphibies et pourvus de treuil et de radio !

Les premiers colons de la vallée de la Mobile ne disposaient pas de ces commodités. Ceux qui, partis des forts, s'égaillèrent vers l'ouest furent d'abord étonnés par le nombre, la variété et la beauté de certains oiseaux. L'abondance du gibier à plume et à poil dut les réjouir. Daims, chevreuils, dindes sauvages, outardes, cailles, perdrix que les Indiens nommaient Ho-Ouy, merles, canards de toute sorte offraient aux chasseurs de quoi améliorer le maigre ordinaire de garnison. En faisant l'inventaire des ressources du pays, ils furent, en revanche, moins favorablement impressionnés par le foisonnement des reptiles de toute taille : serpent d'eau gros comme du câble d'amarrage, mocassin au venin mortel, tête-de-cuivre au dard empoisonné, serpent-collier qui se fond dans le décor en déployant ses anneaux rouges et verts, serpent-congo à bouche blanche, serpent-corail à l'œil de chat, couleuvre énorme mais inoffensive, serpent à sonnette, que les scientifiques appellent *Crotalus horridus* et qui peut vivre plus de vingt ans en s'allongeant jusqu'à atteindre quatre mètres !

La présence d'innombrables alligators aux mâchoires broyeuses, aux dents acérées, rendait dangereuse toute progression dans les marais. L'été, on pouvait confondre les sauriens, cuirassés d'écailles repoussantes, avec des troncs d'arbres à demi immergés quand ils somnolaient étendus sur l'eau ou vautrés dans la vase au milieu des joncs. L'hiver, ils disparaissaient enfouis dans la boue et malheur à qui les réveillait. Leurs plongeons, quand ils redoutaient l'approche de l'homme ou se jetaient sur une proie, résonnaient en ploufs sonores et effrayants.

Mais la plaie dont souffraient tous les Européens, dès qu'ils mettaient pied à terre, était le maringouin, moustique des pays chauds auquel les Louisianais donnent encore aujourd'hui son ancien nom français. Parcourant le delta un siècle et demi après les premiers colons français, le géographe Élisée Reclus[1] se plaint encore de l'agressivité des maringouins : « [...] le fléau, la calamité, la malédiction de la Louisiane, ce qui change parfois la vie en martyre de tous les instants, c'est un petit insecte, le maringouin. Rien ne le tue, ni les pluies, ni les sécheresses, ni la chaleur de l'été, ni le froid de l'hiver ; le jour, on le voit partout volant

---

1. Né en 1830, à Sainte-Foy-la-Grande (Gironde), mort à Thourout, près de Bruges, en 1905. Géographe et théoricien de l'anarchisme. Disciple de Karl Ritter, dont il suivit les cours à l'université de Berlin, il se familiarisa avec la plupart des langues européennes. Opposé au coup d'État du 2 décembre 1851, il dut s'exiler et voyagea en Europe et en Amérique de 1852 à 1857. De retour en France, il adhéra à la première Internationale et participa à la création du *Cri du peuple* (1869). Membre de la Commune de Paris, il fut, en 1871, condamné à la déportation en Nouvelle-Calédonie, mais, sa peine ayant été commuée en dix années de bannissement, il s'installa en Suisse, puis en Belgique, où il devint professeur à l'université libre de Bruxelles. Élisée Reclus est l'auteur de nombreux ouvrages, dont une *Nouvelle Géographie universelle* en dix-neuf volumes, Hachette, Paris, 1875-1894.

par essaims ; la nuit, on entend sans relâche le bourdon-
nement importun de ses ailes ; il s'insinue à travers les
fentes les plus étroites, il pénètre sous les voiles les plus
épais, et se précipite sur sa victime en exécutant avec ses
ailes une petite fanfare victorieuse[1]. »

La piqûre du maringouin n'était pas qu'un cuisant désagrément. Dans certains cas, elle portait le germe de la
mort.

Moins dangereuse, mais plus douloureuse encore que
celle du maringouin, la piqûre de la mouche-brûlot, téré-
brante comme une pointe de feu, éprouvait cruellement
ceux qui allaient jambes nues dans la folle avoine où paissaient les cervidés à cornes branchues. Les hommes qui
remontaient le fleuve vers la région des Arkansa et des
Illinois, jusqu'aux confluents du Mississippi avec le
Missouri ou l'Ohio, pour trouver des terres plus hospitalières, rencontraient peut-être moins de moustiques et de
serpents mais ils entraient alors dans le domaine des ours
et des loups.

Telle était cette colonie dont l'avenir, dans la première
décennie du XVIIIᵉ siècle, paraissait des plus incertain.
Comme pour ajouter à ses misères et aux difficultés du
temps, ses dirigeants, tombant dans le travers très français
de la chicane vaniteuse, allaient se déchirer à coups de
rapports, de plaintes, de ragots dont Bienville serait le
premier atteint.

Bienville contesté

La querelle fut lancée quand Nicolas de La Salle,
commissaire ordonnateur qui souffrait peut-être, étant
donné le dénuement ambiant, de n'avoir rien à ordonner,

---

1. « Le Mississippi », dans la *Revue des Deux Mondes*, 15 juillet 1889.

adressa, le 7 septembre 1706, une lettre à M. de Pontchartrain. L'attaque contre les Le Moyne, vivants ou défunts, eut le mérite d'être claire, catégorique et signée. « D'Iberville, Bienville et Châteauguay, les trois frères, sont coupables de toute espèce de méfaits et sont des voleurs et des fripons qui dilapident les effets de Sa Majesté. » De telles accusations exigeaient des preuves : La Salle ne proposa que des récriminations personnelles et des ragots.

Ce La Salle, dont l'homonymie avec le découvreur ne trompe heureusement plus personne, se prend pour un grand administrateur. C'est un atrabilaire pédant et prétentieux, prototype de ces subalternes avides d'autorité et d'honneurs qui, n'étant rien en France, se croient tout dans la colonie. Au long de son histoire, l'empire colonial français en comptera des milliers de cette espèce qui, mêlés à toutes les intrigues de sous-préfecture, de mess et d'alcôve, se rendront insupportables aux autochtones, dévoieront les initiatives généreuses et nuiront à la réputation de la France au lieu de la servir. Parce qu'on leur a donné, afin de leur assurer quelque prestige aux yeux des indigènes, un titre auquel ils n'auraient jamais pu prétendre si les candidats à l'exil outre-mer avaient été plus nombreux et de meilleure qualité, ils se comportent avec outrecuidance et se poussent dans la carrière à coups de brimades pour les uns, de rapports délateurs ou flagorneurs pour les autres.

La mission du colonisateur, en ce qu'elle doit avoir de noble et d'utile, ne peut exalter ces esprits communs. Elle exaspère en revanche les ambitions des médiocres, en conférant à ces derniers l'apparence de compétences qu'ils ne possèdent pas.

Peut-être faut-il reconnaître à la décharge de Nicolas de La Salle qu'il avait, comme d'autres résidents de la Mobile, des raisons d'être aigri. Venu avec sa femme et ses enfants en escomptant une position de premier plan et une vie facile, il avait de quoi être déçu. Comme le regretté Iberville, Bienville commande et n'attend de l'ordonnateur que l'enregistrement de ses décisions sans discussions ni murmures, même quand elles ne paraissent pas au fonctionnaire d'une parfaite orthodoxie administrative.

Les Le Moyne sont ainsi, sûrs de leur fait, forts de leur expérience, fiers de leurs exploits. La Louisiane est pour eux une affaire de famille, un fief qu'ils entendent gérer à leur manière. Ils ont, en outre, une façon à eux de tenir les comptes coloniaux, qui ne peut manquer de choquer les ronds-de-cuir des bureaux ministériels. Il leur arrive même – Iberville fut poursuivi pour cela et ses héritiers après lui – de se faire rembourser deux fois les frais engagés pour la colonie, d'utiliser les traversiers du roi pour transporter de la Mobile à Veracruz des marchandises négociables à leur seul profit, de prendre des commissions sur les denrées envoyées de France pour les colons, d'obtenir des Indiens des produits commercialisables en échange des cadeaux offerts aux caciques par le roi.

Nicolas de La Salle, qui ne se prive pas de souligner ces irrégularités, dont il ne bénéficie pas, est aussi un ingrat. Sans Iberville, qui l'a tiré trois ans plus tôt de ses petites fonctions d'écrivain de marine, il n'eût jamais pu prétendre aux responsabilités qu'il détient.

Dans sa lettre au ministre, il s'en prend aussi aux Canadiens, depuis toujours compagnons d'élection des Le Moyne. Ces coureurs de bois traitent les fourrures sans rendre compte, vendent de l'eau-de-vie aux Indiens et vivent en concubinage avec des Indiennes. Le commissaire ordonnateur stigmatise également la conduite du chirurgien de la colonie, un certain Barrot, lequel ignore tout de son art, s'enivre et fait commerce à son profit des remèdes fournis par le gouvernement. Enfin La Salle ne manque pas d'attirer l'attention sur son propre cas. Les six

cents livres par an qu'il touche, d'ailleurs très irréguliè-
rement, ne lui permettant pas de se payer un domestique,
il doit jardiner lui-même pour nourrir sa famille. M. de
Bienville, soucieux du prestige attaché aux fonctions,
trouve cela très regrettable et ne craint pas de le dire avec
hauteur, sans pour autant donner au père de famille les
moyens de tenir son rang.

Comme La Salle avait dû se concerter avec ceux que
l'autoritaire Bienville tenait à l'écart des affaires, le curé de
Mobile, Henry Roulleaux de La Vente, qui, faisant fi de
l'humilité chrétienne, rêvait de se constituer une seigneurie
très temporelle au pays des Natchez, écrivit, lui aussi, au
ministre pour se plaindre du commandant.

Prêtre du diocèse de Bayeux, La Vente était arrivé en
Louisiane en 1704. Annoncé par ses supérieurs comme
prédicateur réputé et travailleur, peut-être s'attendait-il à
trouver dans la colonie un accueil complaisant et les meilleures conditions pour exercer avec panache son ministère.
Or M. de Bienville l'avait reçu comme un missionnaire
ordinaire et n'avait pris aucune disposition particulière
pour faciliter son installation. Les Missions étrangères,
dont dépendait le religieux, ne lui accordaient par an que
mille livres. Cette somme lui parvenait quand un bateau
effectuait la traversée de La Rochelle à la Mobile, ce qui
n'arrivait pas chaque année. Le curé estimait d'ailleurs ses
émoluments d'autant plus insuffisants que la dîme, qu'il
aurait dû percevoir, ne produisait que des sommes déri-
soires étant donné le petit nombre de paroissiens et le
manque de ressources de la plupart d'entre eux. Il faut
savoir que Bienville, le mieux payé de la colonie, recevait
alors mille deux cents livres par an, les ouvriers trente livres
par mois. Le simple soldat, que le roi était censé loger,
nourrir et habiller, ne touchait, lui, que dix-huit livres par
an. Or les prix des quelques marchandises vendues dans la
colonie étaient doubles de ceux pratiqués en métropole.

La Vente, à qui le ministre de la Marine avait déjà refusé une dotation en nature, ne pouvait obtenir les crédits nécessaires à la construction d'un presbytère. Il avait dû, à l'arrivée, se contenter d'une maison délabrée qui avait été emportée quelques semaines plus tard par un ouragan. Depuis, il occupait une modeste demeure qu'il n'avait pas les moyens d'acquérir, au bord de la rivière. Il avait même été obligé, suprême humiliation pour un membre du clergé séculier, d'emprunter de l'argent au père Marest, l'aumônier jésuite du fort Louis !

De surcroît, Bienville, qui manifestement préférait les jésuites aux prêtres des Missions étrangères, ne paraissait guère pressé de faire construire l'église qu'attendaient les fidèles de Mobile. Il considérait sans doute que la chapelle du fort suffisait aux dévotions. Pour toutes ces raisons et quelques autres, le missionnaire s'était donc rangé du côté de La Salle en proclamant qu'il se faisait fort d'obtenir le rappel de M. de Bienville. Or ce dernier, qui avait d'autres soucis, dédaignait de répondre à ce genre de propos, ce qui exaspérait ses adversaires.

Étant donné la rareté des communications, les rapports des uns et les comptes rendus des autres avaient perdu toute actualité, et donc toute saveur, quand ils arrivaient à Versailles, sur le bureau du ministre de la Marine, des mois après avoir été rédigés. C'est ce qui explique que la querelle amorcée en 1706 ait pu se développer pendant plusieurs années, divisant la population de la colonie en deux clans.

Périodiquement, le curé et ses supporters d'une part, Bienville, les officiers et les Canadiens d'autre part, reçurent des appuis. Pour La Vente et ses amis, ceux-ci furent parfois inattendus, telle cette lettre à Pontchartrain envoyée par une religieuse qui, ayant accompagné en Louisiane le premier contingent de filles à marier, reprochait à Bienville d'avoir découragé M. Pierre Dugué de

Boisbriant, major de Mobile, de demander sa main ! Cette nonne, effrontée ou privée d'affection, mais prête à jeter sa cornette par-dessus les sassafras, en déduisait avec aplomb : « Il est clair que M. de Bienville n'a pas les qualités nécessaires pour gouverner la colonie. » Il ne semble pas que l'officier, sur lequel la religieuse romanesque avait jeté son dévolu, ait jamais eu l'intention d'épouser une sœur grise. M. de Boisbriant figurait en revanche parmi les adversaires résolus et indignés de La Vente. Il se montra toujours un fidèle défenseur de Bienville, ainsi qu'en font foi ses lettres à Pontchartrain.

Ce dernier, que les intrigues louisianaises commençaient à agacer et qui trouvait trop élevé le budget de quatre-vingt mille livres consacré, en pure perte, à la Louisiane en 1705, finit par prendre deux décisions : il destitua Nicolas de La Salle de ses fonctions et, le 23 juillet 1707, signa l'ordre de rappel de Bienville en France.

Bien que privé officiellement de sa charge, La Salle devait continuer à tenir les comptes tandis que La Vente conservait sa pauvre cure. Les deux principaux opposants à Bienville avaient trouvé à Paris, parmi les courtisans qui jugeaient coûteuse et inutile la colonisation de la Louisiane, des alliés efficaces.

La lettre de Pontchartrain dut les faire jubiler, car elle est dépourvue de toute aménité. « Sa Majesté ayant été instruite par plusieurs lettres écrites de la Louisiane que le sieur de Bienville qui y commande a prévariqué dans ses fonctions et qu'il s'est appliqué plusieurs effets appartenant à Sa Majesté, a enjoint au sieur de Muys, qu'elle a choisi pour gouverneur de ce pays, de vérifier les faits avancés contre lui suivant les mémoires qui lui sont remis, de le faire arrêter s'ils sont véritables et de l'envoyer prisonnier en France. » Le ministre de la Marine désignait également un nouveau commissaire ordonnateur, M. Martin Diron d'Artaguiette, ancien major des troupes de Nouvelle-France, devenu commissaire de la Marine. Ce dernier devait être plus spécialement chargé d'enquêter sur les agissements des frères Le Moyne et de mettre fin au désordre administratif de la colonie.

Bienville contre-attaque

Prévenu de son éventuelle disgrâce bien avant d'en avoir eu notification, Bienville, qui comptait aussi des amis à la cour, s'était empressé, dès février 1707, d'envoyer à Pontchartrain un long rapport sur l'état de la colonie et de demander l'autorisation de rentrer en France pour raison de santé. Faisant mine d'ignorer ce qu'on lui reprochait déjà, Jean-Baptiste Le Moyne de Bienville exhalait des plaintes de nature à faire réfléchir les candidats au commandement de la Louisiane.

La colonie est à ce point dépourvue de ressources en vivres, explique Bienville, qu'il doit en emprunter aux Espagnols de Pensacola, non seulement pour assurer le ravitaillement de la garnison « mais encore pour les habitants qui n'ont pas pu faire d'habitations assez grandes pour pouvoir subsister d'eux-mêmes. Ils me représentent souvent leurs peines, écrit-il, parce qu'ils n'ont ni nègres ni bœufs pour apprêter leur terre, que ce pays est très malsain et qu'ils se trouvent malades dans des temps où ils désirent faire leurs semences ». En tant que représentant du roi, le commandant veut cependant se faire rassurant : « Je les assure que Votre Grandeur les secourra dans les besoins de leur établissement et que la guerre seule leur cause tout le mal qu'ils souffrent. L'espérance d'un avenir heureux les console. »

Après avoir avancé que ces difficultés d'approvisionnement sont dues au retard des vaisseaux envoyés de

France, Bienville avoue qu'à cause du manque de matériaux et de main-d'œuvre il a dû différer la construction du fort des Chicassa.

La colonie vit aussi dans la crainte des Anglais, qui s'efforcent d'attirer les Alabama dans leur camp, de débaucher les Indiens alliés des Français, et aussi de maintenir avec les coureurs de bois canadiens, qui ont toujours des fourrures à vendre, des rapports commerciaux très préjudiciables aux affaires de la colonie.

Il faut ajouter à cela que le pays est loin d'être sûr. Dans cette même lettre du 20 février 1707, Bienville annonce au ministre qu'il vient d'apprendre « la mort de monsieur Jean-François Buisson de Saint-Cosme, missionnaire détaché, qui a été tué en descendant le Mississippi, ainsi que trois Français, par des Sauvages de la nation des Tchitimacha établis au sud du Mississippi ». Ce sont ces mêmes Indiens qui, douze ans plus tôt, avaient tué quatre Français. Le missionnaire assassiné avait été envoyé en Louisiane par le séminaire de Québec pour évangéliser les Indiens. Certes, ce religieux n'avait jamais fait preuve d'un grand zèle apostolique et ses supérieurs lui avaient souvent reproché son instabilité notoire. Il était connu pour ses mœurs dissolues et on lui attribuait même la paternité d'un petit mulâtre. On pouvait peut-être en déduire qu'il avait péri pour des raisons n'ayant rien à voir avec la propagation de la foi !

Bienville était néanmoins contraint d'envisager, dès qu'il en aurait les moyens, une expédition pour punir les meurtriers du religieux, mission dont il se serait bien passé au moment où l'on s'efforçait de rester en bons termes avec les tribus de la région[1].

Autre plaie chronique de la colonie : les désertions.

---

1. Le meurtrier du père Saint-Cosme fut retrouvé et capturé, à la demande des Français, par leurs alliés indiens les Arkansa. Le Tchitimacha eut la tête fracassée à coups de bâton.

« Les soldats et matelots envoyés à la mer désertent à la première terre espagnole et pour ramener les bateaux il faut en engager d'autres à des prix exorbitants. » Ceux qui ne vont pas chez les Espagnols vont, dit-on, grossir les rangs des pirates, forbans, corsaires ou flibustiers, qui arraisonnent les navires marchands de toute nationalité. On murmure que mille cinq cents écumeurs des mers maraudent au long des côtes de l'Atlantique et à l'entrée du golfe du Mexique et qu'ils ont leurs quartiers généraux à New Providence et dans les îles Bahamas, d'où aucune marine ne se soucie de les déloger.

En ce mois de février 1707, il reste à Bienville quarante-cinq soldats sur la centaine de militaires, deux compagnies, que le roi entretient dans la colonie. Quant aux « Sauvages alliés qui se comportent bien aux petites guerres qu'ils se font les uns sur les autres », on ne peut qu'à demi compter sur eux en cas d'engagement sérieux. Ils menacent parfois, s'ils ne reçoivent pas ce qui leur a été promis, de piller les maigres biens français. Et le commandant manque de façon tragique de ces petits cadeaux qui entretiennent l'amitié !

Il semble qu'en plus de toutes ces difficultés Bienville ait à faire face aux problèmes que pose l'activité des religieux. Certains sont des incapables qu'on a envoyés en Louisiane parce qu'on ne savait qu'en faire en France, comme « ce missionnaire à la vue tout à fait basse et à la prononciation fort mauvaise dont les Sauvages se moquent ».

Serviteur dévoué du roi et rusé compère, Bienville ne manque pas d'ajouter que, las des atermoiements de Paris, consterné par l'incapacité où il se trouve de faire de l'établissement de Mobile une tête de pont coloniale digne de la France, déçu par le comportement licencieux des uns et les jérémiades des autres, critiqué, calomnié, incompris, malade, il a envie de renoncer à la carrière coloniale et réclame de l'avancement !

« À l'âge de vingt-neuf ans je me trouve attaqué d'une

goutte sciatique et j'ai la poitrine tout à fait mauvaise. On m'assure que je ne me rétablirai jamais dans ce pays-ci et que l'air de la France me remettrait dans ma première santé. J'espère, Monseigneur, que vous voudrez bien m'accorder mon congé et de l'emploi dans la marine où j'ai servi neuf ans, garde de la marine. Servant en qualité d'officier avec M. d'Iberville dans les campagnes qu'il a fait *[sic]* au nord et m'étant trouvé dans tous les combats qu'il y a rendu *[sic]*. Il me serait bien fâcheux, Monseigneur, si pour être resté ici pour l'établissement de cette colonie je me voyais privé de mon avancement. J'espère que vous voudrez bien faire attention à mes services passés et à ceux que je rends actuellement. Je n'ai point de douceur à attendre que de Votre Grandeur à laquelle je demande une lieutenance de vaisseau pour M. d'Iberville, sous lequel j'ai appris mon métier. »

À la lecture de ce rapport et bien avant d'avoir choisi de faire acte d'autorité, Pontchartrain avait accordé l'autorisation demandée, qui ne prendrait cependant effet qu'au moment où Bienville aurait un substitut. Or ce remplaçant, le sieur de Muys, ne devait jamais prendre possession de son poste. Il mourut des fièvres lors de l'escale de la *Renommée* à La Havane et l'ordonnateur Martin Diron d'Artaguiette débarqua à Mobile le 12 février 1708. Ce dernier était accompagné de son jeune frère, Bernard Diron d'Artaguiette, âgé de treize ans, qu'il fit immédiatement incorporer dans la troupe, et de trois artisans avec femmes et enfants.

Bien que destitué, Bienville fut donc invité, en février 1708, à conserver ses fonctions de commandant de la colonie jusqu'à ce que le roi ait désigné un autre gouverneur et cela au grand dam de La Vente et de Nicolas de La Salle, qui ne désarmaient pas.

Jean-Baptiste déclara qu'il acceptait par devoir de rester à son poste et renonçait à profiter de l'autorisation qui lui avait été donnée de rentrer en France pour rétablir sa santé. Mais, dans une nouvelle lettre à Pontchartrain, le 25 février 1708, il renouvela ses considérations sur la pauvreté de la colonie que d'Artaguiette avait pu constater. « Les magasins du roi ne contiennent que des choses qui ne peuvent intéresser que les Sauvages », écrit Bienville avant de commenter : « Il y a bien, Monseigneur, à souffrir pour ceux qui se trouvent commandants dans ces temps de disette. On entend *[sic]* que murmurer tous les jours sur tout de mille besoins. » Contrairement à ce qu'on croyait en France, et à ce que certains croient encore, les hivers peuvent être froids en Louisiane. Les soldats du roi, démunis de couvertures et d'habits, se plaignaient alors comme les civils, ce qui ne pouvait manquer, pensait peut-être le commandant suspendu mais actif, d'émouvoir Sa Majesté. Enfin, il en profite, sans le citer nommément, pour régler son compte à La Vente dont il a déjà, dans une autre lettre, vainement demandé le rappel. « Je vous assure, Monseigneur, que les messieurs des Missions étrangères ne sont guère propres à la conversion des Sauvages et que bien loin de courir au martyre ils le fuient en abandonner leur mission. Au contraire il semble que cela les ranime, ils ne se dégoûtent jamais. » Comme le chirurgien de Mobile, dont les agissements avaient été dénoncés par La Salle, vient de mourir, Bienville ne juge pas utile en revanche de défendre sa mémoire : « Il était très ignorant, ivrogne et vendait les remèdes », concède-t-il simplement.

Les habitants de la colonie, émus par l'arrivée d'un nouveau commissaire ordonnateur, dont on ne savait dans quel camp il allait se ranger, s'étaient dépêchés de signer une pétition très élogieuse en faveur de leur commandant, par laquelle ils assuraient le ministre de la Marine de la valeur et de l'honnêteté de cet homme dont « ils étaient tous très contents... ». Les contre-feux étant allumés,

Bienville invita M. d'Artaguiette à faire lui-même une enquête parmi les militaires et habitants de Mobile afin d'apprécier la valeur des accusations portées contre lui.

Le rapport de Diron d'Artaguiette, qui entendit au moins huit témoins dont les noms ont été conservés, Joseph et Jacques Chauvin, Jean-Baptiste Saucier, Guillaume Boutin, Jean-Baptiste La Loire, François Trudeau, Étienne Barel et René Boyer, fut tout à fait favorable à Bienville. M. d'Artaguiette assura le ministre que la plupart des gens interrogés disaient ne rien savoir de ce qu'on reprochait au commandant et que les critiques formulées à l'encontre de ce dernier étaient surtout des on-dit invérifiables. D'après certains, une dame, parente de Bienville, aurait vendu autrefois « dans sa maison et dans son magasin près de l'eau » toiles, chapeaux, chemises, souliers et autres effets ainsi que de l'eau-de-vie et de la poudre, mais ces vêtements et produits avaient appartenu à feu M. d'Iberville. Si M. de Bienville avait effectivement donné deux livres de poudre à un Sauvage, c'était pour le faire dire à ce dernier à qui il avait osé vendre un sabre appartenant à l'arsenal du roi. Si le rapporteur admettait également que le commandant avait parfois fait travailler pour son compte un ouvrier payé pour être au service du roi, il s'empressait d'ajouter que c'était en plein accord avec l'intéressé et qu'une telle pratique était courante dans les colonies où l'on ne disposait pas toujours de professionnels qualifiés !

Les hauts fonctionnaires d'aujourd'hui n'agissent pas autrement, qui font accompagner leurs enfants à l'école, promener le toutou de leur femme et même, quelquefois, repeindre leur appartement par le chauffeur ou le coursier que l'administration ne met théoriquement à leur service que dans l'exercice de leur fonction !

Quant à l'observation formulée par La Vente, suivant

laquelle M. de Bienville « aurait affiché une familiarité trop grande avec une femme qui scandalisait toute la colonie », elle ne mérite plus d'être prise en considération, le corps du délit, si l'on peut dire, ayant disparu avec le décès de la personne en question ! « Quoique cette femme soit morte, reconnaît cependant d'Artaguiette, M. de Bienville ne s'est pas radouci à l'égard des missionnaires qui lui avaient reproché son comportement. »

Comme on le voit, il n'y avait pas matière à destituer un commandant de la stature et ayant le passé de Jean-Baptiste Le Moyne de Bienville, pour de pareilles peccadilles. On peut naturellement soupçonner que les constatations bienveillantes de M. d'Artaguiette relevaient autant de la solidarité aristocratique que d'un intérêt bien compris. Le commissaire ordonnateur sera en 1718, avec deux de ses frères, l'un des premiers à bénéficier d'une vaste concession sur les rives du Mississippi, près de l'endroit où se trouve aujourd'hui Baton Rouge, capitale de l'État ! L'atmosphère coloniale facilitait, semble-t-il, les accommodements.

L'intendance ne suit pas

Si les choses n'évoluaient guère en Louisiane, à Paris et à Versailles s'étaient produits, depuis la mort d'Iberville, des changements qui allaient se révéler indirectement préjudiciables à la colonie naissante. En 1699 avait succédé à Pontchartrain père, devenu chancelier de France, dans les fonctions de contrôleur général des Finances, Michel de Chamillart, ancien conseiller au parlement puis maître des requêtes, promu intendant de Rouen, à qui le roi avait confié le 23 novembre 1701 le secrétariat d'État à la Guerre. Tous les chroniqueurs s'entendent pour dire que ce juriste, peu éclairé mais gentil, patient, honnête et « dépourvu de véritables talents n'avait dû sa haute position qu'à l'intrigue et à la faveur du roi, qu'il avait gagnée par son adresse à jouer au billard[1] ».

Chamillart, que Saint-Simon décrit comme « un grand homme qui marchait en se dandinant et dont la physionomie ouverte ne disait mot que de la douceur et de la bonté », éveillait la sympathie. Son aimable caractère, sa parfaite courtoisie, la façon qu'il avait de donner aux petites comme aux grandes choses la même application tatillonne, son goût du jeu l'avaient conduit à faire la partie de billard du roi après avoir fait celle du maréchal de Villeroi et de M. de Vendôme, partenaires habituels du souverain.

Saint-Simon, qui semblait bien connaître ce ministre nanti de « la meilleure et la plus sotte femme du monde », le trouve honnête, plein de bonnes intentions, joli, patient, obligeant, aimant l'État et le roi « mais très borné et comme tous les gens de peu d'esprit et de lumières, très opiniâtre, très entêté, riant jaune avec une douce compassion à qui opposait des raisons aux siennes et entièrement incapable de les entendre ; par conséquent dupe en amis, en affaires et en tout, et gouverné par ceux dont à divers égards il s'était fait une grande idée, ou qui avec un très léger poids étaient fort de ses amis. Sa capacité était nulle, et il croyait tout savoir en tout genre, et cela était d'autant plus pitoyable, que cela lui était venu avec ses places, et que c'était moins présomption que sottise, et encore moins vanité dont il n'avait aucune ».

Si l'on ajoute à cela que Chamillart avait deux frères « encore plus sots que sa femme », dont l'un, évêque de Senlis, passait pour « le véritable original du marquis de Mascarille », on conçoit que Pontchartrain fils, ministre

---

1. *Biographie portative universelle*, Garnier frères éditeurs, Paris, 1852.

de la Marine, et les frères Le Moyne, hommes d'action, sachant apprécier la grandeur d'une entreprise, aient eu une piètre opinion de ce protégé de Louis XIV et de Mme de Maintenon. Même en faisant la part de la causticité naturelle de Saint-Simon, on peut admettre aussi qu'un tel homme ait été capable, sans malice, de toutes les erreurs d'appréciation et de toutes les bévues.

Devenu odieux aux Français par son incapacité notoire à conduire la guerre de Succession d'Espagne, à gérer les finances du royaume, à combattre la disette et surtout à cause du rétablissement de la taxe dite de capitation et la création du dixième, impôt insupportable, il fut chansonné à Paris comme à Versailles, dans une parodie de *Lord's Prayer*. « Ne succombez pas à toutes les tentations de la Maintenon, mais délivrez-nous de Chamillart ! » scandaient les contribuables[1].

Ce fut néanmoins cet homme, ayant mission depuis 1699 de contrôler les dépenses de la marine, qui refusa régulièrement à Pontchartrain des fournitures, des vaisseaux, des munitions et des approvisionnements pour la flotte et pour les colonies auxquelles il ne croyait guère. Il réussit même, en s'immisçant dans les ordres à donner aux commandants de navire, à réduire le nombre des traversées à destination de l'Amérique et à provoquer l'échec de l'expédition de Claude de Forbin, chargé de conduire en Écosse le prétendant Jacques Stuart.

On savait partout que M. de Pontchartrain n'avait aucune sympathie pour ce contrôleur des Finances timoré, dont dépendaient les ressources de la marine et par là toute la politique coloniale. La fâcherie devint complète entre

---

1. Cité par John Francis McDermott dans *Frenchmen and French Ways in the Mississippi Valley*, University of Illinois Press, Chicago, 1969. On trouve la même citation dans *Philippe V et la Cour de France* d'Alfred Baudrillart, Paris, 1890-1901.

les deux hommes quand Pontchartrain eut le front d'être le premier à annoncer au roi, en août 1707, la retraite du duc de Savoie à travers la Provence. Les bonnes nouvelles étaient assez rares à ce moment-là pour que chacun s'efforçât de les transmettre en priorité au souverain. Avec l'infatuation niaise qui le caractérisait, Chamillart vit dans cette intervention du ministre de la Marine un manquement impardonnable à l'étiquette. L'information n'étant pas d'essence maritime, M. de Pontchartrain n'aurait jamais dû recevoir directement la nouvelle et encore moins la transmettre au roi ! Saint-Simon s'empressa de noter le différend, qui donne une idée de la futilité de la cour. « Jamais on ne vit mieux qu'en cette occasion la folie universelle, et qu'on ne juge jamais des choses par ce qu'elles sont mais par les personnes qu'elles regardent. [...] Pontchartrain n'eut pas une seule voix pour lui et Chamillart, qui, dans ce fait, méritait d'être sifflé, les eut toutes. » En 1708, moins d'un an après l'incident, voulant jouer au fin diplomate, « Chamillart tomba dans un grand ridicule public par deux voyages qu'il fit faire à Helvétius en Hollande... » et fut contraint de démissionner. Il dut alors entendre le quatrain ironique que l'on fit circuler dans les salons :

> *Ci-gît le fameux Chamillart*
> *De son roi le protonotaire,*
> *Qui fut un héros au billard,*
> *Un zéro dans le ministère.*

Le passage aux affaires de cet honnête homme, dont les abus d'autorité niaise, la courtisanerie et la douce bêtise eurent des conséquences désastreuses, fut particulièrement préjudiciable au développement de la Louisiane qui n'avait pas besoin de ce handicap supplémentaire.

Chamillart fut remplacé par Daniel François Voysin,

futur chancelier de France, dont la femme était une amie de Mme de Maintenon, ce qui ne changea rien au sort de la malheureuse colonie.

Projet d'un armateur

Les amis comme les ennemis de Bienville se rendirent vite compte qu'un territoire dont la cour et les ministres semblaient faire si peu cas ne connaîtrait jamais le développement espéré par les pionniers. Certains estimaient que seule une affaire privée, soutenue par l'État et généreusement intéressée au succès, donc aux bénéfices éventuels de l'entreprise, saurait mettre en valeur une colonie que l'on disait pleine de ressources.

Un armateur, M. de Rémonville, avait déjà constitué, en 1701, avec Iberville, un fermier général et le défunt Le Sueur dont la veuve et les enfants vivotaient misérablement à Mobile, une éphémère Compagnie des Sioux, chargée d'exploiter une mine de cuivre située sur la rivière Saint-Pierre, à l'ouest du lac Michigan. Bien qu'on eût extrait, en une saison, une grande quantité de minerai, les mineurs, venus du nord de la France et du Canada, qui redoutaient les fréquentes incursions des Indiens, avaient, en moins d'un an, abandonné le site.

Nullement découragé par cet échec, M. de Rémonville avait proposé au comte de Pontchartrain la création, beaucoup plus ambitieuse, d'une compagnie de commerce « pour l'établissement de la Louisiane ». Dans une longue lettre du 22 juin 1707, l'armateur expliquait au ministre : « Le roi étant occupé à une guerre que l'envie de toute l'Europe lui suscite et qui l'empêche de donner à cette colonie informe et languissante tous les secours dont elle aurait besoin pour la rendre utile à l'État et commode à ses colons, il n'y aurait qu'une compagnie qui, formée d'honnêtes gens et bien intentionnés, pourrait la mettre en état de donner des productions utiles. »

Après ce préambule de courtisan, M. de Rémonville, peut-être mal informé, se lançait dans une description idyllique de la colonie et affichait un optimisme enfantin quant à son avenir. « Le climat est gracieux, la situation heureuse et son terroir deviendra un des plus fertiles du monde quand il sera cultivé. On y trouvera, avec les soins de l'industrie de ceux qui y passeront, de quoi satisfaire à l'utile et à l'agréable ; il ne faut pour cela que des colons et gens qui sachent mettre en culture. » Il ne s'agissait que d'inciter le ministre de la Marine à convaincre Louis XIV de l'intérêt d'une telle compagnie. Le souverain, ayant en ce temps-là à faire face à une tentative d'invasion de la Provence par les coalisés favorables à Charles III, déjà maîtres de la péninsule italienne, avait alors bien d'autres soucis. C'est sans doute pourquoi l'armateur se faisait pressant et ajoutait : « Le roi ne refusera pas à une compagnie qui formera l'établissement de cette colonie que Sa Majesté a honorée de Son auguste nom, de lui accorder les mêmes avantages qu'Elle a bien voulu accorder à d'autres qui ont fait de pareilles entreprises qui ne sont peut-être pas si utiles que celle-ci sera un jour. » Comme il s'agissait, d'après le solliciteur intéressé, de « renouveler un établissement effacé de la mémoire depuis le naufrage de [sic] défunt sieur de La Salle qui en avait jeté les premiers fondements », il convenait de ne pas lésiner sur les privilèges à accorder à ceux qui se lanceraient dans une entreprise de colonisation d'une telle envergure.

Le projet de M. de Rémonville comporte dix-huit articles visant à faire de la Louisiane une propriété privée. Réclamant des lettres patentes identiques à celles qui ont fondé la Compagnie du Sénégal en 1696, la société chargée de la mise en valeur « du pays de la Louisiane et de ses dépendances » entend détenir « tous les droits de seigneurie directe et justice, des forts, habitations, terres et pays », à charge pour le roi d'entretenir des prêtres, de fournir « quatre vaisseaux de quatre à cinq cents tonneaux, gréés et armés pour le premier voyage ».

La compagnie, qui aura la concession des mines et minières et l'exclusivité du commerce dans tout le pays pendant trente années, construira des forts et nommera les gouverneurs de ces derniers, qui seront pourvus de canons aux armes du roi de France. Toutes les munitions et marchandises de France nécessaires à la colonie seront exemptées de droits et la compagnie bénéficiera en outre de l'autorisation « d'envoyer chaque année deux vaisseaux à la basse Guinée pour y traiter des nègres et les transporter aux lieux de la concession ». Quant aux actionnaires, directeurs et employés de la compagnie, « ils acquerront le droit de bourgeoisie dans les villes du royaume où ils feront leur résidence et s'ils sont nobles ne dérogeront à leur noblesse et privilèges ». Et, comme il vaut mieux se prémunir contre le risque de poursuites pour dettes, les gages et appointements des officiers et employés de la compagnie seront déclarés insaisissables. Enfin, à ceux qui se seront bien acquittés de leurs devoirs, « Sa Majesté accordera des marques d'honneur qui passeront jusqu'à leur postérité ». L'article 18 couronne superbement cette privatisation commerciale à la mode aristocratique : « Sa Majesté donnera à la compagnie un écusson tel qu'il lui plaira pour s'en servir dans les sceaux et cachets, qu'Elle lui permettra de mettre et apposer aux édifices publics, sur les canons et partout ailleurs où elle le jugera nécessaire. »

Pontchartrain avait aussitôt confié le dossier à ceux que nous nommerions aujourd'hui des experts de son ministère. L'un d'eux, M. Nicolas Mesnager, gros négociant, député au Conseil de commerce[1], donna le 3 juin 1709 un avis favorable quant au principe, mais fit des réserves quant à la capacité des postulants à mener à bien la colonisation de la Louisiane.

« J'ai lu avec attention le modèle des lettres patentes qu'on propose pour l'établissement d'une Compagnie du Mississipi avec les instructions sur cela que M. de La Touche m'a données par votre ordre. J'aurai l'honneur de vous dire, Monseigneur, que la situation du pays, le grand peuple qui l'habite et sa docilité me portent à croire qu'on y peut établir une des plus belles colonies qui fut jamais par rapport à la religion, au Roi et à l'État, car l'Évangile y fera des progrès, Sa Majesté y augmentera le nombre de ses sujets et on en retirera dès à présent plusieurs choses, et dans la suite beaucoup d'avantages qui seront utiles au royaume. En un mot cette entreprise me paraît digne de l'attention d'un grand ministre. Mais permettez-moi, Monseigneur, de vous remontrer qu'une compagnie aussi faible que celle qui se présente aujourd'hui n'est point capable de faire, ni de soutenir, un établissement de cette importance. »

Après avoir expliqué que les promoteurs ne pourront faire que de médiocres investissements et, partant, que de modestes profits alors que « cette démarche pourra causer autant de jalousie dans l'Europe, qu'en causerait une Compagnie aussi célèbre que le demande le Mississippi », l'expert de conclure : « cet ouvrage demande des réflexions pour le bien fonder, et un temps de paix ».

Dans le mémoire annexé à cette lettre, le même Nicolas Mesnager, qui devait aimer philosopher à l'occasion, se

---

1. Nicolas Le Baillif, dit Mesnager (1658-1714), fut envoyé à deux reprises, en 1707 et 1711, en Hollande et en Angleterre par Louis XIV, pour conduire des négociations secrètes. Il fut promu ministre plénipotentiaire pour mener avec le maréchal d'Huxelles et l'abbé de Polignac les pourparlers qui aboutirent au traité d'Utrecht.

montrait encore plus méfiant à l'égard de Rémonville et de ses associés éventuels. « Les hommes se gouvernent par leur intérêt et une sûreté apparente de faire quelque profit les engage assez souvent aux entreprises les plus équivoques. Les négociants dont on projette de composer la Compagnie du Mississippi suivent le système qu'on vient d'exposer plus régulièrement que les autres personnes, ils ne sont négociants que pour trouver du profit et ne forment leur entreprise que sur des calculs qui empêchent ordinairement de donner dans les vues sans fondement. »

Si le ministre, malgré ces restrictions, croit à l'utilité et à l'avenir économique et stratégique de la Louisiane, le roi, lui, se montre sceptique. Dès le commencement de la guerre de Succession d'Espagne, en 1702, il avait fait des comptes et s'était aperçu que cette colonie improductive coûtait cher aux finances royales. Il avait aussitôt prié Iberville, alors commandant de la Louisiane, de réduire les frais.

À peu près dans le même temps que M. de Rémonville envoyait son projet de compagnie, des gens bien intentionnés étaient venus raconter au souverain que des colons de Louisiane avaient pillé, entre l'île Massacre et Mobile, la cargaison de l'*Aigle*, navire du roi. Louis XIV et son ministre s'étaient alors demandé s'il fallait encourager la poursuite d'une entreprise coloniale qui ressemblait fort à une œuvre philanthropique. Aussi, quand le directeur des vivres de la marine au port de Rochefort, Jean-Baptiste Duché, ayant réuni un capital de deux cent mille livres, vint à son tour proposer la fondation d'une compagnie de commerce pour la mise en valeur de la Louisiane, il fut, après qu'on lui eut, dans un premier temps, laissé entrevoir une possible attribution de lettres patentes, courtoisement éconduit comme M. de Rémonville. Ce dernier, titulaire d'une lettre de marque, avait réalisé quelques profits dans la course. Il choisit de les investir et de se lancer seul dans l'aventure louisianaise. Après s'être considérablement endetté, il décida d'équiper un de ses navires, la *Renommée*, et de se transporter en Louisiane avec le projet d'y fonder un établissement. Le navire quitta La Rochelle en novembre 1710, mais il mit, on ne sait trop pourquoi, dix-huit mois à atteindre sa destination. L'armateur, qui avait eu connaissance à La Havane du décès de M. de Muys, gouverneur de la Louisiane désigné en 1707, avait l'ambition d'obtenir le poste vacant que Bienville occupait alors sans titre. Non seulement cette ambition fut déçue, mais Rémonville se ruina. Abandonné de Pontchartrain, qui avait paru un moment encourager son entreprise, il fut assez heureux pour obtenir plusieurs sursis de ses créanciers grâce à l'intervention du roi. Le souverain ne pouvait moins faire, l'État tardant lui-même à rembourser à l'armateur les sommes qu'il avait investies pour le service de Sa Majesté !

Ces tentatives et projets émanant de particuliers intéressés par l'exploitation de la Louisiane n'avaient pu retenir longtemps l'attention du roi et de ses ministres. La guerre mobilisait la marine, l'armée et les ressources financières de l'État. En Europe, du désastre de Ramillies à la bataille indécise et meurtrière de Malplaquet, les combats n'avaient pas cessé sur divers fronts, de la Hollande à l'Espagne. En 1709, les rigueurs de l'hiver, les variations de la monnaie, les suppléments d'impôts, la disette avaient provoqué des désordres en France, auxquels s'étaient ajoutés ceux suscités par une résurgence de la révolte des camisards dans les Cévennes. Sur mer, les Anglais, qui avaient acquis une suprématie évidente, étaient en situation, après s'être emparés de Port-Royal le 13 octobre 1710, d'en finir avec l'Acadie, qui devait, d'après Dudley, gouverneur du Massachussetts, « redevenir la Nouvelle-Écosse » !

Ces revers, à peine compensés par quelques victoires qui permirent de préserver en Europe les frontières françaises, incitèrent Louis XIV à entériner le 8 octobre 1711 les préliminaires d'un traité de paix. Le Roi-Soleil admettait enfin la succession protestante en Grande-Bretagne, accordait aux Anglais Port-Mahon, Gibraltar et l'île Saint-Christophe, s'engageait à démanteler les remparts de Dunkerque et abandonnait pour trente ans aux armateurs de la City le privilège de l'*Asiento*, c'est-à-dire le très rentable monopole de la traite des Noirs d'Afrique.

Dès que le processus de paix, qui ne devait trouver son aboutissement que le 11 avril 1713 lors de la signature, à Utrecht, d'un traité aussi mutilant pour la France que pour l'Espagne, fut engagé, Pontchartrain reprit conscience de l'importance de la Louisiane. Débarrassé de Chamillart, remplacé aux Finances par Voysin, puis Nicolas Desmarets, le ministre de la Marine croyait avoir les coudées franches pour reconsidérer les besoins de la colonie.

Des forts et des bateaux

En Louisiane, Bienville et Diron d'Artaguiette s'entendaient comme larrons en foire. Commissaire ordonnateur en titre, M. d'Artaguiette avait rapidement signifié à Nicolas de La Salle, qui s'obstinait à envoyer en France des rapports vipérins, qu'il devait rentrer dans le rang des simples particuliers et ne plus se mêler de l'administration de la colonie. Bienville, pour sa part, avait obtenu le rappel du curé de La Vente. Les gêneurs étant évacués, les deux hommes avaient mis en train la construction d'un nouveau fort. Situé entre la passe est du Mississippi et le lac Pontchartrain, sur l'île dite de la Balise, ce poste permettrait de mieux surveiller l'entrée du fleuve et créerait un embryon de vie urbaine. Comme le fort Louis se délabrait au fil des saisons, ils choisirent, en 1711, de le déplacer et firent dessiner une nouvelle ville de Mobile qui, sur le document déposé aux Archives nationales, offre l'aspect organisé d'une petite cité neuve. Précis comme un cadastre, le plan montre des rues rectilignes se coupant à angle droit. Dans le même temps qu'il imaginait cette nouvelle capitale, Bienville lança la construction d'un fort Rosalie chez les Natchez et autorisa un marin de Saint-Malo, représentant d'un armateur, M. de Coisac, à construire un autre fort et une église sur l'île Massacre, rebaptisée île Dauphine.

Mais, malgré ces initiatives, la situation n'évolua que lentement. On vit certes peu à peu s'élever de nouvelles maisons, mais les habitants de la côte réclamaient des esclaves noirs, que des bateaux auraient dû livrer pour commencer des plantations de tabac. Or, en 1710, la colonie ne comptait que vingt Noirs acquis par des cultivateurs moins démunis que les autres. En attendant, constatait l'enseigne Mandeville, « les gens mariés et sédentaires vivent dans la même fainéantise, alléguant pour excuse qu'ils ne voient rien de solide dans l'avenir de la colonie ». Et cependant, un agriculteur courageux a fait pousser du froment, de l'orge, de l'avoine, du lin. « C'est le même terrain qu'à Bordeaux », précise Mandeville, qui ne semble pas avoir de grandes connaissances en agronomie. Un mémoire anonyme de la même époque indique : « La situation de la Louisiane est la même que celle des meilleurs pays du monde qui nous sont connus. Les terres qu'on se propose d'y habiter sont situées entre le 30ᵉ et le 41ᵉ degré de latitude comme la Chine, la Perse, l'Espagne, la Corse de Barbarie. Ce pays est bon. » Si « les pommiers ne viennent pas », les pruniers, les mûriers et les pêchers sont abondants, « le raisin de France vient bien » au contraire des orangers qui ne résistent pas. Les arbres n'ont que de courtes vies étant donné les pluies violentes et les vents. Si l'on peut obtenir du fourrage, « sur dix sortes de bois il n'y en a qu'une seule où les vers ne se mettent pas », ce qui rend aléatoire la construction de bateaux dont les colons ont grand besoin. Cependant, les pins étant « pleins de gomme, on pourrait faire des manufactures de résine, de godron¹ et de braye² », écrit Mandeville.

Si les premiers colons semblent à chaque instant chercher le moyen de construire des bateaux – canots ou barques, pour naviguer sur les fleuves et rivières, seules voies de communication, et petits voiliers permettant de se déplacer au long des côtes – c'est parce que le bateau est alors, dans ce pays, l'instrument indispensable à tout déplacement.

Tous les trappeurs, traitants de fourrure ou coureurs de bois, étaient rompus depuis toujours au maniement du véhicule universel de l'Amérique de ce temps-là : le canoë d'écorce de bouleau. Ils y avaient été initiés par les Indiens qui ne pouvaient se déplacer, pêcher, chasser, livrer aux Blancs fruits et légumes, promener leur fiancée au clair de lune ou faire la guerre sans leurs canoës. C'est à bord de ces esquifs, comme le montrent les dessins rapportés par des voyageurs des XVIIᵉ et XVIIIᵉ siècles, que les Indiennes allaient chaque année, en septembre, récolter le riz sauvage³ indispensable à la nourriture de leur famille. Des milliers d'embarcations circulaient donc par tous les temps sur les lacs et les rivières.

Même si certains détails d'une architecture navale rudimentaire variaient d'une nation à l'autre, voire d'une tribu à l'autre, les matériaux et les méthodes de construction étaient semblables.

---

1. Il s'agit de goudron végétal, gomme noire, liquide, gluante, qu'on extrait des arbres résineux, pins, sapins, mélèzes. On s'en servait pour enduire les carènes des bâtiments, les cordages. *Petit Dictionnaire de marine*, Robert Gruss, Éditions maritimes et d'outre-mer, Paris, 1945.

2. Ou brai : résidu de la distillation du goudron, servant à recouvrir les coutures calfatées pour les préserver de l'humidité et assurer leur étanchéité.

3. *Zizania aquatica*, avoine des marais.

Les grands bouleaux, qui atteignaient parfois quinze ou vingt mètres de haut, abondaient dans la région des Grands Lacs, plus au sud, au pays des Illinois et jusqu'au confluent du Mississippi et de l'Ohio. L'habileté des Indiens pour confectionner leurs embarcations étonnait les Européens, qui, après s'être essayés, souvent sans succès, au même travail, préféraient acquérir un canoë en échange de haches, d'herminettes ou le payer en monnaie d'argent.

Les Ojibwa, habitant la région comprise entre les lacs Huron et Michigan, passaient pour les plus habiles à détacher au printemps, avec leurs couteaux plats en côte d'orignal, l'enveloppe ligneuse des bouleaux sans la rompre ni la percer. En écorçant un seul arbre sur cinq ou six mètres de hauteur et sur toute la circonférence du tronc ils obtenaient une pièce d'écorce épaisse de cinq millimètres, saine et d'un seul tenant. Cela suffisait pour fabriquer un canoë. Les femmes se chargeaient de coudre et de brider, à l'aide de fines racines de sapin, cette peau végétale sur une légère charpente faite de lattes et de membrures en cèdre blanc. Très habiles, elles savaient rendre étanches les coutures en les enduisant de résine chaude, tandis que les hommes ajustaient les plats-bords et tendaient à l'intérieur de l'embarcation les lattes de cèdre qui assuraient à cette gaine d'écorce une rigidité suffisante, n'excluant pas la relative élasticité qui permettait d'amortir, sans risque de rupture, chocs et remous. Assis dans leur canoë, les Indiens pagayaient pendant de longues heures. Ils chargeaient aisément sur leur dos leur légère monture pendant les portages.

On croisait aussi, sur les fleuves et les lacs, les grands canots commerciaux dont les artisans canadiens de Trois-Rivières, formés par les Indiens au travail de l'écorce de bouleau, s'étaient fait, depuis peu, une spécialité. Ces embarcations, longues d'une dizaine de mètres, larges d'un mètre cinquante, pouvaient transporter plus de mille kilos de marchandises, distribuées en lots de quarante kilos, poids maximal dont pouvait se charger un homme pendant les portages. Enlevés par une dizaine de pagayeurs robustes, ces canots naviguaient pendant des milliers de kilomètres, transportant à Montréal ou à Québec les pelleteries rassemblées dans les forts, les postes ou les missions par les traitants. Ces mêmes bateliers livraient en des lieux déterminés les objets manufacturés et les produits dont on leur avait passé commande.

Quelquefois, des pirates indiens attaquaient ces embarcations pour s'approprier les fourrures, qu'ils revendaient à d'autres traitants, ou les outils, les armes et les denrées qui constituaient les cargaisons. Ce genre d'agression donnait toujours lieu à de sanglantes représailles, surtout quand des pagayeurs indiens avaient été tués par des congénères d'une autre tribu.

Dans le Sud, entre le confluent de l'Arkansas et du Mississippi, région où les bouleaux moins développés n'offraient pas toujours une écorce assez solide, les Indiens préféraient la pirogue de bois au canoë d'écorce. Suivant les zones de végétation, ils utilisaient le peuplier, le fromager, le noyer ou le cyprès. La technique de fabrication était plus rustique et l'on trouvait des pirogues de toute taille, les plus longues mesurant quinze mètres, les plus courtes quatre mètres. Après avoir choisi, abattu et ébranché un arbre, les Indiens l'enduisaient d'argile humide aux deux extrémités et sur toute la longueur du tronc, mais seulement sur les deux tiers de sa circonférence. Ainsi était délimitée la forme de la future coque. Ils allumaient ensuite un grand feu qui attaquait le bois aux endroits que ne protégeait pas la gangue d'argile. Il fallait à tout moment asperger l'argile, en ajouter, défendre du feu la partie du tronc que l'on entendait conserver. En procédant par grattage du bois brûlé, les Indiens parvenaient à creuser l'intérieur du tronc.

Depuis l'arrivée des Européens, la hache et l'herminette facilitaient grandement la finition du bateau qui, réalisé d'une seule pièce, paraissait d'une parfaite étanchéité et d'une robustesse bien supérieure à celle des canoës faits d'écorce de bouleau. Un patient affinage des formes extérieures conférait à ces pirogues une grande maniabilité. Montées par des pagayeurs musclés et adroits, ces embarcations atteignaient de belles vitesses.

Avec plus ou moins de bonheur, les premiers colons de Louisiane s'étaient mis, par nécessité, à la fabrication de pirogues, mais les artisans venus de La Rochelle ou de Saint-Malo répugnaient à ces méthodes primitives et passaient leur temps à rechercher des arbres qu'ils pourraient débiter en planches et madriers afin de construire des bateaux à l'européenne.

Près de deux siècles plus tôt, au cours de l'hiver 1542, les rescapés de l'expédition de Hernando de Soto avaient dû, pour quitter le pays où leur chef venait de périr, construire sept petits bateaux sur la berge du Mississippi. Leur chantier se trouvait, d'après les chercheurs louisianais, entre Rodney Bend et Waterproof, sur le territoire de la paroisse Tensas, au nord de Natchez. On sait que c'est un Génois, maître Francisco, architecte naval, membre de l'expédition, qui avait dessiné les bateaux, choisi les arbres à abattre et dirigé la construction. Il semble que les colons français du commencement du XVIIIe siècle n'aient pas eu la capacité des explorateurs espagnols ! Il faudra en effet attendre 1719 pour que le chantier de Mobile produise le premier bateau digne de ce nom suivant les critères maritimes de l'époque.

Ceux qui ont eu le courage, avant cette date, de remonter le fleuve à partir de Mobile dans les grandes pirogues indiennes ou de le descendre en venant de la Nouvelle-France ont trouvé, sur les rives de l'Ouabache, chez les Indiens Natchez ou Arkansa, et plus au nord, au-delà de l'Ohio, dans la région des Illinois, chère au regretté Henry de Tonty, des terres fertiles, un climat salubre et de meilleures conditions de vie. C'est le cas d'un militaire canadien d'origine gasconne, Antoine Laumet, dit Antoine de La Mothe-Cadillac, établi au détroit Pont-chartrain[1], entre les lacs Érié et Huron.

Descendant d'une famille honorable mais ruinée – son père était conseiller au parlement du Languedoc – La Mothe-Cadillac est autoritaire, impulsif, convaincu de sa supériorité de naissance et pourvu d'un orgueil que certains qualifient de pathologiquement démesuré. Ayant perdu trop tôt ses parents, il a vécu une adolescence mélancolique dans une tour solitaire « drapée dans une robe de mousse et de lierre », dernier vestige du château familial que les voisins nomment la corbeautière des Cadillac. Au physique, il ne paraît guère séduisant. Non seulement il est affligé d'un gros nez retroussé, mais un strabisme convergent gâte son regard. Sans grande éducation, assez ignorant, c'est un garçon pieux, qui n'espère qu'un riche mariage pour redorer son blason.

En épousant une vieille demoiselle vaguement appa-rentée au duc de Lauzun, il avait obtenu le grade de capi-taine et une compagnie d'infanterie. Après s'être très courageusement battu en Europe, pour la plus grande gloire du Roi-Soleil, il avait été envoyé en Nouvelle-France, où il pensait faire fortune. Il avait déchanté dès son arrivée, et encore plus après le pillage de sa maison acadienne, par les Anglais, pendant qu'il se trouvait en France. On l'avait bientôt entendu proclamer : « Le Canada ne ressemblera pas plus à la France qu'un nain pourra jamais personnifier un géant ! » Devenu veuf, il

---

1. Le poste établi au détroit Pontchartrain prit le nom de Détroit ; actuel-lement la ville de Detroit, État du Michigan.

s'était remarié en trichant sur son âge pour épouser, à Québec, une jeune élève des ursulines, dont les chroniqueurs affirment qu'elle détesta très vite son mari, se mit à le mépriser sans qu'on sache la raison de ce mauvais sentiment qu'elle ne cachait même pas en public. Cette étrange personne donna néanmoins plusieurs filles à l'officier.

Quand La Mothe-Cadillac apparaît dans l'histoire de la Louisiane, il a, pendant vingt ans, parcouru, dans les blizzards de l'hiver et sous le cuisant soleil des étés, les régions inhospitalières du Nord. Il a fini par obtenir le commandement du poste de Michilimackinac où, s'il a su se faire apprécier des Indiens, il s'est aussi attiré la détestation venimeuse des jésuites. D'après Georges Oudard, « les religieux accusent ce bon père de famille, honnête et pieux, de présider aux plus infâmes débauches, et représentent son fort sous le triple aspect d'un cabaret, d'un tripot et d'un endroit qu'ils auraient honte d'appeler par son nom et où les femmes apprennent que leur corps peut leur tenir lieu de marchandise ! ». Promu lieutenant-colonel, c'est à son départ de Michilimackinac qu'il s'était installé au détroit Pontchartrain avec l'intention de faire si possible ériger son domaine en marquisat. Il remâchait ses ambitions déçues quand le duc de Lauzun, dont il conservait l'estime et l'amitié, l'avait appelé en France pour lui confier le poste de gouverneur de la Louisiane, mission qui allait enfin satisfaire le goût du Gascon pour la diplomatie et les affaires.

2.

Une colonie privatisée

La mode des compagnies

À partir du moment où se développa, en Europe, une conception colonialiste et mercantile des territoires reconnus outre-mer par les explorateurs, les puissances maritimes encouragèrent la constitution de sociétés de commerce au long cours, capables de mettre en valeur et d'exploiter ces contrées lointaines. Sous le nom générique de compagnie, ces entreprises se virent concéder, par des gouvernements déjà disposés aux annexions stratégiques, des privilèges commerciaux, voire le monopole d'exploitation de tel ou tel pays conquis. Les premières compagnies, sociétés en nom collectif, ne comptaient souvent qu'une douzaine d'associés recrutés par cooptation parmi des armateurs et des négociants aisés ayant le goût de la spéculation et prêts à investir, sans s'effrayer des risques inhérents aux expéditions organisées sur la foi d'informations délivrées par les navigateurs. Ces derniers rapportaient, il est vrai, des Indes, de Chine ou des îles d'Amérique des preuves de leurs dires : métaux précieux, bois de teinture, étoffes de soie ou de coton, épices, thé, café, toiles peintes, porcelaines translucides et bien d'autres denrées et objets que l'Europe ne produisait pas et qui trouvaient aisément preneur. Aussi, dès la seconde moitié du XVIIe siècle et pendant le XVIIIe, les compagnies se

multiplièrent et les plus importantes devinrent de véritables sociétés par actions, au sens moderne du terme.
Philippe Haudrère, auteur d'une thèse remarquable sur la
plus fameuse lignée de ces sociétés, connue sous le nom
de Compagnie des Indes, révèle que cette dernière
comptait, en 1721, cinquante mille actionnaires. « Grâce à
ce grand nombre d'actions, toute la population participe
aux activités commerciales. Parmi les actionnaires, financiers et banquiers voisinent avec des artisans ou des littéra-
teurs tel Voltaire », précise l'auteur. Ce ne fut toutefois
qu'après la Hollande et l'Angleterre que la France eut ses
compagnies de commerce.

Dès 1624, des marchands dieppois s'étaient unis et
cotisés pour fonder une Compagnie du Sénégal qui allait
devenir, en 1634, la Compagnie du Cap-Vert. En 1626
fut créée, « pour commercer outremer », la Compagnie
Saint-Christophe qui devint, en 1635, la Compagnie des
Isles d'Amérique. La même année, à Nantes, la Société
commerciale du Havre et du Morbihan amorça une
activité. Richelieu, en 1627, encouragea la création de la
Compagnie des Cent-Associés destinée à l'exploitation de
la Nouvelle-France. Champlain y adhéra, ainsi que de
nombreux négociants et bourgeois rouennais, dont l'oncle
de Robert Cavelier, futur sieur de La Salle, qui devait
prendre possession de la Louisiane en 1682.

En 1642, la Compagnie de Madagascar, fondée par le
maréchal de La Meilleraye, installa ses services à Port-
Louis dans une ancienne citadelle construite, en 1590,
par l'ingénieur Cristobal de Rojas pour les troupes que
Philippe II d'Espagne avait envoyées en Bretagne. Les
privilèges accordés à cette société passèrent en 1664 à la
première Compagnie des Indes. Il est à noter que les
conseils d'administration de ces entreprises se réunissaient
généralement au Louvre, ce qui prouve assez l'intérêt que

le roi et ses ministres portaient au commerce colonial, dont tous attendaient profits et prestige.

L'année 1664 vit donc la création des deux grandes compagnies qui, plus que d'autres, allaient marquer l'histoire coloniale de la France et, pour l'une d'entre elles, le destin de la Louisiane. Ces deux sociétés par actions se partagèrent, dès leur création, le monopole d'exploitation des territoires français d'outre-mer.

La Compagnie des Indes occidentales se vit attribuer les établissements d'Afrique et d'Amérique, la Compagnie des Indes orientales reçut en partage le domaine colonial de l'océan Indien, de la côte orientale de l'Afrique jusqu'aux îles de la Sonde. Le commerce du Levant et du Nord fut confié à des compagnies de moindre importance ou spécialisées dans la traite des Noirs comme la Compagnie de Guinée, qui bénéficia, jusqu'au traité d'Utrecht, du privilège de l'*asiento de negros*. La Louisiane, par sa position géographique, se trouva d'emblée soumise à la Compagnie des Indes occidentales.

Cette dernière fut créée, à l'initiative de Colbert, le 28 mai 1664, par un édit royal qui réorganisait l'ancienne compagnie, dite de la Terre-Ferme ou des Isles d'Amérique. La décision royale attribuait pour quarante ans à la nouvelle société commerciale Cayenne, la partie du continent sud-américain comprise entre l'Amazone et l'Orénoque, le Canada, l'Acadie, Terre-Neuve, toutes les îles et terres fermes du Canada jusqu'à la Virginie, déjà colonisée par les Anglais, et la Floride, que tenaient les Espagnols. La côte d'Afrique, des îles du Cap-Vert au cap de Bonne-Espérance, figurait aussi dans l'apanage. La dotation de cet empire immense et morcelé, aux frontières floues, sans cesse menacées par l'impérialisme des autres puissances, était assortie de privilèges extraordinaires. La compagnie se voyait déléguer une autorité souveraine et absolue sur les territoires et les populations des contrées considérées. Elle recevait des primes à l'exportation et à l'importation des marchandises, bénéficiait de la fourniture de navires, de l'envoi, aux frais de l'État, de colons, de troupes, d'outils, d'instruments aratoires, et s'arrogeait l'exclusivité du commerce de la fourrure.

La seule contrainte imposée aux actionnaires était l'interdiction formelle de commercer avec les pays étrangers, qui auraient pu, par secteur, offrir des débouchés aux productions des colonies françaises et fournir à celles-ci des denrées et des produits manufacturés à moindre prix que ceux envoyés de France pour assurer, dans bien des cas, la survie des colons. Ce protectionnisme avant le terme méconnaissait les lois économiques les plus élémentaires et constitua très vite un handicap pour les compagnies françaises, face aux concurrentes anglaises et hollandaises. Ces dernières jouissaient peut-être de moins de libéralités gouvernementales mais disposaient en revanche d'une liberté commerciale très profitable à leurs actionnaires et aux économies nationales.

Jean-Baptiste Colbert, considéré en son temps par les historiens comme « modèle administratif et commercial pour le reste de l'Europe », ne concevait d'activité commerciale coloniale qu'exclusivement réservée à la France. Le colbertisme, car on en fit une doctrine, réduisait les colonies au rang de comptoirs commerciaux.

Pour ce ministre, ordonné et méthodique, ayant le sens de l'État, une colonie ne devait vivre que par et pour la métropole. Entrait sans doute dans cette conception la crainte, politique et stratégique, de voir un territoire, devenu assez prospère pour vivre en autarcie, se séparer de la nation mère et suivre son propre destin. Les Anglais, à partir de 1776, firent l'amère expérience de cette évolution avec leurs colonies d'Amérique.

Dès 1664, la conception restrictive de Colbert était clairement exprimée : « Il ne faut pas qu'il se constitue, aux colonies, une civilisation constante [...] ; il ne faut pas que les colons perdent un seul jour de vue qu'ils sont français et qu'ils doivent, un jour, revenir en France », disait-il. Le ministre et ses amis estimaient donc que le système des compagnies à monopole conjurait les dangers d'un déviationnisme commercial pouvant conduire à d'ingrates sécessions.

Avant Colbert, François Ier, au cours d'entretiens avec les ambassadeurs de Charles Quint et de Jean III de Portugal, orfèvres en matière de colonisation, avait exprimé une doctrine différente et beaucoup plus moderne. « Ce n'est pas la découverte qui crée la possession, mais l'occupation permanente des lieux », disait-il. Le vaincu de Pavie rêvait à la constitution d'un empire, le ministre de Louis XIV se satisfaisait d'import-export !

Si la prudence mièvre sied aux boutiquiers, en matière de grand commerce le risque a toujours été la règle. C'est un facteur de stimulation, l'aiguillon du dynamisme collectif et individuel, une incitation à fournir plus et meilleur que les autres. Le profit est la récompense des inventifs, des audacieux et des ardents. La faillite la punition des timorés, des velléitaires et des pleutres. Telle est la loi des affaires. Il ne faut pas chercher la morale où elle ne se peut trouver. D'honnêtes commerçants font de mauvaises affaires, des mercantis font fortune, mais il arrive heureusement que ce soit le contraire... et Mercure finit toujours par reconnaître les siens !

En 1666, Louis XIV permit à Denis Langlois, directeur de la Compagnie des Indes, d'acquérir, au fond de la baie que forment les embouchures confondues du Scorff et du Blavet, sept hectares de la lande de Faouëdie, fief des Rohan-Guéméné. Il s'agissait, à l'origine, d'installer un chantier naval pour construire le *Soleil-d'Orient*, un vaisseau de deux mille quatre cents tonneaux portant cent vingt canons. Ce superbe bâtiment devait donner son nom au site qui allait, en quelques années, devenir un vaste arsenal derrière lequel se développerait la ville de Lorient... sans apostrophe ! Sur cette presqu'île, au fond d'une rade connue, pense-t-on, dès le IIIᵉ siècle de notre ère et dont la citadelle de Port-Louis défendait l'accès, allaient se développer, au XVIIIᵉ siècle, les trois activités principales des Compagnies des Indes successives : construction navale, armement et désarmement des navires, exposition et vente des marchandises en provenance d'Asie, d'Amérique, de Chine et des îles. L'Enclos – ainsi nommé car le site était fermé, côté terre, par un long mur de clôture qui sépare, aujourd'hui encore, l'arsenal moderne de la ville de Lorient – fut d'abord ce que nous appellerions une zone industrielle. Entre les cales du bord de l'eau, où l'on construisait les bateaux, et la corderie qui s'étirait au long du mur d'enceinte, deux mille cinq cents ouvriers appartenant à tous les corps de métier s'activaient autour des forges, de la machine à mâter, des grues, des piles de bois. Charpentiers, menuisiers, goudronneurs, cordiers, calfats, forgerons, canonniers, peintres, voiliers, poulieurs vivaient dans l'Enclos. À partir de 1734, quand furent construits d'après les plans de Jacques V Gabriel, le fils du célèbre Jacques-Ange, les magasins et l'hôtel des ventes, la compagnie draina, les meilleures années, dix pour cent du commerce extérieur de la France. On vit participer aux transactions d'automne de deux à trois cents négociants, français et étrangers, qui séjournaient à Lorient où l'on comptait plus de quinze mille habitants.

Au XVIIIᵉ siècle existait déjà, pour les sociétés commerciales, ce que nous appelons aujourd'hui d'un nom anglais : le standing. La Compagnie des Indes y attachait de l'importance, puisqu'elle dépensa, entre 1733 et 1745, pour les aménagements de l'Enclos et la construction des bâtiments administratifs et commerciaux, trois millions de livres, « soit quatre années du bénéfice moyen de la Compagnie »,

précise Philippe Haudrère. Ce souci de représentation
bénéficia au port et à la ville de Lorient, où le quai des
Indes, entre la place des Frères-Beaufort et l'entrée de l'arsenal, perpétue le souvenir des grandes aventures maritimes et commerciales.

La Compagnie avait ses armes et sa devise : *Florebo
quocumque ferar* (Je fleurirai partout où je serai portée).
Cela ressemblait à un engagement de prospérité, propre
à donner confiance aux actionnaires, mais qui ne fut pas
toujours tenu.

Armel de Wismes rapporte qu'avant même la
construction de la ville le directeur de la Compagnie,
M. Édouard de Rigby, un ancien officier de la marine
britannique, partisan de Jacques II, contraint à l'exil et
devenu officier de la marine française, habitait une superbe
maison et menait grand train. S'il montait à bord d'un
vaisseau, douze matelots lui rendaient les honneurs. Quant
aux domestiques de Rigby, ils portaient de somptueuses
livrées de drap vert. La vue de ces dernières avait tellement
impressionné le maire de Nantes qu'il décrivit ainsi ces
uniformes : « Ils sont galonnés sur les coutures et au bas en
falbalas anglais ; les boutons sont d'orfèvrerie, les plaques
d'argent, aux armes de la compagnie, pèsent chacune
quatre marcs d'argent ; les chemises, ou vestes de coton,
sont belles et toujours blanches et il y en a trente-six pour
changer ; leur bonnet est en velours. » Il est vrai que ce
magistrat, comme tous les Nantais, voyait d'un assez
mauvais œil le développement d'un port rival, qui bénéficiait de la faveur royale et allait enlever à Nantes le siège
des ventes maritimes.

Les compagnies réorganisées par le grand Colbert ne
remplirent que rarement le rôle ambitieux prévu par le
réformateur. Le manque de capitaux résultant de l'intérêt
très inégal suscité chez les gens fortunés par nos possessions d'outre-mer, la trop fréquente incompétence des

hommes envoyés dans les territoires avec des pouvoirs qu'ils étaient incapables d'assumer, le manque d'obstination et de pugnacité des colons subventionnés, les intrigues locales, les prévarications, les concussions, les luttes d'influence, que ne compensait pas un véritable esprit de compétition commerciale, firent que les compagnies coûtèrent plus qu'elles ne rapportèrent à la France.

Alors que les sociétés étrangères, aux statuts plus libéraux, rassemblaient des marins, des marchands, des financiers, qui administraient librement leurs affaires, en retiraient gloire et profit, supportaient pertes et risques, les compagnies françaises tenaient tout du roi et des ministres : leur existence, leurs statuts, leurs capitaux, leurs directeurs.

Jules Duval, dans un article publié le 12 juin 1869 par la *Revue des cours littéraires de la France et de l'étranger*, définit bien les vices, très français et hélas encore perceptibles de nos jours, qui conduisirent les compagnies, et notamment celles qui gérèrent la Louisiane, à l'échec. « Au lieu de vivre de leur propre sève, elles vécurent d'une sève extérieure, artificielle, subordonnée à toutes les fluctuations du caprice ministériel et de la faveur royale. Les courtisans tinrent plus de place dans leurs rangs que les hommes de commerce et de marine ; leurs conseils furent présidés par le ministre ou par le prévôt des marchands de Paris, deux fonctionnaires. Les compagnies françaises, en un mot, furent des branches de l'administration publique, l'une des cinq grandes fermes de l'État, tandis que les compagnies anglaises étaient des entreprises particulières, simplement patronnées et surveillées par l'État. »

Si l'on ajoute à cela que les monopoles accordés aux compagnies rendirent celles-ci impopulaires dans les colonies et stérilisèrent souvent les initiatives des colons, on conçoit mieux les difficultés que connut la mise en valeur de la Louisiane, qui, cependant, ne manquait pas d'atouts économiques. Les compagnies créèrent en revanche des sinécures pour fils de famille en rupture de ban, ou que des parents voulaient éloigner. Elles offrirent aux aventuriers des passages gratuits vers le Nouveau Monde, aux nobliaux sans terres des domaines héréditaires, aux déserteurs des reconversions indulgentes, aux religieux des terrains de chasse à l'âme sauvage dans un temps où le sabre et le goupillon étaient instruments de colonisation.

Un missionnaire dominicain, le père Jean-Baptiste Dutertre, traduisait clairement le sentiment inspiré aux colons par les compagnies et leurs représentants : « À ce seul nom [compagnie], l'alarme fut aux colonies. Les noms de compagnie et de commis y étaient si horribles, que la seule pensée de les y voir rétablis n'y pouvait passer que pour une folie. »

Les colons louisianais devaient connaître le joug de plusieurs compagnies, notamment sous l'autorité du brasseur d'affaires Antoine Crozat, puis sous la férule du banquier John Law, deux hommes qui jamais ne mirent les pieds en Louisiane.

L'irrésistible ascension d'un fils de cocher

Le 10 février 1710, le commissaire ordonnateur de Louisiane, Martin Diron d'Artaguiette, écrivit au ministre pour réclamer, une fois de plus, l'envoi de jeunes filles susceptibles de devenir les épouses que souhaitaient les colons. « C'est le seul moyen de les fixer », précisait le gentilhomme. Il profitait du même courrier pour faire savoir à Pontchartrain que le commandant du poste de Détroit commençait à indisposer tout le monde. « J'ai reçu de fortes plaintes contre M. de La Mothe-Cadillac par ceux qui sont venus cette année du Canada. Il ne se contente pas de leur dire que c'est un pays [la Louisiane] pestiféré et misérable, mais il a donné l'ordre à ses Sauvages de les piller et de les amener au fort pieds et mains liés. Ceux qui, par votre permission, viennent ici ne sont guère mieux traités. »

Diron d'Artaguiette aurait eu bien d'autres manquements à reprocher à La Mothe-Cadillac, dont la gestion de Détroit était désastreuse. Détesté des religieux, méprisé par ses subordonnés, cupide et hâbleur, il passait son temps à dénigrer la colonie qu'il aurait dû servir. Installé trop inconfortablement à son gré, ne tirant de ses fonctions que de maigres profits, le Gascon donnait libre cours à ses rancœurs et brutalisait tous ceux qui ne pouvaient regimber. Sa mauvaise humeur, devenue aussi pathologique que sa vanité, lui valait, des Grands Lacs au golfe du Mexique, la réputation détestable de mauvais coucheur.

Bienville et d'Artaguiette, qui ne pensaient qu'à tenir à distance cet olibrius, ignoraient sans doute les relations confiantes et suivies que La Mothe-Cadillac entretenait avec le duc de Lauzun, son protecteur.

Cet ancien cadet de Gascogne, capricieux et téméraire, dont l'originalité, la fantaisie, la nonchalance, l'esprit cruel, la hardiesse et la courtisanerie industrieuse inspirèrent La Bruyère[1], avait connu des fortunes diverses. Passionnément aimé de Mlle de Montpensier, qu'il aurait pu épouser beaucoup plus tôt et moins secrètement qu'il ne fit, il avait été interné à la Bastille pour s'être caché sous le lit de la Montespan pendant un cinq à sept du roi afin de connaître les sentiments du monarque à son égard ! Pardonné mais incorrigible, il avait été encore emprisonné pendant dix ans à Pignerol, pour insolence et magnificence exagérée. Tiré de sa prison à prix d'héritage par Mlle de

---

1. D'après Saint-Simon, Lauzun figure dans *les Caractères* au chapitre de la cour, sous le nom de Straton.

Montpensier l'année où Cavelier de La Salle prenait possession de la Louisiane, il était rentré en grâce en 1688, après avoir ramené en France l'épouse de Jacques II et le prince de Galles, quand le Stuart catholique avait été chassé du trône par Guillaume d'Orange. Rétabli auprès de Louis XIV dans ses anciens privilèges de favori persifleur, cet octogénaire fortuné soutenait La Mothe-Cadillac et ne cessait de recommander l'officier, gascon comme lui, à Pontchartrain.

Appelé en France pour recevoir des instructions, le commandant de Détroit prit le temps d'aller visiter son domaine familial toujours aussi désolé et c'est lorsqu'il regagna Paris que lui fut signifiée une mission diplomatique de première importance : le ministre de la Marine chargeait M. de La Mothe-Cadillac, auquel sa grande expérience des colonies d'Amérique donnait de l'autorité, de convaincre le financier qui passait pour l'homme le plus riche de France de prendre en main l'exploitation de la Louisiane.

Ainsi, Pontchartrain s'était décidé à accorder à d'autres ce qu'il avait refusé à Rémonville, parce que les finances nationales exsangues et le peu d'empressement des armateurs et négociants à investir en Louisiane ne permettaient plus au roi d'envisager le développement d'une colonie dont l'importance stratégique paraissait de plus en plus évidente. Si l'on comprend aisément que le ministre ait jeté son dévolu sur le richissime Antoine Crozat, on peut s'étonner qu'il ait choisi, pour approcher l'homme d'affaires et le persuader d'investir en Louisiane, celui qui décriait partout la colonie et ne lui accordait aucun avenir !

Les Pontchartrain, père et fils, avaient uni leurs efforts pour convaincre Louis XIV de confier l'exploitation du domaine américain, qui portait un si joli nom dérivé de son illustre prénom, à un gestionnaire ayant l'expérience

des entreprises coloniales et disposant de capitaux importants. Il ne restait plus à M. de La Mothe-Cadillac qu'à
changer radicalement d'opinion sur la Louisiane, à oublier
ses ressentiments contre « un pays pestiféré et misérable »,
à en vanter au contraire allégrement les charmes, les avantages et surtout à en révéler les richesses cachées, afin
d'amener Antoine Crozat à se lancer dans l'aventure coloniale la plus hasardeuse qui fût.

L'homme auquel on s'adresse est une des plus grosses
fortunes de France. Conseiller financier du roi, expert en
matière de commerce maritime, il a fait la preuve de son
habileté en affaires. Les mauvaises langues dirent plus tard
que le souverain, alors son débiteur, lui avait un peu forcé
la main et que La Mothe-Cadillac n'avait été qu'un
consultant, habile à faire valoir les ressources minières
supposées de la Louisiane, de nature à séduire un inves-
tisseur glouton.

Quand on sait la boulimie affairiste, l'âpreté au gain, la
vanité du baron de La Fauche (que l'argot d'aujourd'hui
semble, *a posteriori*, si judicieusement titrer !), on peut se
demander si le délégué de Louis XIV eut beaucoup à
insister. Crozat, qui possédait la Compagnie de Saint-
Domingue et la Compagnie de Guinée, cette dernière
jouissant du monopole de l'importation des esclaves dans
les colonies espagnoles, ne pouvait manquer d'étudier une
offre qui lui permettrait d'agrandir son domaine et d'ac-
croître son influence dans les échanges internationaux.

Les Crozat venaient du Languedoc. Le premier qui
s'établit à Paris était cocher de son état, débrouillard et,
d'après les chroniqueurs, « intelligent et de figure
avenante ». Il épousa la fille du bedeau de Saint-Gervais,
qui lui apporta cent mille livres, ce qui lui permit
d'amorcer, à Toulouse, une fortune dans la banque.
Devenu veuf, il convola avec une demoiselle de bonne
famille, Catherine de Saporta, qui lui donna deux fils :

Antoine, en 1655, et Pierre, en 1665. Deux fois promu capitoul, en 1674 et 1684, le banquier vit ses affaires prospérer. Le capitoulat étant fonction anoblissante, l'ancien cocher acquit des terres, le château de La Fauche et se fit hobereau. Le *self-made man* légua ainsi à ses fils une belle fortune et une habileté dans les affaires dont l'aîné, qui nous intéresse plus que le cadet, allait faire son profit.

Antoine avait été mis à bonne école, d'abord comme laquais, affirmaient ses détracteurs envieux, chez le trésorier du clergé et des états de Languedoc, Pierre-Louis Reich de Pennautier, dont Saint-Simon dit : « C'était un grand homme, très-bien fait, fort galant et fort magnifique, respectueux et très obligeant. » Malgré toutes ces qualités, ce gentilhomme fut mis en cause dans l'affaire des poisons. On lui reprochait ses relations avec la Brinvilliers, ce qui fit supposer qu'il avait donné de la « poudre de succession » à son beau-père et aidé son prédécesseur, en charge des finances du clergé, Hanyvel de Saint-Laurent, à mourir. Pennautier, comme trois cent soixante-six autres personnes citées à comparaître par le lieutenant de police La Reynie, fut, un moment, « mis en prison avec grand danger de sa vie », précise Saint-Simon. Il échappa à l'échafaud de la place de Grève grâce à de nombreuses interventions, dont celles de Colbert et du cardinal de Bonzi, président des états de Languedoc.

Antoine Crozat, alors petit caissier, devint, du fait des circonstances, l'homme de confiance de Pennautier, dont la réputation émergea tout de même un peu ternie de l'enquête sur les poisons. L'élève finit par partager les bénéfices des charges fort lucratives du maître. Les profits qu'il en tira et l'héritage paternel lui permirent d'ouvrir sa propre banque à Montpellier, tandis que son frère Pierre se lançait à son tour dans les affaires et y réussissait assez pour commencer une collection d'estampes qu'il cueillit à travers l'Europe tout au long de sa vie.

Les Crozat, par l'intermédiaire de la banque protestante, entretenaient des relations suivies avec les financiers de Genève, de Francfort, de Gênes, des pays baltes et nordiques. Ils commencèrent à spéculer sur les changes, ce qui est toujours d'un bon rapport pour les initiés. Antoine, chargé de collecter les fonds nécessaires à la poursuite, très onéreuse, de la guerre de Succession d'Espagne, fut bientôt introduit à la cour, mis en contact avec les ministres puis avec le roi, qui n'hésita pas à lui emprunter de l'argent. Entre-temps, les frères Crozat avaient pris le contrôle du port de Sète et des compagnies méditerranéennes créées par Colbert.

Estimant que le mariage devait être traité comme une affaire, Antoine avait épousé, en 1960, Marguerite Le Gendre, fille du fermier général et riche banquier, ce qui lui avait apporté, en plus d'une belle dot, le marquisat du Châtel et la baronnie de Thiers. Nommé receveur général des Finances de Bordeaux, trésorier de l'Extraordinaire des guerres à Paris, intendant de Louis-Joseph, duc de Vendôme, qui, pour honorer ses dettes, dut vendre son hôtel au roi, Antoine Crozat obtint encore les postes, enviés et fort lucratifs, de receveur général du clergé et trésorier de l'ordre du Saint-Esprit.

Conseiller financier et banquier de Louis XIV, il pouvait se dire l'un des hommes les plus riches et les plus influents de France, même si la noblesse protesta ouvertement quand le roi le fit chevalier du Saint-Esprit. Saint-Simon relève avec malice l'incident : « [...] le roi avait fait, surtout en 1688, bien des chevaliers de l'ordre plus étranges encore en leur genre, dont on avait crié, mais jamais au point qu'on le fit sur le cordon bleu de Crozat. »

Les parvenus de cette époque pouvaient sans complexe étaler aux yeux du peuple les signes extérieurs de richesses rapidement acquises et Antoine Crozat, dénué de scrupules, vaniteux comme un paon, avide de considération et d'honneurs, ne fit pas exception à la règle. Recherchant le noble voisinage des détenteurs des plus hautes charges financières et des fermiers généraux, il s'était fait construire en 1703, par Pierre Bullet, architecte du roi et de la ville de Paris, un splendide hôtel particulier sur la toute nouvelle place Vendôme, le numéro 17, devenu, depuis 1910, l'hôtel Ritz. En 1706, Crozat s'était s'offert le rare plaisir de racheter à son ancien employeur, Pennautier, le terrain que celui-ci avait acquis en 1700 pour soixante mille livres et qui jouxtait le sien, ce qui avait rendu le fils du cocher propriétaire, sur la plus belle place de Paris, de trois mille huit cents mètres carrés au sol. Sur cette parcelle, Bullet construisit un autre hôtel où, en 1709, Crozat logea sa fille Marie-Anne, qui venait d'épouser le comte d'Évreux.

Homme d'action obstiné, persévérant, dur avec qui ne pouvait le servir, Crozat, pour faire comme les princes, se voulait aussi mécène. Largillière a peint de lui un majestueux portrait et l'on peut voir, au musée Fabre, à Montpellier, celui de Mme Crozat « travaillant à la tapisserie », peint par Jacques-André Aved. Tout en collectionnant les tableaux de maîtres pour orner les murs de ses salons, le financier s'intéressait aussi à la musique, dont Louis XIV disait qu'elle est « le plus coûteux de tous les bruits ». On donnait chez les Crozat des concerts réguliers de musique italienne, qui furent à l'origine des concerts sur abonnements de Mme de Prie, maîtresse du duc d'Orléans.

Tandis que s'engageaient à Paris, chez le ministre de la Marine, les discussions nécessaires à la mise au point de la privatisation de la Louisiane, les experts pouvaient se faire une idée des entreprises de M. Crozat en évaluant ce que le financier venait de retirer du voyage d'un de ses bateaux, portant l'un des titres acquis par le financier, le *Baron-de-La-Fauche*. Le navire, armé par l'une des compagnies de Crozat et commandé par le capitaine Magon de

La Chipaudière, de Saint-Malo, était rentré à Lorient au mois de juin. Il rapportait de Saint-Domingue six millions de piastres d'argent. La Compagnie avait besoin chaque année de dix à vingt tonnes d'argent, en pièces ou lingots, et tous les navires affrétés par Crozat en transportaient. Les pièces, des piastres[1], fabriquées par les ateliers monétaires des colonies espagnoles, transitaient principalement par Saint-Domingue – plus tard elles transiteront par la Louisiane – avant d'aboutir à Lorient, d'où elles étaient réparties, suivant l'importance des transactions en cours, dans les comptoirs coloniaux.

L'argent représentait d'ailleurs la moitié des cargaisons envoyées dans ces comptoirs. Le reste des chargements était constitué par des produits et denrées destinés au ravitaillement des Européens établis dans les colonies : farine, eau-de-vie d'Armagnac ou de Charente et, surtout, vin de Jerez et de Bordeaux. Pondichéry consommait de huit à dix mille bouteilles de bordeaux par an ! On emportait aussi des marchandises destinées à la revente : gros draps de Picardie ou draps légers du Maine ou de Languedoc. Le lest des bateaux, constitué de barres de fer, devenait aussi à l'arrivée une marchandise fort appréciée aux colonies.

Une telle maîtrise du commerce colonial et une aussi bonne rentabilisation des voyages au long cours étaient de nature, on s'en doute, à donner pleine confiance à ceux qui traitaient avec M. Crozat. Précurseur, à la fois, des grands armateurs grecs de notre temps et des affairistes modernes que les républiques, comme autrefois les monarchies, tolèrent, utilisent et soutiennent quand des intérêts, qui ne sont pas tous nationaux, le commandent, le fils du cocher

---

1. De nos jours, les Louisianais usent souvent du mot piastre pour désigner le dollar. Cette appellation semble être un héritage de la période espagnole de la Louisiane, qui sera évoquée plus loin dans cet ouvrage.

toulousain pouvait donc aisément prétendre à l'exploitation du domaine américain.

La Compagnie de Louisiane

Tel est le personnage à qui, le 12 septembre 1712, par lettres patentes signées à Fontainebleu, le roi concède, pour une période de quinze années, le privilège du commerce exclusif « dans tout le pays situé entre le Nouveau-Mexique et la Caroline et qu'arrosent le Mississipi et ses affluents », c'est-à-dire la Louisiane. Le bénéficiaire de ce monopole, à qui est reconnue « la propriété à perpétuité » de toutes les terres qu'il mettra en valeur et de tous les bâtiments qu'il construira, aura, de surcroît, le droit d'exploiter les mines qui sont censées exister près de la rivière Ouabache, dans le pays des Illinois et des Sioux, à condition de verser au roi un quart du produit des extractions. En attendant ces rentrées aléatoires, le roi versera au concessionnaire cinquante mille livres pour l'entretien d'une garnison. Quant aux denrées et marchandises que la compagnie, dite de Louisiane, expédiera dans la colonie devenue son domaine, elles seront exemptées de droits de sortie, tandis que les productions du territoire : tabac, soie, indigo, laine et fourrure, seront vendues à qui paraîtra bon acheteur.

Pour constituer cette compagnie de commerce, dont le capital initial ne dépassa pas sept cent mille livres, Crozat fit appel à quelques associés et La Mothe-Cadillac devint l'un d'eux. Le Gascon imaginait enfin pouvoir gagner de l'argent et connaître les honneurs. C'est peut-être pour le récompenser de son intervention auprès de Crozat que Pontchartrain le nomma gouverneur de Louisiane. Il semble qu'il fut le premier à porter officiellement ce titre. Dans le même temps, le ministre désigna un nouvel ordonnateur pour la colonie, Jean-Baptiste Dubois-Duclos, que la plupart des historiens nomment Duclos, alors que l'intéressé signait parfois du Bois du Clos ! Ce commissaire de la marine, en poste à Dunkerque, plein de bonne volonté et scrupuleux mais dépourvu d'expérience, s'embarqua pour la Louisiane sans rien savoir de la vie et des intrigues coloniales.

Un traité de paix ayant enfin été signé, à Utrecht, le 11 avril 1713, on put envisager de consacrer aux colonies plus d'hommes et plus de bateaux, à défaut de disposer de plus d'argent. Comme le peuplement de la colonie – la peuplade, comme l'on disait alors – est de la responsabilité du roi et que les experts considèrent que l'envoi et l'établissement d'un colon en Louisiane coûte environ deux cents livres, Antoine Crozat ne manqua pas de suggérer la création d'un fonds d'émigration qui aurait été alimenté soit par une loterie spéciale, soit par un prélèvement de trois pour cent sur les profits des loteries existantes. Le principe n'ayant pas été admis par le contrôleur général des Finances, Nicolas Desmarets, on dut se satisfaire des candidats à l'émigration, qui eussent été plus nombreux si l'exil colonial leur eût paru plus prometteur et, dans un premier temps, plus lucratif.

On pouvait penser que les militaires licenciés des armées royales, que les familles rendues misérables par la longue guerre, que les artisans sans travail se précipiteraient dans les bureaux de M. Crozat, un patron qui inspirait confiance, afin de s'engager pour la Louisiane. Il n'en fut rien, malgré la propagande bien orchestrée par les collaborateurs du financier. Pontchartrain, qui proposait aux démobilisés de s'installer aux meilleures conditions dans les colonies, fut lui aussi déçu par le peu d'empressement des sans-emploi à répondre à ses offres. Les Français, même malheureux chez eux, ne montraient déjà aucun goût pour l'expatriation. À la fin de l'année 1712, quand les gazettes publièrent les lettres patentes accordées à Antoine Crozat et les projets de ce dernier, on ne vit se présenter, en tout et pour tout, qu'une cinquantaine de personnes, dont des Flamands, décidées à se faire colons. Il fallut pour renforcer la garnison louisianaise que le ministre désignât des volontaires, ce qui fut, de tout temps, le meilleur mode de recrutement !

On mit un peu plus d'empressement, semble-t-il, à trouver des épouses pour les célibataires établis en Louisiane. Ces derniers, s'ils trouvaient auprès des jolies Indiennes Choctaw tendresse et plaisir, entendaient aussi fonder des familles et avoir des enfants qui ne soient pas tous mulâtres !

Les fiancées du Nouveau Monde

Pour satisfaire à la demande matrimoniale de la colonie, Charles de Clairambault, commissaire de la Marine et ordonnateur de Port-Louis, fut chargé, en janvier 1713, de recruter dans les hôpitaux d'Auray, d'Hennebont et de Quimperlé des jeunes filles de seize à vingt ans qu'on enverrait en Louisiane assurer la « peuplade » de la colonie. Elles seraient embarquées sur le *Baron-de-La-Fauche* et accompagnées par des religieuses de la Sagesse, communément appelées sœurs grises.

Les hospices ayant fait des difficultés pour fournir les trousseaux des « fiancées coloniales », Clairambault dut se contenter de jeunes demoiselles prises dans les familles pauvres de Lorient. Plus que les orphelines des hospices, ces filles du peuple virent, dans l'exil aventureux et romanesque qu'on leur proposait, non seulement la possibilité de trouver un mari, mais aussi le moyen de sortir de la misère et de se faire une position sociale. Elles prirent le même bateau, commandé par M. de La Jonquière, que le gouverneur La Mothe-Cadillac qu'accompagnaient sa femme, l'ordonnateur Duclos et M. de Maleffoë, écrivain et greffier du Conseil de la colonie. Apprenant cet envoi de jeunes filles, Pontchartrain, à qui les colons de Louisiane réclamaient depuis longtemps des femmes, écrivit à Clairambault le 27 janvier 1713 : « J'ai été bien aise d'apprendre que vous avez fait préparer les douze filles qui doivent être envoyées à la Louisiane ; vous avez très bien fait de les choisir dans les familles de Lorient plutôt que de les prendre dans les hôpitaux, cela vaut beaucoup mieux, parce que vous les connaissez par vous-même d'une bonne conduite[1]. »

Il semble que le voyage ne fut pas exempt de surprises pour les douze Lorientaises qui débarquèrent, le 17 mai 1713, à l'île Dauphine, où se dressaient une vingtaine de maisons d'aspect sordide. Dans un long rapport au ministre de la Marine, le 26 octobre 1713, le gouverneur La Mothe-Cadillac explique : « Quant aux douze filles embarquées pour la Louisiane, Mme La Mothe en a eu soin mais a été obligée de quitter la partie par les déboires que lui ont faits le capitaine du vaisseau et principalement M. de Richebourg, capitaine réformé, avec M. Verdier, commis du vaisseau faisant les fonctions d'enseigne. » D'après le gouverneur, Richebourg, « qui a été capitaine de dragons », se serait livré à toute sorte de débordements. « Il a séduit la fille de chambre de ma femme et l'a fait débarquer au Cap[2], où elle est restée », se plaint La Mothe-Cadillac. Poursuivant le capitaine Richebourg de ses foudres, le gouverneur ajoute : « On m'a affirmé qu'il a épousé deux femmes, l'une de Niort, l'autre de Paris qui

---

1. Cité par François Jégou dans *Histoire de Lorient*, librairie Eugène Lafolye, Lorient 1887.
2. Il s'agit de Cap-Français, à Saint-Domingue, où les vaisseaux faisaient traditionnellement escale. Aujourd'hui : Cap-Haïtien.

s'appelle à ce qu'on dit la Belle Rôtisseuse ! Il en a débauché chez des amis encore une autre qu'il a fait déguiser en dragon pour l'emmener à l'armée. Pendant toute la traversée il a donné très mauvais exemple. »

On ne devait pas s'ennuyer à bord du *Baron-de-La-Fauche* ! Que faisaient, pendant ce temps-là, les sœurs grises chargées de veiller sur la vertu des jeunes Lorientaises ? Le rapporteur ne le dit pas ! En revanche, les phrases calligraphiées par le gouverneur permettent d'imaginer que les demoiselles ne sont pas arrivées en Louisiane telles qu'elles étaient parties de Lorient ! « C'est la raison par laquelle les filles amenées de France ne trouvent pas à se marier à cause de quelques Canadiens qui étaient dans le vaisseau et qui, étant témoins de ce qu'il s'y est passé à leur vue, en ont mal parlé d'abord qu'ils ont débarqué. » C'est un fait que, six mois après leur arrivée en Louisiane, deux jeunes Lorientaises seulement, sur douze, ont été demandées en mariage. Une est morte des fièvres et l'on doit nourrir avec des rations militaires les neuf qui restent logées chez l'habitant. « Elles sont pauvres, n'ont ni linge ni vêtements... ni beauté et l'on craint qu'elles ne se prostituent pour vivre. » Et M. de La Mothe-Cadillac, gentilhomme outrecuidant mais sans malice, de conclure son rapport au ministre par cette suggestion qui ne semble pas de nature à concourir efficacement au peuplement de la colonie : « Je crois qu'il serait plus à propos d'envoyer des garçons, ou plutôt des matelots, parce qu'on pourrait s'en servir utilement. »

Un pays malsain

Tandis que se préparait en France, sous l'égide d'Antoine Crozat, une réorganisation de la colonie, sur place, Bienville et d'Artaguiette avaient reconnu l'insalubrité du site choisi autrefois par Iberville pour fonder une ville sur la rive de la Mobile.

Situé dans une zone inondable, l'établissement avait été plusieurs fois dévasté et les maigres récoltes attendues compromises. De surcroît, on y mourait beaucoup, l'été, des fièvres contractées dans la moiteur étouffante de l'air et, en toute saison, de maux divers, souvent provoqués par l'absorption d'une eau à demi saumâtre au goût de vase. Même les Franco-Canadiens les plus endurcis et habitués au climat subtropical, comme Bienville et son frère Antoine de Châteauguay, se disaient fébriles pendant de longues semaines et éprouvaient parfois « un flux de ventre » qui pouvait conduire au cercueil en quelques jours. À cela s'ajoutaient les maladies épidémiques qu'apportaient les équipages des bateaux ayant fait escale à Cuba ou à Saint-Domingue.

Les maux dont souffraient les premiers habitants de la Louisiane ont aujourd'hui été identifiés par les historiens-médecins. La fièvre jaune, le typhus, la malaria et le choléra, que les praticiens de l'époque ne savaient pas toujours diagnostiquer, firent le plus de victimes. On redoutait aussi les assauts périodiques d'une quantité de fièvres entre lesquelles il était parfois difficile de faire la distinction, qu'elles fussent chaudes, quartes ou rémittentes. On pâtissait aussi de dysenterie, de gale, de petite vérole, de variole, de scarlatine. La rougeole était fréquente, la peste heureusement plus rare, la lèpre exceptionnelle. En revanche, les colons étaient affligés de toute sorte d'indispositions intestinales bénignes, de la colique de Madagascar aux coliques venteuses, en passant par la colique de Madrid et la colique bilieuse, auxquelles s'ajoutaient toutes les affections du système digestif.

Des bateaux débarquaient de nombreux marins scorbutiques. L'abus des nourritures salées pendant les traversées et le manque de vitamine C étaient, on le sut plus tard, à l'origine de cette maladie très répandue dans la marine à voile. Le tétanos et la gangrène faisaient aussi des ravages, car les blessures n'étaient pas toujours soignées avec un réel souci d'aseptie. Le vocable « maladies d'escales » recouvrait pudiquement les maladies vénériennes, très fréquentes.

En général, les colons souffraient principalement des maladies importées par les pionniers car, avant l'arrivée des Blancs, les autochtones mouraient plus souvent de mort violente, de piqûres de serpents, d'accidents de chasse ou de navigation, de malnutrition, que de maladie. Dès 1656, un négociant hollandais, Adrien Van der Donck, constatait en Nouvelle-Hollande, la future colonie puis État de New York, « qu'avant l'arrivée des chrétiens, et avant que la variole ne se répande parmi eux, les Indiens étaient dix fois plus nombreux qu'ils ne le sont maintenant, et que leur population a fondu sous l'effet de la maladie qui en a tué les neuf dixièmes[1] ».

Les choses ne s'améliorèrent pas au fil des années et, périodiquement, les maladies importées d'Europe causèrent d'immenses ravages dans les populations indiennes. En 1780, les jésuites du Canada reconnurent que deux tiers des Huron avaient succombé à une épidémie de variole.

On sait aujourd'hui que ce sont les Espagnols qui introduisirent la variole en Amérique centrale, car, avant l'arrivée de ces colonisateurs, la maladie était inconnue sur le continent américain, alors qu'elle était diagnostiquée en Europe depuis le XVIᵉ siècle.

M. Robert Swenson, professeur de médecine et de microbiologie à l'université Temple, Philadelphie, spécialiste de l'histoire des épidémies, estime que ce sont des marins de Narváez, atteints de la variole, qui, débarquant

---

1. Cité par Élise Marienstras dans *la Résistance indienne aux États-Unis*, collection Archives, Gallimard-Julliard, Paris, 1980.

en 1520 au Mexique, communiquèrent la maladie aux Indiens.

Si, en 1710, Bienville ne pouvait guère tenir compte de telles considérations, il constatait, chaque jour, l'état sanitaire déplorable de Mobile. Aussi s'était-il mis en quête, avec d'Artaguiette, de nouveaux sites plus salubres. Certains colons courageux avaient déjà pris l'initiative de s'éloigner de l'établissement et découvert de meilleures terres, trouvé un climat plus sain au pays des Colapissa, à une centaine de kilomètres de Mobile, au nord du lac Pontchartrain. Ayant reconnu la région puis parcouru une bande côtière en direction du Mississippi, Bienville préféra un secteur plus proche du littoral et choisit de transférer l'établissement du fort Louis au nord-ouest de la baie que forme l'embouchure de la rivière Mobile. À mi-chemin entre le village qu'on allait abandonner et la mer, le nouveau site paraissait à l'abri des inondations et offrait, dans l'arrière-pays, des terres d'apparence plus fertile. Autre avantage : à partir de là, on se rendait aisément à l'île Dauphine, anciennement île Massacre, dotée d'un havre nommé Port-Dauphin, où quinze gros navires pouvaient trouver un ancrage abrité.

L'île Dauphine, aujourd'hui fréquentée par les pêcheurs de truites de mer, rougets grondins, mulets et carrelets, affecte la forme d'un têtard à queue démesurée. Elle fait partie d'un archipel aligné parallèlement à la côte, d'est en ouest, entre l'embouchure de la Mobile et le delta du Mississippi. Elle s'étire sur une vingtaine de kilomètres. Elle fut le siège, au XVIIIe siècle, du premier établissement français du littoral.

Cette île où, en 1699, avaient débarqué les marins d'Iberville était depuis lors habitée. Une vingtaine de familles de colons y avaient élu domicile en 1706. Un négociant canadien, Jean-Baptiste Baudreau, dit Graveline, y avait même construit une assez belle maison ; un

Rochelais y tenait cabaret et un Parisien, Étienne Burel, espérait bien, un jour ou l'autre, pouvoir exercer, quand la clientèle serait suffisamment nombreuse, son métier de pâtissier. Grâce aux fonds envoyés par M. de Rémonville, à l'époque où ce dernier pensait obtenir le monopole du commerce en Louisiane, la petite communauté envisageait, au moment où la compagnie de Crozat prit en charge le destin de la colonie, de construire une chapelle. En attendant l'arrivée d'autres émigrants et en espérant de bonnes récoltes, les îliens subsistaient, tant bien que mal, grâce à la pêche, et s'efforçaient de mettre en culture le sol sablonneux. Les ressources étant maigres et les récoltes aussi aléatoires que l'arrivée de bateaux ravitailleurs, ces pionniers avaient pris l'habitude de faire appel, en période de disette, aux Espagnols de Pensacola, à peine mieux lotis qu'eux. La réciprocité des secours était confiante et organisée entre gens éprouvant les mêmes difficultés. Les ressortissants des nations colonialistes rivales échangeaient facilement vivres, munitions, guides et chasseurs indiens. Il arrivait même que l'on se louât des artisans qualifiés et que l'on se déléguât des prêtres quand l'une des colonies en manquait. En revanche, les soldats déserteurs des deux camps, qui pensaient trouver chez l'étranger ce qui faisait défaut chez eux, étaient renvoyés sans ménagement, par les uns et les autres, à leur armée d'origine !

Quand le gouverneur La Mothe-Cadillac, à qui l'on avait attribué une concession de « cinq lieues de front et autant en profondeur[1] », débarqua à Port-Dauphin, il fut déçu de ne pas y trouver les ressources et le confort qu'il avait connus à Québec. Il reprit aussitôt, pour exprimer sa désillusion, le ton dénigreur qu'il n'avait abandonné à Paris que le temps nécessaire pour amadouer Crozat. « Terres très mauvaises entrecoupées de cédrières et de pinières,

---

1. Soit une superficie de quatre cents kilomètres carrés environ.

fond sableux qui ne produit rien, si bien qu'en cinq lieues de terrain on ne trouve qu'une lieue fertile. » Le climat lui déplut autant que le décor : « Le ciel a des fantaisies, il fait beau le matin, il tonne à midi, il pleut et il grêle ensuite. » Avant de s'installer au nouveau fort de Mobile, le Gascon fit l'inventaire de son domaine et adressa à Pontchartrain un mémoire dont certains extraits donnent une idée assez juste de la contrée et de l'ambiance coloniale du moment.

Après avoir constaté : « Les maisons sont construites sur le sable que le vent emporte comme de la poussière », et compté « neuf familles établies plus quelques garçons », il rapporte avec ironie : « J'ai vu aussi un jardin sur l'île Dauphine dont on m'avait parlé comme d'un paradis terrestre. Il est vrai qu'il y a une douzaine de figuiers qui sont fort beaux et qui produisent des figues noires. J'y ai vu trois poiriers, trois pommiers, un petit prunier d'environ trois pieds de haut qui avait sept mauvaises prunes, environ trente pieds de vigne avec neuf grappes de raisin en tout, une partie des grains pourris ou secs et les autres un peu mûrs, environ quarante pieds de melons français, quelques citronnelles, voilà le paradis terrestre de M. d'Artaguiette et de plusieurs autres, la Pomone de Raidmonville [sic] et les îles fortunées de M. Marigny de Mandeville et de M. Philippe. Leurs mémoires et leurs relations sont de pures fables. Ils ont parlé de ce qu'ils n'ont point vu ou ils ont trop facilement cru ce qu'on leur a dit. Le froment ne vient point dans tout ce continent. Ceux qui ont informé la Cour que quelques habitants en ont semé sur les terres qui sont vers le lac Pontchartrain se sont trompés. J'ai parlé à ces habitants-là qui sont actuellement ici ayant aban-donné leurs terres parce qu'elles n'ont pas pu produire ni blé ni aucun légume. Le blé reste en herbe sans former de grains. Ils ont essayé de semer tous les mois de l'année sans résultat. Il en est de même aux Natchez à cinquante lieues au nord dans le haut du Mississippi. M. de Bienville m'a dit en arrivant ici qu'il avait semé du blé de la Vera Cruz qui avait produit environ treize gerbes de beau blé. Mais les grains demeurent petits, sans farine et rouillés. Il n'y a que l'écorce sans farine. Le tabac vient ici assez bien sur ce sable noir et blanc, mais on ne peut le conserver à cause de la vermine ce qui a dégoûté les habitants d'en faire. Bien loin d'être en état d'en vendre ils s'en sont pourvus aux navires de celui du Cap ou de La Havane. [...] Quoique ce soit une terre couverte de pins on ne saurait pas y trouver, en cent lieues de pays, ceux de grands mâts de navires de cinquante canons. On a eu beaucoup de peine à trouver dans toute l'île Dauphine un mât d'artimon pour le vaisseau de M. Crozat et quelques mâts de hune. »

Ayant fait ce bilan déprimant, La Mothe-Cadillac examine la population. « Selon le proverbe : méchant pays, méchantes gens. On peut dire que c'est un amas de la lie du Canada, de gens de sac et de corde sans subordination pour la religion et pour le gouvernement, adonnés au vice, principalement aux femmes Sauvages qu'ils préfèrent aux françaises. Il est très difficile d'y remédier lorsque Sa Majesté désire qu'on les gouverne avec douceur et qu'elle veut qu'un gouverneur les conduise de manière que les habitants ne fassent point de plaintes contre lui. Jusqu'à présent ces gens ont demeuré en cet état. Il s'agit de les réformer. De quel œil recevront-ils ce réformateur ? Les moins détraqués raillent leur abbé lorsqu'il leur semble suivre et qu'il leur parle de réforme et leur réaction est toujours fondée sur quelque mauvais prétexte. Je commencerai d'en user par la douceur quoique ce soit, selon moi, avec eux, du temps perdu. En arrivant ici j'ai trouvé toute la garnison dans les bois parmi les Sauvages qui l'ont fait vivre tant bien que mal au bout de leurs fusils et cela faute de vivres non seulement en pain mais même en maïs ou blé d'Inde, la récolte ayant manqué deux années de suite. »

Le gouverneur, qui n'a pas de quoi se réjouir, reconnaît que le maïs ne se conserve que d'une récolte à l'autre parce que la vermine et une moisissure, le rouge, s'y mettent. Appréciant peu, sans doute, les façons désinvoltes des militaires, La Mothe-Cadillac s'en prend à tous :

« Messieurs les officiers ne sont pas mieux que leurs soldats. Les Canadiens et les soldats qui ne sont pas mariés avec des Sauvagesses esclaves prétendent ne pouvoir se dispenser d'en avoir pour les blanchir et faire leur marmite ou sagamité, et pour garder leur cabane. Si cette raison était valable elle ne devrait point empêcher les soldats d'aller à confesse, non plus que les Canadiens. En vérité, Monseigneur, je ne puis me dispenser de vous représenter qu'il est de la gloire de Dieu et du service du roi de remédier à un pareil désordre à quoi il ne sera pas aisé de parvenir qu'en logeant les troupes dans le fort, depuis le gouverneur jusqu'au moindre officier, en leur permettant d'avoir seulement des esclaves mâles et non femelles. À l'égard de leur blanchissage on pourra trouver des femmes françaises qui s'en chargeront pour toute la garnison ou à défaut des Sauvagesses en retenant un juste salaire sur le décompte des officiers et des soldats. »

Comme il faut bien, tout de même, montrer une certaine capacité à l'initiative, le gouverneur ajoute que l'on peut utilement cultiver l'indigo « qui vient parfaitement bien même dans les rues et les chemins » et que l'on doit planter des mûriers et faire de la soie comme les Espagnols, mais qu'il ne faut pas espérer tirer le moindre bénéfice « de ces deux objets seuls capables de faire valoir la colonie » avant une dizaine d'années. « Je ne sais pas si M. Crozat sera d'une si longue patience », commente perfidement le rapporteur, avant de rappeler que ses appointements de 1712 et 1713 ne lui ont pas encore été versés...

Comme on pouvait s'en douter, les relations entre La

Mothe-Cadillac et Bienville manquent de cordialité. Le Franco-Canadien, toujours en situation précaire, puisque son rappel n'a été que différé en raison des circonstances, reste provisoirement lieutenant du roi mais ne détient plus l'autorité suprême dans la colonie. Son ami d'Artaguiette, remplacé par Duclos, ne dispose plus des pouvoirs de commissaire ordonnateur. Cela crée des frictions d'autant plus irritantes que La Mothe-Cadillac a besoin des services et de l'expérience de Bienville et que le jeune Duclos ne peut se tirer d'affaire sans la collaboration d'Artaguiette. Et la différence des caractères amplifie les désaccords et les rivalités protocolaires.

Jean-Baptiste Le Moyne de Bienville, rompu depuis l'enfance à la vie rustique des coureurs de bois, est frugal et débrouillard comme tous les Le Moyne. Il sait jouir sans arrière-pensées des aubaines que procure parfois une vie libre. S'il juge vaines certaines contraintes en vigueur dans les lointaines sociétés policées, il reste attaché aux prérogatives reconnues à ceux qui, comme lui, ont mis depuis l'adolescence leur courage, leurs compétences, parfois leur vie au service du roi pour accomplir un grand dessein. Avec les airs qu'il se donne en tant que gouverneur, La Mothe-Cadillac agace cet homme de terrain, toujours prêt à payer de sa personne et qui sait à quoi s'en tenir sur le peu de substance d'un titre cueilli comme une faveur dans les salons de Marly. Pontchartrain n'a-t-il pas laissé entendre qu'il avait expédié le protégé du duc de Lauzun en Louisiane pour « se défaire de lui » ?

La Mothe-Cadillac sait bien que Louis XIV vieillissant vire à la bigoterie et que rien ne peut autant déplaire au roi que l'impiété de ses officiers. Aussi est-ce par ce biais-là qu'il pousse une première attaque contre Bienville.

« Il y a une église passable à l'île Dauphine mais celui qui l'a bâtie prétend la faire vendre pour sept cents livres. L'église de fort Louis est une petite chambre où ne peuvent tenir que vingt-cinq personnes. Mais comme d'après les missionnaires les habitants n'ont pas approché les sacrements depuis sept ou huit ans, les soldats n'ont point fait leurs Pâques à l'exemple de M. de Bienville leur commandant, de M. Boisbriant, le sieur Paillon aide-major, les sieurs Châteauguay premier capitaine et Marigny petit officier auquel j'ai déclaré que j'en informerai Votre Grandeur, ce qui les a fait cabaler contre moi, M. le Commissaire prenant leur parti qui dispute avec le curé ! »

Naissance d'une bureaucratie

Antoine Crozat devait être méfiant comme tous les habiles bien en cour qui se sont enrichis dans les affaires sans trop se soucier des lois et règlements. Rompu aux manigances de haute volée, ayant créance sur les grands personnages et même sur le roi, receleur des corsaires patentés, faisant or de tout, y compris des Noirs enlevés à l'Afrique, il savait qu'un homme de sa stature doit se prémunir non seulement contre les grands fauves de son espèce, mais aussi contre l'indélicatesse imitative des subalternes. Évaluant les friponneries du patron et souvent y participant, les employés s'inspirent parfois des méthodes apprises de celui-ci pour mieux le gruger. Les gagne-petit de l'affairisme, les comptables falsificateurs, les mandataires pipeurs, les hommes de paille, les prête-noms truqueurs, les entremetteurs cupides devaient inspirer méfiance et suspicion au fils du cocher toulousain. Connaissant toutes les combines, il s'appliquait à les prévenir.

Aussi, quand Pontchartrain avait décidé, le 18 décembre 1712, de créer un Conseil supérieur de la Louisiane, afin de mettre sous surveillance la gestion de la colonie, Crozat s'était-il empressé de fabriquer un Conseil de commerce qui lui permettrait d'exercer une influence occulte sur la gestion des affaires.

La constitution du Conseil supérieur, dont la composition avait été fixée par décision du ministre de la Marine, prit des mois du fait de « l'absence de sujets compétents », estime Marcel Giraud. Officiellement placé sous l'autorité du gouverneur et de l'intendant de la Nouvelle-France, personnages lointains résidant au Canada, le Conseil de la colonie fut en fait présidé, en leur absence, par La Mothe-Cadillac, gouverneur de Louisiane. D'après les statuts, l'assemblée coloniale aurait dû compter neuf membres, mais elle n'en réunit jamais que sept.

La Mothe-Cadillac et Jean-Baptiste Duclos, commissaire ordonnateur, premiers conseillers de droit, étaient assistés par Bienville, en sa qualité, non confirmée mais admise, de lieutenant du roi, de deux conseillers choisis parmi les notables, du procureur royal de la colonie et d'un greffier. La médiocrité du personnel disponible fit que l'on désigna comme procureur un homme qui savait à peine signer son nom, comme conseiller un chirurgien-major et comme greffier un simple soldat sachant lire et écrire. Si La Mothe-Cadillac occupa, d'emblée, le siège présidentiel, il se vit bientôt contraint de partager le pouvoir avec Duclos, ce qui ne tarda pas à susciter des conflits, non simplement de préséance mais aussi d'intérêt. De frictions en disputes, on en vint à une irrémédiable fâcherie entre les deux hommes. En tant que premier conseiller, le commissaire ordonnateur apparaissait, par le jeu de ses attributions, comme le personnage le plus influent du Conseil. Ses responsabilités couvraient la police, les finances, l'administration générale, les affaires civiles. Il assumait aussi la fonction de premier juge et prononçait les arrêts. Sa position était semblable en cela à celle des intendants de province, en France, à la même époque.

Le Conseil détenait donc, par son intermédiaire, la

totalité du pouvoir judiciaire. C'est lui qui décidait, en dernier ressort et sans appel, de tous les litiges privés et administratifs, de toutes les affaires civiles et criminelles, de toutes les contestations entre colons et des conflits qui pouvaient opposer ces derniers à l'administration. Il suffisait de l'accord de trois conseillers pour qu'un verdict soit rendu dans une affaire criminelle.

Le Conseil supérieur allait avoir à connaître, au fil des années, de toute la vie de la colonie car il assumait aussi les fonctions notariales et l'état civil. Tous les notaires de la colonie devaient communication de leurs actes au Conseil. L'éthique et la jurisprudence de l'institution auraient dû être, d'après les directives du ministre de la Marine, « inspirées par la coutume de Paris », mais cette dernière, en traversant l'Atlantique, fut, nous en avons maintes preuves, édulcorée, interprétée, tempérée ou aggravée, mais toujours aménagée suivant les circonstances, les intérêts en jeu et la qualité des personnes en cause.

En anticipant et pour donner quelques exemples de l'attention que prêtera le Conseil aux événements administratifs les plus mineurs, on le verra, le 22 octobre 1726, ordonner la vente de la maison abandonnée par un déserteur. Le 22 avril 1730, il décidera que les esclaves qui ne sont réclamés par personne après la mort de leurs maîtres doivent être remis au greffier du Conseil et qu'une peine corporelle et une amende de trois cents livres seront infligées à ceux qui conserveront indûment des esclaves sans propriétaire. De la même façon, le Conseil fixera, le 14 juin 1731, les droits que les geôliers, greffiers des geôles et guichetiers percevront sur les prisonniers pour : « vivres, denrées, gîtes, geôlages, extraits ou décharges ». Grâce au compte rendu de cette audience, nous savons aujourd'hui qu'un geôlier louisianais recevait « vingt sols pour chaque extrait d'écrou ou d'élargissement » qu'il délivrait !

En face du Conseil supérieur, l'organisme créé à l'instigation d'Antoine Crozat allait, lui aussi, influencer la vie coloniale. L'existence de cette assemblée commerciale pouvait paraître justifiée par le fait que la Compagnie de Louisiane, devenue gestionnaire patentée, endossait à la place de la Couronne toutes les responsabilités financières de la colonie et, sauf pendant les neuf premières années du contrat, l'entretien des militaires. Le Conseil de commerce, présidé par le représentant de Crozat, directeur de la Compagnie, régentait à discrétion les transactions, fixait les salaires, embauchait commis et contrôleurs, décidait de la création de nouveaux établissements, recrutait des colons, attribuait des concessions et disposait d'un droit de veto sur les nominations au Conseil supérieur, ce qui lui permettait de s'assurer les meilleurs concours dans le gouvernement du pays. Si l'on avait coutume, à Paris, de suivre les avis du gouverneur quand il s'agissait de désigner les membres du Conseil supérieur, les agents de Crozat siégeant dans les deux conseils détenaient les moyens de contester les nominations et de faire respecter et exploiter au mieux le monopole accordé au financier.

Tandis que les représentants de la Compagnie mettaient en œuvre la fondation de nouveaux établissements, aux Natchez et sur l'Ouabache notamment, le gouverneur, qui était aussi l'un des principaux associés d'Antoine Crozat dans la Compagnie de la Louisiane, prenait des initiatives dont il espérait quelque rentabilité. C'est ainsi qu'ayant fourni dix mille livres de marchandises à Juchereau de Saint-Denys il décida d'envoyer ce dernier en ambassade commerciale chez les Espagnols du Mexique, via le pays des Indiens Natchitoch que le Canadien avait déjà visité. Ce vaillant soldat, oncle de la femme d'Iberville, officier volontaire pour la Louisiane mais las de servir sans solde, avait abandonné le commandement du fort Laboulaye pour créer son propre établissement, près du vieux fort Biloxi. Il accepta l'offre de La Mothe-Cadillac, rassembla vingt-cinq Français à bord de cinq grands canots et remonta le Mississippi, jusqu'à la rivière Rouge, avant de disparaître pour plusieurs années[1].

La colonie ne comptait, hélas ! que peu d'hommes de cette trempe ! La population, mécontente de constater que le gouverneur ne se préoccupait que de servir les intérêts de Crozat, ne cessait de récriminer. Ceux qui avaient avancé de l'argent aux militaires, privés de solde depuis six ans, ne parvenaient pas à se faire rembourser. Les prix flambaient à tel point qu'une douzaine d'œufs coûtait quarante sols, une livre de lard, à crédit, huit sols, alors que le cours de la piastre montait et que les Espagnols de Pensacola, qui disposaient de plus de numéraire que les Français, raflaient les produits agricoles proposés par les Indiens. Quant aux officiers, payés en marchandises, ils étaient encore plus mal lotis que leurs hommes, qui vendaient une partie de leur ration, et que les ouvriers de la Compagnie qui travaillaient « au noir » pour améliorer l'ordinaire de leur famille. Dans un tel climat de pauvreté, le jeu stérile des intrigues et des querelles se développait entre les supporters des anciens, comme Bienville et d'Artaguiette, et les représentants de la Compagnie que La Mothe-Cadillac soutenait de son autorité. Conscient de l'hostilité d'une population qui attendait vainement, depuis la signature du traité d'Utrecht, une amélioration de son sort, le gouverneur s'obstinait à résider sur l'île Dauphine, au lieu de s'installer dans la maison construite

---

1. Après de longues marches et de nombreux démêlés avec les Indiens, Juchereau de Saint-Denys arriva, à la fin de 1714, au Mexique, où il connut pendant plusieurs années des fortunes et des aventures dignes d'un roman de cape et d'épée. Il finit par épouser doña María, la fille de don Pedro de Vilesca, commandant du Presidio del Norte, et ne regagna la Louisiane, avec sa famille, qu'en 1719.

pour lui à l'intérieur des remparts du nouveau fort de Mobile.

Duclos, en revanche, s'efforçait d'aider les colons et les militaires à supporter les difficultés du moment, leur assurant qu'elles étaient passagères et que la colonie connaîtrait bientôt un développement bénéfique pour tous. En attendant, usant de ses pouvoirs de commissaire ordonnateur, il refusait d'appliquer aux ouvriers et aux matelots la retenue mensuelle que l'administration prélevait sur leur salaire pour prix des vivres qui leur étaient fournis. Le prélèvement imposé, indexé sur le coût local des denrées, alors que les salaires ne l'étaient pas, devait atteindre, en mai 1714, vingt-sept livres par mois. Or les ouvriers les mieux payés gagnaient à peine trente ou trente-cinq livres par mois ! En réduisant la retenue à sept livres dix sols, Duclos encourut les foudres du représentant de Crozat et s'attira les critiques du gouverneur. Dès les premiers jours, les deux hommes s'étaient opposés et, quand le commissaire ordonnateur avait ouvertement pris le parti de Bienville, La Mothe-Cadillac n'avait plus caché son hostilité envers un homme qui, d'après lui, accordait trop d'attention et de crédit aux récriminations des habitants de la colonie. Au fil des mois, Duclos et le gouverneur en étaient venus aux injures, puis avaient cessé toute relation autre que de service. Alors que, traditionnellement, le gouverneur et le commissaire ordonnateur d'une colonie envoyaient au ministre de la Marine un rapport commun, Duclos et La Mothe-Cadillac choisirent d'adresser chacun le leur à Pontchartrain, qui n'en demandait sans doute pas tant !

Le gouverneur, qui voyait d'un mauvais œil les bonnes relations qu'entretenait Duclos, non seulement avec Bienville, mais avec les habitants, abreuvait le ministre de plaintes et de dénonciations. Celles-ci visaient notamment Duclos, accusé de trafiquer sur les farines, et le lieutenant du roi, qui continuait à se comporter comme s'il était le maître de la colonie.

Duclos, pour sa part, faisait de son mieux pour soutenir Bienville. Les compétences, et surtout l'ascendant, que le Canadien détenait sur les Indiens avaient, dès son arrivée en Louisiane, impressionné le jeune fonctionnaire qui écrivait à Pontchartrain, le 25 octobre 1713 : « Je ne saurais trop exalter la manière admirable dont M. de Bienville a su s'emparer de l'esprit des Sauvages pour les dominer. Il y a réussi par sa générosité, sa loyauté, sa scrupuleuse exactitude à tenir sa parole, ainsi que par la manière ferme et équitable dont il rend la justice entre les différentes nations sauvages qui le prennent pour arbitre. Il s'est surtout concilié leur estime en sévissant contre tout vol ou déprédation commis par les Français qui sont obligés de faire amende honorable chaque fois qu'ils ont fait quelque injure à un Sauvage. » Dans la même lettre, le commissaire ordonnateur n'hésitait pas à révéler que le gouverneur retenait les cadeaux envoyés par la cour pour les Indiens et que M. de Bienville restait tout de même le mieux placé pour en assurer une judicieuse distribution.

Le gouverneur n'avait pas tardé à se rendre compte que la population se moquait comme d'une guigne du privilège commercial de Crozat. Les agriculteurs qui avaient la chance de récolter du maïs, des fruits ou des légumes allaient vendre leurs produits, malgré l'interdiction qui leur en avait été faite, aux Espagnols de Pensacola. Les officiers eux-mêmes faisaient du négoce chaque fois qu'il y avait matière à transaction. Quand un bateau chargé de vivres et d'effets se présentait, au mépris du monopole attribué à la Compagnie de Louisiane, tous ceux qui possédaient un peu d'argent montaient à bord pour se ravitailler, car les articles proposés étaient meilleur marché que ceux que l'on trouvait dans les magasins de la Compagnie. « Si l'on veut faire du commerce il ne faut pas majorer les factures comme cela se pratique journellement », écrivait La Mothe-Cadillac, qui regrettait aussi que l'on ne payât pas mieux cuirs et peaux que les trappeurs, de moins en moins nombreux, acceptaient encore de livrer à la Compagnie.

Mais ce qui préoccupe le plus cet homme orgueilleux, c'est le peu de cas que les gens font de son titre et de son autorité. Il se plaint sans cesse de la cabale dont il est l'objet et, dans une dépêche du 20 février 1714, il met le ministre en garde. L'avenir de la Louisiane est en danger. « Si vous ne remédiez pas, Monseigneur, à la cabale qui s'est formée par les menées de M. le commissaire et de M. de Bienville, qui ont entraîné tous les officiers de leur côté avec la meilleure partie des habitants, je suis persuadé que M. Crozat sera obligé de l'abandonner. »

Comme si les désaccords portant sur la politique commerciale, la façon d'agir avec les Indiens et l'organisation administrative de la colonie ne suffisaient pas pour entretenir la zizanie entre Bienville et le gouverneur, va surgir un différend d'ordre privé, digne d'une comédie de boulevard.

Jean-Baptiste Le Moyne de Bienville est alors âgé de trente-quatre ans. Il porte un nom prestigieux dans le milieu colonial. C'est un gaillard d'allure virile, de belle prestance, dont le teint hâlé de coureur de bois ne compromet nullement une distinction naturelle que l'on remarque. Un portrait, peint par un artiste inconnu de l'École française du XVIIIᵉ et conservé dans une collection particulière, le montre vêtu de sa cuirasse, portant perruque courte, le regard vif, un sourire discrètement ironique aux lèvres. On peut supposer qu'il avait de belles mains, car le peintre a fixé sa dextre émergeant, blanche et fine, du canon d'avant-bras de l'armure, dans une manchette de dentelle qui adoucit l'acier. C'est un meneur d'hommes, intrépide et autoritaire, un individualiste obstiné, un ambitieux qui, contrairement à d'autres, a les moyens de ses ambitions.

C'est aussi un célibataire ! Or M. de La Mothe-Cadillac a deux filles, dont l'aînée est amoureuse du lieutenant du roi. Assez amoureuse pour en perdre le boire et le manger, ce qui inquiète sa mère et agace son père. M. de Bienville est d'une extrême courtoisie avec les dames, mais avec toutes les dames. On lui a prêté autrefois une aventure avec une veuve décédée depuis plusieurs années, ce qui lui a valu les remontrances *a posteriori*, désobligeantes et de surcroît inutiles, du curé La Vente. Mais, en 1714, on ignore tout, dans la colonie, de sa vie sentimentale. Pour le reste, qui a son importance, il a chez lui, à son service, comme tous les officiers, une belle Choctaw, tresses aile-de-corbeau, profil aquilin, regard d'onyx, peau lisse adoucie à la graisse d'ours depuis l'enfance, taille flexible comme liane, qui entretient son linge, fait le ménage et lui prépare peut-être, le soir venu, sa tisane de sassafras !

Mlle de La Mothe-Cadillac, dont on ignore si elle était belle ou laide, mais accordons-lui de la beauté pour l'agrément du souvenir, ne tentait manifestement pas Bienville. Comme la jeune fille dépérissait – le climat subtropical devait accélérer la consomption – le gouverneur, bien que jugeant un Le Moyne, petit-fils de cabaretier dieppois, tout à fait indigne d'une descendante des Cadillac, mit son orgueil dans sa poche et, bon père, s'en fut proposer sa fille au lieutenant du roi. M. de Bienville feignit, dit-on, une vive surprise, se dit extrêmement honoré par une proposition aussi flatteuse, mais, sans tergiverser, expliqua au gouverneur que le célibat devait être l'état naturel d'un soldat et qu'il y restait fort attaché. Refuser la main d'une fille, si généreusement offerte, est un affront qu'aucun père ne peut pardonner. M. de La Mothe-Cadillac ne pardonna pas et se mit à proclamer, dès le lendemain, que M. de Bienville ayant eu l'audace d'oser lui demander sa fille aînée en mariage il avait, avec hauteur, refusé cette mésalliance inimaginable !

M. de Bienville, dont la galanterie avait ses limites, finit par écrire au ministre pour lui expliquer les raisons de l'animadversion du gouverneur : « Je puis assurer Votre Excellence que la cause de l'inimitié de Cadillac à mon égard est due au fait que j'ai refusé d'épouser sa fille. » On ne peut être plus aimable... ni plus clair !

Une guerre indienne

Pendant que la colonie s'amusait de ces arlequinades, que les dirigeants échangeaient des propos aigres, que colons et militaires usaient de toutes les astuces pour subsister, les traitants anglais cajolaient les Alabama, les Chacta et les Chicassa, faisaient des affaires avec les chefs et conseillaient aux guerriers de se débarrasser des Français, pauvres gens dont ils ne tireraient jamais rien. Un certain Price Hughes, agent anglais mandaté pour évincer les Français et assurer la pénétration britannique jusqu'aux rives du Mississippi, avait déjà installé un magasin chez les Natchez et plusieurs de ses compatriotes s'apprêtaient à en faire autant dans d'autres villages indiens de Louisiane.

Les coureurs de bois glanaient et rapportaient ces informations. Les habitants de l'île Dauphine furent mécontents, et aussi un peu honteux, quand ils apprirent que des Français, déserteurs des forts, des traitants appâtés par de meilleurs gains ou des coureurs de bois canadiens, anciens captifs des Indiens délivrés par les Anglais, servaient avec zèle les visées de la nation rivale. La menace qui pesait sur l'existence de la Louisiane devenant manifeste et les alliances indiennes s'effilochant, La Mothe-Cadillac fut bien obligé de faire appel à Bienville, qu'il avait, quelques semaines plus tôt, condamné aux arrêts de rigueur sans le moindre effet, l'intéressé n'ayant tenu aucun compte de cette punition ! Le lieutenant du roi, se sachant indispensable dans une telle conjoncture, n'attendait qu'une occasion de faire valoir ses compétences et son courage.

En quelques semaines, avec une poignée de Canadiens, il rallia les Indiens hésitants, organisa le pillage de tous les magasins étrangers, fit arrêter Price Hughes et les traitants anglais, qu'il expulsa par bateau avec ordre au capitaine de ne débarquer ses passagers qu'à Veracruz. L'alter ego anglais de Bienville, lieutenant du roi en Caroline, capturé par les Indiens redevenus francophiles, eut moins de chance. Rendu à la liberté, l'officier britannique fut massacré, alors qu'il regagnait Charles Town[1], par d'autres Indiens rancuniers, qui avaient un contentieux avec ses compatriotes.

Conscient d'avoir déclenché la furie indienne contre les ennemis blancs des Français, Bienville, qui connaissait les raffinements de cruauté dont ses alliés indigènes étaient capables sur la personne des prisonniers, avait donné l'ordre à ses Canadiens de tirer par tous les moyens des mains des Sauvages, au moins, les femmes et enfants des Anglais. Il accueillit tous les rescapés qui furent conduits à Mobile, les fit héberger et nourrir en attendant l'arrivée d'un bateau. La veuve anglaise d'un soldat fut même autorisée à s'installer dans la colonie. En ce qui concerne les chefs des Chacta, qui avaient eu l'audace d'aller dresser leur tente en Caroline ou en Virginie, il se fit présenter leur scalp, en grande cérémonie, dans la meilleure tradition indienne. Ayant prodigué des réprimandes, proféré des menaces et distribué quelques cadeaux, Bienville considérait l'affaire terminée quand il apprit, incidemment, que La Mothe-Cadillac s'était rendu au pays des Illinois avec

---

1. Devenue Charleston en 1783.

l'intention de dire au passage leur fait aux Natchez. La démarche était courageuse mais demandait un doigté et une dialectique que le gouverneur ne possédait pas. Les Natchez méritaient des égards particuliers, car ils formaient une nation policée qui avait ses traditions. Leur testament, qu'ils nommaient l'Ancienne Parole, révélait que leurs ancêtres s'étaient autrefois alliés aux hommes blancs, aux guerriers du feu, quand ceux-ci étaient venus « sur leurs villages flottants » envahir la région d'Anahuac. Ils croyaient au Grand Esprit, comptaient les jours de l'année à partir de l'équinoxe de printemps et donnaient aux mois des noms d'animaux ou de plantes utiles à l'homme. Leurs habitations passaient pour les mieux bâties, ils cultivaient leurs champs avec application et observaient des règles de vie en société ignorées de nombreuses tribus. Adorateurs du soleil, comme les Taensa, les Natchez conservaient, dans un temple, un feu perpétuel que des prêtres entretenaient sans défaillance.

L'arrivée de La Mothe-Cadillac flatta les chefs de village et les inquiéta. Fiers, comme toujours, mais aussi un peu penauds d'avoir accueilli les rivaux des Français, ils prièrent le gouverneur d'oublier leurs fautes et l'invitèrent à fumer le calumet. Le Gascon, qui avait au moins autant d'orgueil qu'un Natchez, ignora la pipe au long tuyau et ne daigna pas prendre la repentance des Indiens en considération. Il accepta néanmoins des vivres et redescendit le Mississippi, par où il était venu, laissant les Natchez blessés par son mépris et certains que les Français se préparaient à faire la guerre à leur nation.

Avant Bonaparte, les Indiens savaient que la meilleure défense est l'attaque. Les canots du gouverneur avaient à peine disparu dans une courbe du fleuve que les chefs de guerre, endoctrinés et gratifiés par les Anglais, invitaient leurs hommes à scalper tous les Français qu'ils rencontreraient sur leur territoire. Les guerriers mirent un certain temps pour passer à l'action, mais, au mois de janvier 1716, un missionnaire, le père Antoine Davion, vint raconter à Bienville que quatre Canadiens avaient été assassinés par les Natchez alors qu'ils se rendaient paisiblement au pays des Illinois. Le lieutenant reçut cette nouvelle tandis qu'il travaillait à la construction de grands canots pour remonter le Mississippi et accomplir la mission que venait de lui confier directement le roi : créer plusieurs établissements nouveaux sur le fleuve, à commencer par un fort chez les Natchez et un autre sur la rivière Ouabache. Le fort des Natchez serait nommé Rosalie, en l'honneur du quatrième enfant et première fille de M. de Pontchartrain, le fort de l'Ouabache s'appellerait Saint-Jérôme, patron du ministre de la Marine, depuis peu secrétaire d'État.

Les crimes perpétrés par les Natchez constituaient un acte d'hostilité insupportable et ne pouvaient rester impunis, aussi Bienville demanda-t-il immédiatement au gouverneur de lui donner quatre-vingts hommes pour former une expédition et infliger aux assassins le châtiment qu'ils méritaient. La Mothe-Cadillac, qui craignait de se démunir des trois quarts de son effectif militaire, refusa et n'accorda au lieutenant du roi que la seule compagnie de M. de Richebourg, qui comptait trente-quatre hommes. Bienville fit observer que c'était fort peu pour conduire une guerre contre une nation capable d'aligner huit cents guerriers. Le gouverneur ne céda rien, en dépit des interventions de Duclos et des agents de Crozat. Bienville embarqua dans ses huit pirogues, servies par dix-huit matelots, avec la seule troupe qu'on lui eût accordée.

Le capitaine Chavagne de Richebourg, qui prit part aux opérations, rapporta tous les détails de cette expédition guerrière.

En arrivant chez les Tunica, à soixante-quinze kilomètres du territoire des Natchez, l'officier apprit que les Indiens avaient encore tué un Français, qui descendait du pays des Illinois, et qu'ils se tenaient en embuscade pour attendre, sur le lieu même de ce crime, une troupe de quinze Canadiens. Le père Davion, très apprécié des Tunica, avait, comme tous les missionnaires, ses informateurs. Il révéla à Bienville que les Natchez ne donnaient, dans leurs villages, aucune publicité à ces meurtres qu'ils croyaient ignorés des Français, mais qu'ils avaient fait des cadeaux aux Tunica pour s'assurer leur discret concours, afin que ces derniers interceptent et tuent ceux qui seraient en route pour leur demander des comptes. Bienville, dont le sang-froid était exemplaire, se conduisit avec les Tunica comme s'il ignorait tout de leurs intentions homicides. Il fuma le calumet et expliqua qu'il se rendait au pays des Natchez pour installer un magasin où les Indiens pourraient troquer leurs pelleteries contre des objets venus de France. Il demanda même au cacique local d'envoyer un messager chez les Natchez pour annoncer son arrivée. Mais, au lieu de camper dans le village des Tunica, comme il y était invité, il conduisit sa troupe à une demi-lieue de là et prit ses quartiers sur un îlot du Mississippi, qu'il fit immédiatement fortifier. Quand un enclos sûr fut établi, il fit construire trois baraques, une pour abriter les vivres et les munitions, une pour servir de corps de garde et une troisième destinée à l'incarcération d'éventuels prisonniers.

Quarante-huit heures plus tard, trois Natchez se présentèrent au camp, proposant avec le sourire leur calumet décoré. Bienville autorisa ses soldats à fumer mais refusa, quant à lui, de tirer une seule bouffée. Étant le grand chef de la troupe française, il ne pouvait fumer, expliqua-t-il, que des calumets présentés par les chefs de la nation. Quand les Indiens furent restaurés, Bienville les renvoya chez eux, accompagnés d'un de ses hommes qui parlait algonkin, avec mission d'expliquer que les Français construiraient leur établissement chez les Tunica si les Natchez n'en voulaient pas. C'était un bon moyen d'éveiller la convoitise des caciques et de titiller leur vanité. Dans le même temps, le lieutenant du roi désigna le plus débrouillard des Canadiens qu'il dépêcha, à bord d'une pirogue, avec un Illinois, pour placarder à certains endroits des berges, par où passaient tous les voyageurs, des panneaux sur lesquels était annoncé en grandes lettres : « Les Natchez ont déclaré la guerre aux Français. M. de Bienville est campé aux Tunica. » L'afficheur devrait aussi dépasser pendant la nuit, sans se faire remarquer, les villages des Natchez, pour aller au-devant des quinze Canadiens attendus par les Indiens et inviter les voyageurs à changer d'itinéraire.

Malgré ces précautions, Bienville vit arriver, quelques jours plus tard, six Canadiens à bord de trois canots chargés de pelleterie, de viande fumée et de graisse d'ours. Ceux-ci étaient encore tout étonnés de l'aventure qu'ils venaient de vivre. Interceptés sans douceur par des guerriers, ils avaient été, dans un premier temps, dépouillés de tous leurs biens et emprisonnés. Mais le lendemain, alors qu'ils s'attendaient au pire, et aussi soudainement qu'ils avaient été arrêtés, un chef leur avait fait restituer leurs armes, leurs pirogues et toutes les marchandises qu'ils transportaient, en même temps que la liberté. En s'excusant, les Natchez leur avaient aimablement indiqué que M. de Bienville campait chez les Tunica.

L'affichage donnait à réfléchir aux caciques et, comme Bienville faisait mener grand train, derrière les palissades du camp insulaire, aux cinquante soldats ou matelots français, les Tunica, qui devaient espionner pour le compte des Natchez, pouvaient penser qu'une véritable armée était à l'exercice. Le fait que les Français imputassent clairement et publiquement aux Natchez la responsabilité d'une guerre que ces derniers auraient voulu mener sournoisement sans la déclarer obligeait les chefs indiens à rechercher une honorable issue à un conflit mal engagé.

Les Natchez crurent bientôt avoir trouvé l'échappatoire puisque, le 8 mai, ils envoyèrent quatre pirogues « dans lesquelles il y avait huit hommes debout qui chantaient le calumet, et trois hommes dans chaque pirogue qui étaient assis sous des parasols, douze qui nageaient, et deux interprètes français ». Les grands chefs indiens avaient cru bon de se déranger pour apporter en grande pompe le calumet à fumer au chef des Français. Bienville avait fait tendre des voiles sur des piquets pour multiplier les tentes du camp censées abriter une troupe nombreuse, et cacher, le fusil à la main, la moitié de ses soldats. Il fit désarmer par les autres tous les Indiens qui mirent pied à terre et n'accepta de recevoir que huit chefs qu'il connaissait par leur nom. Ayant repoussé avec hauteur les calumets que ces derniers lui présentaient, il leur demanda brutalement comment ils comptaient expier l'assassinat de cinq Français. Comme les Natchez, désorientés, ne savaient que répondre, Bienville fit un signe à ses soldats. En un instant, les Indiens se trouvèrent enchaînés et jetés dans la prison toute neuve du camp.

À la tombée de la nuit, le lieutenant du roi fit extraire de la geôle trois frères, qui étaient les chefs les plus représentatifs, Grand-Soleil, Serpent-Piqué et Petit-Soleil. Comme ils paraissaient terrorisés, Bienville expliqua qu'il n'imaginait pas qu'ils eussent pu donner ordre eux-mêmes de tuer des Français, mais qu'il attendait d'eux qu'ils lui fissent parvenir les têtes des assassins, non seulement les scalps mais les têtes « car je veux les reconnaître ! » précisa-t-il. Après avoir rappelé aux Indiens que, dix ans plus tôt, quatre cents familles de Tchioumachaqui avaient été anéanties parce que la tribu avait refusé de livrer aux Français les assassins d'un missionnaire et de trois traitants, et qu'il avait lui-même, en 1703, fait condamner à mort un Français qui avait tué deux Pascagoula, Bienville renvoya les trois frères à leur prison, en leur conseillant de méditer sur l'impartialité que suppose une bonne justice.

Au petit matin, Serpent-Piqué annonça qu'il irait lui-même chercher les têtes des assassins, mais Bienville, pour affirmer son autorité, désigna son cadet Petit Soleil, qu'il embarqua sur-le-champ avec douze soldats et un officier. Tandis que l'Indien allait accomplir sa macabre mission, la troupe de Bienville se renforça à plusieurs reprises, car les Canadiens et les traitants, qui lisaient les affiches placées aux bons endroits, rejoignaient le camp des Tunica avec armes, bagages et provisions.

Quand Petit-Soleil réapparut avec ses hideux trophées, Bienville fronça le sourcil et entra dans une colère jupitérienne. Il n'avait reconnu que deux des trois têtes présentées pour être celles des assassins recherchés. La troisième, les Natchez en convinrent, était celle d'un innocent que Petit Soleil avait fait décapiter parce qu'il était le frère d'un des meurtriers qui s'était échappé. En réalité, le troisième assassin était un chef de guerre nommé Oyelape, en français Terre-Blanche, un des meilleurs guerriers de la tribu, que les Natchez avaient voulu épargner. Ayant remis Petit-Soleil en prison, Bienville libéra, deux jours plus tard, le grand prêtre des Indiens, afin qu'il accomplisse ce que Petit Soleil n'avait osé faire. Tandis que les affaires de la justice, selon Bienville, allaient leur train, Petit Soleil se résolut à dire toute la vérité. Il expliqua que trois chefs de guerre, Terre-Blanche, Alahofléchia et le Barbu, étaient les vrais coupables. Comblés de cadeaux par les Anglais, ils avaient accepté de tuer tous les Français qu'ils rencontreraient. Terre-Blanche était vraiment en fuite, mais les deux autres, qui avaient encore la tête sur les épaules, figuraient parmi les prisonniers détenus dans le camp français !

Les premiers jours de juin, M. de Bienville, considérant que le conflit était terminé, reçut les assurances de fidélité des Natchez et annonça qu'il accepterait à nouveau de fumer le calumet de la paix avec eux quand leur nation aurait donné des preuves tangibles de sa loyauté. Il permit aux chefs de regagner leur village après qu'ils eurent promis de lui apporter la tête de Terre-Blanche, dès qu'ils pourraient s'en saisir, et de fournir, avant la fin du mois de juillet, « deux mille cinq cents pieux de bois d'acacia de treize pieds de long et dix pouces de diamètre », qu'ils auraient à charroyer « tout près du Mississippi, au lieu qui leur serait indiqué pour faire un fort ». Les Natchez s'engagèrent encore « à fournir en outre trois mille écorces d'arbre de cyprès pour couvrir les logements » des Français, qui s'installeraient autour du fort Rosalie.

Le 8 juin, les Natchez, heureux de s'en tirer à si bon compte, rentrèrent chez eux, sauf Serpent-Piqué, que Bienville retint comme otage. « Le 9 on fit casser la tête aux deux guerriers » encore détenus et M. de Bienville, assez satisfait d'avoir évité une vraie guerre, dont les Français ne seraient peut-être pas sortis vainqueurs, et d'avoir fait rapide et bonne justice, reprit le chemin de Mobile. Son absence avait duré neuf mois pendant lesquels la France avait connu des événements qui n'étaient pas sans influencer la situation en Louisiane.

À son arrivée, Bienville apprit d'abord que Louis XIV était mort le 1er septembre de l'année précédente, dans la soixante-douzième année de son règne, ce qui constituait un record, et que le duc d'Orléans assumait la régence du royaume en attendant que Louis le quinzième, arrière-petit-fils du Roi-Soleil, âgé de cinq ans, puisse prendre en main les destinées de la monarchie. On lui annonça aussi que Pontchartrain n'était plus ministre et que les ministères eux-mêmes avaient été remplacés par des conseils d'État. Les affaires de Louisiane et de toutes les colonies dépendaient désormais du conseil de Marine et du conseil de Commerce.

Un volumineux courrier du tout nouveau conseil de Marine, apporté quelques jours plus tôt par la *Paix*, brigantin de la compagnie de Crozat, attendait Bienville et lui réservait d'autres surprises. Le paquet contenait, entre autres documents, un ordre du Régent conférant à M. de Bienville, lieutenant du roi en Louisiane, le commandement en chef de la colonie jusqu'à l'arrivée d'un nouveau gouverneur, M. Jean Michiele de Lépinay, seigneur de La Longueville, lieutenant de vaisseau ayant servi dans l'administration du Canada, qu'accompagnerait un nouveau commissaire ordonnateur issu de la marine, M. Marc-Antoine Hubert.

Une lettre expliquait, en peu de mots, la décision. « Messieurs de La Mothe-Cadillac et Duclos, qui ont des caractères incompatibles, sans avoir l'intelligence nécessaire à leurs fonctions, sont révoqués et remplacés. » Ainsi, Bienville était débarrassé d'un gouverneur avec lequel il n'aurait jamais pu s'entendre et qui, par ses récriminations incessantes et son incompétence, avait irrité tout le monde, y compris son associé Antoine Crozat. Ce dernier était un des artisans de son éviction. N'avait-il pas fait savoir au conseil, dès le 11 février 1716 : « Il faut des gens sages pour gouverner la colonie et les dirigeants actuels ne sont pas satisfaisants. On représente que le sieur de La Mothe-Cadillac, qui en est présentement le gouverneur, et le sieur Duclos, qui en est commissaire ordonnateur, ont des caractères bien opposés aux qualités que l'on désire dans les principaux officiers des nouvelles colonies. Outre qu'ils n'ont pas toute l'intelligence qui serait nécessaire, ils ne sont occupés que de leur intérêt particulier et traversent en toutes rencontres les vœux de la compagnie et les projets d'établissement qu'elle fait. On demande qu'ils soient révoqués et qu'il en soit envoyé de plus capables. » Et M. Crozat de conclure : « Je suis d'opinion que tous les désordres dont M. de La Mothe se plaint dans la colonie proviennent de la mauvaise administration de M. de La Mothe lui-même. »

Ces nouvelles, pour intéressantes qu'elles fussent, constituaient aussi pour Bienville une déception. Il avait toujours espéré devenir gouverneur de la Louisiane, conscient qu'il était d'avoir acquis par sa longue expérience coloniale et par ses mérites le droit de prétendre à ce poste. Mais, à Paris, l'affaire des prises de l'île Nieves, où l'on avait mis en doute la probité d'Iberville et de ses frères, n'était toujours pas éclaircie et Bienville souffrait de ce contentieux. Pontchartrain lui-même avait parfois fait preuve de défiance vis-à-vis de son protégé. Quant à Crozat, il n'avait guère apprécié les critiques que formulait l'officier sur les méthodes commerciales de la compagnie qu'il dirigeait. Le conseil de Marine, sans entrer dans les vues du financier ni tenir rigueur à Bienville de vieilles histoires de comptabilité, reconnaissait la valeur et les qualités du soldat, mais ne faisait pas confiance à ses pratiques administratives. En confirmant enfin, pour tous les Le Moyne, les lettres de noblesse que leur père, Charles Le Moyne de Longueuil, n'avait pu faire de son vivant enregistrer « en la Cour de Parlement de Paris », le Régent mettait un peu d'huile de vanité sur le prurit de carrière de Bienville et prouvait son intérêt pour une famille qui avait si bien servi le roi et la France.

Si Jean-Baptiste Duclos reçut les attributions de commissaire ordonnateur à Saint-Domingue, ce qui constituait une sorte d'avancement et laissait augurer au supporter de Bienville une vie plus confortable qu'en Louisiane, si d'Artaguiette avait déjà retrouvé en métropole ses fonctions de commissaire des classes, le conseil de Marine fut sans indulgence pour La Mothe-Cadillac.

On ignore si Bienville se réjouit de voir l'ex-gouverneur embarquer pour la France, avec toute sa famille mais sans ses effets, que le nouveau gouverneur avait fait saisir.

L'orgueilleux et maladroit Gascon avait rédigé d'émouvantes suppliques pour attirer l'attention du duc d'Orléans sur ses services passés, ses charges de famille et surtout son manque de ressources. Il connut la réponse du Régent en débarquant en août 1717 à La Rochelle : cinq mois d'internement à la Bastille pour avoir dénigré ostensiblement la Louisiane et la compagnie de M. Crozat[1] !

---

1. La disgrâce de La Mothe-Cadillac fut de courte durée. Le Régent lui fit verser, jusqu'en 1718, ses appointements de gouverneur et lui reconnut, en 1719, la propriété des terres qu'il avait autrefois défrichées à Detroit. Il refusa toujours, en revanche, d'ériger ce domaine américain en marquisat, comme le demandait l'ancien gouverneur de Louisiane.

3.

De tout pour faire un peuple

D'un financier l'autre

Antoine Crozat appartenait à cette catégorie, assez moderne, des hommes d'affaires qui ne s'obstinent pas dans les entreprises déficitaires. Quand il fut persuadé, au commencement de l'été 1717, que la Louisiane ne constituerait jamais pour lui un domaine rentable, il décida de restituer à la Couronne de France les privilèges qu'elle lui avait accordés cinq ans plus tôt. Le bilan fourni par ses services expliquait sa démission. En acceptant la suzeraineté de la colonie, il comptait exploiter les mines de plomb, de fer et, peut-être, d'or dont certains vantaient l'existence. Ces mines restaient introuvables et le seul morceau de minerai de fer montré à l'agent de la Compagnie, à Mobile, venait d'on ne sait où et avait été offert aux Indiens Kaskaskia par des Espagnols ! Quant aux mines du pays des Sioux, qui avaient autrefois donné un peu de plomb à Le Sueur, elles étaient devenues inexploitables. Crozat avait aussi prévu de commercer avec les Espagnols de Nouvelle-Espagne et de Veracruz. Or on était sans nouvelles du démarcheur expédié au Mexique. Les informateurs itinérants racontaient tantôt que Juchereau de Saint-Denys avait été emprisonné, tantôt qu'ayant épousé la fille d'un dignitaire espagnol il coulait des jours heureux au service de Philippe V. Quand les

représentants de Crozat en Louisiane avaient envoyé à
Veracruz un bateau chargé de plus d'un million de livres
de marchandises, les autorités s'étaient opposées à l'entrée
du navire dans le port et la cargaison avait été perdue. Les
Espagnols avaient d'ailleurs fait savoir qu'ils entendaient
se réserver l'exclusivité du commerce dans leurs colonies.
On ne pouvait donc espérer tirer de la Louisiane que de
l'indigo, un peu de tabac, de l'huile de noix, peut-être de
la soie, des peaux de castor, de chevreuil et de bison et la
toison « des bœufs appelés caribous *[sic]*, dont la laine aussi
fine que celle de la vigogne est propre à faire des chapeaux
et des draps ». Pour un grand brasseur d'affaires, ces baga-
telles n'offraient que peu d'intérêt et Crozat clamait
partout qu'il avait jusque-là avancé trois cent mille livres,
en pure perte, à la colonie.

La vraie raison qui détermina le financier à se désister
fut ce que nous appellerions aujourd'hui un redressement
d'impôts. Louis XIV avait laissé les caisses vides et la
situation financière du pays relevait de la banqueroute.
Pendant les quatorze dernières années du règne du Roi-
Soleil, les frais de guerre et les dépenses civiles avaient
atteint la somme fabuleuse de deux milliards huit cents
millions. Dans le même temps, les rentrées n'avaient pas
excédé huit cent quatre-vingts millions. Il avait fallu
emprunter. Maintenant, il fallait rembourser les emprunts.
Or la plupart des Français étaient si pauvres qu'ils ne
pouvaient plus payer l'impôt. Au cours de l'hiver, des
gens étaient morts de froid ou de faim. C'est pourquoi
le conseil de Régence avait créé une Chambre de justice
qui devait faire rendre gorge à ceux qui, depuis 1689,
avaient commis des malversations ou négligé de payer leurs
impôts. La Chambre de justice ayant examiné les comptes
de M. Crozat le taxa de six millions six cent mille livres !
Mortifié d'être ainsi mis au rang des aigrefins ordinaires,
le financier refusa d'investir plus longtemps en Louisiane

et présenta sa note. On lui devait un million deux cent quatre-vingt-dix-huit mille livres. À la mise de fonds initiale, qui, on le sut plus tard, n'avait pas dépassé cent cinquante mille livres, Crozat ajoutait le manque à gagner occasionné par l'immobilisation de capitaux qu'il aurait pu placer ailleurs, les intérêts des sommes gelées et l'indemnité qu'on lui devait à partir du moment où il renonçait aux dix années de privilège restant à courir et qui auraient dû lui rapporter soixante-quinze mille livres par an ! Dans le traitement des affairistes illicitement enrichis, les ministres des Finances ont toujours eu un faible pour la transaction qui rapporte sans fâcher et évite une mauvaise publicité sur les fortunes précipitées. Le Régent s'inspira de ce principe, toujours en vigueur, et, en 1718, Antoine Crozat vit son redressement de six millions de livres diminué de deux millions de livres représentant les indemnités que les finances publiques reconnaissaient lui devoir. Ainsi, la Louisiane ne fut pas, pour le fils du cocher toulousain, une si mauvaise affaire !

Dès le 13 janvier 1717, le conseil de Marine avait déchargé Crozat de son fardeau colonial. Bien que persuadé qu'il faut soutenir l'établissement de la Louisiane, le conseil « croit que c'est une entreprise trop considérable pour qu'un seul particulier en demeure chargé. S'il ne convient point au roi de s'en charger lui-même, attendu que Sa Majesté ne peut entrer dans tous les détails du commerce qui en sont inséparables, qu'ainsi ce qu'on peut faire de mieux est de choisir une compagnie assez forte pour soutenir cette entreprise ». Un homme qui, depuis 1715, avait la confiance du Régent était tout prêt à prendre la suite de Crozat, son voisin de la place Vendôme, pour qui il n'avait guère de sympathie. Il se nommait John Law. C'est ainsi que se croisent les destins des financiers.

Un jeune homme fort en maths

L'homme qui allait relever le défi, lancé puis éludé par Antoine Crozat, de faire de la Louisiane une colonie productive de richesses était d'un type tout différent de celui du marchand-marquis, créancier de Louis XIV. Antoine Crozat, courtisan parvenu de la deuxième génération, confortablement installé dans la haute finance, ne laisse rien au hasard ; John Law, précurseur du dirigisme, considéré par les plus objectifs de ses contemporains comme « un honnête aventurier », voit la vie comme une très excitante partie de pharaon.

Même si le nouveau venu, joueur chanceux, spéculateur inventif, affairiste rusé, allait utiliser, pour inciter le public à financer l'aventure louisianaise, des méthodes de propagande fallacieuses, parfois comparables à celles de certains promoteurs de notre temps, même si une banqueroute spectaculaire devait anéantir, pour les actionnaires confiants, tout espoir de profit à venir des rives du Mississippi et laisser le Trésor public exsangue, on doit cependant à l'Écossais l'ancrage colonial de la France sur un territoire qu'elle possédait jusque-là sans l'exploiter.

John Law était né à Édimbourg le 21 avril 1671. Sa mère, Jane Campbell, fille de bourgeois à prétentions aristocratiques, appartenait, selon certains biographes, à une branche de la maison des ducs d'Argyll. Son père, William, mort le 25 septembre 1684, orfèvre de profession, s'était enrichi dans le commerce du change. John Law affirmait que, vers 1260, sous le règne d'Alexandre III, roi d'Écosse, un Robert Law, de Lawbridge, possédait des terres seigneuriales et que James Law, baron de Brunton, archevêque de Glasgow de 1615 à 1632, figurait parmi ses ancêtres. Edgar Faure, faisant référence à l'historien anglais John Fairley, rectifie : « Le bisaïeul de Law est bien un homme d'Église, mais simple ministre de la paroisse de Neilston, Andrew Law[1]. » Avec John Law, il sera toujours difficile de cerner la vérité et tous ceux qui se sont intéressés aux origines du futur financier, comme à ses aventures à travers l'Europe, restent dubitatifs. L'Écossais était capable d'affabuler dans le plausible avec modération, et surtout de laisser dire quand cela l'aidait. Le fait que son père, l'orfèvre changeur, ait acheté en 1683, un an avant sa mort, les terres de Lauriston et de Randleston conférait à John, l'aîné de ses descendants, le titre de laird de Lauriston.

Law exposait les armes afférentes à son titre : « d'hermine à une bande de gueules accompagnée de deux coqs de même posés l'un en chef et l'autre en pointe avec pour cimier une tête de licorne au naturel et en bordure une engrelée de gueule ». La devise des Law, comme leur blason, ne datait pas d'un siècle, mais elle allait au banquier comme un slogan inventé par un publicitaire dans le vent : *Nec obscura nec ima.* Ce qu'on peut traduire librement par : « Sans obscurité ni dissimulation » !

Ayant eu dix frères et sœurs, John était l'aîné des fils de l'orfèvre, donc héritier privilégié. Les renseignements recueillis sur le compte de l'Écossais indiquent qu'il s'était montré, depuis son plus jeune âge, extrêmement doué pour les mathématiques. Il résolvait aisément les problèmes les plus compliqués et savait merveilleusement user du calcul mental pour gagner au pharaon et au hasard, ancêtre du craps. Law racontait volontiers qu'il avait lu les traités de John Locke et apprécié, en particulier, les quatre lettres sur la tolérance et l'étude monétaire du philosophe anglais ayant pour titre : *Quelques Considérations sur la baisse de l'intérêt.*

Nanti de l'héritage paternel, John Law avait quitté

---

1. *La Banqueroute de Law*, Edgar Faure, Gallimard, Paris, 1977.

Édimbourg à l'âge de vingt ans, pour faire carrière à Londres, car il ne lui plaisait guère de prendre la suite de son défunt père. La profession était lucrative mais astreignante et l'on s'ennuyait ferme à Édimbourg.

En fait de carrière londonienne, il avait passé son temps dans les salles de jeu, plus ou moins bien famées, chez les tailleurs, car il devint vite un modèle d'élégance, et, surtout, dans les alcôves des *ladies* qui, sans avoir lu Locke, se montraient d'une extrême tolérance quant à leurs propres mœurs. Law, dont tous les contemporains s'entendent à louer la perfection physique, grand, blond, regard doux, bouche gourmande, d'une virilité sportive, escrimeur, joueur de paume, avait ainsi vécu confortablement de ses gains au jeu « sans tricher », précisait-il. « Car le hasard est un mythe. Tout peut se résoudre au jeu par le calcul », disait-il à ses partenaires malchanceux. Éloquent et drôle, il plaisait aux femmes et acceptait volontiers les cadeaux de maîtresses fortunées et reconnaissantes. On le disait autant doué pour les gestes de l'amour que pour les mathématiques.

C'est d'ailleurs une histoire d'alcôve qui l'avait obligé à quitter discrètement l'Angleterre. Au soir du 9 avril 1694, il avait tué en duel, à Bloomsbury Square, Edward Wilson, un dandy rival de vingt-six ans, que l'on disait gigolo professionnel car personne ne connaissait l'origine de ses ressources, assez importantes pour lui permettre de mener un train de vie somptueux. Les mauvaises langues assuraient que, rival heureux du roi George, il était entretenu par leur commune maîtresse, Élisabeth de Villiers.

Les juges d'Old Bailey, qui assimilaient tout duel à une tentative de meurtre préméditée, avaient condamné à mort le don Juan écossais. Ce dernier n'avait dû qu'à l'intervention d'une dame très haut placée, dont le nom ne fut jamais révélé, mais assez puissante pour braver la justice et circonvenir les gardes de la Tour de Londres, d'être, par une nuit sans lune, conduit à bord d'un vaisseau en partance pour la Hollande.

C'est là que le fuyard, dont la tête était alors mise à prix – cinquante livres seulement – dans la *Gazette de Londres* du 7 janvier 1695, avait découvert ce qui allait inspirer sa future carrière : la Banque d'Amsterdam.

Cette institution, imitée des banques vénitiennes, fondée en 1609, soutenait depuis sa création les grandes entreprises commerciales hollandaises : Compagnie des Indes orientales, créée en 1602, Compagnie du Nord et Compagnie du Levant, organisées en 1614, Compagnie des Indes néerlandaises, née en 1621.

Le fonctionnement de cette « caisse perpétuelle pour les négociants » fascina Law, qui nota aussitôt : « Les Hollandais ont encore plus raffiné que les Anglais pour la commodité des paiements ; ils ne gardent pas de billets de banque et n'envoient pas les uns chez les autres pour recevoir ; ils ont des ordres imprimés qu'ils remplissent et par lesquels ils assignent en banque les sommes qu'ils ont à payer et reçoivent de même les paiements. »

Leçon de banque dans un boudoir

Ce fut encore dans une alcôve, celle de la plantureuse épouse d'un riche banquier dont il était devenu l'ami, que le peu scrupuleux libertin fut initié aux secrets des changes et à l'art de spéculer sur les monnaies des pays « en mal d'argent ». Il apprit comment un financier peut acquérir une sorte d'ubiquité en se faisant tenir au courant, au jour le jour, par des correspondants particuliers, de tous les événements politiques, économiques et militaires pouvant influer, à travers l'Europe, sur la valeur des monnaies.

Quand il eut conçu et organisé son propre réseau de

renseignements et réuni de quoi s'assurer une vie confortable, John Law décida de prendre le large. Laissant sa maîtresse au chevet d'un mari à l'agonie – elle aurait supplié son amant de patienter un peu afin qu'elle puisse lui offrir sa main de veuve et la fortune connexe – l'Écossais prit un bateau pour l'Italie et s'en fut mener joyeuse vie à Venise. Dans la cité des Doges, une jolie personne nommée Lucia, plus fraîche, mais au corsage et au coffre moins remplis que ceux de la Hollandaise, lui fit connaître de nouvelles dissipations et les fameux *ridotti* de la place Saint-Marc, les salles de jeu les plus réputées du moment.

En courant d'un bal à l'autre, en dînant dans les palais où l'on se fait des relations, en cueillant, au hasard des rencontres, l'amitié d'un sénateur, le caprice d'une comtesse, la confidence d'un spéculateur, les faveurs d'une danseuse ou les indiscrétions profitables d'une camériste ingénue, l'Écossais apprit tout de la banque vénitienne. Il découvrit que les financiers de la Sérénissime supplantaient en astuce leurs imitateurs du pays des tulipes. La Banque del Giro n'avait-elle pas perfectionné la pompe à devises en prêtant à la République les sommes dont cette dernière avait besoin pour soutenir les guerres ?

Quand il fut parfaitement admis dans les milieux où se traitaient les affaires juteuses, John Law, qui ne perdait jamais sa lucidité, ne tarda pas à subodorer que l'avenir de la Sérénissime n'était pas aussi prometteur que les banquiers locaux voulaient le faire croire. Depuis que les nations européennes avaient fondé des établissements dans le Nouveau Monde et canalisé des courants commerciaux qui enlevaient aux armateurs vénitiens les profits des importations orientales, Venise, en tant que place économique et financière, perdait de son importance. Certes la vie vénitienne était exaltante et joyeuse. La cité lacustre jouissait de la plus flatteuse réputation intellectuelle et artistique, ses fêtes passaient pour les plus belles du monde, mais les gens raisonnables la considéraient comme un vaste tripot où les décadents fortunés achevaient de se ruiner et de s'amollir la conscience dans les plaisirs et les vices dont Sodome et Gomorrhe avaient donné l'exemple.

Quittant la lagune, John Law s'était rendu à Florence. Dans la ville des Médicis, il avait réussi un ou deux coups de Bourse et s'était ennuyé. On l'avait vu ensuite à Rome, où la présence du pape semblait assurer par avance l'absolution des péchés, notamment celui contre le sixième commandement, que commettaient, avec autant de frénésie qu'à Venise, des dames et demoiselles à qui saint Pierre eût confié ses clefs sans arrière-pensée ! Poursuivant son tour d'Italie, Law s'était arrêté à Naples pour étudier le fonctionnement de la Banque de l'Annonciade, un établissement de bonne réputation.

À la fin de l'été 1700, approchant la trentaine, le fils de l'orfèvre d'Edimbourg, rompu aux spéculations audacieuses, ayant fait l'analyse et la synthèse des connaissances bancaires de l'époque, plein de souvenirs, sinon « d'usage et raison », était rentré en Écosse où l'attendait sa vieille maman.

Il avait trouvé la veuve du premier baron de Lauriston en bonne santé, mais les finances et l'économie écossaises en pleine déconfiture. Il n'avait pas vu de chômeurs en Hollande et avait admiré que Venise n'eût que trois cents mendiants. En Écosse, on comptait deux cent mille pauvres affamés, qui grondaient en sourdine en attendant peut-être de menacer les biens des nantis.

Un krach bancaire était à l'origine de cette situation. William Paterson, fondateur de la Banque d'Angleterre, avait lancé, en 1695, la Compagnie écossaise de l'Afrique et de l'Inde, qui s'était donné pour but la colonisation de l'isthme de Darién, entre l'Amérique centrale et l'Amérique du Sud. Cette société avait inondé le marché d'actions, que les Écossais avaient d'autant plus prisées que les Anglais et les Hollandais, assez méfiants pour tout ce qui venait d'Écosse, s'étaient abstenus d'en acquérir.

De cette colonie lointaine, on ne devait jamais connaître que le nom, Nouvelle-Calédonie, car les Espagnols, peu enclins à admettre des étrangers dans une région du Nouveau Monde sur laquelle ils s'étaient arrogé un pouvoir arbitraire, avaient décimé la troupe enthousiaste des jeunes colons écossais. Parmi les rescapés rentrés à Édimbourg figurait un pitoyable dément, Paterson. John Law connaissait ce compatriote qui, autrefois, à Londres, l'avait assez grossièrement éconduit, à l'époque où le promoteur se battait contre l'incrédulité générale pour imposer son idée de banque. En ce temps-là, l'homme d'expérience n'avait pas supporté qu'un freluquet, même écossais comme lui, vînt faire des suggestions.

Maintenant que la banqueroute de la colonie mort-née avait entraîné celle de la Banque d'Angleterre, que William Paterson divaguait ouvertement et que l'Écosse était en faillite, le spéculateur aurait pu connaître la jouissance perverse de celui dont on a méprisé les conseils, sous-estimé les talents et qui voit triompher ses idées. Mais John Law avait la fibre écossaise et ne manquait pas de charité. Souffrant de voir son pays dans une situation aussi humiliante, il se mit au travail et, faisant appel à son expérience des affaires et aux connaissances acquises sur la banque, il proposa un plan de sauvetage que le Parlement s'empressa de rejeter. On doit convenir que les mesures envisagées par le fils de l'orfèvre ne pouvaient plaire aux bourgeois. Il s'agissait, pour reconstituer les finances du pays, de créer un conseil de Commerce qui aurait eu à sa disposition « un fonds composé des terres et des rentes des évêques, de tous les dons charitables, du dixième de tous les grains levés, du vingtième de toutes les sommes perçues en justice, du quarantième de toutes les successions, legs et ventes ». Ces idées étaient assez révolutionnaires pour susciter toute sorte d'oppositions. Déçu, John Law, qui venait d'avoir un fils, né d'une belle veuve londonienne, dont le seul défaut physique, visible de tous, était une tache de vin sur la joue, avait décidé de s'exiler à nouveau et d'aller proposer à d'autres son projet de banque.

En 1707, il s'était installé à Bruxelles, avec femme et enfant. Il y avait fait des affaires, suivant les événements, lisant tous les journaux, donnant des ordres d'achat ou de vente à ses correspondants étrangers et sélectionnant, par-delà les frontières, le gouvernement qui pourrait le plus facilement accepter son système de banque d'État. Habitué des cercles de jeu, il avait eu l'idée, pour pallier l'inconvénient majeur que représentait le transport sur soi de sommes importantes en espèces sonnantes et trébuchantes, de fondre des pièces d'or, d'en faire des plaques estampillées à son nom et valant chacune dix-huit louis... Nous devrions reconnaître à John Law l'invention du jeton de casino !

Le roi est mort, vive le Régent !

Comme la France, épuisée par sept années de guerre, souffrait misère sous un gouvernement perclus de dettes, John Law avait passé la frontière et, après mille péripéties, en utilisant les services d'intermédiaires plus ou moins recommandables, était parvenu à exposer son projet, dans l'antichambre d'une maison de rendez-vous, au neveu du roi Louis XIV, le duc d'Orléans. Bien qu'il fût à court d'argent, le souverain ne voulut plus entendre parler ni de Law ni de son système dès qu'il sut que cet inventeur de banque était étranger et protestant. Dans certains cas, Louis le Grand restait un homme à principes !

La veine insolente que l'Écossais avait affichée dans les

salles de jeu ayant indisposé la police, les Law avaient dû quitter la France pour l'Italie où John avait continué de s'enrichir, sans jamais parvenir à faire admettre le système bancaire qu'il perfectionnait sans cesse. Pendant sept années, il avait vécu à Gênes, Venise, Brunswick, Leipzig, Dresde, Weimar, Vienne, en Hongrie, en Bavière, proposant ses services et raflant sur les tapis verts de quoi faire vivre très confortablement sa femme, son fils et sa fille, née en 1712.

Quand il avait appris, en septembre 1715, la mort de « l'homme souverain, le plus vraiment roi », d'après Goethe, ses pensées étaient retournées vers la France. Quand on avait publié que le duc d'Orléans devenait régent du royaume, Law avait subodoré une nouvelle chance. Le prince-régent, rencontré autrefois chez la Fillon, au milieu des filles de joie et de nobles débauchés, serait peut-être moins intransigeant que le défunt Roi-Soleil. Le fait que la dette publique de la France s'élevât à un milliard deux cents millions de livres et que les six cents millions de billets d'État en circulation aient perdu plus de quatre-vingts pour cent de leur valeur nominale ne pouvait que faciliter la présentation d'offres de service circonstanciées. L'Écossais avait aussitôt fait ses bagages et, débarquant à Paris, s'était installé dans un hôtel particulier, place Vendôme, à deux pas du domicile d'Antoine Crozat, qui passait pour l'homme le plus riche de Paris et qui détenait, depuis 1712 et pour quinze ans, le monopole d'exploitation de la Louisiane.

En comptant sur le désarroi des responsables français des finances et sur la bienveillance intéressée du Régent, John Law avait vu juste. Son système avait été enfin adopté. La carrière tant convoitée s'était ouverte à l'ambitieux dont l'action en matière de finances marquerait le commencement d'une ère nouvelle, celle des banquiers.

Quand Law vint faire ses propositions aux responsables

français des finances, Saint-Simon, qui proclamait lui-même son « ineptie en toute matière de finance », écrivit : « Il y avait alors une affaire à éclore [1715] dont on se servit beaucoup pour le [le Régent] rendre si docile à l'égard du parlement. Un Écossais, de je ne sais quelle naissance, grand joueur et grand combinateur, et qui avait gagné fort gros en divers pays où il avait été, était venu en France dans les derniers temps du feu roi. Il s'appelait Law ; mais quand il fut plus connu, on s'accoutuma si bien à l'appeler Las, que son nom de Law disparut[1]. »

Saint-Simon explique comment Law revit le Régent, le 24 octobre 1715, au cours d'un conseil de Finances extraordinaire. C'est ce jour-là que fut exposé officiellement le projet de création d'une banque générale imaginée par l'Écossais. Il s'agissait, pour développer l'activité économique, de remplacer le numéraire par une monnaie de banque qui faciliterait le crédit et les échanges. L'État devait naturellement être partie prenante dans le système.

Saint-Simon parut, au commencement de leurs relations, n'avoir aucune sympathie pour l'Écossais. Son attitude se modifia à l'égard du financier quand il fut prouvé qu'il avait les faveurs de Philippe d'Orléans. Bientôt, le chroniqueur, qui vouait au Régent une amitié sans faille, reçut Law chaque mardi matin. Par prudence, sans doute, Saint-Simon affirme qu'il se défendit toujours de la générosité du banquier qui voulut à plusieurs reprises le faire profiter des bienfaits de la spéculation, par laquelle tant de nobles autour d'eux s'enrichissaient.

La banque vit le jour en 1716 et, un an plus tard, quand Antoine Crozat renonça à la concession coloniale qui lui

---

1. Eugène Guénin, dans *la Louisiane* (Hachette, Paris, 1904), écrit, page 194, « L'As », comme s'il s'agissait d'un surnom donné au financier par les gens de la cour qui auraient vu en lui un champion ! Mais le mot n'était pas utilisé dans ce sens au XVIIIe siècle. En réalité, Guénin ne fait que reproduire la prononciation écossaise du nom de Law.

avait été accordée en 1712, Law prit le contrôle de la Compagnie d'Occident, qui, souvent nommée Compagnie du Mississippi, devint, par lettres patentes du 17 septembre 1717, le nouveau gérant de la Louisiane. Law, comme on s'en doute, n'avait pas que des supporters. Le duc de Noailles, jaloux de la confiance que le Régent accordait au banquier, conduisait la phalange de ses détracteurs. « Il voulait le perdre pour être pleinement maître de toutes les parties des finances », observe Saint-Simon. La cabale anti-Law fut assez puissante pour influencer le parlement, qui s'assembla, les 11 et 12 août 1718, et rendit un arrêt réduisant sensiblement le rôle de la banque et visant à interdire personnellement le banquier. Le parlement entendait en effet « faire défense à tous étrangers, même naturalisés, de s'immiscer directement ni indirectement, et de participer sous des noms interposés au maniement ou dans l'administration des deniers royaux... ».

Dix jours plus tard, le parlement ordonna aux gens du roi d'enquêter pour « savoir ce que sont devenus les billets d'État qui ont passé à la Chambre de justice ; ceux qui ont été donnés pour les loteries qui se font tous les mois ; ceux qui ont été donnés pour le Mississippi ou la compagnie d'Occident... ».

Le duc de La Force, qui souhaitait entrer au conseil de Régence comme il était déjà entré au conseil des Finances, soutenait Law et poussait contre le parlement qui ne pensait qu'à « envoyer un matin quérir Law par des huissiers ». L'Écossais possédait un sauf-conduit mais demeurait inquiet parce qu'il savait fort bien que ce document ne le protégerait pas des décisions du parlement. Law choisit de se retirer dans la chambre de Nancré, au Palais-Royal. Nancré était un ami très sûr qui voyageait alors en Espagne. Law attendit ainsi, à l'abri, l'organisation d'un lit de justice, seul moyen de faire casser les détestables arrêts du parlement. Grâce au Régent, le résultat escompté par le banquier fut obtenu, au grand déplaisir des parlementaires.

Law put donc reprendre ses activités et Saint-Simon écrit en 1719 : « Law faisait toujours merveille avec son Mississipi. On avait fait comme une langue pour entendre ce manège et pour savoir s'y conduire, que je n'entreprendrai pas d'expliquer, non plus que les autres opérations de finances... C'était à qui aurait du Mississipi. Il s'y faisait presque tout à coup des fortunes immenses. Law, assiégé chez lui de suppliants et de soupirants, voyait forcer sa porte, entrer du jardin par ses fenêtres, tomber dans son cabinet par sa cheminée. On ne parlait que par millions. » Louis-Hector de Villars, duc et maréchal de France, a confirmé dans ses *Mémoires* cet engouement suscité par la Compagnie du Mississippi : « Toute l'année 1719 se passa en inventions, toujours surprenantes, mais violentes... pour faire des fortunes, ridicules par leur énormité, à plusieurs particuliers, où le plus ruiné, le plus insensé, le plus fripon gagnait cinquante, soixante millions et plus encore ! »

Une colonie de papier

Parmi ceux qui s'intéressent moins au développement de la Louisiane qu'aux dividendes attendus d'investissements si bien orientés par un homme qui semble posséder le don du roi Midas, le succès de la Compagnie du Mississippi est immense. Tous ceux qui possèdent quelques louis veulent du papier de la « banque à Law » et des actions du fabuleux Mississippi. Certains vendent des terres, des maisons, des bijoux pour pouvoir participer à la course au trésor.

Les étrangers de passage à Paris, et même ceux qui, hors des frontières, sont informés de la frénésie du marché de

la rue Quincampoix, veulent investir. Les Anglais, si
méfiants, si bien informés des manigances financières et
coloniales, s'y laissent prendre. Le spectacle de la Bourse
en plein air de la rue Quincampoix a été cent fois décrit
car il constitue, dans l'histoire de la spéculation, un tableau
historique de la cupidité enthousiaste. La plupart des spéculateurs qui se pressent autour des marchands d'actions
seraient bien en peine de dire s'ils achètent des droits sur
un territoire du Nouveau Monde, si la fortune annoncée
gît dans des mines ou dans une rivière charriant des pépites
et où pullulent ces animaux à fourrure dont la Compagnie
d'Occident s'est assuré le commerce exclusif. La rue Quincampoix, où se tiennent aussi les agioteurs et les représentants de la Compagnie, est devenue une artère tellement
embouteillée qu'on a dû interdire la circulation des car-
rosses et des chevaux. Des gardes veillent aux deux bouts
de la rue, car les tire-laine et coupe-bourse, qui méprisent
la monnaie de billets et s'en tiennent encore sagement aux
pièces d'or tintinnabulantes que les gens viennent échanger
contre du papier, sont à l'œuvre.

Les roulements de tambour et le tintement des cloches
agitées par des commis annoncent, à sept heures du matin,
le commencement des transactions, qui durent jusqu'à la
nuit. Celles-ci se poursuivraient les dimanches et jours de
fête, si les autorités ecclésiastiques ne s'y étaient opposées.
Le duc d'Orléans, dont l'engagement financier paraît
exemplaire à la noblesse, distribue des actions à tous les
officiers en train de guerroyer contre les Espagnols, rivaux
des Français dans le Nouveau Monde. Il en offre aussi à
ses amis, pour quatre-vingt mille francs au marquis de
Meuse, et en fait porter à ses maîtresses. Mme de Châ-
teauthiers reçoit huit cent mille livres en billets. Le duc
d'Orléans se sert même de cette monnaie nouvelle, qu'il
suffit d'imprimer – ce fut le printemps de la planche à
billets – pour payer les dettes de la France. L'Électeur de

Bavière en accepte avec contentement quatre millions et le roi de Suède est désintéressé avec trois autres. Si les billets de banque sont préférés à l'argent, les actions du Mississippi sont encore plus prisées. On les offre en cadeau à ses amis comme on offre aujourd'hui un billet de la Loterie nationale. C'est même un cadeau dont la valeur nominale peut se décupler avec le temps. Il aurait suffi bien sûr d'une mission en Louisiane pour anéantir cet engouement dont les dirigeants de la Compagnie d'Occident, gens informés, ne peuvent être dupes.

Car la Louisiane n'est pas le nouvel Eldorado. Les marchands d'actions et les agents de Law se conduisent comme certains promoteurs immobiliers de notre temps. Ils pratiquent sans vergogne ce que nous appellerions aujourd'hui la publicité mensongère.

Le climat est présenté comme idyllique, alors qu'il règne dans le delta une chaleur étouffante et que l'humidité provoque des rhumatismes articulaires. Les moustiques, qui éclosent par myriades dans les bayous, véritables réserves à insectes, transmettent, par piqûre, la fièvre jaune ; le choléra sévit à l'état endémique et les ouragans dévastent périodiquement les côtes.

Si l'on peut effectivement piéger la loutre, le castor, le rat musqué et le ragondin, s'il est relativement facile d'assurer sa subsistance en tuant du gibier, des bœufs sauvages, qui sont des bisons, et des oiseaux dont les espèces paraissent innombrables, si l'on pêche, dans le golfe du Mexique et dans le Mississippi, d'excellents poissons et des tortues à la chair succulente, il faut aussi prendre garde aux alligators qui hantent les marais et les rivières, aux couguars, aux ours, aux reptiles. Mais l'information ne circule pas aussi aisément qu'aujourd'hui et les promoteurs de la lointaine colonie d'Amérique savent bien qu'ils n'ont pas intérêt à divulguer certains récits de voyageurs revenus assez désenchantés de la belle Louisiane.

Loin de ces lieux inhospitaliers, la banque de John Law est prospère et les actions de sa société coloniale se vendent bien.

Ces succès, cette confiance manifestée à son système par le Régent et, à quelques exceptions près, par tous les nantis de l'époque, confortèrent John Law dans la bonne opinion qu'il avait de lui-même. « Bien que froid et sage il sentit broncher sa modestie », écrit Saint-Simon qui suivait avec un regard d'entomologiste courtisan l'élévation du banquier. On estimait dans l'entourage de Law, et le duc d'Orléans n'était pas le dernier à le penser, qu'un homme qui savait si bien conduire une affaire privée ferait un gestionnaire précieux des finances de l'État, dont le désordre restait préoccupant. Le poste de contrôleur général des Finances irait parfaitement à l'Ecossais, mais on ne pouvait imaginer dans cette fonction un étranger, hérétique de surcroît. Le double obstacle fut surmonté au prix de quelques générosités envers des personnages influents. Un abbé débauché, dont la sœur, chanoinesse libertine, avait coutume de dormir dans le lit du tout-puissant cardinal Dubois, convertit Law au catholicisme de rigueur et la naturalisation fit de cet Écossais un Français des plus présentable. Ainsi, celui qui avait commencé sa carrière, à Londres, « chez le louche Nicholson », tenancier d'une maison de jeu, en plumant au pharaon les fils de lord, devint le maître des finances françaises.

La fondation de La Nouvelle-Orléans

Tandis que John Law, « repreneur » de l'entreprise Louisiane, organisait à Paris le financement de l'exploitation du monopole abandonné par Crozat, les habitants de la colonie, dont le nombre, militaires y compris, ne dépassait pas quatre cents, se débattaient dans les mêmes difficultés qu'ils connaissaient depuis leur arrivée. Quant aux dirigeants, ils étaient retombés, en peu de mois, dans les travers de leurs prédécesseurs et se montraient incapables de conduire une politique commune. Le nouveau gouverneur, Jean Michiele de Lépinay, s'était vite rendu impopulaire en interdisant la vente de l'eau-de-vie aux Sauvages, en se montrant arrogant avec les habitants, dont il entendait réformer les mœurs, en réduisant les cadeaux destinés aux Indiens, en disposant à son gré des fonds publics. Pour avoir privé arbitrairement l'ordonnateur de ses responsabilités en matière de police et de justice, il s'était aussi fâché avec ce dernier. Marc-Antoine Hubert, qui, déjà, ne comprenait pas qu'on lui allouât mille cinq cents livres par an, alors que Lépinay en recevait quatre mille, supportait très mal le manque de tact et l'autoritarisme du gouverneur. Loin de seconder efficacement ce dernier, il écrivait au conseil de Marine pour se plaindre et signaler toutes les malversations, réelles ou supposées, qu'il croyait déceler.

Bienville, à qui M. de Lépinay avait remis, dès son arrivée, au nom du roi de France, la croix de Saint-Louis, avait tout de suite deviné que le seigneur de La Longueville n'avait pas plus de chances que La Mothe-Cadillac de réussir en Louisiane. Sachant parfaitement manœuvrer au milieu des intrigues et des chicanes, le lieutenant du roi s'était assuré les bonnes grâces du nouveau commissaire, comme il avait su le faire autrefois de celles de Duclos. Les coteries commençaient à se former dans la population quand Crozat, qui avait fait nommer Lepinay en 1717, quitta la scène. Les directeurs de la Compagnie d'Occident, en prenant la relève, jugèrent utile de faire rappeler un homme incapable de s'imposer et le destin de la Louisiane fut, une fois de plus, confié à l'indispensable Bienville, destiné, semble-t-il, à jouer les intérimaires !

Les lettres patentes accordées à la Compagnie d'Occident paraissent plus favorables au gestionnaire que celles offertes autrefois à Crozat. Fondée au capital de cent millions, divisé en actions de cinq cents livres payables en billets de la banque de Law, et bénéficiant de la création à son profit de quatre millions de rentes sur la ferme du contrôle, des postes et du tabac, la Compagnie a reçu pour vingt-cinq années, non seulement le monopole du commerce de la Louisiane, mais aussi, ce qui est d'une rentabilité plus assurée, la traite du castor au Canada. De surcroît, on lui livre d'immenses territoires comme le précise l'article 5 de la charte rédigée au nom du roi et signée par le Régent : « Pour donner moyen à ladite Compagnie d'Occident de faire des établissements solides et la mettre en état d'exécuter tous les desseins qu'elle pourra former, Nous lui avons donné, octroyé et concédé, donnons, octroyons et concédons par ces présentes, à perpétuité, toutes les terres, côtes, ports, havres et îles qui composent Notre province de la Louisiane, ainsi et dans la même étendue que Nous l'avions accordé au sieur Crozat par Nos lettres patentes du quatorzième jour du mois de septembre mil sept cent douze, pour en jouir en toute propriété, seigneurie et justice, ne Nous réservant autres droits ni devoirs que la seule foi et hommage que ladite Compagnie sera tenue de Nous rendre et à Nos successeurs rois à chaque mutation de roi, avec une couronne d'or du poids de trente marcs[1]. » Ainsi, pour moins de quinze lingots de nos jours, John Law s'assurait l'exploitation d'un demi-continent !

Une des premières décisions que prirent les directeurs de la Compagnie fut d'engager Bienville à rechercher sur le Mississippi, à quelque distance de la mer et à l'abri des débordements du fleuve, un site convenable et sûr pour

---

1. Le marc de Paris pesait 489,506 grammes.

fonder un établissement qui serait le siège administratif de la colonie. Le commandant général de la Louisiane, qui s'était déjà attribué une concession sur l'île à Corne, dans la baie de Pascagoula, avait lancé le projet d'un comptoir qu'il situa à la pointe d'une presqu'île faisant face au vieux fort Biloxi, fondé autrefois par son frère Iberville, et qu'il nomma Nouveau Biloxi. Peu à peu, les habitants de l'île Dauphine s'y transportèrent et le Conseil de la colonie s'y installa. Cependant, l'attribution des premières concessions à l'intérieur des terres incita les représentants de la Compagnie à rechercher un site où l'on pourrait édifier le centre administratif et commercial de la colonie. Ce nouvel établissement devrait être aisément accessible aux concessionnaires des vastes domaines, de plus en plus éloignés du littoral, qui s'organisaient sur les berges du fleuve, comme aux bateaux venant du golfe du Mexique. Bienville se souvint peut-être, à ce moment-là, que son défunt frère Iberville avait repéré, lors de son premier voyage, à quarante-cinq lieues environ des bouches du fleuve, une belle courbe, tracée comme au compas, dans laquelle le Mississippi enlaçait aux trois quarts une vaste lande boisée, où l'on aurait pu établir un camp relativement confortable[1]. Iberville avait d'ailleurs noté le fait dans son journal, à la date du 9 mars 1699. Le lieu, situé sur la rive gauche du Mississippi, dans la partie la plus étroite de l'isthme, entre le fleuve et le lac Pontchartrain, était relié à la baie de Biloxi par le bayou Saint-Jean, le lac Pontchartrain et le lac Borgne. Sur cette presqu'île orbiculaire, née d'un méandre harmonieux du fleuve, les Bayagoula avaient autrefois construit un village. Il fallait cependant s'éloigner de la berge, où croissaient des cyprès et des cannes, pour trouver la terre ferme, encore qu'il y eût « par endroits une

---

1. C'est à cause de cette topographie particulière que les Américains ont nommé La Nouvelle-Orléans Crescent City.

demi-jambe d'eau », avait précisé Iberville. L'explorateur, ayant fait nettoyer un espace et planter des cannes à sucre apportées de la Martinique, s'était éloigné après avoir noté le relèvement de cette place : 29 degrés 58 minutes. Un an plus tard, Le Sueur et Tonty s'étaient rencontrés là, en plein hiver, et deux de leurs porteurs avaient eu les pieds gelés pour avoir passé la nuit dans un marécage. Le brave Tonty avait aussitôt nommé le site « portage des Égarés » et campé à l'abri « de gros cyprès sur les branches desquels perchent des poulets d'Inde pesant au moins trente livres et que les coups de fusil n'effrayent pas ! ».

Bienville, en redécouvrant le site, imagina tout de suite « avec une intelligence divinatrice », écrivit plus tard Élisée Reclus, qu'on pourrait construire là un comptoir où le commerce intérieur et le commerce maritime opéreraient de fructueux échanges. En utilisant la route du fleuve ou celle des lacs, suivant leur tonnage, les bateaux trouveraient un havre commode et la Compagnie un séjour sûr pour installer ses bureaux et son personnel. Comme il fallait donner un nom au futur établissement, il pensa au tout-puissant duc d'Orléans, régent du royaume, et décida que le futur port fluvial, situé à cent soixante-quinze kilomètres de la mer, s'appellerait La Nouvelle-Orléans.

Malgré de fréquents brouillards et l'« air fiévreux », les premiers travaux de défrichement du site, effectués par un groupe de faux sauniers[1] récemment arrivés de France, commencèrent entre le 15 mars et le 15 avril 1718. Mais, un an plus tard, quatre maisons seulement étaient en construction. Cette lenteur dans la réalisation tenait certes aux difficultés rencontrées par les défricheurs mais aussi à l'opposition que les habitants des petits établissements du

---

1. Le sel étant alors frappé d'un impôt, la gabelle, son commerce donnait lieu à contrebande. Nommés faux sauniers, ceux qui débitaient, en fraude, du sel ne sortant pas des greniers du roi étaient passibles des galères.

littoral manifestaient. Les commerçants et les manuten-
tionnaires de Biloxi et de l'île Dauphine tenaient à
conserver le maigre avantage que représentaient le chargement et le déchargement des bateaux ; les bateliers du
lac Pontchartrain craignaient de se voir privés de fret pour
les postes établis entre le golfe et les Illinois, si les navires
remontaient le Mississippi jusqu'à l'établissement projeté.
Or la Compagnie entendait bien poursuivre ses projets et
envoyer en Louisiane de nouveaux colons, seuls capables
de mettre en valeur le pays.

Les Bandouliers du Mississippi

Avant John Law, Antoine Crozat avait tenté de recruter
des volontaires pour la Louisiane, afin de tenir l'engagement qu'il avait pris d'installer dans la colonie au moins
vingt personnes par an. Comme les candidats à l'expatriation ne s'étaient que rarement manifestés, le financier
avait obtenu du roi « qu'il lui soit accordé tous les ans cent
faux sauniers [...] pris dans les provinces d'Anjou, de
Touraine, du Maine, et [...] condamnés aux galères n'y
ayant point encore été conduits. Sa Majesté commuera
cette peine en celle de passer à la Louisiane pour s'y
établir ». On lui avait aussi permis « de prendre tous les
ans dans les hôpitaux cent filles qui y furent élevées dès
leur enfance pour les envoyer à la Louisiane et commencer
à la peupler ». Ce programme avait à peine connu un
commencement de réalisation avec l'envoi d'une vingtaine
de faux sauniers au jour où la colonie avait changé de
concessionnaire.

John Law, qui s'était engagé à transporter, en vingt-cinq
ans, en Louisiane six mille Blancs et trois mille Noirs,
donna la priorité au peuplement de la colonie. Le fait que
la Compagnie d'Occident ait fusionné avec la ferme des

Tabacs, saisi la surintendance des Monnaies, annexé la perception de la Gabelle, absorbé la Compagnie du Sénégal et la Compagnie de Saint-Domingue, que la banque générale de Law soit devenue banque royale et qu'au mois de mai 1719 la Compagnie des Indes orientales et la Compagnie de la Chine aient été incorporées à la Compagnie d'Occident pour former une nouvelle Compagnie des Indes conférait au financier écossais la maîtrise de tout le commerce extérieur de la France. Tandis que la rue Quincampoix acclame l'argentier génial et qu'un bossu métis, importé du Mississippi, prête sa bosse-écritoire aux belles dames pressées de souscrire des actions, le *Mercure de France* publie des tableaux idylliques de la colonie, sous forme de récits ou de lettres. L'une de ces dernières, adressée par un officier de marine à une dame inconnue, se termine ainsi : « Avant de quitter la Louisiane, permettez-moi, Madame, de vous faire faire une promenade de cinq ou six cents lieues dans un terrain charmant : là, tantôt dans un bois où nous marcherons sur la vigne et l'indigo sauvage qui ne demande qu'à être cultivé, tantôt sur un coteau ou dans une plaine vaste et agréable par sa verdure et la variété de ses fleurs, ou sur les bords d'une infinité de petites rivières et de ruisseaux qui coulent dans le fleuve, vous verrez que la Nature n'a pas répandu ses trésors et ses agréments sur notre seule Europe. » Malgré les tirades de ce genre, reprises par les sergents recruteurs, la Compagnie, qui est en train de constituer à Lorient une flotte commerciale pour la Louisiane avec le *Comte-de-Toulouse*, la *Duchesse-de-Noailles*, la *Renommée*, la *Marie*, la *Badine*, le *Dromadaire*, l'*Éléphant*, le *Chameau*, la *Baleine*, la *Gironde*, le *Deux-Frères*, la *Vénus*, la *Seine*, la *Loire* et quelques autres brigantins, frégates, flûtes ou corvettes, n'inspire que de rares vocations coloniales.

Ce fut sans doute ce manque d'enthousiasme, sans

rapport, hélas ! avec celui que manifestaient les spéculateurs de la rue Quincampoix, qui décida Law à user des méthodes de peuplement autoritaire des colonies que le Régent accepta d'autoriser. Les ordonnances des 8 janvier et 12 mars 1719 livrèrent à la Compagnie les prisonniers libérés. Un an plus tard, celle du 10 mars 1720 permit aux magistrats d'ordonner la transportation en Amérique des condamnés pour les délits les plus bénins. Ces mesures, dont John Law se défendit toujours d'avoir été l'inspirateur, facilitaient aussi le maintien de l'ordre en période de disette et de mécontentement du peuple. M. d'Argenson, garde des Sceaux et adversaire du banquier devenu contrôleur général des Finances, y souscrivit entièrement. Dans le même temps furent recrutés, officiellement parmi les anciens militaires ayant servi pendant cinq ans mais quelquefois parmi des repris de justice, quatre-vingts archers spécialisés dans la rafle des vagabonds, mendiants, ribaudes, désœuvrés, chômeurs et vanu-pieds. Véritables chasseurs de prime, ces miliciens qui ne portaient pas d'uniforme mais seulement une large bandoulière semée de fleurs de lis, d'où leur nom de Bandouliers, recevaient en plus de leur solde, quarante-cinq livres par mois, une pistole pour chaque mauvais sujet ramassé dans les rues de Paris. Brutaux et dénués de tout scrupule, bientôt connus sous le nom de Bandouliers du Mississippi, ils acquirent vite une détestable réputation. Afin de fournir du personnel à la Compagnie du Mississippi et de toucher les primes offertes par celle-ci, ces nervis patentés en vinrent, rapporte le greffier du parlement de Paris, « à arrêter toutes sortes de personnes, sans distinction, hommes, femmes, filles, garçons, et de tous âges ». C'est ainsi que furent conduits au Châtelet, pour être embarqués, le fils de Pincemaille, tenancier de la buvette du Palais, le laquais de M. de Saint-Martin, la petite-fille de Baron, le plus célèbre des élèves de Molière, le rôtisseur Quoniam, et même la fille d'un lieutenant du guet ! Les gens informés soutenaient qu'il suffisait de glisser la pièce aux Bandouliers pour être débarrassé d'un mari jaloux, d'une maîtresse abusive, d'un fils naturel, et que Guillaume Dubois, ancien précepteur du duc d'Orléans, devenu cardinal et ministre, avait recours aux Bandouliers pour se débarrasser des gêneurs. Ces arrestations arbitraires finirent par exaspérer le peuple « puisque c'était lui ôter la liberté publique de ne pouvoir sortir de chez soi sans être arrêté pour aller au Mississipi », expliquait le greffier du parlement.

C'est ainsi que, le 29 avril 1720, une série de soulèvements spontanés agitèrent plusieurs quartiers de Paris. Les affrontements les plus violents eurent lieu faubourg Saint-Antoine et sur le pont Notre-Dame, où des archers furent pris à partie par des groupes de citoyens armés de bâtons ferrés, de couperets de boucher, de projectiles divers. Ils tuèrent huit archers, en blessèrent grièvement une douzaine et les malades de l'Hôtel-Dieu achevèrent un Bandoulier venu faire panser ses blessures. Une trentaine de détenus de la prison Saint-Martin-des-Champs, promis au voyage exotique, profitèrent de l'effervescence pour attaquer leurs geôliers et s'évader. En province, d'autres incidents firent des victimes, notamment à Orléans, où sévissaient deux repris de justice passés au service des recruteurs du Mississippi, Lecomte et Leclerc, surnommés La Bouillie et Le Turc. Capturés par la population et confiés à la justice, ils furent cloués au pilori.

À La Rochelle, cent cinquante filles, fausses saunières ou prostituées, se révoltèrent au moment d'embarquer. Elles se ruèrent sur les soldats qui les accompagnaient, les rouèrent de coups, les griffèrent et les mordirent avec une telle furie que les militaires durent faire usage de leurs armes. Six femmes furent abattues et douze sérieusement blessées.

L'ordre risquant d'être de plus en plus fréquemment troublé et les directeurs de la Compagnie du Mississippi constatant que l'image de la lointaine colonie souffrait des agissements des rabateurs, le Régent suspendit l'activité des Bandouliers. Un arrêté du 9 mai 1720 interdit d'envoyer désormais les auteurs de délits directement dans les dépôts de la Compagnie. Quant aux archers, ils furent dotés d'un uniforme – habit bleu, chapeau à galon d'argent – et encadrés par des officiers.

On estima cependant à plus de cinq mille le nombre des personnes des deux sexes enlevées par les Bandouliers entre le 25 octobre 1717 et le 3 mai 1720. De nombreux libertins, mendiants, vagabonds, ouvriers ou artisans sans défense, redoutant d'être embarqués de force pour la Louisiane, avaient fui la capitale pendant cette période.

La réputation de la Louisiane fut certes un peu compromise par les douteuses méthodes de recrutement des colons mais, plus encore, par la découverte que les Français firent, peu à peu, de la publicité mensongère organisée par ceux, actionnaires de la Compagnie, propriétaires de domaines à défricher, armateurs, négociants, qui avaient intérêt à stimuler l'émigration. Les relations maritimes se développant, on sut bientôt que cette colonie d'Amérique, décrite à grand renfort de superlatifs flatteurs par les gazetiers et les orateurs subventionnés, n'était pas un séjour aussi agréable qu'on voulait le faire croire.

Des Manon par centaines

Si les enlèvements perpétrés par les Bandouliers pour le compte de la Compagnie du Mississippi étaient condamnables et furent condamnés, la déportation administrativement organisée d'autres catégories de malheureux, hommes et femmes, se prolongea pendant des mois sans émouvoir personne. Il est vrai que le phénomène n'était pas neuf et touchait le plus souvent des gens peu recommandables. Cependant, des innocentes se trouvèrent parfois traitées avec à peine moins de rigueur et guère plus de considération que les prostituées et les voleuses. Dès le XVIIᵉ siècle, on avait envoyé outre-Atlantique, à la demande de Colbert et pour peupler la Nouvelle-France, des orphelins et des orphelines élevés dans les hôpitaux de la Pitié et de la Salpêtrière. En octobre 1680, cent vingt-huit jeunes filles pourvues d'un trousseau avait été expédiées à la Martinique et l'on admet aujourd'hui que c'est grâce à ces déportations que la population du Canada passa de deux mille à dix mille âmes entre 1660 et 1683. À ces jeunes filles on ajoutait parfois un contingent de galériens inemployés et de débauchés.

On ne fit donc, sous le régime de Crozat et le système de Law, qu'appliquer au peuplement de la Louisiane une méthode qui avait fait ses preuves. En 1713, un premier groupe de fiancées, rassemblé à Lorient, avait été convoyé jusqu'aux habitants de Mobile par Mme de La Mothe-Cadillac. Le deuxième n'arriva que sept années plus tard, le 27 février 1720, à bord de la *Mutine*, une frégate de cent quatre-vingts tonneaux. Parti du Havre le 12 décembre 1719, le navire établit cet hiver-là un record de vitesse en effectuant la traversée, qui durait généralement trois mois, en soixante-deux jours. Mais le contingent le plus important, dont on connaît le mieux l'odyssée, fut celui des « filles à la cassette », ainsi nommées parce qu'elles étaient dotées par le roi et pourvues d'un trousseau qui comprenait « deux paires d'habits, deux jupes, deux jupons, six corsets, six chemises, six garnitures de tête [...] » et d'autres accessoires considérés comme indispensables à une jeune personne préparée au mariage. Embarquées sur la flûte la *Baleine*, les jeunes filles furent quatre-vingt-huit à découvrir la Louisiane, le 8 janvier 1721, en touchant terre à l'île aux Vaisseaux, où les attendaient les autorités de la colonie. Orphelines élevées dans les meilleurs principes à l'hôpital de la Salpêtrière, elles étaient accompagnées par trois religieuses, sœur Marie, sœur Saint-Louis, sœur Gertrude, et une sage-femme, Mme Dorville.

Le commissaire ordonnateur rapporta, au lendemain de l'arrivée des jeunes filles, que leurs trousseaux, ayant éveillé la convoitise des femmes de la colonie privées de linge et de fanfreluches depuis longtemps, avaient été rapidement dispersés. « Si la sœur Gertrude en avait amené dix fois davantage, elle en aurait trouvé en peu de temps le débit », écrivit Marc-Antoine Hubert. Trois mois plus tard, Delorme, garde-magasin, chargé, semble-t-il, de tenir la comptabilité matrimoniale de la colonie, annonce que, depuis le 4 mars, dix-neuf des passagères de la *Baleine* se sont mariées et que dix sont mortes. Il estime qu'il ne sera pas facile de marier les autres « parce que ces filles ont été mal choisies et se sont vite dérangées ». Il semble que cette brusque chute de moralité soit imputable à sœur Gertrude, « qui gouverne avec aigreur et caprice » et à sœur Marie « qui n'a aucun des talents nécessaires à une telle administration ». Sœur Saint-Louis, la seule qui trouve grâce aux yeux du rapporteur, a fort à faire pour maintenir les jouvencelles dans le chemin de la vertu. Le 25, c'est Bienville lui-même qui donne des nouvelles des demoiselles et annonce au conseil de Marine que trente et une sont casées. Il semble cependant que les filles à la cassette aient été attribuées à des hommes comme des objets. « On en a donné plusieurs à des matelots qui en ont demandé avec instance. C'étaient celles que l'on aurait eu bien de la peine à marier ! On ne les a accordées à ces matelots qu'à la condition expresse de se fixer dans la colonie, ce à quoi ils ont acquiescé. » On compte que ces marins mariés deviendront mariniers et piloteront sur les fleuves et rivières les canots et les barques qui doivent assurer les liaisons entre les différents postes et établissements du littoral et des rives du Mississippi.

Les demoiselles à la cassette n'étaient pas assez nombreuses au gré des directeurs de la Compagnie pour fournir à la Louisiane la population féminine seule capable, par nature, sinon par goût, d'assurer le peuplement. Aussi eut-on recours, comme cela se pratiquait déjà pour d'autres colonies, aux femmes dites de mauvaise vie. L'immense hôpital de la Salpêtrière, dont une pierre du porche indique la date de construction, 1657, en hébergeait beaucoup et de tout genre. « Vieilles ou jeunes, françaises ou étrangères, saines ou infirmes, sensées ou imbéciles, grosses ou stériles, tout y est venu », précisera un observateur de police au commencement du XVIIIe siècle[1]. Si les orphelines destinées aux colons de Louisiane sortaient de l'internat normal, d'autres femmes furent, pour les besoins de la colonisation, tirées de la prison de la Force, annexe carcérale de l'établissement hospitalier. On y trouvait des prostituées, qui ne doivent pas être confondues avec les ribaudes, débauchées, avorteuses ou « tenancières d'école de prostitution et de sodomie », des filles devenues insupportables à leurs parents et placées, à tort ou à raison, en maison de correction, des mendiantes professionnelles, des fausses saunières, des voleuses et des femmes de meilleure condition, mais enfermées par lettres de cachet pour « délits commis contre Sa Majesté, la Religion, le Gouvernement et le public ».

Nous ignorons si des personnes appartenant à cette dernière catégorie furent envoyées en Louisiane, mais il est

---

1. Cité par Maximilien Vessier dans son excellente étude, *Traditions hospitalières de la Basse-Bièvre*, publiée en livraisons, à partir d'avril 1976, par le *Bulletin de la Société historique et archéologique du XIIIe arrondissement*, mairie du XIIIe arrondissement, place d'Italie, Paris.

prouvé que de nombreuses prostituées ou condamnées de droit commun de la Force prirent le chemin de la colonie. Certaines avec une relative satisfaction, parce qu'elles préféraient la liberté en exil plutôt que l'internement en France, mais la plupart en état de rébellion contre un système qui les ravalait au rang de machines à plaisir, ce dont on prétendait les protéger, ou de machines à procréer, ce qui n'était pas souvent leur vocation.

De ces femmes, l'abbé Prévost en distingua une dont il fit, sous le nom de Manon Lescaut[1], l'inoubliable héroïne d'un roman qui arrachait des larmes à Diderot, et Voltaire disait, parlant de l'auteur, « le langage des passions est sa langue naturelle ». Fils d'un procureur du roi en Artois, Antoine-François Prévost, religieux intermittent, soldat d'occasion, défroqué vagabond, libertin sentimental ayant toujours une affaire de cœur en train, journaliste, auteur de cent douze volumes, romans, récits historiques ou de voyages, essais religieux ou philosophiques, traductions d'ouvrages anglais, ne mit jamais les pieds en Louisiane. Il vit, en revanche, les pauvres filles destinées à la déportation coloniale traverser Pacy-sur-Eure, où il résidait, « enchaînées six à six par le milieu du corps » sur des charrettes encadrées par des archers. Conspuées par les mères de famille, abreuvées de propos et gestes obscènes par les paysans, d'injures par des bien-pensants concupiscents mais hypocrites, les pauvres filles n'avaient d'autre moyen, pour survivre pendant le transport, que s'offrir le soir aux soldats de l'escorte pour une ration supplémentaire ou un verre de vin.

---

1. Publié à Amsterdam en 1731, dans le tome VII des *Mémoires d'un homme de qualité qui s'est retiré du monde*, puis à Paris, en 1733 et en 1753, sous le titre définitif, *Histoire du chevalier des Grieux et de Manon Lescaut*. Le roman, réédité sans interruption depuis deux siècles, inspira plusieurs œuvres musicales dont la plus populaire reste l'opéra de Jules Massenet, *Manon*, représenté pour la première fois à Paris en 1884.

Depuis la publication du roman, des critiques, des historiens, des écrivains, certains célèbres comme Diderot, Stendhal, Mérimée, Sainte-Beuve et André Billy, ont tenté, sans parvenir à une certitude, d'établir l'identité des modèles de Manon et du chevalier des Grieux qui, par amour, et avec l'espoir de sauver sa belle polissonne, avait suivi la déportée en exil. Le baron Marc de Villiers du Terrage[1], descendant du chevalier de Kerlérec, dernier gouverneur français de Louisiane de 1752 à 1762, a cru reconnaître Manon dans une certaine fille Froget, dite Quantin, née à Angers, et des Grieux sous le nom du jeune Avril de La Varenne, aristocrate débauché. La Mothe-Cadillac, qui eut à se plaindre des agissements de La Varenne, révèle dans un rapport : « il causait un grand déplaisir à sa parenté ». La fille Froget et son amant semblent bien être arrivés en mai 1715 en Louisiane, à bord de la *Dauphine*, une flûte commandée par le capitaine Béranger. À peine débarquée, la femme Quantin devint la maîtresse de M. Raujon, un des directeurs de la Compagnie de Crozat, qui expédia La Varenne au pays des Illinois pour être libre de donner à sa compagne « tous les soirs, les portes et les fenêtres fermées, des leçons de calcul », commente avec un rien de perfidie le gouverneur. Toujours d'après Marc de Villiers du Terrage, la vraie Manon n'aurait pas succombé à une fièvre maligne en Louisiane mais, après différentes aventures, serait rentrée en France. Arrêtée pour tenue de maison de débauche, elle aurait été renvoyée d'où elle était partie quelques années plus tôt : la prison-hôpital de la Salpêtrière !

Plus vraisemblables nous paraissent les identifications proposées par Maximilien Vessier qui, rendant compte des

---

1. Juriste et écrivain français (1867-1936), auteur des *Dernières Années de la Louisiane française*, É. Guilmoto, Paris, 1905, et de *Histoire de la fondation de La Nouvelle-Orléans*, Imprimerie nationale, Paris, 1917.

derniers travaux des chercheurs, croit cependant prudent de préciser : « [...] on a cherché en utilisant les méthodes historiques les plus éprouvées et tous les auteurs sérieux sont tombés d'accord sur une hypothèse qui, jusqu'à prochaine exégèse, demeure la plus crédible. » D'après ces études, la véritable Manon serait née à Lyon en 1707, d'une femme débauchée, Antoinette Levieux, dite Toinon. Nommée Marie-Magdeleine, cette fille d'un amant de passage de Toinon aurait été arrachée à son milieu malsain par son grand-père maternel, amenée à Paris, convenablement éduquée puis reprise par sa mère à l'âge de douze ans et livrée en pâture à de riches libertins. Il est permis de supposer que la fillette avait quelques dispositions ataviques, car c'est un « client », le chevalier de Vainteix, fils d'un conseiller du présidial de Besançon et modèle supposé de Des Grieux, qui, s'étant épris d'elle, l'aurait installée dans ses meubles. Bien qu'amoureux, le noceur, dénué de ressources et fieffé paresseux, se serait résolu quelques mois plus tard à vivre des charmes négociables de Marie-Magdeleine et aurait placé sa maîtresse dans une « maison » tenue par une célèbre maquerelle, la veuve Cormier. Le 9 décembre 1721, la petite prostituée, réclamée par sa mère, aurait été envoyée à la Salpêtrière à la demande du bon grand-père, soucieux de soustraire une nouvelle fois l'adolescente à l'indigne Toinon, à l'odieux commerce et au souteneur à particule, prêt au mariage pour sauver son bonheur... et son gagne-pain ! C'est à ce moment-là, si l'on en croit un autre chercheur, M. Frédéric Deloffre, que l'abbé Prévost, alors confesseur des prisonnières, aurait reçu les confidences de la libertine dont il serait même tombé amoureux, comme cela lui arrivait souvent ! Plus tard, il se serait inspiré de l'histoire de cette fille pour composer le roman qui le fit passer à la postérité, en mêlant à la destinée de Marie-Magdeleine celle d'une autre prostituée, internée à la Salpêtrière, nommée elle aussi Marie-Magdeleine, qui fut envoyée en Louisiane. Quant au décor de la colonie, le romancier trouva de quoi le brosser assez exactement dans les innombrables récits des voyageurs et peut-être des anciennes pensionnaires de la Salpêtrière revenues d'Amérique. Si les erreurs topographiques du roman ont été depuis longtemps relevées par les Louisianais, il en est deux qui les font toujours sourire. L'abbé évoque les montagnes de la région de La Nouvelle-Orléans, alors que le pays est plat comme la Flandre[1], et fait mourir Manon d'épuisement et de soif dans un désert sablonneux ; or il n'est pas un pays au monde où l'on puisse trouver, en tout temps et à portée de main, autant d'eau !

La Louisiane, vantée par les uns, décriée par les autres et surnommée la chimère du Mississippi par ceux qui se méfiaient de la propagande diffusée à l'instigation de Law, attira aussi, au cours de la première moitié du XVIIIe siècle, des curieux, des marginaux, des hommes et des femmes à la recherche d'une terre d'asile et quelques imposteurs. C'est ainsi que l'on vit débarquer, en 1720, une belle femme aux yeux tristes, accompagnée de parents, de domestiques et disant se nommer Augustine Holden. À la faveur d'indiscrétions, sans doute organisées, on finit par savoir, puis croire, qu'il s'agissait d'une princesse de la maison de Brunswick, Sophie-Charlotte-Christine de Wolfenbüttel, épouse en fuite du tsarévitch Alexis Petrovitch et donc bru de Pierre le Grand, tsar de toutes les Russies. Ne pouvant plus supporter les brutalités d'un mari infidèle, jouisseur bestial, elle avait mimé sa propre mort après avoir mis au monde un fils destiné au trône. Avec

---

1. Le point culminant de l'État de Louisiane est la Driskill Mountain (paroisse Bienville) : 535 pieds de haut, soit environ 163 mètres. La Nouvelle-Orléans se trouve à 5 pieds, soit environ 1,65 mètre, au-dessous du niveau de la mer.

l'aide du comte de Koenigsmark, elle avait pu, après la mise en terre d'un cercueil lesté et censé contenir ses restes, quitter Saint-Pétersbourg avec sa dévouée camériste. Ayant fait un rêve au cours duquel « un brahamane des bords du Gange l'avait emmenée dans une belle contrée » en lui murmurant « c'est l'Amérique, c'est là que tu seras heureuse », elle avait opté sans hésitation pour la Louisiane. Et comme Cupidon, entremetteur compatissant, veille à la consolation des femmes déçues, la malheureuse princesse avait retrouvé, sur les bords du Mississippi, un de ses anciens admirateurs, le chevalier d'Auban, Français rencontré à la cour de Russie[1]. Devenu planteur d'indigo, ce gentilhomme avait nommé son domaine Vallon de Christine, en souvenir de l'inaccessible belle de Saint-Pétersbourg ! La romance, si bien racontée en deux volumes par Isabelle de Montolieu[2], se termina par un mariage, le tsarévitch, poursuivi par son père pour crime de lèse-majesté, étant mort en prison peu de jours après sa condamnation.

Cette fable plut aux Louisianais et fut admise comme vérité dynastique par le maréchal de Saxe. Devenue veuve pour la deuxième fois, la supposée bru de Pierre le Grand convola avec Urbain de Maldague et s'en fut vivre, en 1754, à l'île Bourbon, où son troisième époux rendit l'âme. Mme de Montolieu raconte que cette femme étonnante connut une fin de vie édifiante à Bruxelles. Bien des années plus tard, Georges Oudard révéla que l'exilée de Louisiane

---

1. Des chercheurs ont cru reconnaître sous ce pseudonyme le chevalier Karl-Frédéric d'Arensbourg, un officier d'origine suédoise, qui avait choisi l'exil afin d'échapper à la tyrannie de Pierre le Grand. C'est lui qui conduisit en Louisiane le second convoi d'émigrants allemands. Il était accompagné de celle que l'on aurait prise pour la pseudo-bru du tsar.

2. Jeanne-Isabelle-Pauline Polier de Bottens, baronne de Montolieu, 1751-1832, auteur suisse, a publié plus de cent volumes dont *la Princesse de Wolfenbüttel*, Colburn, libraire, n° 50, Conduct Street, New Bond Street, Londres, 1808.

mourut à Vitry, en 1771, et que l'ambassadeur d'Autriche assista à la messe d'enterrement, ordonnée par Louis XV et célébrée par l'abbé Sauvestre, aumônier de la cour. On découvrit aussi, à cette occasion – et les registres de la paroisse l'ont prouvé à des chercheurs plus tardifs – que la mère de Pierre II avait été inhumée sous le nom de Dortie-Marie Élisabeth Danielson ! On ne doute plus aujourd'hui que la véritable princesse de Wolfenbüttel soit bien morte en 1715, après avoir mis au monde le petit-fils de Pierre le Grand, futur tsar, ainsi que l'indiquait déjà la *Biographie universelle* publiée par Garnier en 1832. Authentiques ou imaginaires, les destins croisés de Manon, fille de joie au cœur tendre, et de Sophie-Charlotte, princesse exilée, appartiennent à jamais aux annales romanesques de la Louisiane.

Des Allemands de bonne volonté

Parmi tous les colons envoyés en Louisiane depuis 1717 par la Compagnie des Indes à la demande de John Law, les Allemands furent toujours considérés comme les meilleurs éléments. Appréciés pour leur sérieux, leur sens de l'organisation, leur ardeur au travail et leur discipline, ils furent de tous les défricheurs ceux qui contribuèrent le plus efficacement au développement de l'agriculture dans la colonie.

John Law, qui avait sans doute apprécié au cours de ses voyages les qualités des laboureurs et des artisans allemands, avait confié à l'un de ses collaborateurs, Jean-François Melon, économiste et secrétaire du Régent, le soin d'organiser le recrutement. Melon, qui se piquait de littérature et devait laisser, sous le titre *Mahmoud-le-Ghaznévide*, une histoire allégorique de la Régence et un *Essai politique sur le commerce*, connaissait l'influence de la publicité écrite. Aussi avait-il, en 1720, fait rédiger en allemand et imprimer à Leipzig « par le fils de feu J. Friedrich Gleditschen », dans une belle gothique, des prospectus qui furent largement diffusés outre-Rhin et dont le texte de la page de titre mérite d'être traduit et reproduit dans sa présentation :

DESCRIPTION
historique et géographique détaillée
du pays accueillant de Louisiane situé
en Amérique du Nord sur le grand fleuve
MISSISSIPPI
dans lequel la grande
COMPAGNIE DES INDES
française, récemment fondée, a commencé
à envoyer des colons ; en même temps nous
communiquons quelques réflexions sur les
desseins à longue portée de ladite compagnie
et du commerce qui en résulte.
Nouvelle édition avec de nouveaux
suppléments et remarques[1].

On joignait parfois à ces fascicules la reproduction d'une gravure colorée, commandée à François-Gérard Joullain, où l'on voit des commerçants français débarqués d'un bateau dans un paysage idyllique et échangeant avec des Indiens, emplumés et respectueux, des marchandises variées, tombées sans aucun doute d'une corne d'abondance.

Les « engagés », séduits et recrutés en Alsace, dans le Wurtemberg, le Palatinat, la Franconie, le Brandebourg, le pays de Bade, la Bavière et les petits électorats de Trèves ou de Mayence, se présentèrent en assez grand nombre pour que leur acheminement, du lieu d'origine jusqu'à

---

1. Traduction de Mme Waltraud Delarue.

Lorient, port d'embarquement, s'effectuât en convois, qui traversèrent le nord de la France en suscitant parfois quelques perturbations dans les villes et villages. Des Suisses faisaient aussi partie du contingent allemand, ce qui leur valut souvent d'être abusivement assimilés aux Germains.

Trois mille neuf cent quatre-vingt-onze Allemands, chiffre fourni par la Compagnie des Indes, se trouvaient rassemblés le 3 juillet 1720, dans un camp près de Ploemeur, paroisse située à l'ouest de Lorient. Ils allaient y passer de nombreux mois, comme le prouvent les registres de la paroisse sur lesquels un magistrat lorientais[1] a relevé de nombreux actes de baptême, de mariage, d'inhumation et même un acte d'abjuration « de l'hérésie de Luther » concernant des Allemands « passant avec la troupe pour la Louisiane ».

Près des trois quarts de ces candidats à l'émigration ne devaient jamais voir le Mississippi. Des maladies infectieuses, mal définies mais épidémiques, et des maux de toute sorte décimèrent les familles, aussi bien à terre qu'à bord des bateaux, pendant des traversées qui n'allaient pas sans autres risques.

Parmi les futurs colons réunis à Lorient, certains durent attendre plus d'un an, sous la tente, dans les dépendances du château de Tréfaven, qui servait aussi d'hôpital, ou chez les habitants, le moment d'embarquer pour l'Amérique. Réduits le plus souvent à des conditions d'hygiène détestables et mal nourris, les recrutés adressaient des plaintes au directeur de la Compagnie, mais, entièrement soumis au bon vouloir d'une administration qui se souciait plus

---

1. M. René Maurice, procureur de la République près le tribunal de première Instance à Lorient, auteur de *Mœurs et crimes à Lorient au XVIIIᵉ siècle*, Lorient, 1939.

du profit des actionnaires que du confort des engagés, les émigrants ne pouvaient que prendre leur mal en patience.

On sait par les livres de comptes de la Compagnie des Indes que l'hébergement et l'entretien, à Lorient, des familles allemandes coûta cependant quatre cent cinquante mille livres. Cette somme fut, plus tard, réclamée à Law sous prétexte que les Germains avaient été embauchés spécialement pour mettre en valeur les concessions qu'il avait fondées avec ses associés, le marquis d'Ancenis et le duc de Gramont. Le banquier refusa toujours de reconnaître et d'acquitter cette dette et, quand la colonie fut dévolue à la Couronne, en 1732, la facture impayée fut envoyée au roi !

Le premier contingent embarqué sur le *Deux-Frères* arriva cependant en Louisiane en février 1721. Sur les deux cent dix passagers inscrits lors de l'appareillage, cent quarante-trois seulement touchèrent au terme du voyage : trente-deux hommes, trente-six femmes et soixante-quinze enfants.

Les dangers de la traversée

La traversée de l'Atlantique ne constituait pas, en ce temps-là, une aimable croisière. L'odyssée de la robuste flûte la *Garonne*, commandée par le capitaine Pierre-Edmée Burat, partie le 24 janvier 1721 de Lorient, avec deux cent quatre émigrants allemands, dont André Traeger, maire de Frederichsort, reflète bien les risques encourus. Avant même que ce vaisseau prît le large, on avait déploré, à bord, le décès d'une vingtaine de personnes. L'air marin ne devait pas améliorer la situation sanitaire et, quand le bateau fut arraisonné, à proximité de l'île de Saint-Domingue où il devait faire escale, par la *Gaillarde*, un corsaire manœuvré par des pirates de la

Martinique, ni l'équipage ni les passagers, malades et affaiblis par la dysenterie, ne purent résister.

La *Garonne* fut contrainte d'aller mouiller dans la baie de Samana, sur la côte est de Saint-Domingue, où les forbans, à l'abri des curiosités, pillèrent les bagages des émigrants, violèrent leurs femmes et tuèrent les marins qui tentaient de s'opposer à leurs exactions. Ils prélevèrent ensuite sur le navire prisonnier tout ce qui pouvait être utile au confort et à la bonne marche de leur propre bateau.

Les survivants ne durent leur salut qu'à l'arrivée soudaine de trois bateaux envoyés par le gouverneur de Saint-Domingue à la demande du représentant de la Compagnie des Indes, informé, on ne sait comment, du sort lamentable de la *Garonne*.

Les corsaires ayant été mis hors d'état de nuire par les soldats embarqués sur les vaisseaux du roi, le commandant du navire à demi démonté choisit, en mars 1722, de reprendre la route de Lorient, après une escale à Cap-Français, où l'on pansa les blessures des hommes et du bateau.

Il ne restait plus à bord que huit hommes d'équipage et une cinquantaine d'Allemands qui désiraient toujours se rendre en Louisiane. Ils y furent transportés, avec ce qu'ils avaient pu récupérer d'effets, de bagages et d'outils, par le *Profond*, un bateau de La Rochelle, commandé par M. Du Gerneur, qui venait de débarquer en Louisiane des ouvriers destinés à la concession de Law. Les émigrants allemands rescapés ne virent le Mississippi qu'au mois d'avril 1722. Ils avaient mis quinze mois pour toucher à la terre promise... par les tracts de Jean-François Melon !

À leur arrivée en Louisiane, ces premiers Allemands, et ceux de leurs compatriotes qui allaient les rejoindre au cours des mois suivants, auraient dû être conduits à la concession de Law, située dans une vaste prairie, au cœur du triangle que forment les terres, fertiles mais inondables, au confluent de l'Arkansas et du Mississippi. Le site était alors considéré comme l'extrémité nord du cours inférieur du grand fleuve.

Si l'on en croit Bertrand Dufresne, un Malouin, directeur de la Compagnie des Indes en Louisiane, qui fit une inspection au printemps de 1722, une cinquantaine de Français, hommes et femmes, que le père Charlevoix qualifie peu aimablement de « tristes débris », n'avaient encore défriché que trois arpents, soit environ un hectare, de la propriété du banquier. Ces pionniers, logés dans de misérables baraques, attendaient le renfort des agriculteurs allemands. La Compagnie manquant de bateaux pour transporter ces derniers – on devait remonter le Mississippi sur plus de cinq cents kilomètres pour atteindre le confluent de l'Arkansas –, les Allemands furent répartis dans la région dite des Cannes-Brûlées, au pays des Indiens Taensa, sur la rive droite du fleuve, à une quarantaine de kilomètres au nord de La Nouvelle-Orléans. Employés sur les concessions de MM. d'Artagnan, Delaire et Demeuves, ils surent avec opiniâtreté mettre les terres en valeur et, en 1722, les émigrants allemands avaient construit trois petits villages qui abritaient plus de trois cents personnes.

Bienville avait fait un choix judicieux en désignant comme responsable de ces implantations le capitaine Karl-Frédéric d'Arensbourg. Cet officier, formé au service du roi Charles XII de Suède, était arrivé en Louisiane en 1721 à bord du *Portefaix*, qui transportait le second convoi des émigrants allemands, suisses et souabes dont il avait facilité le recrutement. Bien qu'âgé seulement de vingt-trois ans, il avait fait preuve de tant de valeur et d'intelligence que le commandant général lui avait aussitôt confié des missions de police et de justice.

Dans le même temps que prenaient vie sur les rives du Mississippi des établissements qui allaient devenir, au fil des années, les plus prospères de la colonie, à Lorient, la Compagnie des Indes décidait de renvoyer dans leurs foyers les quatre cents Allemands qui attendaient encore d'être transportés en Louisiane. Chacun reçut vingt livres de dédommagement. Tout juste de quoi retourner au pays, car aucun convoi ne fut organisé pour ces rapatriements.

Les Allemands de Louisiane, vite intégrés – certains francisèrent même leur nom – et comprenant après la déconfiture de Law qu'ils ne seraient jamais transportés sur les concessions des Arkansa, s'adjugèrent, sans susciter d'autre protestation que de principe de la part de la Compagnie des Indes, les domaines qu'ils avaient défrichés. Les propriétaires légitimes de ceux-ci, associés en désaccord permanent, s'épuisaient en procès et en démarches pour obtenir de la Compagnie des Indes le remboursement de frais engagés sans profit. Comme ils semblaient se désintéresser de l'exploitation des terres qui leur avaient été dévolues, les Allemands, réalistes et avisés, s'en étaient emparés.

Un demi-siècle plus tard, ces pionniers enrichis et unis joueront un rôle important, au côté des Français, dans la rébellion de 1768 contre les Espagnols.

Un régiment suisse

Les différentes compagnies de commerce maritime qui se succédèrent sous le nom de Compagnie des Indes disposèrent toujours de troupes privées. Les contrôles, la perception des droits, la garde des magasins et la protection des comptoirs coloniaux obligèrent ces entreprises à entretenir des formations militaires. Bien que l'article 31 de la charte de fondation de la première Compagnie des Indes, du 28 mai 1664, ait contraint le roi « à défendre de nos armes et de nos vaisseaux à nos frais et dépens » toutes les possessions de la société, le maintien d'une force permanente aux ordres de la Compagnie s'était révélé indispensable. La marine traditionnellement chargée de la défense des territoires d'outre-mer ne suffisant pas à la tâche, des régiments de marins-fantassins avaient été créés par Colbert. Ceux-ci devinrent, sous Pontchartrain, les Compagnies franches de la marine. Ces unités à pied allaient bientôt constituer une véritable armée coloniale autonome. Celle-ci prendra plus tard le nom d'infanterie de marine et les marsouins s'illustreront sous toutes les latitudes, portant jusqu'à nos jours pour insigne l'ancre d'or qui rappelle leur origine maritime.

Les Suisses, excellents soldats, disciplinés et fidèles, maintes fois employés par les rois de France, participèrent, dans ces corps spéciaux, aux entreprises coloniales. Le régiment de Carignan-Sallières, fort de vingt compagnies et de mille hommes, fut le premier des régiments suisses à traverser l'océan. Il servit au Canada dans les guerres indiennes et de nombreux soldats réformés reçurent des terres et s'installèrent sur les rives du Saint-Laurent.

Quand commença, d'une façon méthodique, le peuplement de la Louisiane, la Compagnie des Indes fit à nouveau appel aux Suisses. En décembre 1719, le chevalier François-Adam Karrer, capitaine au régiment suisse du Buisson, fut chargé par les collaborateurs de John Law de lever un bataillon suisse composé de trois compagnies de deux cents hommes. Né à Soleure en 1672, Karrer avait déjà servi dans l'armée française et obtenu, pour s'être vaillamment conduit lors de la bataille de Malplaquet, le grade de capitaine dans le régiment de Sallis. En juin 1720, le bataillon constitué par les soins de Karrer, fort de six cents Suisses et Alsaciens, prit ses quartiers à Port-Louis, près de Lorient. Un an plus tard, l'officier ayant reçu du Régent une commission de colonel, le bataillon devint régiment, fut renforcé d'une compagnie supplémentaire de réserve dite « colonelle » et mis aux ordres de la marine. Il prit alors, suivant la tradition, le nom de son fondateur et fut désormais appelé Karrer-Marine. Bientôt, des détachements embarquèrent pour la Martinique, Saint-Domingue, le Canada et, plus tard, pour la Louisiane. Le drapeau des compagnies du régiment Karrer, divisé en quartiers gironnés de six flammes rouges, bleues et jaunes par la croix blanche de France, portait en fasce la devise *Fidelitate et Honore*, et en pal la devise *Terra et Mare*. Les quartiers du drapeau de la compagnie colonelle ne portaient pas de gironnés colorés mais un semis de fleurs de lis d'or. L'uniforme des soldats se composait d'un habit rouge à manches en botte avec doublure et parements bleus, d'une culotte et d'une veste bleue, croisée à double boutonnage avec boutonnières blanches, boutons d'étain façonnés et petit collet bleu. Les bas, couverts par des guêtres en tenue de campagne, étaient blancs ou bruns, les chaussures basses ornées d'une boucle. La coiffure ordinaire, un tricorne à hauts bords galonnés d'argent, était remplacée, en hiver, par un bonnet de fourrure, pour les détachements envoyés au Canada. L'armement consistait en un mousquet pourvu d'une baïonnette, plus un sabre suspendu à un large baudrier de cuir. La tenue des officiers, habit bleu à col rouge, ouvert sur une chemise blanche et une cravate noire, tricorne noir orné d'une plume blanche retenue à l'aile du chapeau par une cocarde, passait pour une des plus élégantes de l'armée. Boutons et boucles d'argent lui conféraient même quelque coquetterie[1] !

Les militaires du régiment de Karrer ne furent pas les seuls Suisses à servir en Louisiane. Le premier contingent, qui débarqua en novembre 1720 de la *Mutine*, en même

---

1. L'auteur doit toutes ces informations à Michel Rochat, érudit genevois, spécialisé dans l'histoire militaire suisse, et aux archives du musée des Suisses à l'étranger, 18, chemin de l'Impératrice, Prégny-Chambésy, Genève.

temps que les filles à la cassette, les prisonnières de la
Salpêtrière, les ingénieurs et architectes du roi et les
engagés des sociétés concessionnaires déjà constituées,
était composé de cent quarante officiers et soldats, soit les
trois quarts des effectifs d'une unité particulière recrutée
et commandée par le capitaine David-François de Merveilleux, que secondait le capitaine Jacques Brandt. Cette
compagnie de soldats-ouvriers, parmi lesquels on trouvait
des terrassiers, des maçons, des forgerons et des charpentiers, devait participer à la construction des routes, des
fortifications et des bâtiments publics de La Nouvelle-
Orléans et des postes disséminés au long du Mississippi.
Des sergents-maîtres encadraient ces spécialistes, qui ne
prenaient les armes qu'en cas de nécessité mais étaient
censés respecter la discipline militaire en toute circonstance. Cette unité annonçait, semble-t-il, les sapeurs de
la Légion étrangère qui, plus tard, construiraient dans les
colonies françaises routes et ponts. Chaque soldat-ouvrier
recevait en Louisiane une solde de douze livres par mois,
les officiers percevant cent cinquante livres. Le fondateur
de cette formation, le capitaine David-François de
Merveilleux, issu d'une très ancienne famille de Neuchâtel,
anoblie en 1529, avait été, à Paris, secrétaire-interprète du
roi pour les ligues grisonnes. On lui devait, en tant que
médecin, un ouvrage sur les eaux thermales : *Amusements
des bains de Baden*. En 1721, il vit arriver en Louisiane, à
bord du *Deux-Frères* et de la *Vénus*, ses frères Charles-
Frédéric et Jean-Pierre de Merveilleux, du régiment de
Karrer. Le premier, récemment promu capitaine,
commandait la 3e compagnie, dans laquelle Jean-Pierre
servait comme enseigne. Charles-Frédéric était un officier
de valeur. Entré en 1707 comme cadet au régiment de
Surbeck, il s'était vaillamment battu pour la France, à
Oudenarde en 1708, à Arleux en 1711, où il avait conquis

ses galons de lieutenant, à Denain et à Bouchain en 1713. Des trois frères Merveilleux, il fut le seul à rester en Louisiane, où il obtint, en 1741, le grade de lieutenant-colonel. Rentré en France, il continua de se battre pour le roi en Aunis et en Saintonge, fut fait chevalier de Saint-Louis en 1746 et mourut à Paris en 1749[1].

Quand, vers 1735, La Nouvelle-Orléans fut devenue une vraie ville, les jours où la compagnie suisse de Louisiane se rendait, derrière fifres et tambours, de sa caserne à la place d'Armes, toutes les belles se mettaient à leur balcon. Les plus hardies applaudissaient, les prudes déployaient leur ombrelle comme si elles eussent voulu filtrer les œillades que, de tout temps, les militaires défilant ont adressées aux femmes.

Aux cultivateurs allemands et aux soldats-ouvriers suisses se joignirent, au fil des années de peuplement, des Suédois, officiers réformés venus avec leur compatriote d'Arensbourg, et, surtout, des Italiens. Ces derniers étaient parfois des soldats déserteurs ou des contrebandiers de tabac indésirables dans leur pays, mais le plus souvent des artisans ou des ouvriers, recrutés comme tels par la Compagnie des Indes. John Law, qui souhaitait envoyer en Louisiane quatre cents spécialistes de l'élevage du ver à soie, en trouva dans le Piémont. C'est ainsi que le *Chameau* débarqua un premier contingent d'Italiens le 11 août 1718. En mai 1720, on vit arriver de Gênes, à bord du *Notre-Dame-de-la-Conception*, deux cent cinquante émigrants italiens, dont le chevalier de Fontana avait payé le transport en espérant être remboursé par la Compagnie. Le plus connu des émigrés italiens en Louisiane reste Francesco Maria de Reggio, né à Alba, en Piémont. Cet ancien lieutenant du Royal Grenadier génois devint capitaine dans l'infanterie de marine en Louisiane puis

---

1. Il est à l'origine de la branche française des Merveilleux du Vignaux.

commandant du poste des Attakapa. Il épousa une Française, Hélène Fleuriau, fille du procureur général François Fleuriau, arrivé dans la colonie en 1723. En 1781, il deviendra conseiller municipal de La Nouvelle-Orléans, puis maire et juge sous la domination espagnole. Les Louisianais le considèrent comme le fondateur d'une des meilleures familles de La Nouvelle-Orléans. Il fut l'arrière-grand-père du général Pierre Toutant de Beauregard, un des héros de la guerre de Sécession. C'est encore un Italien, Costantino Beltrami, magistrat de Bergame venu à La Nouvelle-Orléans un siècle plus tard, en 1823, pour oublier la mort de celle qu'il aimait, qui fut le premier explorateur à remonter le Mississippi jusqu'à sa source, au-delà des Grands Lacs.

Captifs indiens, esclaves noirs

Les déportés français, hommes ou femmes, les filles à la cassette, les riches concessionnaires, les fonctionnaires du roi ou de la Compagnie des Indes, les aristocrates désœuvrés avides d'émotions nouvelles, les aventuriers en quête d'un refuge ou d'une fortune facile, les émigrants européens venus librement participer à la mise en valeur de la colonie trouvèrent en Louisiane une population servile composée des Noirs importés d'Afrique contre leur gré par les négriers et, en petit nombre, des Indiens prisonniers de guerre, contraints, avec plus ou moins de violence, de servir les Blancs.

Jusqu'en 1712, le roi de France avait refusé, « avec constance et fermeté », l'introduction de Noirs en Louisiane. Mais, quand Antoine Crozat prit à bail la colonie, il obtint que figurât parmi les privilèges de celle-ci, non seulement le droit de faire venir chaque année un bateau de Noirs sur les rives du Mississippi, mais aussi le monopole de la traite, c'est-à-dire de l'enlèvement, pour le compte des Espagnols, des Noirs destinés à l'esclavage dans les colonies de ces derniers. John Law reprit naturellement à son compte tous les avantages accordés à Crozat, plus quelques autres.

Depuis l'Antiquité, la capture d'esclaves était considérée comme source de main-d'œuvre, mais, d'après certains historiens, la première expédition de type commercial ravalant les Noirs au rang de marchandise fut le fait des Portugais. Le 8 août 1444, un navire de Lagos aurait débarqué au Portugal deux cent trente-cinq Noirs, aussitôt vendus à de bons bourgeois. Les Espagnols, les Anglais puis toutes les nations coloniales se mirent de la partie et, en 1620, un bâtiment de guerre hollandais débarqua à Jamestown (Virginie) vingt Noirs enlevés en Guinée. Ce furent les premiers esclaves transportés en Amérique du Nord. Des dizaines de milliers devaient les rejoindre jusqu'à ce que la traite soit assimilée à la piraterie par le congrès de Vienne en 1815.

En important, dès 1713, une vingtaine de Noirs qui furent vendus aux colons louisianais, les dirigeants de la Compagnie des Indes occidentales n'avaient fait que reprendre la méthode qui avait si bien réussi dans une autre colonie, devenue en partie française depuis 1626, Saint-Domingue. Sur cette île, nommée Hispaniola par Christophe Colomb et que les Espagnols avaient commencé à peupler d'esclaves noirs dès 1502, le gouverneur français, Bertrand Ogeron de La Bouère, affichait une belle réussite économique depuis qu'il avait organisé l'importation d'une main-d'œuvre servile raflée sur les côtes d'Afrique.

Le gentilhomme angevin avait déjà su mettre au travail des flibustiers et des matelots rebelles à toute discipline.

En offrant à ces colons de fortune des esclaves aptes à faire produire la terre, il avait considérablement développé les cultures vivrières, celles du coton, du manioc, de l'igname et de l'indigo notamment. Dans les milieux qui s'intéressaient à la colonisation comme dans les salons où l'on parlait affaires, il était cité en exemple. Ce qui était bon pour Saint-Domingue ne pouvait manquer de l'être pour la Louisiane, dont le climat ressemblait fort à celui de la grande île des Antilles et où l'on pouvait cultiver les mêmes plantes.

En 1719, deux navires, le *Grand-Duc-du-Maine* et l'*Aurore*, venant d'Afrique, débarquèrent sur l'île Dauphine environ cinq cents esclaves enlevés en Guinée. La même année, la Compagnie des Indes fit construire, sur la rive droite du Mississippi, en face du site de La Nouvelle-Orléans, un pénitencier pour Noirs aussitôt nommé « plantation de la Compagnie ». Désormais, les négriers allaient fournir régulièrement la main-d'œuvre servile que réclamaient les colons. Fatigués par le climat, ceux-ci estimaient que seuls les Africains étaient assez résistants pour travailler la terre. Ces Noirs, que l'administration maritime appelait « pièces d'Inde » et les trafiquants « bois d'ébène », allaient devenir les principaux artisans de la fortune des planteurs.

L'odieux commerce devint assez vite d'une bonne rentabilité pour la Compagnie et Bienville révélera en 1731 : « Les nègres qu'elle a introduits dans la colonie lui revenaient à trois cents livres et elle les a vendus, à crédit, mille livres. » Mais la Compagnie n'était-elle pas en Louisiane pour faire des affaires ? Elle prenait du bénéfice non seulement sur la revente des Noirs capturés en Afrique, mais aussi sur les denrées de première nécessité qu'elle importait de France et vendait aux colons, en majorant les prix de cent vingt à cent cinquante pour cent !

En 1726, on comptera en Louisiane, entre le Détour-aux-Anglais et Pointe-Coupée[1], c'est-à-dire dans les plantations réparties au long du Mississippi, dans la zone la plus fertile de la colonie, mille cinq cent quarante esclaves noirs pour deux cent vingt-neuf esclaves indiens. Le nombre de ces derniers allait décroître au fur et à mesure que celui des Africains augmenterait. En 1763, au moment de la cession de la Louisiane à l'Espagne, on recensera dans la colonie quatre mille six cent cinquante-deux esclaves noirs pour soixante et un esclaves indiens.

Un code à l'usage des Blancs

L'accroissement de la population servile avait commencé, dès 1722, à perturber l'ordre rétabli. La colonie se développant, Bienville se décida, en 1724, à mettre en application, avec quelques aménagements tenant compte des conditions locales, le Code noir déjà en vigueur à Saint-Domingue.

Ce code avait été inspiré par Colbert, qui écrivait en 1670 au président du parlement de Rennes : « Il n'y a aucun commerce dans tout le monde qui produise autant d'avantages que celui des esclaves. » Comme il fallait, dans les colonies françaises ; réglementer la vie des populations serviles et surtout les maintenir dans une dépendance stricte, pour prévenir toute velléité de mutinerie, les services du ministre de la Marine produisirent un Code noir qui ne fut promulgué qu'en 1685, après la mort de Colbert. Ce code, qui reçut au XVIIIe siècle des modifications aggravantes pour les esclaves louisianais, n'intéressait pas que les Noirs, comme beaucoup le croient encore aujourd'hui. Il interdisait également aux Juifs de résider

---

1. Plus tard : English Turn et Pointe Coupee.

dans la colonie et prohibait l'exercice de toute religion autre que catholique.

Si le texte interdit aux maîtres de faire travailler leurs esclaves le dimanche, jour du Seigneur, si tel article les oblige « à faire enterrer en terre sainte et dans les cimetières destinés à cet effet leurs esclaves baptisés », ceux qui mourront « sans avoir reçu le baptême » devront être « enterrés, de nuit, dans quelque champ voisin du lieu où ils seront décédés ». Il est naturellement défendu aux esclaves « de porter aucune arme offensive », « de s'attrouper le jour ou la nuit sous prétexte de noces ou autres, soit chez un de la maison ou ailleurs, et encore moins sur les grands chemins ou lieux écartés, à peine de punitions corporelles, qui ne pourront être moindres que le fouet et la fleur de lys. En cas de fréquente récidive et autres circonstances aggravantes, pourront être punis de mort ce que nous laissons à l'arbitraire des juges ». Les vols seront sanctionnés par des peines afflictives, on pourra condamner les voleurs de poules « à être battus de verges ».

L'article 38, un des plus affligeants, règle le sort des candidats à l'évasion : « L'esclave fugitif qui aura été en fuite pendant un mois, à compter du jour que son maître l'aura dénoncé en justice, aura les oreilles coupées et sera marqué d'une fleur de lys sur une épaule. Et s'il récidive un autre mois, à compter pareillement du jour de la dénonciation, il aura le jarret coupé et sera marqué d'une fleur de lys sur l'autre épaule. Et la troisième fois il sera puni de mort. » Le cas des esclaves qui oseraient lever la main sur un Blanc est aussi prévu : « L'esclave qui aura frappé son maître ou la femme de son maître, sa maîtresse ou le mari de sa maîtresse, ou leurs enfants, avec contusion ou effusion de sang, sera puni de mort. »

En échange d'une parfaite soumission et d'un travail assidu, les maîtres doivent à leurs esclaves nourriture, vêtements et soins, ainsi que les y engagent les articles suivants qui ont fait dire à un commentateur américain qu'il s'agissait d'un code « sans dureté ».

Article 22 : « Seront tenus les maîtres de faire fournir par chaque semaine à leurs esclaves, âgés de dix ans et au-dessus, pour leur nourriture deux pots et demi, mesure de Paris, de farine de manioc ou trois cassaves pesant chacune deux livres et demie au moins, ou autre chose équivalente, avec deux livres de bœuf salé ou trois livres de poisson, ou autres choses à proportion ; et aux enfants, depuis qu'ils sont sevrés jusqu'à l'âge de dix ans, la moitié des vivres ci-dessus. »

Article 25 : « Seront tenus les maîtres de fournir à chaque esclave, par chacun an, deux habits de toile ou quatre aunes de toile au gré desdits maîtres. »

Article 27 : « Les esclaves, infirmes par vieillesse, maladie ou autrement, que la maladie soit incurable ou non, seront nourris et entretenus par leurs maîtres, et, en cas qu'ils les eussent abandonnés, lesdits esclaves seront adjugés à l'hôpital, auquel les maîtres seront obligés de payer six sols par jour pour la nourriture et l'entretien de chaque esclave. »

En plus de ce que l'on n'ose appeler une protection sociale, les rédacteurs du code entendent, sans doute pour se donner bonne conscience, prévenir les abus d'autorité. Il est interdit aux maîtres « de donner la torture ni de faire aucune mutilation de membres, à peine de confiscation des esclaves et d'être procédé contre les maîtres extraordinai-rement ». Mais le code ne semble pas envisager comme une chose possible la culpabilité d'un propriétaire d'esclaves et l'article suivant atténue assez hypocritement l'apparente rigueur du précédent.

Article 43 : « Enjoignons à nos officiers de poursuivre criminellement les maîtres ou les commandeurs, qui auront tué un esclave étant sous leur puissance ou sous leur direction, et de poursuivre le meurtre selon l'atrocité des circonstances, et, en cas qu'il y ait lieu à l'absolution, permettons à nos officiers de renvoyer, tant les maîtres que les commandeurs, absous, sans qu'ils aient besoin d'obtenir de nous des lettres de grâce. »

On pouvait donc dans la colonie se rendre justice entre soi avec la mansuétude que l'on peut imaginer quand la victime, en tant qu'esclave, ne pouvait manquer d'avoir tort !

À la fin de l'année 1720, la Louisiane va enfin pouvoir prétendre au nom de colonie. Les attributions de domaines vont bon train, les émigrants arrivent pour les exploiter, les Noirs enlevés à l'Afrique pour les mettre en culture et les relations avec la métropole, si rares pendant de nombreuses années, se multiplient à tel point qu'on ne sait, certains mois, où trouver des mouillages pour les navires devant l'île Dauphine et le Nouveau Biloxi ! Entre le mois de mai 1719 et le mois de décembre 1720, trente-trois bateaux ont été armés à Lorient pour la Louisiane et ont amené dans la colonie des centaines d'hommes et de femmes.

On imagine aussi que sous l'impulsion de Law la France va poursuivre ce bel effort d'investissement, mais on déchante quand on apprend sur les rives du Mississippi ce qui s'est passé à Paris. M. Law a fait banqueroute, son génial système s'est effondré. Malgré son apparente réussite, le banquier n'a pu maîtriser la situation. Le 22 mai, le Conseil d'État a rendu un arrêt concernant les actions de la Compagnie des Indes, plus connue des Parisiens sous le nom de Compagnie du Mississippi. Cet arrêt prévoyait une réduction progressive de la valeur des actions qui devraient ainsi, à la fin de l'année, valoir moitié moins. C'est exactement ce qui est arrivé, sauf que les actions ne valent plus rien du tout ! « Cela fit ce qu'on appelle, en matière de finance et de banqueroute, montrer le cul », écrit Saint-Simon, commentant crûment la situation.

Naturellement, une foule de gens, et non des moindres, se crurent ruinés. Cela fit un beau tapage dans les antichambres et même dans les alcôves. Le parlement, qui ne ratait jamais une occasion de déplaire au Conseil d'État, s'était présenté comme défenseur de l'épargne en refusant d'enregistrer l'arrêt. Law avait ainsi échappé, provisoirement, au rôle de bouc émissaire que certains entendaient lui faire jouer. Mais la confiance, qu'un rien effarouche, s'était aussitôt diluée devant l'inquiétude des agioteurs et de leurs clients. On vit bientôt les possesseurs de billets de banque se mettre en quête d'espèces sonnantes et trébuchantes, tandis que ceux qui s'étaient battus rue Quincampoix pour devenir actionnaires de la Compagnie du Mississippi recherchaient des naïfs ou des ignorants à qui revendre des certificats qui ne certifiaient plus grand-chose.

Le 17 juillet 1720, seize personnes avaient péri, étouffées rue Vivienne par la foule furieuse des petites gens, venus chercher à l'hôtel Mazarin les dix livres accordées en échange de ces billets que personne ne voulait plus recevoir en paiement. Le cocher de Law, qui reconduisait le carrosse de son maître, avait été pris à partie. On lui avait jeté des pierres à la tête, faute de pouvoir rosser l'Écossais !

Jean-Baptiste Le Moyne de Bienville, installé avec bonheur dans l'intérim qui faisait de lui le gouverneur de fait de la colonie, se serait bien passé de nouvelles de ce genre et des conséquences qui allaient en découler. Il avait à bâtir une ville qui, jusqu'à présent, n'était qu'un nom sur une carte très approximative de la colonie : La Nouvelle-Orléans.

4.

Une colonie à part entière

Biloxi, centre d'accueil

Tandis que l'on réorganisait, à Paris et à Lorient, la Compagnie des Indes dont certains privilèges allaient être provisoirement suspendus, alors que Law passait discrètement, le 20 décembre 1720, la frontière belge et quittait la France pour n'y plus jamais revenir, la Louisiane prenait enfin le caractère et l'importance d'une colonie à part entière. C'est en grande partie à l'Écossais, banqueroutier fuyard, qu'elle devait cette évolution, car il avait été le premier capable d'envoyer en Amérique, de gré ou de force, en moins de deux ans plus de sept mille personnes.

C'est autour du Nouveau Biloxi, sur un plateau boisé, surélevé de quelques pieds par rapport au niveau de la mer, à la pointe d'une presqu'île de terre limoneuse, hélas entourée de marais où refluaient parfois les eaux du golfe, que s'était développé un véritable centre d'accueil des émigrants. Dès 1719, Bienville, qui aurait préféré aménager tout de suite le site de La Nouvelle-Orléans, avait été contraint par les dirigeants de la Compagnie des Indes, qui, de Lorient, ne se faisaient pas une idée très exacte de la Louisiane, de faire du Nouveau Biloxi l'établissement principal de la colonie. Il s'y était installé, de même que le directeur régional de la Compagnie, créant un magasin, un hôpital, des baraquements pour loger les filles à la cassette et les religieuses qui accompagnaient les fiancées du Mississippi. Comme il fallait loger aussi les ingénieurs du roi et leur famille, les employés et les gardes de la Compagnie des Indes, les engagés envoyés par différents concessionnaires, souvent avec femme et enfants, les Suisses de la compagnie de Merveilleux et du régiment de Karrer, les militaires français, les prisonnières tirées de la Salpêtrière pour en faire des épouses coloniales de second choix, les forçats rescapés des galères et les vagabonds ramassés dans les rues de Paris, l'architecte Pierre Le Blond de La Tour, formé par Vauban, avait été invité, dès son arrivée, en novembre 1720, à définir un plan d'occupation des sols ! Bienville, dont la demeure était la seule avec celle du directeur de la Compagnie à ressembler à une vraie maison, avait déjà fait du site le siège du Conseil de la colonie ; il y hébergeait un missionnaire devenu vicaire général de l'évêque de Québec, le père Antoine Davion.

Les logements des émigrants de toute catégorie, construits à la hâte, étaient des plus rudimentaires : « quelques pieux en terre soutenant une couverture de joncs ». On imagine aisément la promiscuité engendrée sur quelques hectares par ce rassemblement de populations si diverses. Le Nouveau Biloxi ressemblait plus à un campement de bohémiens qu'à un comptoir colonial organisé. Les orphelines de bonne famille, dotées d'un trousseau par le roi et fallacieusement promises à de beaux mariages, se cachaient, effarouchées par les regards concupiscents des forçats récemment débarrassés de leurs chaînes, horrifiées par les propos lestes des soldats, tandis que les religieuses s'efforçaient de contenir les débordements des condamnées de la Salpêtrière rendues à la liberté et prêtes à user des charmes de la féminité pour trouver rapidement un mari, comme on les y avait invitées lors de leur embarquement à La Rochelle, ou, à défaut, un amant

prêt à les entretenir. Très vite les maladies, scorbut, dysenterie, fièvres diverses, les infections vénériennes, le manque
de vivres frais, des conditions d'hygiène déplorables,
avaient fait du site un lieu maudit qu'on ne pensait qu'à
fuir. Les désertions se multipliaient et chaque jour allon-
geait la liste des malades, des mourants et des morts. Entre
les mois de juillet 1720 et septembre 1721, plus de neuf
cents personnes périrent, tant au Nouveau Biloxi qu'au
Vieux Biloxi ou dans les postes proches de ces camps.

Devant cette situation, et bien que Le Blond de La Tour
semblât trouver à son goût le Nouveau Biloxi dont il
jugeait « la situation avantageuse, l'air excellent, l'eau très
bonne », la direction de la Compagnie des Indes décida de
transférer le siège colonial à La Nouvelle-Orléans, ce qui
réjouit les colons et les militaires, mais mécontenta les
boutiquiers, maîtres du commerce local. L'ordre parvint au
Nouveau Biloxi le 26 mai 1722, et Le Blond de La Tour
confia à son adjoint, l'ingénieur du roi Adrien de Pauger,
la construction d'une ville dont personne n'imaginait alors
qu'elle deviendrait, au XIXe siècle, le plus grand port du
Sud et le deuxième des États-Unis.

Ancien capitaine au régiment de Navarre, ingénieur du
roi depuis 1707, chevalier de Saint-Louis, Adrien de
Pauger fut le véritable bâtisseur de La Nouvelle-Orléans,
bien que les historiens aient plus souvent retenu le nom
de Le Blond de La Tour, qui s'attribua, avec les plans de
son subordonné, le mérite d'avoir dessiné la cité en forme
de croissant. Ayant amené avec lui une soixantaine d'ouvriers recrutés en Artois, sa province natale, Pauger fut
étonné de ne trouver sur le site de la future cité qu'une
vingtaine de baraques, éparpillées au milieu des brous-
sailles, dans une zone boisée « à ne pouvoir donner un
coup d'alignement ». Il se mit néanmoins au travail,
parcourut le fleuve en amont du site, le descendit en aval

jusqu'à son embouchure et démontra que les adversaires
de La Nouvelle-Orléans mentaient en soutenant que le
Mississippi avait seulement cinq pieds de profondeur en ce
lieu, alors que les sondages méthodiques donnaient treize
pieds ! Ayant étudié l'influence des marées, l'érosion des
fonds et le débit du fleuve, Pauger décida de fermer les
passes secondaires afin de forcer le Mississippi à ne plus
alimenter qu'un seul bras qui, creusé et élargi par le
courant, deviendrait praticable à des navires de quatre à
cinq cents tonneaux. Ainsi, les gros bateaux remonteraient
non seulement jusqu'à La Nouvelle-Orléans mais au-delà,
vers le pays des Arkansa. Comme les terrains sur lesquels
devait s'élever la future ville se trouvaient à un niveau inférieur de cinq pieds par rapport à celui de la mer, Adrien
de Pauger proposa aussitôt la construction « d'une bonne
digue contre les débordements du fleuve ». Énergique,
sachant à l'occasion tourner les règlements qui contrecarraient ses projets, mais probe et soucieux d'apporter
confort et sécurité aux habitants, l'ingénieur dut faire face
à l'opposition épisodique des comptables de la Compagnie,
à la malveillance de certains habitants de Biloxi, qui le
dénonçaient à Paris comme dilapideur des fonds de la
colonie, et même aux manœuvres dilatoires des employés
de la Compagnie des Indes, qui retardaient l'envoi de ses
plans à Paris ! Il vit même se dresser des adversaires parmi
les gens qui avaient, dans un premier temps, accepté avec
enthousiasme de s'installer à La Nouvelle-Orléans, ceux
notamment qui lui reprochaient de concéder les meilleurs
emplacements à ses amis, ceux qui voulaient bâtir leur
demeure où bon leur semblait, sans tenir compte du dessin
des quartiers, ceux enfin dont les propriétés étaient
écornées par le tracé des rues. Heureusement soutenu par
Le Blond de La Tour, qui se souvenait fort à propos qu'il
avait été hydrographe et antidatait sa correspondance pour
masquer son ralliement tardif aux plans de son adjoint,

Façade et élévation des casernes de La Nouvelle-Orléans, 30 mars 1729, dessin à la plume et au lavis par Pierre Baron. L'ingénieur en chef Baron avait été nommé par le gouverneur Etienne Périer alors que l'Académie royale des sciences l'avait envoyé en Louisiane pour faire des recherches en astronomie et en histoire naturelle. C'est après le massacre des colons par les Natchez qu'il décida d'ériger des fortifications et de nouvelles casernes. La plupart de ses projets ne furent pas réalisés, car il fut destitué lorsque Bienville redevint gouverneur de la colonie. (Archives nationales, dépôt des archives d'outre-mer, Aix-en-Provence.)

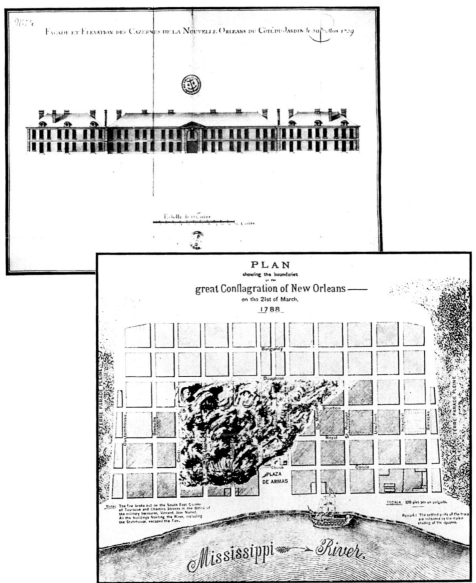

Plan montrant l'étendue de l'incendie de 1788. Le 21 mars, vers 13 h 30, un gigantesque incendie, rapidement devenu incontrôlable en raison du vent, détruisit une bonne partie du Vieux Carré, à La Nouvelle-Orléans. Seuls les bâtiments construits le long du fleuve furent épargnés. La Louisiane était alors espagnole et la ville fut reconstruite dans un style architectural largement influencé par celui de la péninsule Ibérique. De tout temps, les incendies ont fait partie des calamités louisianaises, au même titre que les ouragans et les épidémies. (The Historic New Orleans Collection, New Orleans, Louisiana.)

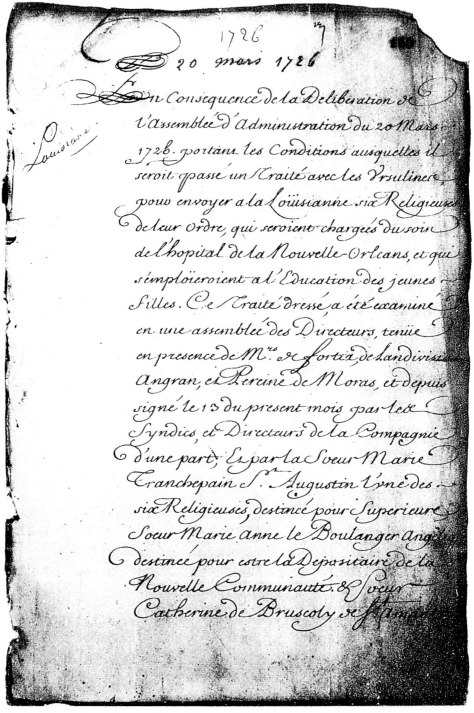

1726

20 mars 1726

En Consequence de la Deliberation de l'assemblée d'administration du 20 Mars 1726. portant les Conditions ausquelles il seroit passé un Traité avec les Vrsulines, pour envoyer a la Loüisianne six Religieuses de leur ordre, qui seroient chargees du soin de l'hopital de la Nouvelle-Orleans, et qui s'emploïeroient a l'Education des jeunes Filles. Ce Traité dressé, a été examiné en une assemblée des Directeurs, tenüe en presence de M.rs de fortià, de Landiviu Angran, et Perciné de Moras, et depuis signé le 13 du present mois par les Syndics, et Directeurs de la Compagnie d'une part; Et par la Soeur Marie Tranchepain S.t Augustin Vne des six Religieuses, destiné pour Superieure Soeur Marie anne le Boulanger angelin destiné pour estre la Depositaire de la Nouvelle Communauté. & Soeur Catherine de Bruscoly de stamant

Louisiane

Projet d'accord avec les ursulines, 20 mars 1726. C'est un véritable traité que les ursulines signèrent avec des directeurs de la Compagnie des Indes afin de définir les conditions de leur implantation en Louisiane et les responsabilités qu'elles auraient à exercer dans la colonie :

premiere Superieure des Vrsulines de
France, comme assistante dans cette affaire
d'autrepart.

Ces Religieuses demandent que la
Compagnie fasse aprouver leur Traité
par un Brevet du Roy, ainsi qu'il a été
pratiqué a l'Egard des Capucins, &
des Jesuites Establis a la Loüisianne.

éducation des jeunes filles, soin de l'hôpital, etc. Après plusieurs démarches, qui marquèrent les étapes de la négociation, les religieuses ursulines devaient obtenir du roi Louis XV, le 18 septembre 1726, un brevet les autorisant à s'installer en Louisiane. (Archives nationales, Paris.)

Maison coloniale, aquarelle par W. R. Shaw. Cette demeure, fief de la famille Duvergé, fut construite en 1812. L'artiste a exercé à La Nouvelle-Orléans de 1886 à 1898. De nos jours, Algiers fait partie de l'agglomération de La Nouvelle-Orléans. Cette demeure urbaine, construite l'année de l'entrée de la Louisiane dans l'Union, est cependant très représentative du style colonial : les piliers du rez-de-chaussée sont en brique, le plus souvent moulée à la main par les esclaves ; les colonnes de l'étage sont en bois, presque toujours du cyprès chauve, imputrescible et résistant à l'attaque des termites. Le style Renaissance grecque, plus prétentieux et moins authentique, fera fureur dans tout le Vieux Sud après 1785, date à laquelle Thomas Jefferson fera reproduire par un architecte français, Charles Louis Clérisseau, les plans de la Maison carrée, à Nîmes, pour construire le capitole de Richmond, en Virginie. Le président Jefferson fut sans doute le premier grand architecte américain et Monticello, sa propre résidence, comme celle de beaucoup de ses amis, est de style Greek Revival. (The Historic New Orleans Collection, New Orleans, Louisiana.)

Maison de plantation. Cette illustration, reproduite le 13 août 1887 dans *Harper's Weekly,* montre bien ce qu'était la maison du maître. Celle-ci est de style colonial, construite en bois et bousillage (mélange d'argile du fleuve et de mousse espagnole, selon la technique indienne). Sa galerie donne peu d'ombre et de fraîcheur. Les pigeonniers, le plus souvent transformés en garçonnière, permettaient d'accueillir, au milieu de la nuit, le voyageur égaré ou inconnu. Les fils de la maison ne manquaient pas de les utiliser pour courtiser discrètement les jeunes esclaves élues. Derrière le bâtiment principal se trouve la cuisine, toujours isolée pour éviter les risques de propagation des incendies tant redoutés. À droite, quelques pieds de yucca, très commun en Louisiane. (Louisiana State Library, Baton Rouge, Louisiana.)

La préparation de l'indigo, par G. M. Terrenise. On notera les bacs de lavage et de décantation ainsi que les séchoirs. En Louisiane, l'indigotier poussait naturellement mais sa culture nécessitait une main-d'œuvre importante pour le sarclage et la surveillance des feuilles, facilement envahies par les vers. L'organisation de la traite des Noirs permit, dès 1720, une culture rationnelle. L'indigo de Louisiane était plus beau, plus cuivré que celui des Antilles. Les plants de la région de Natchez étaient plus appréciés que ceux des environs de La Nouvelle-Orléans. (The Historic New Orleans Collection, New Orleans, Louisiana.)

Plant de coton, 1688, par le père Plumier (1646-1704). Ce prêtre marseillais de l'ordre des Minimes fit plusieurs voyages aux Antilles et en Amérique du Sud. Il publia de son vivant différents ouvrages illustrés et exécuta plus de cinq mille dessins qui servirent de modèles aux graveurs de l'*Encyclopédie*. (Bibliothèque nationale, Paris.)

ON THE BAYOU TECHE LOUISIANA

Vue du bayou Teche, par J. O. Davidson. Le bayou serpente dans le pays acadien et c'est sur ses rives, à Saint Martinville, qu'Evangeline, immortalisée par le poète Longfellow, attendit à en perdre la raison, des mois durant, son promis. Les effiloches de mousse espagnole, qui pendent des arbres, et les genoux des cyprès chauves, qui affleurent le niveau de l'eau, participent largement à donner au bayou son caractère mélancolique et romantique, qui a très peu changé depuis l'époque des premiers pionniers. L'artiste J. O. Davidson, fameux pour ses livres destinés aux enfants, ses évocations des batailles de la guerre de Sécession et ses scènes navales, séjourna en Louisiane en 1883 et 1884. Il y avait été envoyé par *Harper's Weekly.* Il devait y sélectionner un écrivain local susceptible de rédiger des textes autour de ses illustrations de la vie louisianaise. Son choix se porta sur Lafcadio Hearn, journaliste et écrivain grec, installé à La Nouvelle-Orléans où il vécut dix ans, traducteur de Flaubert et de Théophile Gautier, amoureux des traditions créoles. (The Historic New Orleans Collection, New Orleans, Louisiana.)

Chasse à l'alligator, par Théodore de Bry et Lemoyne de Morgues. Ce document, extrait de *Brevis Narratio* (1563), montre la technique qu'employaient les Indiens pour chasser les alligators qui pullulaient dans la région des bayous. Il s'agissait d'abord d'enfoncer, à force, un pieu, quelquefois enflammé, dans la gueule du saurien, puis d'achever l'animal à coups de masse et à l'aide de flèches. (Service historique de la Marine, Vincennes ; photographie Lauros-Giraudon.)

Une cyprière, par A. Bobbett, d'après Alfred Rodolph Waud. Dessinée par l'artiste britannique Waud entre 1866 et 1872, période pendant laquelle il vécut en Louisiane, cette version d'une cyprière est semblable aux paysages actuels de ces régions des bayous isolées de tout. Dès leurs premières explorations dans le delta du Mississippi, les pionniers découvrirent ces paysages désolés, souvent ravagés par les ouragans, où l'on confond dangereusement la terre ferme et l'eau. On notera les effiloches de mousse espagnole et les genoux des cyprès chauves. (Tulane University Library, Louisiana Collections, New Orleans, Louisiana.)

Jour de lessive chez les Acadiens du bayou Lafourche, gravure d'après Alfred Rodolph Waud, 1866. Tandis que les hommes rentrent de la pêche, les lavandières s'activent au bord du bayou. Venus du nord du continent après avoir été chassés par les Britanniques, les Acadiens, qui se sont installés en Louisiane dans les régions les plus déshéritées des bayous isolés, ont conservé leur langue, leur costume, leurs traditions et leurs coutumes alimentaires qu'ils ont su merveilleusement adapter aux produits locaux. (The Historic New Orleans Collection, New Orleans, Louisiana.)

Une maison acadienne, gravure d'après Alfred Rodolph Waud. Croquée dans la seconde moitié du XIXᵉ siècle, cette scène de la vie quotidienne d'une famille acadienne est en tout point semblable à ce qu'était la vie des immigrés venus d'Acadie quelques décennies après leur installation en Louisiane. On notera que la lavandière accroupie au bord du bayou porte la coiffe traditionnelle de Saintonge, dite kitchenotte, destinée à protéger le visage du soleil et... des importuns. Au fond, à droite, derrière un des piliers de la galerie, on voit la citerne ; au premier plan, à gauche, le poulailler. (The Historic New Orleans Collection, New Orleans, Louisiana.)

Le Code noir. Signé par Colbert en 1685, le Code noir fut promulgué en Louisiane en 1724. Il édictait tous les droits et devoirs du maître envers ses esclaves ; il servait de règlement pour la justice, la police, la discipline et le commerce des esclaves. (Howard-Tilton Memorial Library, Manuscripts Section, Tulane University, New Orleans, Louisiana.)

LE CODE NOIR
OU

EDIT DU ROY,
SERVANT DE REGLEMENT
POUR

Le Gouvernement & l'Administration de la Justice, Police, Discipline & le Commerce des Esclaves Negres, dans la Province & Colonie de la Loüisianne.

Donné à Versailles au mois de Mars 1724.

LOUIS PAR LA GRACE DE DIEU, ROY DE FRANCE ET DE NAVARRE : A tous presens & à venir, SALUT. Les Directeurs de la Compagnie des Indes Nous ayant representé que la Province & Colonie de la Loüisianne est considerablement establie par un grand nombre de nos Sujets, lesquels se servent d'Esclaves Negres pour la culture des terres ; Nous avons jugé qu'il estoit de nostre authorité & de nostre Justice, pour la conservation de cette Colonie, d'y establir une loy & des regles certaines, pour y maintenir la discipline de l'Eglise Catholique,

Annonce d'une vente d'esclaves. Seront vendus à bord du navire *Bance Island*, mardi 6 mai, une cargaison d'environ 250 esclaves en bonne santé, tout juste arrivés des îles Sous-le-Vent et de Caroline. Toutes les précautions ont été, et seront encore, prises, précise l'annonce, pour que les risques de variole soient évités, aucun contact ne s'étant fait avec aucun bateau ni avec les habitants de Charles-Town. Une bonne moitié des Noirs a déjà eu la variole dans son propre pays. (The Bettman Archive, New York.)

Le commerce de esclaves aux États-Unis, en 1830. Vingt-sept ans après la vente de la Louisiane à l'Union, les images sont les mêmes que du temps de la colonie française. Les Noirs qui débarquent ont été capturés en Afrique ; ils sont enchaînés et voués aux travaux de force. L'autorité du Blanc est absolue, symbolisée par le fouet, dont il est fait grand usage. Les maîtres des très grandes plantations avaient cependant, le plus souvent, le souci de maintenir en bon état leur cheptel humain, qui représentait leur capital et leur puissance économique. Les esclaves achetés par un maître peu fortuné, qui ne possédait que deux ou trois Noirs, étaient à peu près assurés de travailler telles des bêtes de somme. Dans les vastes domaines, l'espoir de tout Africain était de devenir esclave de la maison, afin d'avoir une vie moins rude. (Hill Memorial Library, Special Collections, Louisiana State University, Baton Rouge, Louisiana.)

Le village des esclaves de la plantation Oaklawn. Publié pendant la guerre de Sécession, le 6 février 1864, dans *Frank Leslie's Illustrated Newspaper,* cette illustration montre l'étendue du village des esclaves dans une grande plantation. Les cabanes de bois y étaient généralement construites en alignement, chacune comportant la traditionnelle galerie. Dès la période florissante de l'ère coloniale, chaque plantation de quelque importance comportait son quartier des esclaves, le plus souvent avec une chapelle et un hôpital. À la veille de la Sécession, certains planteurs possédaient plus de cinq cents esclaves. Pendant la guerre civile, les esclaves ayant fui, leur village fut, dans la plupart des plantations, réquisitionné par les troupes, confédérées d'abord, fédérales ensuite. Oaklawn avait été construite sur la rive du bayou Teche, par le juge Porter (il participa, en 1811, à la rédaction de la Constitution de l'État), dans le style Greek Revival, en 1837 et 1838, sur des terrains réunis dès 1812. C'est à Oaklawn que fut tourné, en 1975, le film *The Downing Pool (la Toile d'araignée),* de Stuart Rosenberg, avec Paul Newman et Tony Franciosa. (Louisiana State University, Baton Rouge, Louisiana.)

Influence espagnole dans l'architecture. Plusieurs fois dévastée par le feu et les ouragans pendant la domination espagnole, la ville de La Nouvelle-Orléans fut en grande partie reconstruite selon les principes architecturaux de la péninsule Ibérique. Les maisons comportaient un patio fleuri et les esclaves, souvent excellents forgerons, réalisèrent d'étonnantes arabesques en fer forgé qui décoraient les façades. Plus tard, la tradition se maintint, mais la fonte moulée, plus massive, remplaça les dentelles de fer forgé. (D.I.T.E./I.P.S.)

Francisco Luis Hector de Carondelet. Sixième gouverneur espagnol de Louisiane, nommé en février 1791, il ne prit sa charge que le 30 décembre. Tous apprécièrent ses orientations politico-militaires et son intérêt actif pour l'établissement d'une industrie sucrière prospère. Il laissa à tous un excellent souvenir, tant comme gouverneur que comme maire de La Nouvelle-Orléans. Il mourut à Quito (actuel Équateur), dans les Andes, le 10 août 1807, à l'âge de cinquante-neuf ans. (Louisiana State University, Baton Rouge, Louisiana.)

Traité

... entre ... et la République française
... l'agrandissement de ... le Duc de
Parme en Italie, et la rétrocession de la Louisiane.

S. M. Catholique ayant
toujours témoigné beaucoup de
sollicitude à procurer à S. A. R.
le Duc de Parme un agrandissement
qui mit ses États en Italie sur
un pied plus conforme à sa
dignité; et la République française
de son côté ayant depuis long tems
manifesté à S. M. le Roi d'Espagne
le désir d'être remise en possession
de la Colonie de la Louisiane,
les deux Gouvernemens s'étant
communiqués leur but sur ces
deux objets d'interêt commun,
et les circonstances leur permettant
de prendre à cet égard des
engagemens qui leur assurent
autant qu'il est en eux cette
satisfaction mutuelle, ils ont
autorisé à cet effet, sçavoir,
S. M. C. Don Mariano Louis
d'Urquijo Chevalier de l'Ordre
de Charles III et de celui de
St Jean de Jerusalem, Son Conseiller
d'État, Son Ambassadeur

Traité de San Ildefonso. Signé le 1er octobre 1800 par Bonaparte et Charles IV d'Espagne, ce traité fut confirmé à Madrid en mars 1801. Les deux accords restèrent secrets jusqu'au 26 mars 1803, date à laquelle le préfet aux colonies, Pierre Laussat, annonça enfin le transfert. (Archives du ministère des Affaires étrangères, Paris.)

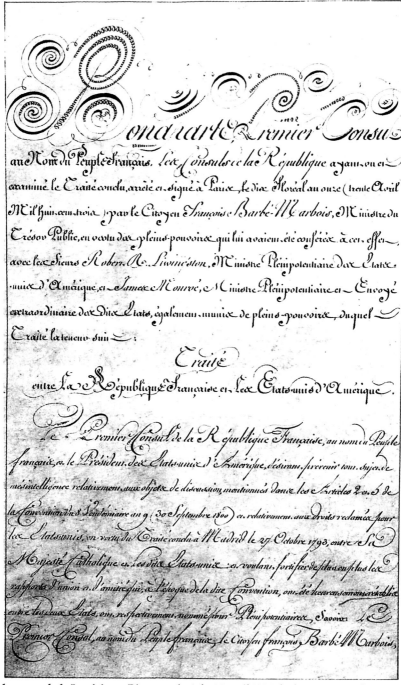

Acte de vente de la Louisiane. Bien que daté du 30 avril 1803, le document ne fut signé que le 2 mai. Comme toujours en pareil cas, il en fut fait plusieurs copies authentifiées. On peut lire les signatures de Barbé Marbois, Livingston et Monroe. (Library of Congress, Washington, D.C.)

Pauger finit par faire admettre ses vues et ses dessins. Dès que ces derniers furent officiellement approuvés, Pauger, bien conscient d'être le bâtisseur compétent et responsable « d'un poste qui sera un jour le plus important du golfe du Mexique », se montra d'une intransigeance brutale avec les récalcitrants. C'est ainsi qu'un certain Traverse, qui avait bâti une maison « hors de l'alignement des rues », fut mis en prison et relâché quand sa maison eut été détruite ! Comme l'homme privé de toit demandait une indemnité, Pauger le fit rosser à coups de bâton et remettre en prison ! Les maîtres d'œuvre de 1720 ne connaissaient pas les entraves que les enquêtes de commodo et incommodo mettent parfois aux réalisations les plus ambitieuses des urbanistes.

En dépit de ces difficultés, du manque d'ouvriers et des intempéries, la ville s'édifia au fil des mois. La topographie du Vieux Carré, en réalité un rectangle nommé par les Américains French Quarter et qui attire maintenant tant de touristes, donne, aujourd'hui encore, une idée assez exacte de l'implantation voulue par Adrien de Pauger. La ville conçue par l'ingénieur s'étendait à la perpendiculaire du Mississippi, sur six cent vingt toises à l'intérieur des terres et sur trois cent soixante toises au long du fleuve[1]. Cette surface était divisée en îlots, tous entourés d'un fossé d'assainissement. Chaque îlot était théoriquement fractionné en douze lots, mais on accordait aux habitants la possibilité d'acquérir plusieurs lots juxtaposés. Les blocs ainsi constitués se trouvaient séparés par des rues rectilignes se coupant à angles droits, suivant un plan équilibré, qui annonçait ceux des futures villes américaines du XIXᵉ siècle. Adrien de Pauger nomma bientôt les voies, en commençant par en consacrer une à son saint patron, puis les autres prirent les noms qu'elles portent encore de nos

---

1. Environ un kilomètre deux cents sur sept cents mètres.

jours : Royale, d'Iberville, de Chartres, de Bourbon, d'Orléans, Saint-Louis, etc.

Pour la construction des maisons, on utilisait les matériaux naturels trouvés sur place. Le bois ne faisait pas défaut, ni le limon argileux fourni par le fleuve, ni les coquillages rejetés par les eaux du lac Pontchartrain, ni la mousse espagnole imputrescible qu'il suffisait d'arracher aux branches des cyprès, des cèdres et des chênes. Ces matériaux imposaient la technique du bousillage utilisée par les Indiens les plus évolués. Pour monter les murs, on tassait entre poteaux un mélange de mousse, de sable et d'argile, auquel certains ajoutaient des crins d'animaux et des coquillages fossilisés. Les toitures constituées, en l'absence de tuiles, par des planchettes de cyprès assuraient une assez bonne protection contre les ardeurs du soleil et les pluies ordinaires. En revanche, ces constructions aux murs poreux, aux toits légers, ne résistaient ni aux ouragans ni aux cyclones, assez fréquents dans le delta du Mississippi. À peine quelques douzaines de maisons étaient-elles édifiées que, le 11 septembre 1722, survint un cyclone meurtrier. Le vent, accompagné de grêle, fit rage pendant quinze heures, les eaux du bayou Saint-Jean montèrent d'un mètre, celles du Mississippi de plus de deux mètres. Les baraques qui servaient d'église et de presbytère furent jetées à bas ; des malades reçurent le toit de l'hôpital sur la tête ; on eut juste le temps de sauver les réserves de poudre en les transportant dans le colombier du commandant. Devant la ville, l'*Abeille* et le *Cher* coulèrent, le *Santo-Christo* et le *Neptune*, vaisseaux de douze canons, s'échouèrent après avoir rompu leurs amarres, l'*Aventurier* ne s'en tira qu'en levant l'ancre, mais beaucoup de bateaux plats et de pirogues, chargés de grains ou de volaille, furent engloutis et emportés par le Mississippi. La pluie torrentielle, destructrice des récoltes, dura deux mois, après lesquels on dut payer un œuf seize sols et un morceau de bœuf boucané vingt-cinq livres ! Cette catastrophe inspira à l'ingénieur Jean-François Dumont de Montigny, qui vécu l'événement, ces vers boiteux :

> *La grêle se mettant d'une telle manière*
> *Qu'elle fit craindre à tous en ce triste moment,*
> *Que l'on allait avoir le dernier jugement !*
> *Et même les oiseaux tombaient sur la rivière.*

Les premiers planteurs

Dès la fin de l'année 1717, les demandes de concessions émanant de particuliers ou de sociétés dites de colonisation s'étaient multipliées. La propagande pour la Louisiane, orchestrée par les agents de la Compagnie des Indes et soutenue par les gazettes, avait commencé à porter ses fruits. Afin d'inciter les gens riches à investir dans des domaines dont la rentabilité semblait ne pas faire de doute et d'encourager ouvriers ou artisans à s'expatrier avec la perspective de bons gains, les polygraphes rivalisaient de superlatifs pour décrire un pays dont ils vantaient exagérément les charmes et escamotaient les désagréments. Des journaux comme *le Nouveau Mercure* publiaient des « relations de voyage », lettres ou reportages d'officiers de marine, de négociants ou de voyageurs inconnus qui revenaient, ou étaient censés revenir, de Louisiane. L'un annonçait, en juillet 1719, la découverte de deux mines d'or, un autre, en avril 1720, assurait ses lecteurs qu'on avait extrait, au pays des Sioux, un minerai à forte teneur en argent, un troisième que le pays restait totalement dépourvu d'animaux nuisibles, que la population de La Nouvelle-Orléans figurait parmi les plus honnêtes du monde, qu'on y vivait à bon marché, qu'un climat suave en toute saison rendait le séjour plaisant dans des paysages qui eussent facilement inspiré à Virgile un supplément à ses *Bucoliques* !

Sur place, il s'agissait de mettre le pays en valeur et donc d'accueillir les concessionnaires en quête d'un établissement et les ouvriers, artisans et employés que les investisseurs, séduits par d'aussi alléchantes perspectives, avaient engagés. Chaque concession attribuée par la Compagnie était bornée, sur les rives du Mississippi, d'un autre fleuve ou rivière, ou même d'un bayou, par deux lignes perpendiculaires au cours d'eau, réservant entre elles une part de berge et qui s'enfonçaient à l'intérieur des terres sur des distances variables. Cette portion de berge représentait la « façade » du domaine avec sa porte fluviale. Les cours d'eau étant, à l'époque, les seules voies de communication, il était en effet indispensable que chaque concession possédât un accès au fleuve ou au bayou.

Les propriétaires construisaient généralement leur maison à bonne distance de la rive, afin de la mettre hors d'atteinte des débordements du Mississippi, et s'empressaient de planter sur deux lignes parallèles des chênes ou des cèdres qui constitueraient, au fil des années, de somptueuses voûtes de verdure. Ces legs des premiers planteurs valent en effet à la Louisiane de posséder aujourd'hui les plus belles allées d'arbres majestueux et tricentenaires[1].

Une concession disposait au minimum de cinq arpents[2] de rive, ce qui représentait une longueur de trois cent

---

1. En 1934 a été créée, en Louisiane, la Société des chênes-verts, dont les membres sont les chênes eux-mêmes, la présidence étant dévolue au plus gros et donc au plus âgé d'entre eux. Composée de plus de quatre cents chênes, dont les propriétaires sont tenus au respect de règles très strictes, cette association est présidée, depuis 1968, par le Seven Sisters, de Lewisburg, dont le tour de taille dépasse onze mètres.

2. L'arpent, considéré comme mesure linéaire, valait environ cent quatre-vingt-douze pieds, soit soixante-deux mètres.

douze mètres environ. Les limites idéales d'une telle
concession s'enfonçaient à l'intérieur des terres sur une
cinquantaine d'arpents, ce qui conférait au domaine une
surface de près de quatre cents acres, soit environ cent
hectares. Mais la superficie des plantations variait en
fonction de la nature du terrain, de la situation de celui-ci
et, aussi, du bon vouloir d'une administration à la fois
laxiste et intéressée ! Les concessions de John Law, des
frères d'Artaguiette, de Bienville et autres colons privilégiés occupaient de bien plus vastes surfaces.

Au long du Mississippi, parfois assez loin de la ville en
construction, les concessionnaires avaient pris peu à peu
possession de leur domaine et, sur des centaines de kilomètres, du golfe du Mexique au pays des Illinois, les colons
faisaient défricher d'immenses espaces plus ou moins
fertiles. Ces premiers exploitants – ancêtres des planteurs
qui allaient faire la fortune du Sud, quand régnerait le roi
Coton, puis construire ces manoirs à fronton grec et
colonnades blanches dont la pérennité entretient les
nostalgies sudistes – disposaient non seulement de la
main-d'œuvre recrutée en France mais aussi des esclaves
noirs que la Compagnie des Indes importait d'Afrique et
leur vendait avec bénéfice. Entre l'embouchure du fleuve
et La Nouvelle-Orléans, on trouvait, de part et d'autre de
la concession de cent mille hectares que Law s'était
attribuée en 1719 « pour donner confiance aux investisseurs », celles de Deslau, Carrière, Le Blanc, Caussine,
Aubert, Dupuy, Cantillon, Bannès, Coustillas. Au-delà de
la ville, en remontant le fleuve, on marchait pendant une
journée pour traverser l'immense domaine que s'était
réservé M. de Bienville, avant d'atteindre ceux de
Dubreuil, Dugué, Lanteaume, Delery, Beaulieu, Massy,
Tierry et, au lieu dit les Cannes-Brûlées, les concessions
de M. d'Artagnan et les villages des Allemands. Plus haut

encore, au confluent de la rivière aux Plaquemines[1] et du
Mississippi, s'étendait, sur la rive droite du fleuve, le territoire dévolu aux frères Pâris, banquiers parisiens, alors que,
sur la rive opposée, une des concessions de la famille de
Diron d'Artaguiette avait substitué le nom de Dironbourg
à celui de Baton Rouge, en langue indienne Istrouma[2],
donné autrefois par Iberville au cours de son expédition de
1700. Arrivé là, le voyageur se trouvait déjà à trois cent
quatre-vingts kilomètres du golfe du Mexique et à deux
cent cinquante kilomètres de La Nouvelle-Orléans. Plus
haut encore s'était installé M. De Mézières et, à Pointe-
Coupée, le marquis de Ternant faisait abattre des cyprès
pour construire un manoir de bois. Terminée en 1732,
cette superbe maison, connue depuis 1840 sous le nom de
plantation Parlange, toujours habitée par les descendants
du planteur, apparaît comme le modèle le plus achevé et
intact des belles demeures de l'ère coloniale française. Au-
delà du pays des Tunica et des Natchez, jusqu'au pays des
Arkansa et des Illinois, d'autres domaines, parfois séparés
les uns des autres par des centaines de kilomètres, attes-
taient de la présence française. La déconfiture de Law ne
décourageait plus d'investir en Louisiane.

Les champs donnaient de l'indigo, que l'on vendait au
roi de Prusse pour teindre les uniformes de ses soldats ; du
tabac, qui, récolté au pays des Yazou et des Natchez, valait
largement celui de Virginie ou de Saint-Domingue ; de la
canne à sucre, dont on tirait de la mélasse ; des patates
douces, du maïs et d'autres céréales. Les arbres fruitiers,
sauvages mais puissants une fois dépêtrés de la jungle qui

---

1. La plaquemine, ou kaki, est le fruit brun orangé, de saveur douce, que
donne le plaqueminier, arbre commun dans cette région de la Louisiane.
2. Les Indiens Bayagoula et Ouma avaient coutume de marquer les limites
de leur territoire par des pieux de cyprès rouge. La tradition louisianaise veut
que le rouge de ces bâtons fichés dans le sol soit celui du sang ruisselant des
scalps dont les Indiens auraient coiffé les pieux.

les assiégeait et convenablement taillés, offraient pêches, cerises, kakis, et même des olives identiques à celles de Provence. La vigne sauvage, elle aussi, permettait, d'après Jean-Baptiste Bénard de La Harpe[1], de faire du bon vin et le houblon donnait une petite bière agréable au palais.

Une nouvelle ressource était apparue, révélée par Alexandre Vielle, un médecin de la concession Deucher-Coëtlogon qui avait adressé, en 1722, un mémoire à la Compagnie des Indes pour attirer l'attention sur un arbuste, le cirier, capable de produire de la cire végétale dont on pouvait faire des chandelles. La difficulté d'exploitation tenait au goût que les oiseaux semblaient avoir pour le suc de cette plante. On devait poster en permanence un négrillon près de chaque arbuste pour chasser les gourmands ! Depuis qu'un certain Emmanuel Prudhomme avait, en 1718, planté du coton au pays des Natchitoch, on commençait, surtout dans la basse Louisiane, à s'intéresser à cette culture fort rentable, tandis que les riverains, concessionnaires de terres inondables sur les rives du Mississippi, récoltaient un riz de qualité moyenne dont la culture ne pouvait manquer de s'intensifier depuis que le premier moulin à écaler le riz, fabriqué à Gênes, était arrivé en Louisiane en 1722. Car il fallait jusque-là « qu'un nègre passe une journée à piler pour faire à manger à deux », commentait M. de La Chaise.

Parmi les ressources de la Louisiane, il en est une que les nouveaux arrivants ne manquèrent pas d'exploiter, le bois de cyprès. D'immenses cyprières constituaient une réserve naturelle de bois dans laquelle les colons puisèrent, non seulement pour bâtir leur maison, les forts et les

---

1. Après avoir tenté de créer un établissement près de la baie Saint-Bernard, aujourd'hui Galveston (Texas), il fonda le fort Saint-Louis, au pays des Natchitoch, en 1717. On lui doit un *Journal historique de l'établissement des Français en Louisiane*, publié à La Nouvelle-Orléans en 1831.

digues, mais aussi pour en faire commerce avec l'Europe et les îles des Caraïbes.

Le cyprès a été fort bien décrit par Élisée Reclus dans l'article qu'il écrivit pour la *Revue des Deux Mondes*, à son retour d'Amérique, et qui fut publié dans le numéro du 15 juillet 1889. Le géographe, comme tous les Européens qui visitèrent la Louisiane, avait été impressionné par les vastes cyprières du delta du Mississippi. « Le cyprès est un arbre droit, élancé, renflé à la base comme un bulbe d'oignon ; il s'appuie sur des contreforts durs et solides, qui jaillissent du sommet de la racine comme pour mieux s'ancrer dans le sol vaseux. Le sommet du cyprès s'épanouit en petites branches couvertes d'un feuillage vert pâle. À ces branches pendent de longues fibres de la mousse appelée du nom caractéristique de barbe espagnole ; souvent, les cyprès portent un si grand nombre de ces longues chevelures grises, qu'ils prennent l'apparence ridicule de gigantesques porte-perruques. »

Les colons français n'étaient certes pas préparés à l'industrie du bois, mais ils y furent conduits par les circonstances. Un embryon de commerce était apparu, dès 1712, quand Crozat avait pris en main l'exploitation de la colonie. Sa Compagnie avait besoin de bois pour la construction des postes militaires et aussi pour ses magasins et bateaux.

Les charpentiers appréciaient le cyprès parce qu'il était aussi tendre que le pin blanc. On le débitait facilement en planches qui fournissaient un matériau de construction idéal. Seul son transport causait des difficultés, car, si aucun bois vert ne flotte aisément, la densité exceptionnelle du cyprès compliquait encore les choses. Les colons lui avaient d'abord préféré le cèdre, mais, le cyprès étant imputrescible, ils avaient vite opté pour l'arbre le plus abondant en Louisiane. Après avoir employé le cyprès dans les fortifications et la construction des digues, ils en firent des pales de moulin à eau, des planchers, des toitures, des colonnettes, des meubles qui ont résisté jusqu'à nos jours.

En 1724, Adrien de Pauger, ayant apprécié les qualités de ce bois, avait commandé mille piliers de cyprès pour assurer les fondations d'un nouveau fort à la Balise. Dans le même temps, Claude Joseph Villars Dubreuil, propriétaire d'une vaste concession entre La Nouvelle-Orléans et les Cannes-Brûlées, se mit à produire, en défrichant ses cyprières, plus de madriers et de planches que le marché local ne pouvait en absorber. Il choisit d'en exporter à Saint-Domingue et le cargo *Saint-André* fut le premier qui emporta les bois de Louisiane à Cap-Français.

Bientôt, les bateaux qui retournaient en France transportèrent des cargaisons de cyprès et la production ne cessa d'augmenter, encouragée, dès 1725, par Bienville, qui vit dans ce commerce un des rares secteurs rentables. Ce colonisateur, qui était aussi un homme d'affaires, ne se trompait pas. En 1748, le commerce du bois rapportera cinquante-sept mille livres et, en 1750, cent quatre-vingt mille. Plus près de nous, quand, en 1902, Saint-Pierre de la Martinique sera dévasté par un tremblement de terre, la Louisiane enverra aux sinistrés des milliers de planches de cyprès.

L'ambiance coloniale

En septembre 1723, alors que la construction de La Nouvelle-Orléans se poursuivait avec entrain, dirigée par Adrien de Pauger que secondaient l'ingénieur de Boispinel, capitaine réformé du régiment de Champagne, blessé au siège de Fribourg, chevalier de Saint-Louis, et le sous-ingénieur Charles Franquet de Chaville, une mauvaise fièvre – sans doute la fièvre jaune – attaqua la population de la cité naissante. On compta bientôt une dizaine de décès par jour, plus encore au cours des premiers mois de 1724, quand l'épidémie toucha la moitié des habitants. La mort, frappant dans toutes les catégories sociales, emporta l'ingénieur Boispinel le 18 septembre 1723 puis Pierre Le Blond de La Tour le 14 octobre. Promu ingénieur en chef en remplacement de ce dernier, Adrien de Pauger vit son autorité encore renforcée quand il fut admis à siéger au Conseil supérieur de la colonie, où il ne comptait pas que des amis.

Redoublant d'activité, le bâtisseur put poursuivre plus aisément la réalisation de ses projets, et avec d'autant plus d'ardeur que cet homme, raisonnablement ambitieux, savait maintenant, comme tous les Louisianais, que le jeune roi Louis XV avait pris possession de son trône après avoir été proclamé majeur le 23 février 1723, que le cardinal Dubois était mort d'un abcès à la vessie le 10 août et que le Régent, Philippe d'Orléans, illustre parrain de la ville en plein développement, avait succombé le 2 décembre à l'usure organique que provoque une constante dissipation.

Après avoir fait construire une levée de terre meuble, truffée de coquillages fossilisés, qui, sur près d'un kilomètre de berge, protégerait désormais la ville des crues et des caprices du Mississippi, Pauger avait délimité, en bordure du fleuve, une grande esplanade carrée, aussitôt nommée place d'Armes[1], près de laquelle il érigea l'hôtel de la direction de la colonie, pourvu d'une salle de délibérations, de bureaux et de logements. Au fond de la vaste place, face au Mississippi, il entreprit la construction de l'église paroissiale, qui ne fut achevée qu'en novembre 1726, et d'un bâtiment conventuel pour les capucins que le Régent avait décidé, en 1721, d'envoyer en Louisiane. Un hôpital, quatre casernes, le pavillon des officiers, le

---

1. Aujourd'hui Jackson Square.

magasin de la Compagnie étaient également sortis de terre pendant qu'à l'embouchure du fleuve, sur l'île de la Balise, des équipes travaillaient à la construction d'un fort et d'un vaste entrepôt destiné à abriter les marchandises en transit.

Tout aurait été pour le mieux dans la meilleure des colonies possibles si les intrigues, les rivalités, les conflits d'intérêt n'avaient, comme toujours, obéré les efforts des uns et des autres et mobilisé les énergies à des fins privées et futiles. Même Bienville et Pauger sacrifiaient à la chicane. L'ingénieur, comme tous les fonctionnaires de la colonie, disposait d'une concession. La sienne se trouvait sur la rive gauche du Mississippi, en face de La Nouvelle-Orléans, et il avait consacré quatre mille livres aux travaux de défrichage et d'aménagement. Sur l'exploitation vivaient « onze nègres, négrillons ou négresses, un petit Sauvage, quatre bêtes à cornes et quatre porcs ». Bien que Pauger eût encore investi mille livres pour commencer, en ville, la construction d'une belle maison et de quatre cabanes, Bienville, ayant lui-même des visées sur le terrain, contesta soudain le droit de propriété de l'ingénieur. Le commandant général possédait déjà la vaste concession de Bel-Air, une partie de l'île de la Corne, située dans la baie de Pascagoula, entre l'île aux Vaisseaux et l'île Dauphine, plus deux grands îlots constructibles dans La Nouvelle-Orléans et des terrains autour de la ville. En 1724, les juges du Conseil supérieur de la colonie approuvèrent les prétentions de Bienville et Pauger se vit privé, sans indemnisation, de l'îlot qu'il avait défriché à ses frais ! Bienville, qui confondait parfois son intérêt personnel et ceux de la Compagnie, avait aussitôt installé, sur les terres de Pauger, « les nègres du roi » qu'il faisait travailler pour son compte. Mais quand, en 1725, Bienville eut perdu un peu de son autorité, l'ingénieur, certain de l'antériorité de ses droits, finit par obtenir un jugement plus équitable. À défaut de récupérer l'argent investi, il obtint la régularisation de la concession sur laquelle était bâtie sa maison de La Nouvelle-Orléans. Bienville et ses amis n'en continuèrent pas moins à lui causer des ennuis. Son courrier étant détourné, comme celui d'autres fonctionnaires de la colonie, le conseil de Marine dut menacer d'une amende de cinq cents livres, et même de destitution, ceux qui intercepteraient les lettres de l'ingénieur du roi. On fit alors courir le bruit que Pauger serait bientôt remplacé par Ignace-François Broutin, « un ingénieur volontaire », plus docile et présentement chargé des travaux de la concession de M. Le Blanc, le Petit Désert, située au-delà du pays des Natchez, près du village des Yazou.

Souffrant de toutes les cabales qui entravaient son action, Pauger fut gagné par le découragement et en fit part à son frère en termes mélancoliques : « Tout ici est en combustion ; chacun crie et fait à son ordinaire et jamais le pays n'a été plus sur le penchant de sa perte totale. [...] Mon parti est pris, j'ai été deux fois à l'extrémité, je repasse en France par le premier bateau. »

Le bâtisseur de La Nouvelle-Orléans ne devait jamais revoir la province d'Artois qui lui était si chère. Le 5 juin 1726, il tomba malade et mourut quatre jours plus tard. Le diagnostic écrit du docteur Prat, médecin botaniste de la faculté de Montpellier, permet aujourd'hui de savoir que l'ingénieur périt « d'une fièvre intermittente devenue fièvre lente ». Ses amis affirmèrent qu'il succomba plutôt miné par le chagrin que lui avaient causé, pendant des années, les attaques dont il avait fait l'objet. Les obstacles fallacieux et les entraves administratives, fabriquées de toutes pièces, qui l'empêchaient de poursuivre son œuvre avaient eu raison de sa santé. Par son testament, cet homme pieux et droit demandait à être enterré dans l'église de La Nouvelle-Orléans, après trois services solennels, et laissait mille livres au curé afin que soient dites trois cents messes basses et un *De profundis* à sa mémoire, à la fin de chaque office, le lundi. Il faisait don de son habitation de la pointe Saint-Antoine, de ses instruments de mesure et livres de mathématiques à son collaborateur M. Derin. Les capucins recevaient ses livres de piété, son dictionnaire de Moreri étant attribué à son médecin, M. Louis Prat. Et, comme il était sans rancune, Adrien de Pauger, grand seigneur, offrait à Bienville ses fusils et ses pistolets.

L'épisode procédurier qu'avait connu Adrien de Pauger, un parmi tant d'autres, ajouté à toutes les chamailleries de voisinage, les clabaudages, les médisances, les jeux de l'amour et de l'adultère, les empoignades entre amants et maris trompés, les conflits d'intérêt, les contestations cocasses faisaient enfin de la colonie une terre bien française !

On relève à cette époque un incident qui eût inspiré Alphonse Daudet. Le curé de La Nouvelle-Orléans, le père Claude, capucin, dut, en mars 1725, résoudre un problème de préséance dont il sut habilement tirer profit. « Voyant l'envie des dames pour le premier banc à l'église » et craignant que ses paroissiennes les plus huppées en viennent au crêpage de chignon, il eut l'idée de mettre aux enchères les places du premier banc. Il obtint ainsi cent cinquante livres dont personne ne sait si elles allèrent au denier du culte ! Encouragé par ce succès, le prêtre simoniaque emplit l'église de bancs qu'il vendit à une pistole quinze liards la place ! Les paroissiens modestes, incapables de payer, furent, à partir de ce jour-là, contraints d'entendre la messe debout. Quand on sait qu'un bon charpentier recevait six cents livres par an, comme un maçon, un serrurier cinq cents, un taillandier deux cent cinquante, les cloutiers et les charbonniers, ouvriers les plus mal payés, cent cinquante ou cent vingt livres, on conçoit que ces chrétiens aient non seulement hésité à s'offrir un banc à l'église, mais se soient trouvés dans l'incapacité de faire enterrer décemment leurs morts, les prêtres réclamant de cinquante à cent livres pour accompagner les défunts au cimetière.

Les religieux venus en Louisiane n'étaient pas tous de cet acabit. Ceux qui entendaient avec ferveur se consacrer au sacerdoce ne cachaient pas leur indignation en constatant chez les Européens, comme chez les Français originaires du Canada, une désaffection pour les sacrements et les offices. Le fait de se trouver dans un pays neuf, dépourvu de structures sociales, politiques et religieuses rigoureuses, donnait à tous un sentiment de liberté accrue. Chacun usait à son gré, suivant ses ambitions, ses tendances, ses goûts, parfois ses vices, de cette émancipation physique et morale. La fréquentation des Indiens aux mœurs d'une spontanéité primitive, en matière de sexe notamment, n'était pas étrangère à l'évolution des mentalités. Beaucoup de pionniers et de coureurs de bois avaient adopté autrefois la façon de vivre sans contrainte des Indiens. Sédentarisés, ils conservaient ces habitudes et s'en trouvaient bien. L'arrivée, en quelques années, dans la colonie, de mille trois cents femmes, dont cent soixante prostituées, parmi lesquelles quatre-vingt-seize étaient âgées de moins de dix-huit ans, favorisait aussi la débauche et le libertinage. Le plus souvent, Français et Canadiens préféraient prendre pour maîtresse, quelquefois pour épouse, une jeune squaw plutôt qu'une orpheline « à la cassette » vertueuse, mais niaise et laide, ou une fille sortie de la Salpêtrière. Les jeunes Indiennes, généralement belles, « avec une peau comme de la soie », bien faites, douces et lascives, s'attachaient facilement aux Français, moins brutaux et plus prévenants que les hommes de leur race, dont la lubricité bestiale paralysait les plus sensibles. De surcroît, l'avortement, pratique courante, atténuait les scrupules des Blancs qui n'envisageaient pas d'aller jusqu'au mariage interracial, alors autorisé par la loi et l'Église. Les propriétés abortives de certaines plantes ou herbes étaient en effet bien connues des femmes indiennes, dont des dames françaises « embarrassées » sollicitaient parfois les compétences. Les cas de bigamie n'étaient pas rares, surtout dans les postes ou les concessions géographiquement éloignés des curiosités du clergé. Quand M. d'Arensberg, commandant à la côte des Allemands, se voit reprocher par un missionnaire de vivre en concubinage, il invite, sans précautions oratoires, le religieux à se mêler de ses affaires ! Peut-être n'avait-il pas tort, car tous les prêtres du secteur n'auraient pu recevoir le Bon Dieu sans confession !

Si l'on en croit une statistique paroissiale, la moitié seulement des catholiques de La Nouvelle-Orléans faisaient leurs pâques et beaucoup passaient devant l'église Saint-Louis sans y entrer. Les dames de la meilleure société, bavardant sans retenue pendant les offices, se faisaient parfois remarquer pour leur mauvaise tenue. C'est ainsi qu'un dimanche la femme du procureur du roi François Fleuriau et Mme Perry, épouse d'un membre du Conseil supérieur, qui riaient à gorge déployée pendant la messe, s'attirèrent une réprimande publique du célébrant, le père Hyacinthe. Comme les commères poursuivaient sans se gêner leur bavardage, le prêtre interrompit le service divin et leur intima l'ordre de quitter l'église. Les jeunes femmes ayant refusé de s'exécuter, les assistants conspuèrent le curé, et le procureur, en colère, ordonna au père Hyacinthe de dire sa messe sans s'occuper de ce qui se passait dans le sanctuaire ! Lors d'une autre cérémonie, les officiers de la garnison poursuivirent le prêtre autour du transept parce qu'il avait refusé de donner à leurs épouses le banc qui se trouvait face à l'autel ! Il advint même qu'un prêtre refusât d'accorder à M. de Bienville le parrainage d'un nouveau-né « à cause de sa mauvaise conduite avec une femme récemment arrivée de France ».

Le jeu et la consommation exagérée d'alcool étaient

aussi considérés comme maux coloniaux. Les distractions étant rares, on jouait beaucoup et l'on buvait sec à La Nouvelle-Orléans. Le 27 avril 1723, le Conseil supérieur avait dû limiter à cent livres le montant des mises au pharaon, mais personne ne respecta la loi. Il suffisait de changer de salon chaque soir pour être tranquille !

Ces considérations et les faits divers locaux fournissaient des sujets de conversation aux commères. Les duels étant fréquents, on en guettait l'issue, souvent fatale pour l'un des duellistes, comme s'il se fût agi d'une rencontre sportive. Les annales du procureur Fleuriau nous apprennent que M. de Pontual, écrivain du *Deux-Frères*, tua en duel son collègue M. de Laborde, écrivain du *Dromadaire* ; que deux enseignes de la flûte la *Loire*, Duclos et Renault, s'affrontèrent à l'épée le 8 octobre 1726, pour une raison d'eux seuls connue. Renault « fut tué sur place ». Duclos ayant pris la fuite, on fit son procès par contumace et les deux duellistes, le mort et le fuyard, « furent pendus en effigie par arrêt du 27 avril 1727 ». Il en fut de même pour le sergent Preuille qui avait expédié *ad patres*, le 3 juillet 1727, le sergent Forestier, dit Beaulieu. Le bon peuple de la ville se réjouissait toujours quand on donnait la « calle[1] » à un voleur, s'inquiétait quand les soldats-ouvriers suisses refusaient de quitter Biloxi pour La Nouvelle-Orléans, riait quand Bienville enlevait une belle Noire, propriété de la Compagnie et maîtresse du bourreau local, auquel il donnait en échange une « négritte » de douze ans !

Mais ces petits événements quotidiens, que nos psychologues modernes nommeraient phénomènes de société, n'étaient rien par rapport au sentiment de curiosité mêlé de crainte que suscita, au printemps 1723, l'arrivée d'un

---

1. Châtiment qui consistait à immerger dans un bassin, jusqu'à la limite de l'asphyxie, un homme attaché à une corde et entravé.

fonctionnaire grave et chenu, nanti par la Compagnie des Indes de toutes les prérogatives d'un inquisiteur. Il s'agissait de Jacques de La Chaise, premier commis de M. Jacques de Lestobec, nouveau directeur de la Compagnie des Indes à Lorient, délégué en Louisiane avec les pouvoirs d'un commissaire ordonnateur extraordinaire pour examiner les comptes de la colonie. Cette perspective ne pouvait réjouir personne, ni Bienville, ni le garde-magasin Delorme, ni la plupart des membres du Conseil supérieur, habitués à faire leurs petites affaires entre eux ! Pour comble d'infortune, cet inspecteur était le neveu du confesseur de feu Louis XIV et jouissait, à ce titre, à Versailles comme à Paris, d'une foule d'appuis indéfectibles. Il passait aussi pour avoir la confiance de l'abbé Gilles Raguet, sulpicien namurois, ancien professeur de géographie du roi, chargé depuis 1724 de conduire la nouvelle politique de la Compagnie, gestionnaire attitré de la Louisiane. Âgé de soixante ans, La Chaise passait de surcroît pour un comptable malin et d'une redoutable intégrité. Bien qu'il ait vu mourir, au cours de l'épidémie de 1723, le commissaire du roi, M. Sauvoy, qui devait l'assister dans ses expertises, il proclamait haut et fort qu'il n'aurait besoin de personne pour extirper de la colonie la concussion, les malversations, les pillages et les mœurs libertines dans lesquelles on semblait se complaire. Il avait donné libre cours à sa mauvaise humeur dès son arrivée, le 8 avril 1723, d'abord parce que son bateau avait été poursuivi toute une journée par un forban de l'île de Cuba, ensuite parce qu'il avait découvert que sa mission, réputée secrète, était connue de toute la colonie. Le Conseil supérieur, siège des abus de pouvoir et foyer de corruption, se montra tout sucre tout miel avec le nouveau venu. Les conseillers avaient fourbi leurs armes défensives et mis leurs dossiers à l'abri des curiosités en connaissance de risque.

Bienville, qui n'était pas tombé de la dernière averse tropicale, avait été informé des intentions de l'envoyé spécial par un matelot qui surveillait les arrivées au port de Biloxi et cela malgré les précautions inutilement prises par La Chaise. Ce dernier, usant de méthodes de basse police, avait fait intercepter le courrier et saisir les papiers des passagers du bateau afin qu'ils ne soient pas distribués avant son installation à La Nouvelle-Orléans. Ces documents, placés dans des sacs cachetés en présence des intéressés, n'avaient été rendus à leurs propriétaires qu'une semaine après l'arrivée en Louisiane. De telles façons avaient de quoi déplaire et la réputation de M. de La Chaise avait été aussitôt faite. Pour établir d'emblée son autorité, le nouveau commissaire ordonnateur s'était rendu accompagné de Bienville chez le garde-magasin Delorme et avait signifié à ce dernier une révocation sans appel. On reprochait à ce gestionnaire de s'être trop vite enrichi, d'avoir joué gros jeu avec des Espagnols, perdu dix mille piastres en une séance, et payé ses dettes avec des marchandises appartenant à la Compagnie. Delorme, alerté comme Bienville et peut-être par ce dernier, avait caché son magot et expurgé ses comptes. Ayant néanmoins apposé les scellés sur les livres comptables du révoqué, La Chaise s'était mis à compter les fusils, les outils et même les clous entreposés dans le magasin et les avait trouvés affreusement mordus par la rouille. Il calligraphia ses indignations dans un rapport qui ne ménage pas plus le garde-magasin que le gouverneur intérimaire : « M. de Bienville et le sieur Delorme ne veulent que des commis à leur mode pour être les maîtres. [...] M. de Bienville ne cherche qu'à faire tomber la colonie pour que le roi s'en empare afin qu'il pût faire tout ce qu'il voudrait. [...] M. de Bienville n'a jamais pu souffrir aucun directeur. » Il s'en prend aussi aux Canadiens, fidèles compagnons des Le Moyne, parce qu'ils ont pour habitude d'aller vendre des marchandises jusque chez les Indiens du Nord « et s'en reviennent avec de l'huile d'ours et des lettres de change du comptoir des Illinois sur le Conseil. Un Canadien m'a dit avoir vendu un quart d'eau-de-vie cinq mille piastres en lettres de change ! » s'offusque le contrôleur. Quant à la compagnie suisse, elle ne sert à rien. D'après La Chaise, elle n'est composée que de mauvais ouvriers « qui se disent malades quand il faut travailler pour la Compagnie mais qui travaillent pour les particuliers et pour leurs officiers. L'un d'eux, M. Collard, s'est fait bâtir quatre maisons qu'il loue ». Le commissaire reproche encore à Bienville de ne pas servir de vin aux malades « sous prétexte que cette boisson est réservée aux officiers de la Compagnie des Indes et qu'il a laissé mourir ainsi une quantité de gens, faute de leur avoir donné, en payant, une goutte de vin ». Quand il découvre que le chirurgien de l'hôpital, où se trouvent alors quatre-vingts malades, est atteint de la vérole, qu'il a cependant épousé une femme riche, ce qui ne le retient pas de trafiquer sur les remèdes et de ne penser qu'aux plaisirs les plus ordinaires, La Chaise demande l'envoi de sœurs grises pour assurer le service. Il révèle aussi à ses supérieurs le désarroi moral de la colonie. « Il y a ici, Messieurs, quantité de femmes à qui on a donné la ration, aussi bien qu'à des enfants qui sont inutiles et qui ne font rien que causer du désordre. La plupart de ces femmes sont gâtées de vérole et gâtent les matelots. Il faudrait que vous donniez ordre au Conseil de les faire monter dans les terres chez les Sauvages ! » Bientôt, les mesures restrictives se succèdent : interdiction de jouer au billard les dimanches et jours de fête ; ceux qui seront pris les cartes ou les dés à la main pendant la grand-messe devront acquitter une amende de cent piastres. Défense de jouer, chez soi, à aucun jeu de hasard comme lansquenet, bocca, biribi, pharaon, bassette, dés et tous autres jeux. Les joueurs pris en flagrant délit paieront collectivement, y compris le propriétaire de la maison même s'il ne jouait pas, mille livres d'amende. Défense de bâtir clapiers, pigeonniers, colombiers ou garennes dans l'enceinte de la ville, sans autorisation. Enfin, défense de faire crédit aux Sauvages !

La Chaise s'intéresse aussi, avec un luxe de détails qui en dit long sur sa libido, aux amours des officiers de la garnison. Le chevalier Henry Dufaur de Louboey, ancien capitaine du régiment de Navarre, blessé pendant la guerre de Succession d'Espagne, est cité comme le prototype local du dépravé. Il entretient aux yeux de tous un commerce scandaleux avec une femme nommée Garnier, envoyée dans la colonie par lettre de cachet, « femme perdue d'honneur et qu'on dit même avoir été pendue "en planche" à Paris pour avoir empoisonné son mari ». La dame est enceinte des œuvres du capitaine, de qui elle a déjà eu un enfant, ce qui ne l'empêche pas de se pavaner et d'être reçue dans les meilleures familles !

Le renvoi de Bienville

Pendant des mois, l'expert de la Compagnie, donnant libre cours à son courroux, envoya rapport sur rapport tant à Lorient qu'à Versailles. Son zèle fut apprécié, ses critiques prises en considération et, comme on pouvait s'y attendre, le principal responsable étant nommément désigné, Bienville fut sommé de venir s'expliquer en France sur la mauvaise gestion et la détestable moralité d'une colonie qui avait coûté trois cent mille livres par an au roi et peut-être plus encore à la Compagnie ! Le 16 février 1724, Jean-Baptiste Le Moyne, sieur de Bienville, passa le commandement à son cousin M. de Boisbriant, lieutenant du roi aux Illinois, qui se vit ainsi

promu gouverneur par intérim... d'un gouverneur intérimaire !

Bienville et son frère, M. de Châteauguay, mirent un
certain temps à faire leurs bagages et ce n'est que le 1ᵉʳ avril
qu'ils se rendirent à l'île Dauphine et se préparèrent à
embarquer sur la flûte la *Bellone*. Survint alors un étrange
accident de navigation qui servit peut-être les intérêts de
Bienville, car il retarda son passage en France. Tandis que
le commandant suspendu et son frère s'éloignent de la
berge, à bord de la chaloupe qui doit les conduire à la
Bellone, le navire coule sous les yeux des passagers prêts à
embarquer. Bienville et sa suite n'ont plus qu'à regagner
l'île Dauphine, puis La Nouvelle-Orléans. Ils attendront
plusieurs semaines avant que la *Gironde* ne prenne à son
bord les officiers évincés, qui n'arriveront en France qu'au
mois d'août 1725. Une relation de ce naufrage est due au
père Raphaël, un capucin envoyé en Louisiane pour y
expier « une faute vénielle ». Le 15 mai, ce prêtre écrit à
l'abbé Raguet, directeur de la Compagnie des Indes pour
les affaires religieuses, au sujet de la perte de la *Bellone* qui
devait mettre à la voile pour la France le 2 avril. « Le temps
était calme », souligne le capucin. Cependant, « deux
hommes se sont noyés ainsi que deux ou trois enfants et
la cargaison et tous les effets des particuliers sont perdus.
Cette perte cause ici une consternation générale parce
qu'on espérait que l'arrivée de ce vaisseau en France
pourrait relever la colonie du décri général où elle est dans
le royaume. Il était, l'on peut dire, richement chargé par
rapport à une colonie naissante », ajoute le prêtre, sans
révéler le détail que nous connaissons par ailleurs : la
Bellone emportait en métropole soixante mille écus, qui
auraient été engloutis avec le navire ! Quand on sait que
les vaisseaux ne retournaient en France qu'avec un fret des
plus modestes, bois, tabac et poudre d'indigo, on peut
encore s'étonner, deux siècles et demi après ce naufrage

par temps calme, qu'un pareil trésor, dont l'origine n'a pas été divulguée, ait été perdu ! Peut-être ne le fut-il pas pour tout le monde, car, au mois de juin suivant, un marché fut conclu entre le Conseil supérieur de la Louisiane et deux habitants de l'île Dauphine nommés Olivier et Arnaud « pour l'exploitation de l'épave de la *Bellone* ».

Le père Raphaël reconnaît bien, dans sa lettre, que certains esprits malveillants pensèrent tout de suite « à un accident prémédité », mais il préféra voir, dans ce drame de la mer, une manifestation de la colère divine, explication de nature à plaire à M. de La Chaise. Dieu ne peut-il pas, à tout moment, envoyer un navire par le fond pour l'édification des pécheurs ? Or un grand pécheur se trouvait à bord de la flûte. « Un crime énorme a été commis par le capitaine Beauchamp [le commandant de la *Bellone*]. L'abominable commerce de ce malheureux avec un mousse a été tellement avéré que le mousse lui fut enlevé et transporté dans un autre vaisseau », raconte le prêtre, persuadé qu'un tel péché a pu attirer sur le marin et son navire la vengeance du Seigneur. S'il fut coupable au regard de Dieu, Beauchamp ne le fut pas, semble-t-il, aux yeux des membres du Conseil supérieur qui lui accordèrent, le 21 novembre 1725, une prime de cent quatre-vingts livres pour avoir sauvé quelques bovidés de la noyade, à défaut des soixante mille écus, des matelots et des enfants !

Bienville avait eu le temps de préparer sa défense, et le mémoire, écrit à la troisième personne, qu'il adressa au conseil de Marine est empreint de plus de dignité que d'amertume. C'est la justification d'un soldat et d'un colonisateur. « Il y a trente-quatre ans que le sieur de Bienville a l'honneur de servir le Roi, dont vingt-sept en qualité de lieutenant du Roi et commandant de la colonie. En 1692, il fut reçu garde de la marine, il l'a été sept ans et a fait sept campagnes de long cours en qualité d'officier sur les frégates du Roi armées en course. Pendant ces sept campagnes, il s'est trouvé à tous les combats que le feu sieur d'Iberville, son frère, a livrés sur les côtes de la Nouvelle-Angleterre, l'île de Terre-Neuve et la baie d'Hudson et, entre autres, à l'action du Nord contre trois vaisseaux anglais, dont un de cinquante-quatre canons et deux de quarante-deux, qui attaquèrent le sieur d'Iberville, commandant une frégate de quarante-deux canons avec laquelle, dans un combat de cinq heures, il coula à fond le vaisseau de cinquante-quatre canons, prit l'un des deux autres, et l'autre démâté se sauva à la faveur de la nuit. Le sieur de Bienville fut dangereusement blessé à la tête. » Après avoir ainsi rappelé ses états de service à la mer, l'officier s'étend sur l'exploration du Mississippi et ses méthodes d'administration de la colonie qui lui a été confiée. En concluant son mémoire, l'ex-commandant de la Louisiane apprécie lui-même son action sans fausse modestie. « Le sieur de Bienville ose dire que l'établissement de la colonie est dû à la conscience avec laquelle il s'y est attaché pendant vingt-sept ans sans en sortir, après en avoir fait la découverte, avec son frère d'Iberville. Cet attachement lui a fait discontinuer son service dans la marine où sa famille est bien connue, son père ayant été tué par les Sauvages du Canada et sept de ses frères étant morts aussi dans le service de la marine, où il reste encore le sieur de Longueuil, gouverneur de Montréal au Canada, le sieur de Sérigny, capitaine de vaisseau, et le sieur de Châteaugué[1], enseigne de vaisseau, lieutenant du Roi à la Louisiane. » Mais les rapports circonstanciés, expédiés par M. de La Chaise, s'ils ne niaient pas la valeur militaire de Bienville et de ses frères, vivants ou morts, démontraient sans doute, avec suffisamment de force et de clarté, que

---

1. Quelquefois ainsi orthographié à l'époque pour Châteauguay.

les Le Moyne, Normands âpres au gain, s'étaient toujours servis... en servant !

Le 11 juillet 1726, le conseil de Marine admit que M. de Bienville n'avait jamais failli à l'honneur et lui accorda une pension de trois mille livres, mais il confirma aussi sa destitution. Et, comme La Chaise entendait se débarrasser, dans le même temps, de toute la tribu très encombrante des Le Moyne, Châteauguay fut relevé de son commandement qui échut à Bernard Diron d'Arta-guiette, frère de l'ancien commissaire ordonnateur. Deux neveux de Bienville, Gilles-Augustin de Noyan et Pierre-Benoît de Noyan, chevalier de Chavoy, respectivement enseigne et capitaine, furent cassés et rappelés en France, comme M. de Boisbriant, cousin du destitué, qui, resté en Louisiane, assurait encore le commandement. Seul membre de la famille à échapper à la purge, Joseph Le Moyne de Sérigny conserva son grade dans la marine. En revanche, deux membres du Conseil supérieur de la colonie, qui s'étaient souvent opposés à l'inquisiteur, MM. Perrault et Perry, furent destitués et expulsés ; un troisième, M. Fazende, fut autorisé à demeurer en Loui-siane comme simple colon. L'ingénieur Adrien de Pauger, à qui La Nouvelle-Orléans devait sa destinée de ville colo-niale, reçut un blâme et le procureur du roi, M. Fleuriau, fut sermonné. La Chaise profita du vent favorable pour faire aussitôt nommer un gouverneur titulaire à son goût. Il choisit Étienne Périer, lieutenant de vaisseau, qui s'était distingué pendant la guerre de Succession d'Espagne, homme de commerce agréable. Avant qu'il ne rejoigne son poste en Amérique, on le mit en garde et l'on fixa ses devoirs et sa politique, comme en témoignent les instruc-tions que lui adressèrent des directeurs de la Compagnie des Indes. « Il est bon de prévenir M. Périer qu'il trouvera tout le corps des officiers, le génie et une partie des gens de plume et des habitants prêts à déclamer contre M. de

La Chaise. Ces gens-là, accoutumés à tirer des magasins de la Compagnie ce qui ne leur était point dû, ou à mener une vie qui ne convenait ni au bien public ni à celui du service, ont regardé avec horreur un homme qui a eu le courage de s'opposer au désordre. La cause de leur haine ne pouvait manquer de lui attirer la confiance de la Compagnie. Mais il n'en pourrait faire aucun usage si M. Périer ne sentait pas, comme la Compagnie, l'importance d'imposer silence aux ennemis de M. de La Chaise, qui ne peuvent être regardés que comme ceux de la Compagnie. Pour couper les principales racines de ces divisions si dangereuses, la Compagnie remet à M. Périer une ordonnance qui renferme la manière dont elle entend que les auteurs de l'inexécution de son règlement du 11 juillet 1725 soient punis. Il s'y conformera en prenant avec M. de La Chaise les mesures convenables. » L'inquisiteur de la Compagnie des Indes et le gouverneur, représentant du roi à la dévotion de la grande entreprise commerciale, allaient avoir fort à faire pour imposer le respect à des colons qui, d'après le commandant de Biloxi, « se prétendent déjà comme indépendants d'aucun souverain ».

Ursulines, jésuites, capucins et esclaves

Le plan de La Nouvelle-Orléans dressé vers 1725 montre une ville en expansion. Centre administratif de la colonie, celle-ci est en passe de devenir, grâce aux travaux qui ont rendu le Mississippi navigable, un port qui commence à accueillir les navires de fort tonnage. Autour de la place d'Armes, dont l'église, le presbytère, le corps de garde et la prison occupent le fond qui fait face au fleuve par-delà l'esplanade, on trouve, dès 1726, la maison du commandant général, les résidences des directeurs et

les magasins de la Compagnie des Indes. Dans les rues
voisines, les logements des officiers de la garnison et des
médecins, les casernes et l'hôpital dressent leurs façades
dessinées par Adrien de Pauger, ou Broutin son successeur.
L'arsenal a été prudemment isolé à l'est de la ville, à l'abri
d'un redan des remparts. L'artère principale, la rue Royale,
a une lieue de long. Fâcheusement poussiéreuse par temps
sec, elle devient, comme toutes les autres, un bourbier
gluant dès qu'il pleut, ce qui arrive souvent. Les autorités
tentent d'imposer aux habitants de désherber devant leur
demeure et de faucarder régulièrement les canaux creusés
pour l'écoulement des eaux.

Plus de trois cents maisons particulières sont déjà
construites ou en cours d'achèvement. Chaque jour, les
quatre-vingts ouvriers de la cité sont sollicités par de
nouveaux propriétaires pressés de s'installer. La population
atteint, d'après le recensement de 1726, six cent deux
chefs de famille, quarante-sept engagés, quatre-vingt-un
esclaves noirs, vingt-cinq esclaves indiens. Les militaires,
qui n'entrent pas dans cette statistique, sont au moins deux
cents. De chaque bateau pris en charge à la Balise par un
pilote débarquent de nouveaux émigrants et aussi des
Noirs, réclamés par les sociétés qui exploitent une soixantaine de concessions entre La Nouvelle-Orléans et le pays
des Natchez comme par les petits propriétaires.

Les malheureux Noirs enlevés sur les côtes d'Afrique
qui survivent au voyage, effectué dans les pires conditions,
arrivent malades, apeurés et, l'hiver, transis de froid. Ainsi,
la Mutine touche terre le 17 mars 1726 avec deux cent
vingt-huit Noirs à bord et, quelques jours plus tard,
l'*Aurore* en débarque deux cent cinquante. « Ce qui ne
suffira pas, à beaucoup près, pour en donner à tous ceux
qui en ont indispensablement besoin », écrit un des directeurs de la Compagnie des Indes, soucieux de fournir rapidement de la main-d'œuvre servile aux colons les plus

modestes. L'importation d'esclaves se poursuivra pendant des années, sans que soient atténuées les rigueurs des négriers et améliorées les conditions de transport. Celles-ci causent cependant des ravages parmi ces prisonniers entassés dans les cales. Le rapport concernant l'arrivée à La Nouvelle-Orléans du *Duc-de-Noailles* est tristement significatif. De ce bateau débarquent, le 9 avril 1728, deux cent soixante-deux Noirs. Des trois cent quarante-sept qui avaient été embarqués au Sénégal, soixante-quatre sont morts pendant la traversée et leurs corps ont été jetés à la mer. Dix-huit ont été laissés à Caye, port de Saint-Domingue, parce que trop malades pour continuer le voyage, et trois ont été vendus aux habitants de ce comptoir. On constate, à l'arrivée à la Balise, que tous les rescapés souffrent du scorbut. Vingt meurent avant que le bateau atteigne La Nouvelle-Orléans où cent dix, trop épuisés pour pouvoir être mis sur le marché, sont hébergés dans un hôpital spécial pour scorbutiques. Et le rapporteur de conclure ce martyrologe : « Plus de vingt-cinq sont morts encore, malgré les soins, les couvertures, le pain et la viande fraîche qu'on leur a donnés. Les habitants ont acheté les autres en payant comptant ou à terme. » Les religieux, s'ils admettent comme tout le monde l'importation des Africains, s'insurgent, quand la pratique de la religion et le respect des bonnes mœurs sont en cause, contre les méthodes des propriétaires d'esclaves. « Il est à souhaiter pour le bien de la religion que les ordonnances du Code noir contre les maîtres qui abusent de leurs esclaves et qu'ils font travailler les dimanches et fêtes fussent mises en exécution, car quoique le nombre de ceux qui entretiennent de jeunes Sauvagesses ou négresses pour contenter leur intempérance soit considérablement diminué, il en reste encore assez pour scandaliser l'Église et avoir besoin d'un remède efficace. » Le père Raphaël, capucin luxembourgeois, fondateur de la première école de

garçons de la ville et signataire de cette protestation, était,
avec le père Gaspard et le père Hyacinthe, chargé de veiller
sur les âmes des habitants de La Nouvelle-Orléans. Une
vingtaine d'autres missionnaires, capucins, jésuites ou
prêtres des Missions étrangères, exerçaient leur ministère
à Mobile, à la Balise, chez les Appalache, les Natchez, les
Kaskaskia, les Taensa, les Illinois et dans les forts établis
aux points stratégiques de la colonie.

Si les prêtres de toute obédience travaillaient, souvent
dans un climat de mésentente et de rivalité, avec plus ou
moins d'ardeur et de succès, au salut des âmes blanches,
noires et indiennes, ce furent les religieuses qui prirent
en charge les misères physiques et morales d'une communauté multiraciale, cosmopolite et, par certains aspects,
interlope ! Le 18 septembre 1726, un accord avait été passé
à Paris entre la Compagnie des Indes et sœur Catherine
de Bruserby de Saint-Amand, première supérieure des
ursulines de France[1]. Aux termes de l'accord, un groupe
de religieuses de cet ordre devait s'installer à La Nouvelle-
Orléans et assurer le fonctionnement d'un hospice pour les
pauvres et les malades et d'un établissement d'éducation
pour les jeunes filles. En prenant leurs fonctions, La
Chaise et le gouverneur Périer n'avaient pas manqué de
rappeler cet engagement et, le 12 janvier 1727, six
religieuses professes, une novice et deux séculières avaient
été réunies au couvent d'Hennebont, haut lieu de l'ordre,
puisque fondé en 1643 sur les ruines du monastère de
Kerguelen construit en 1070. En présence du révérend

---

1. L'ordre se réclamant du patronage de sainte Ursule fut fondé en 1535, à
Brescia, par Angèle Merici. Mlle de Bermont installa des ursulines en Provence,
puis à Paris, en 1608, et à Rouen, en 1615. Les ursulines sont des moniales
obligées à des vœux solennels, aujourd'hui essentiellement vouées à l'éducation
des jeunes filles. L'ordre a des représentations dans trente et un pays et comptait,
en 1965, six mille sept cents religieuses. Il compterait seize mille membres en
2003 (*Quid*, Robert Laffont).

père Nicolas-Ignace de Beaubois, jésuite, ancien desservant de la mission des Illinois, vicaire général de l'évêque de Québec et supérieur général des Missions de la Louisiane, toutes reconnurent comme supérieur de la future communauté louisianaise la mère Marie Tranchepain de Saint-Augustin. Cette religieuse issue d'une famille fortunée, de son vrai nom Catherine Tranchepain, avait, en 1702, abjuré la religion réformée pour embrasser le catholicisme, malgré l'opposition de ses parents.

L'ordre des Ursulines possédait déjà une maison hospitalière au Canada et c'est pourquoi le choix de Mgr de Saint-Vallier, évêque de Nouvelle-France, entériné par le cardinal Fleury, ministre d'État, s'était porté sur cet ordre d'une excellente réputation. L'Histoire a retenu les noms des religieuses qui allaient accomplir, jusqu'à nos jours, en Louisiane, les tâches d'infirmières et d'éducatrices[1].

Le 22 février 1727 embarquèrent à Lorient, sur la *Gironde*, sœur Marguerite Jude de Saint-Jean-l'Évangéliste, de Rouen ; sœur Marie-Anne Boullenger de Sainte-Angélique, de Rouen ; sœur Madeleine de Mahieu de Saint-François-Xavier, du Havre ; sœur Renée Guignel de Sainte-Marie, de Vannes ; sœur Marguerite de Talaon de Sainte-Thérèse, de Ploërmel ; sœur Cécile Cavelier de Saint-Joseph, d'Elbeuf ; sœur Marie-Anne Dain de Sainte-Marthe, d'Hennebont ; sœur Marie-Madeleine Hachard de Saint-Stanislas, novice ; sœur Claude Massy, séculière de chœur ; sœur Anne, séculière converse. Deux jésuites, le père Tartarin et le père Doutrelau, et un convers, le frère Crucy, accompagnaient les religieuses. La Compagnie des Indes avait accepté d'entretenir les

---

1. De nos jours, les ursulines de La Nouvelle-Orléans, fidèles à leur mission, instruisent et éduquent les jeunes filles dans un vaste collège situé 2635 State Street. Inauguré en septembre 1927, à l'occasion du bicentenaire de l'arrivée des ursulines en Louisiane, cet établissement figure parmi les plus réputés de l'État.

religieuses, de payer leur passage et celui de leurs quatre servantes, et d'assurer le rapatriement de celles qui voudraient revenir en France. Une des ursulines avait été nommée économe de la communauté hospitalière, à charge pour elle de « s'occuper de tout le temporel et de rendre les comptes, une fois par mois, à MM. Les officiers ». La traversée, extrêmement périlleuse, dura cinq mois puisque les sœurs n'arrivèrent à la Balise que le 23 juillet 1727 et à La Nouvelle-Orléans le 7 août. Non seulement les vents contraires avaient obligé le capitaine, M. de Vaubercy, à relâcher à l'île Madère, mais les corsaires avaient, à deux reprises, poursuivi le navire ! Fort heureusement, l'armement de la *Gironde* avait découragé les forbans, et les religieuses, cachées dans l'entrepont pendant que les marins se préparaient au combat, en avaient été quittes pour la peur. Enfin, ces épreuves ne paraissant peut-être pas suffisantes, le vaisseau s'était échoué sur un haut-fond dans le golfe du Mexique. Pour alléger la coque, on avait passé les canons par-dessus bord et, comme ce délestage ne suffisait pas, les ursulines avaient dû sacrifier leurs nombreux coffres et bagages. « Nous ne fûmes pas longtemps à nous raisonner, et nous consentîmes de bon cœur à nous voir dénuées de tout pour pratiquer une plus grande pauvreté », commenta plus tard la mère Tranchepain. Quand on eut encore jeté à la mer le baril de trois cents livres de sucre que les directeurs de la Compagnie des Indes avaient offert, entre autres cadeaux, aux religieuses, la *Gironde*, « enfoncée de cinq pieds dans le sable », se remit à flotter. Pendant quelques milles seulement, car le navire s'échoua à nouveau et, cette fois, sans aucune chance de se désensabler. Le capitaine, abandonnant son bateau près de couler, transborda ses précieuses passagères dans un canot qui, après quinze jours d'une navigation épique, toucha terre à l'île Sainte-Rose, proche de la côte ouest de la Floride, alors occupée par les

Espagnols. Enfin Éole prit en pitié les dames que sainte Cécile semblait abandonner et, en cinq jours, poussa leur barque jusqu'à l'île Dauphine, où les autorités locales les attendaient depuis trois mois ! Le 7 août, les sœurs découvrirent enfin La Nouvelle-Orléans et entendirent leur première messe d'action de grâces sur le sol louisianais.

Les ursulines s'installèrent d'abord dans la maison de la concession Sainte-Reyne, louée pour les religieuses par la Compagnie des Indes au concessionnaire, M. Kolly. Mitoyenne d'une propriété de Bienville, cette demeure devait abriter la communauté en attendant la construction, sur les plans de Pauger revus par l'architecte Alexandre de Batz et approuvés par l'ingénieur en chef Ignace-François Broutin, du couvent projeté depuis un an. Les sœurs durent patienter cinq ans avant d'emménager, près du Mississippi, dans un beau bâtiment de deux étages, fait de brique entre poteaux de cyprès, que les Louisianais considèrent toujours comme le premier immeuble en dur bâti sur leur sol... et peut-être sur le territoire actuel des États-Unis !

Plusieurs des aimables nonnes venues de France en 1727 ne devaient pas connaître ce premier couvent. Entre 1728 et 1733, la maladie allait emporter les sœurs Madeleine Mahieu, Marguerite Jude, Marguerite Talaon et la mère Marie Tranchepain, incomparable animatrice de la petite communauté.

Il fallut à la supérieure beaucoup de force de caractère, jusqu'à son dernier jour, pour résister aux pressions alternées des capucins et des jésuites. À peine les religieuses étaient-elles arrivées à La Nouvelle-Orléans que le père Beaubois et le père Raphaël avaient commencé à se quereller pour savoir qui, de la Compagnie de Jésus ou de l'ordre des Franciscains, aurait autorité canonique sur les sœurs, et surtout – la chose devait être assez plaisante pour susciter une telle compétition – qui serait habilité à entendre ces pieuses dames en confession ! La querelle avait pris une telle ampleur que les religieuses s'étaient déclarées prêtes à quitter La Nouvelle-Orléans pour aller s'établir à Saint-Domingue. Cette menace avait valu, le 12 août 1728, à la mère Tranchepain un sermon de l'abbé Raguet, chargé des affaires religieuses à la direction de la Compagnie des Indes. « Quels reproches aurez-vous à essuyer si vous vous laissez vaincre, si vous abandonnez le champ de bataille, si vous fuyez une situation morti-fiante quoique vous soyez enrôlée sous un chef couronné d'épines. Souvenez-vous, Madame, que la Providence marque les lieux aussi bien que les autres circonstances qui doivent sanctifier les hommes s'ils sont fidèles. Les apôtres sont morts dans les lieux de leur destination et Jésus-Christ avait choisi Jérusalem pour y souffrir préféra-blement à toute autre ville. »

À l'occasion de ce conflit, nouvel épisode de la lutte d'influence qui durait depuis plus d'un siècle entre jésuites et capucins, le gouverneur Etienne Périer, consulté par ses supérieurs sur la conduite à tenir, avait agi en Ponce Pilate. Le 15 février 1729, il avait écrit aux directeurs de la Compagnie des Indes que l'affaire commençait à agacer : « Il est tout à fait nécessaire que la Compagnie ne prenne aucun parti, ni pour ni contre les pères [les jésuites et les capucins]. Il ne faut seulement que les maintenir chacun dans leurs droits parce que aussitôt qu'un parti se sent appuyé par la Compagnie il devient arrogant, ce que j'ai eu lieu de voir dans les missionnaires comme dans les laïques. Par exemple, que n'a-t-on pas écrit contre les mœurs du père Beaubois et des religieuses jusqu'à avoir dit que ces dames étaient toutes arrivées grosses. Cette calomnie toute gratuite n'a pas laissé d'être regardée comme une vérité par ceux qui ont tout fait pour mettre la désunion parmi ces religieuses. » Le gouverneur, dont tout le monde a reconnu qu'il était un brave homme, eut ce jour-là un certain mérite à défendre le jésuite. Ce dernier avait tenté, quelques jours plus tôt, de séduire la jolie camériste de Mme Périer... dans le confessionnal ! Mais n'assurait-on pas, à la même époque, que le fils et la fille de M. de La Chaise, famille qui semblait tenir pour les capucins contre les jésuites, étaient les auteurs des lettres anonymes qui circulaient en ville !

Nous ignorons si les propos malveillants tenus par les amis des capucins sur le jésuite Beaubois avaient tous une part de vérité, mais nous savons, en revanche, que l'affaire fit du bruit jusqu'à Lorient, même jusqu'à Versailles, et que le père Beaubois fut rappelé en France. La Chaise, voyant triompher les capucins, ce qui ne dut pas lui déplaire, put écrire, le 20 août 1729, à la direction de la Compagnie : « Depuis le départ de M. de Beaubois tout est plus tranquille ici. Il eût été à souhaiter qu'il n'y eût jamais mis les pieds et s'il y eût resté encore six mois il aurait immanquablement fait tomber ce grand ouvrage. » Tandis que le jésuite évincé voguait vers la France, on découvrit à La Nouvelle-Orléans qu'il laissait, entre autres souvenirs, une quantité de dettes !

Malgré toutes les difficultés, les intrigues ourdies par les uns ou les autres, les ragots, les médisances, les pressions morales exercées sur elles par des hommes d'Église qui dépréciaient d'une façon triviale les préceptes élémentaires de la foi chrétienne, les religieuses, sauf deux qui repassèrent en France, surmontèrent leurs craintes et leur dégoût, comme les y avait encouragées l'abbé Raguet. Elles assurèrent désormais, avec un parfait dévouement, le service de l'hôpital, créèrent un orphelinat alors ouvert à tous les enfants, sans distinction de race ou de croyance, s'intéressèrent au sort des femmes abandonnées et des prostituées, fondèrent un collège pour jeunes filles. Certaines sœurs, épistolières prolixes, entretinrent également une correspondance avec leurs parents. C'est à une ursuline, sœur Marie-Madeleine Hachard, que nous devons, grâce aux lettres qu'elle adressa à son père, un tableau plein de franchise et de couleurs de La Nouvelle-Orléans de 1728.

Nous apprenons ainsi, et avec un peu d'étonnement, qu'il y a autant « de magnificence et de politesse » en Louisiane qu'en France. Une chanson locale soutient que la ville a aussi bonne apparence que Paris, mais la religieuse suppose que l'auteur de ces couplets n'a jamais vu Paris ! Elle révèle que les étoffes galonnées d'or, le velours, le damas, les rubans sont communs « quoique trois fois plus chers qu'à Rouen » et que les Louisianaises se maquillent : « Les femmes portent, comme en France, du blanc, du rouge pour cacher les rides de leur visage et des mouches. » Si bien, commente la religieuse, qui semble y voir une relation de cause à effet, que « le démon possède ici un grand empire ». Elle découvre que la débauche règne et que, pour tenter de l'extirper, les autorités ont recours aux châtiments corporels les plus humiliants. « Les filles qui ont une mauvaise conduite sont surveillées de près et sévèrement punies. Attachées sur un chevalet, elles sont fouettées par tous les soldats du régiment qui garde notre ville. En dépit de tout cela il y a plus qu'il ne faudrait de ces femmes pour remplir un refuge. » Les voleurs blancs, indiens ou noirs sont pendus, à moins qu'on ne leur brise les os sur la roue.

En ce qui concerne la nourriture, on semble avoir oublié les disettes qui furent si longtemps une des plaies de la colonie. Le pain fait de blé d'Inde ou de Turquie [maïs] coûte dix sols la livre, les œufs quarante-cinq sols la douzaine, le lait quatorze sols le pot. On mange du bœuf à bosse [bison], de la venaison de cervidé, de la dinde sauvage, de l'oie. Lièvres, canards, sarcelles, faisans, perdrix, cailles « et autres volailles » abondent. Quant aux poissons, barbues, raies, carpes, salmonidés, ils sont

« monstrueux ». Les légumes ne manquent pas, et l'on trouve à satiété pois et fèves sauvages, melons d'eau, patates douces et des giraumons, sortes de citrouilles que l'on peut manger crues ou cuites. On déguste au petit déjeuner du chocolat, du riz au lait, du café, et la sagamité, bouillie de blé d'Inde enrichie de beurre, de graisse, parfois de lard, passe pour un mets très apprécié. Les grains du raisin sauvage, plus gros que ceux du raisin français et à peau plus épaisse, sont servis dans un plat comme les prunes. Les pommes, semblables aux reinettes grises de France, sont délicieuses. Pêches, grenades, citrons, figues, noisettes, amandes, noix d'acajou *[sic]*, fournissent les desserts. On prépare au couvent une excellente gelée de mûre.

Bien que trop exigus, les locaux, que fréquentent vingt-cinq élèves externes, abritent aussi, en mai 1728, vingt-quatre pensionnaires, dont huit filles noires qui s'instruisent aisément.

Les ursulines bénéficient d'un relatif confort domestique, dans une des plus belles maisons de la ville. Les fenêtres n'ont pas de vitres mais une toile fine et claire est tendue sur les châssis, ce qui protège des agressions nocturnes des maringouins, des « frappe-d'abord », des « bibets » et d'une foule d'autres mouches piquantes. Les religieuses sont assistées par des esclaves noirs quelles n'ont, apparemment, pas su s'attacher. Sur les huit que les autorités leur avaient attribués, deux se sont enfuis le jour même où il s'en est évadé quatorze ou quinze de la plantation de la Compagnie des Indes. Cela ressemble fort à une opération concertée et démontre que les esclaves prenaient tous les risques pour retrouver leur liberté dans un pays dont ils ignoraient la topographie. Les religieuses n'ont finalement gardé « qu'une belle négresse » pour les servir et ont envoyé leurs autres esclaves cultiver le potager d'un petit domaine qu'on leur a concédé, à une lieue de la ville. Le père Beaubois, leur ancien confesseur, n'avait pas eu plus de chance avec les Noirs. Sa domesticité avait été décimée « par un seul coup de vent du nord » qui avait tué neuf esclaves, ce qui avait causé au jésuite une perte regrettable de neuf mille livres !

Telle était l'atmosphère de la ville coloniale quand on apprit, au printemps 1729, la mort de John Law. Le banquier s'était éteint le 21 mars à Venise, terrassé par une pneumonie contractée lors d'une promenade en gondole. Un mois plus tard, il aurait fêté, avec sa femme et sa fille qui l'avaient accompagné dans l'exil, son cinquante-huitième anniversaire. Depuis la ruine de sa banque, il avait vécu à Bruxelles, en Allemagne, au Tyrol, en Italie. On avait partout toléré sa présence à condition qu'il ne se mêlât point de finance. Tous les princes d'Europe connaissaient sa réputation. Ils condamnaient ses idées, qui étaient bonnes, et pratiquaient souvent ses méthodes, qui étaient mauvaises. La Louisiane lui devait son lancement dans l'opinion et son peuplement, même si les moyens utilisés avaient été contestables et malgré tout ce qu'avait encore de factice la prospérité de la colonie. Saint-Simon lui consacra, dans ses *Mémoires*, une brève oraison funèbre : « C'était un homme doux, bon, respectueux, que l'excès de crédit n'avait point gâté et [dont] le maintien, l'équipage, la table ne purent scandaliser personne [...]. Son Mississipi, il en fut la dupe et crut de bonne foi faire de grands et riches établissements en Amérique. » Quand les héritiers firent les comptes de l'Écossais, ils ne trouvèrent que des dettes. Celles-ci constituent souvent le seul legs des financiers téméraires.

Personne n'évoquait plus la mémoire de John Law à La Nouvelle-Orléans quand survint, à l'automne, une tragédie qui allait remplir d'un seul coup l'orphelinat des ursulines.

Massacre au pays des Natchez

Le 2 décembre 1729, un inspecteur des tabacs, épuisé de fatigue, apporta en ville une fort mauvaise nouvelle. Les Indiens Natchez, sans la moindre provocation, avaient massacré, le 28 novembre, plus de deux cent cinquante Français établis autour du fort Rosalie. Accompagné de trois Noirs qui s'étaient relayés pour conduire sa pirogue de l'habitation de la Terre-Blanche, au pays des Natchez, jusqu'à La Nouvelle-Orléans, le fonctionnaire se rendit chez le gouverneur Périer pour donner des détails sur cette hécatombe. L'affaire, même si on ne l'admit pas tout de suite, avait eu pour origine l'arrogance, la brutalité et la cupidité du commandant du fort Rosalie, M. d'Etcheparre. Ce tyranneau local aurait déjà dû être sanctionné pour ses façons autoritaires et injustes, qui scandalisaient aussi bien les Blancs que les Indiens. Quelques mois plus tôt, traduit devant le Conseil supérieur de la colonie à l'instigation de quelques habitants du pays des Natchez, il n'avait été maintenu dans ses fonctions que sur intervention du gouverneur Périer, trop indulgent en la circonstance.

Plus faraud et plus impertinent que jamais, le major avait aussitôt projeté, en retrouvant ses quartiers dans la région où prospéraient de nombreuses plantations de maïs, de patates douces, de tabac et de beaux vergers, de s'attribuer un domaine à sa convenance. Ayant étudié les lieux, il avait jeté son dévolu sur le tranquille village indien de Pomme-Blanche et intimé l'ordre aux habitants de déguerpir avant que la pleine lune se soit montrée deux fois. La petite agglomération, située au bord d'une rivière, au nord du grand village des Natchez, comptait quatre-vingts cabanes habitées par de bons cultivateurs. Dans un premier temps, les Indiens, dont les ancêtres avaient toujours occupé l'endroit, ne s'étaient pas laissé impressionner. Etcheparre ayant menacé de les expulser *manu militari*, leur chef avait cependant dû négocier, afin d'obtenir un délai jusqu'à ce que la récolte de blé soit engrangée. Le commandant accepterait, en gage de soumission, cent cinquante livres de grain plus une volaille. Etcheparre, certain d'avoir dompté les Natchez, accepta cette formule sans comprendre qu'il s'agissait d'une manœuvre dilatoire de la part des Indiens. Ces derniers, réunis en conseil, décidèrent à l'unanimité d'en finir avec leur persécuteur et, par la même occasion, de se débarrasser de tous les Français qui s'étaient approprié les terres les plus fertiles de la région. Passant à l'organisation du complot, ils envoyèrent secrètement des émissaires dans toutes les tribus dont les chefs reçurent, en guise de calendrier, un faisceau constitué par un certain nombre de bûchettes, « lequel marquerait la quantité de jours qu'il y avait à attendre jusqu'à celui auquel tous devraient frapper tous les Français à la fois ». Chaque chef tirerait tous les matins une bûchette du paquet, la casserait et, quand il n'en resterait plus, attaquerait avec ses guerriers les objectifs fixés par les gens de Pomme-Blanche. On avait même prévu que les alliés Chacta formeraient des commandos qui s'en iraient à Biloxi, à Mobile et jusqu'à La Nouvelle-Orléans pour exécuter les colons et s'emparer de leurs femmes et de leurs esclaves. Seuls les Chicassa avaient refusé de se lancer dans une aventure dont l'issue leur paraissait incertaine. Ils avaient cependant promis de garder le secret... et de recueillir les blessés !

Grand-Soleil, chef suprême des Natchez, se souvenait de la punition autrefois infligée aux siens par Bienville après l'assassinat de quelques Canadiens. Informé du complot, il avait accepté de participer à l'action en offrant, le 27 novembre, un grand dîner au commandant du fort

Rosalie. Accompagné de son état-major et du garde-magasin Ricard, Etcheparre s'était rendu à l'invitation. Toute la nuit on avait festoyé, bu de l'eau-de-vie, caressé les jeunes Indiennes, avant de regagner le fort, constitué par une simple palissade couverte, surtout destinée à protéger de la pluie les précieuses presses à tabac !

En ce 28 novembre, le jour qui va se lever est celui choisi par les distributeurs de bûchettes. Mais il existe un antidote à la fatalité. À l'aube, le lieutenant Macé, accompagné de l'interprète Papin, vient tirer Etcheparre du sommeil pour l'avertir que Grand-Soleil est un traître et qu'il a donné ordre à ses guerriers d'égorger tous les Français. L'officier est fort mal reçu par son commandant. Aboyant d'une voix pâteuse, Etcheparre envoie son second prendre les arrêts pour s'être permis de réveiller un homme qui s'est couché à trois heures de la nuit. Avant de regagner son lit, le commandant fait aussi jeter l'interprète en prison.

Et cependant, Macé est bien informé. Sa petite amie indienne, Stelona, follement amoureuse de l'officier, lui a tout révélé. Elle tient à sauver son amant, même au prix de la perte du village de Pomme-Blanche par les siens. Comme toutes ses compagnes, elle sait que chaque guerrier indien, avant de s'engager sur le sentier de la guerre, doit confectionner vingt flèches. Or les dames Natchez ont vu leur mari à l'ouvrage et la mère de Grand-Soleil a découvert le stock de projectiles. Cette vieille femme est opposée au massacre des Français, dont elle a déjà pu évaluer, sur des membres de sa famille, la capacité de vengeance. Elle en a parlé avec son amie, Tattoed, qui a tout raconté à son amie Stelona, laquelle s'est empressée, au péril de sa vie, de prévenir le lieutenant Macé. Les flèches de Cupidon venant à bout de celles, plus meurtrières, des Natchez, quelle belle image nous eût

léguée la petite Indienne ! Dans le panthéon franco-
indien, la postérité eût rangé Stelona entre Atala, inspira-
trice de Chateaubriand, et Pocahonta qui, en 1607, sauva
de la torture le capitaine John Smith.

Si Etcheparre avait été moins stupide et moins
présomptueux, le massacre eût pu, ce jour-là, être évité.
Car le lieutenant Macé n'est pas seul à donner l'alerte. Au
petit matin du 28 novembre, un concessionnaire du
district, M. Kolly, dont les ursulines occupent la maison
de ville à La Nouvelle-Orléans, vient avec son fils et son
intendant, M. Longuay, réveiller une deuxième fois le
commandant du fort. Ce dernier, qui en a assez d'être
dérangé, fait mettre ses visiteurs aux fers !

Cette fois, Etcheparre n'a pas le loisir de se rendormir
car Grand-Soleil en personne, suivi d'une joyeuse troupe
de guerriers qui chantent le calumet, approche du fort, les
bras chargés de présents. Le commandant, qui ironise sur
les vaines mises en garde de ses subordonnés et des planteurs, reçoit la délégation en robe de chambre et accepte
volaille, huile d'ours, peaux de castor et le blé d'allégeance
promis par le chef de Pomme-Blanche. On fume le
calumet, on danse, on boit, on rit et, pour confondre les
diseurs de mauvaise aventure, Macé, Papin et les Kolly
père et fils, Etcheparre ordonne que les prisonniers
soient délivrés et viennent assister à l'émouvante manifestation d'amitié offerte par les Natchez. Or, pendant
qu'un groupe d'Indiens assure le spectacle, d'autres se
répandent dans le fort. Personne ne remarque qu'ils sont
vingt-quatre, comme les soldats de la garnison. D'autres
Natchez battent les alentours, prennent position au
bord de la rivière, s'approchent de la demi-galère[1] arrivée
la veille pleine de marchandises et qui doit emporter à

---

1. Petite galère à fond plat, pourvue d'une voile et qui peut aussi être
propulsée par des rameurs.

La Nouvelle-Orléans les boucauts de tabac récoltés dans les concessions. Dans le même temps, les habitants, qui ignorent ce qui se trame, puisque les gens informés ont été jetés en prison par le commandant, voient arriver chez eux, tout miel et tout sourires, des Indiens qu'ils ont l'habitude de rencontrer. Les Natchez viennent, comme ils l'ont déjà fait, emprunter les fusils des Français pour aller chasser la dinde sauvage et le chevreuil dont ils offriront, au retour, les plus belles pièces comme loyer des armes. Les braves colons, sans méfiance, prêtent à leurs futurs assassins les fusils qui les tueront ! Car, dès que les guerriers indiens ont chacun sa cible en ligne de mire, le signal du massacre est donné. Dans le fort, les soldats tombent sans avoir eu le temps de comprendre ce qui se passe. Autour des palissades, dans toutes les habitations, les Natchez se déchaînent. Ils tuent au fusil, à la sagaie, à la hache, ouvrent le ventre des femmes enceintes, écrasent la tête des nouveau-nés, emmènent les esclaves noirs qui se montrent dociles, égorgent les autres, vident armoires et placards puis mettent parfois le feu. Grand-Soleil a exigé la mort de tous les hommes, de toutes les femmes qui feraient mine de résister, des bébés dont les cris importunent et dont personne ne veut. Assis sous le hangar de la Compagnie des Indes, le vieux chef jouit du bruit de la fusillade et attend qu'on lui apporte la tête du commandant Etcheparre, ce qui ne tarde pas. Tant que dure la boucherie, des guerriers viennent déposer au pied de Grand-Soleil des têtes de soldats, de planteurs, d'employés de la Compagnie. Le cacique dispose en cercle celles des officiers, puis les autres en pyramide. Quand la fête sanglante est terminée, il s'en va d'un pas tranquille et les choucas arrivent.

Deux soldats du fort, qui avaient réussi à s'échapper, ont été repris, Mayeux et Lebeau. Les Indiens leur laissent la vie sauve. Lebeau parce qu'il est tailleur et pourra adapter aux mesures des assassins les vêtements de leurs victimes, Mayeux parce qu'il est robuste et fera un bon domestique. On le charge d'ailleurs immédiatement de transporter au grand village des Natchez le butin, notamment la cave d'Etcheparre et les munitions trouvées dans le fort. Le lieutenant Macé, que Stelona voulait sauver, n'a pas échappé au massacre. Alors qu'il sortait de la prison avec les Kolly et Papin, il a été tué comme eux. Vingt-trois des vingt-quatre soldats du fort ont péri sans avoir pu se défendre, le père Poisson, jésuite, l'abbé Bailly, le sous-lieutenant Desnoyer, les chirurgiens Laronde et Gurloz, les mariniers Pascal et Caron, patrons de la demi-galère, ont été décapités. Ricard, le garde-magasin qui a eu l'idée de plonger dans la rivière où il a attendu la nuit, se sauve à la faveur d'un orage. Une vingtaine de personnes qui ont aussi réussi à se cacher profitent, comme Ricard, de l'obscurité et de la pluie pour quitter ces lieux maudits où les chiens, les chats sauvages, les renards et les rapaces se disputent les cadavres.

Les Indiens ont aussi attaqué les habitations isolées. Les directeurs des concessions Terre-Blanche, propriété de la Compagnie des Indes, et Sainte-Catherine ont péri avec leur famille et leurs employés. Sur le domaine du marquis de Mézières, les Natchez ont égorgé dix-huit personnes. Sous couvert d'une visite amicale au fort Saint-Claude, au pays des Yazou, ils se sont introduits dans la place et ont massacré le commandant Ducoder et tous les habitants. Une autre troupe d'Indiens a voulu attaquer Natchitoches, mais Juchereau de Saint-Denys, prévenu par ses fidèles de la tribu des Ceni, était sur la défensive. Avec ses hommes, il a tué une centaine d'assaillants ; les autres ont fui.

Le père Gilibert, chargé de faire le compte des victimes de cette révolte des Natchez, rendit son rapport le 9 juin 1730 et révéla que deux cent trente-sept personnes, cent quarante-cinq hommes, trente-six femmes et cinquante-six enfants avaient été assassinées en quelques heures, le 28 novembre 1729. Les Natchez n'avaient eu que douze morts à pleurer.

À La Nouvelle-Orléans, le massacre des Français par les Natchez fut ressenti comme un acte de barbarie et comme une trahison. Le gouverneur Périer, annonçant le drame au secrétaire à la Marine, fit le bilan de la tuerie et précisa que les Indiens avaient emmené comme prisonniers les femmes, les enfants et les Noirs. Comme d'autres Louisianais, il crut voir, dans cette agression si bien montée, une main étrangère. « L'attaque faite en plein jour, la conduite de l'action, et la prise de la demi-galère avec la conservation des nègres n'est nullement Sauvage. Il n'y en a même pas d'exemple, ce qui ne me laisse pas de douter qu'il y ait eu des Anglais travestis avec eux. » En attendant, Périer – qui ne disposait que de cinq cent soixante-sept soldats, dont cent trente à La Nouvelle-Orléans et quatre-vingt-cinq à Mobile, pour défendre la colonie – réclama des vaisseaux et des troupes, fit renforcer l'enceinte de La Nouvelle-Orléans, construire de nouveaux forts et des redoutes entre le pays des Tunica et le delta du Mississippi, et accélérer les travaux du fort Condé de Mobile, premier ouvrage en maçonnerie que posséderait la colonie.

Les ursulines recueillirent orphelins et orphelines et organisèrent, en février 1730, le premier carnaval, pour faire oublier aux enfants des colons assassinés les visions d'horreur qui surgissaient encore dans leurs cauchemars. Peut-être se souvenaient-elles que, le Mardi gras 1699, Le Moyne d'Iberville avait retrouvé, dans la brume, la porte océane du Mississippi.

Quelques jours après le massacre des Français par les Natchez, un Chacta vint avertir le gouverneur : « Tiens-toi bien sur tes gardes, les Chicassa m'ont dit que les Sauvages devaient donner sur tous les quartiers français et les assassiner tous. » Périer n'étant pas Etcheparre, dont tout le monde vouait l'âme au démon, l'avertissement du bon Indien fut entendu. Le capitaine de Merveilleux et ses Suisses furent envoyés sur les deux rives du Mississippi pour inviter les colons à prendre des précautions. Le chevalier de Louboey, vaillant soldat dont l'aimable libertinage avait scandalisé M. de La Chaise, prit en charge la défense des concessions et un enseigne, délégué chez les Chacta, réussit à réunir sept cents guerriers qui allèrent, entraînés par des coureurs de bois, donner une première leçon aux Natchez. Ils rapportèrent six scalps, firent dix-huit prisonniers, libérèrent Mayeux et Lebeau, plus cinquante et une femmes blanches et cent six esclaves, en attendant que fût montée une véritable expédition punitive. Celle-ci se mit en route le 14 novembre 1730, sous les ordres du gouverneur Périer. Six cent cinquante soldats, cent vingt marins, quatre cents Chicassa, munis de onze canons, marchèrent contre les Natchez. Les Indiens délogés du fort Rosalie s'étaient retirés dans un fort qu'ils avaient eux-mêmes construit, comme les Français leur avaient appris à le faire. Les assiégeants n'osèrent pas bombarder le bastion indien, par crainte de tuer les Blancs que les Natchez détenaient encore. Il fallut attendre plusieurs jours et conduire des attaques, meurtrières pour les deux partis, avant d'obtenir la reddition des Natchez. Au moment du bilan, on découvrit que, si quelques assiégés avaient réussi à s'enfuir, la plupart des combattants indiens avaient été tués et que presque toutes les femmes et les enfants de la tribu avaient péri ou figuraient parmi les quatre cent cinquante prisonniers que M. Périer et ses officiers emmenèrent à La Nouvelle-Orléans. Tous furent embarqués pour Saint-Domingue, où la Compagnie des Indes les vendit comme esclaves. Les chefs, qui, au moment de la reddition, avaient obtenu la vie sauve mais qui avaient été déportés comme les autres, devaient être hébergés et nourris par la Compagnie des Indes. Maurepas[1], secrétaire à la Marine, ayant refusé de rembourser les mille huit cent quatre-vingt-huit livres qu'avait coûté l'entretien des prisonniers, ces derniers furent vendus, comme les gens de leur peuple, à des colons.

À part quelques rescapés qu'adoptèrent les Chicassa, rien ne parut survivre de l'orgueilleuse et courageuse nation des Natchez.

Les Français avaient vengé leurs morts, mais, en détruisant les Natchez, la Compagnie des Indes avait perdu ses meilleurs ouvriers, ceux qui, dans les concessions, cultivaient le tabac et l'indigo, livraient dans ses magasins les plus belles fourrures de castor, ceux qui construisaient les maisons les plus solides.

Le 23 janvier 1731, les directeurs de la Compagnie, ayant fait les comptes et constaté, avec semble-t-il un pessimisme exagéré mais de nature à apitoyer le pouvoir, qu'en treize ans la Louisiane avait coûté plus de vingt millions de livres aux actionnaires, adressèrent une supplique au roi Louis XV « à l'effet de supplier très humblement [Sa Majesté] qu'il lui plaise, pour les motifs énoncés [le déficit !], révoquer la concession de la colonie de la Louisiane, ne réserver à la Compagnie des Indes que le privilège du commerce exclusif de cette colonie aux offres et conditions de sa part de fournir et de transporter aux habitants de Louisiane, sur pieds et aux prix accoutumés, la quantité de cinq cents nègres par an et d'ailleurs tout ce qui sera estimé être pour leurs besoins indispensables ou (ce qui conviendrait mieux aux intérêts de la Compagnie) agréer la rétrocession du privilège de ce

---

1. Jean-Frédéric Phélypeaux, comte de Maurepas (1701-1781), secrétaire d'État à la Maison du roi, à la Marine et aux Colonies.

commerce même qu'elle prévoit lui être infiniment onéreux, à la charge de fournir à Sa Majesté quelque équivalent des offres et conditions ci-dessus tel qu'il plaira à Sa Majesté et à son conseil d'arbitrer ». Le roi, qui entend traiter favorablement la Compagnie, « réduit et fixe cet équivalent trois millions six cent mille livres », mais Maurepas, secrétaire à la Marine qui ne se laisse pas émouvoir par les gémissements des boutiquiers de Lorient, ramène d'office la somme à un million quatre cent cinquante mille livres, qui sera payée en six ans !

Dans le même temps où la Couronne de France redevenait propriétaire de la Louisiane, le brave gouverneur Périer, toujours en retard d'une frégate, annonçait fièrement à son ministre qu'on avait, pour la première fois, récolté du coton, « le plus beau coton que j'aie vu dans aucune colonie du monde », écrivait-il. La postérité admettra qu'au moins une fois dans sa vie le bonhomme Périer, timoré mais honnête, vit juste. Le sol de la Louisiane livrera plus tard, quand les Français n'y seront plus, des montagnes d'or blanc, ce *middling* aux longues fibres soyeuses, que l'on se disputera aux enchères dans toutes les Bourses de l'Ancien et du Nouveau Monde.

Quand, au bout d'une année de gestion royale, on fit, en 1732, les comptes de la Louisiane, Maurepas constata que les recettes de la colonie représentaient un million deux cent cinquante mille livres, les dépenses neuf cent quatre-vingt-un mille quatre cent soixante-trois livres, ce qui laissait deux cent soixante-huit mille cinq cent trente-sept livres de bénéfice. La comptabilité ministérielle n'était pas aussi pessimiste que celle de la Compagnie des Indes ; peut-être était-elle aussi plus exacte !

Maurepas estima qu'il y avait fort à faire en Louisiane pour rétablir la confiance des colons, contenir les menaces indiennes, décourager les prétentions espagnoles et contrer les poussées expansionnistes des Britanniques. Un seul homme était capable de reprendre en main les destinées d'un pays où il avait passé trente ans de sa vie. Il était âgé de cinquante-deux ans, on lui trouvait le teint jaune mais il avait l'œil vif, les muscles durs, cambrait la taille, parlait clair et ne s'embarrassait pas de sentiments.

Le 25 juillet 1732, Maurepas convoqua Bienville et le fit, enfin, gouverneur de Louisiane.

QUATRIÈME ÉPOQUE

Le temps des abandons

1.

Les dernières années françaises

Le retour du père

Bienville, nanti des pleins pouvoirs, prit le temps d'organiser son voyage en Louisiane. S'étant embarqué le 9 décembre 1732 à La Rochelle, avec Pierre et Bernard Diron d'Artaguiette, frères de l'ancien commissaire ordonnateur, et cent cinquante fusiliers, il n'arriva qu'au printemps 1733 à La Nouvelle-Orléans. Les grands propriétaires, comme les plus modestes colons, les commerçants et les militaires attendaient avec impatience le retour de celui que les plus anciens Louisianais nommaient le père de la colonie. Acclamé comme un proconsul, il voulut que l'on donnât quelque apparat à son arrivée afin que tous comprissent que Jean-Baptiste Le Moyne de Bienville ne représentait pas une compagnie de commerce mais le roi de France. Le règne des affairistes lorientais était terminé.

Si la plupart des notables se réjouirent de la réapparition de Bienville, le gendre de La Chaise, le chevalier Jean de Pradel, auteur d'articles exagérément optimistes sur la Louisiane, écrits pour plaire à la Compagnie des Indes et publiés par le *Mercure* en 1722, n'apprécia guère de se voir placé sous les ordres de l'homme dont son défunt beau-père avait obtenu la destitution. Avant de mourir d'une mauvaise fièvre, l'ancien inquisiteur de la Compagnie, devenu intendant de la colonie, avait légué à tous les siens ses haines recuites, sa pudibonderie hypocrite, sa cautèle et sa mesquinerie. Parents et alliés représentaient un certain nombre de gens influents, car le ladre avait su marier avantageusement ses filles et son fils.

Alexandrine est l'épouse du chevalier polygraphe Jean de Pradel, qui se prend pour un grand stratège des guerres indiennes ; Marie est femme du docteur Louis Prat, directeur de l'hôpital royal et membre du Conseil supérieur ; Félicité a pour conjoint Vincent Dourlin, dit Dubreuil, un des plus riches concessionnaires et éleveurs du pays des Arkansa, qui possède cinq cents esclaves, une centaine de bêtes à cornes, cultive l'indigo, élève des vers à soie et construit une briqueterie. Depuis que ce roturier est en possession de trois cent mille livres, il signe : du Breuil ! Quant au fils La Chaise, Jacques, il est gendre de Juchereau de Saint-Denys. Tout le clan est prêt à cabaler contre le gouverneur. Bienville, qui a d'excellents rapports avec le nouveau commissaire ordonnateur Edmé Gratien Salmon, sait parfaitement mettre au pas les philistins de ce type. Puisque Pradel joue les matamores et quête les honneurs, il le nomme chef de poste aux Illinois où les Indiens s'agitent. Le foudre de guerre se dit aussitôt de santé trop fragile pour aller vivre au nord de la colonie et se terre dans sa maison. Il se tiendra coi ; ses beaux-frères et belle-sœur aussi.

Installé dans ses fonctions, ayant pris possession de la belle maison construite pour le gouverneur, Bienville ouvrit les dossiers, entendit les témoignages des amis d'autrefois, dont la sincérité n'était pas douteuse, et fit l'inventaire des misères de la colonie. Si l'on se fiait aux apparences, la situation de la Louisiane paraissait assez plaisante ; elle devenait inquiétante quand on examinait les choses de près. L'accommodant Périer ayant mis trop de temps à venger les victimes des Natchez et traité avec trop de mansuétude les Indiens qui écoutaient les sirènes britanniques, il parut indispensable de reprendre autorité sur les autochtones. Après la dispersion des Natchez, les Anglais, privés de leurs alliés les Sack[1], anéantis aux pays des Illinois par les Huron et les Canadiens du gouverneur Beauharnais, s'ingéniaient à séduire les Chicassa et les Chéroké[2] afin qu'ils soutinssent leurs traitants, de plus en plus présents sur le Mississippi. En 1731, trois Chéroké, conduits à Londres par sir Alexander Cuming, avaient reconnu la suzeraineté britannique. Pour tenter de contrer les menées des agents de George II, Bienville envoya d'Artaguiette rappeler aux Chacta qu'ils s'étaient engagés à combattre les Chicassa et les Natchez rescapés, hélas plus nombreux que ne l'avait dit Périer avant son rappel en France. On fixa, suivant la coutume, le prix des cheve- lures ennemies que les Chacta devaient rapporter pour prouver leur combativité, mais Bienville, qui connaissait la roublardise des Sauvages et savait comment leurs femmes faisaient trois scalps d'un seul, annonça que les trophées seraient désormais payés en fonction de leur taille !

Imataha Tchitou, en français Soulier-Rouge, grand chef des Chacta, invité par les Anglais à visiter leurs établisse- ments des Carolines qui, depuis 1729, constituaient deux colonies distinctes, était rentré chez lui en brandissant l'Union Jack, avec douze chevaux chargés de marchandises, des cadeaux, une médaille et une chaude considération pour les sujets de George II. Convoqué par Bienville à Mobile au cours de l'automne 1734, il fut vertement tancé pour sa duplicité et son ingratitude devant tous les chefs de village qui, convenablement rétribués, approuvèrent le gouverneur. Soulier-Rouge, bien informé de la pénurie ambiante de la colonie, dit qu'il accepterait de reprendre la guerre contre les Chicassa au côté des Français si ces

---

1. Ou Fox (renard).
2. Cherokee.

derniers cessaient d'acheter eux-mêmes aux Anglais des marchandises qu'ils revendaient avec usure aux Indiens. Ce qui, hélas était vrai !

En attendant qu'arrivent de France les renforts militaires et les canons demandés par Bienville, les cadeaux, indispensables pour traiter avec les Indiens, et les produits dont la population manquait, le gouverneur s'employa à résoudre les difficultés financières et économiques qui entravaient le développement de la colonie. Depuis que la Compagnie des Indes n'était plus intéressée directement dans les affaires louisianaises, les bateaux se faisaient rares dans le port de La Nouvelle-Orléans et les producteurs de tabac commençaient à regretter l'absence d'acheteurs et de transporteurs. À Paris, les gérants de la ferme des Tabacs s'approvisionnaient plus souvent, et à meilleur compte, en Virginie qu'en Louisiane, ce qui coûtait deux millions de livres chaque année aux finances publiques et réduisait sensiblement les ressources des colons français. Maurepas, en digne successeur de son père, Jérôme de Pontchartrain, avait la fibre coloniale et le sens des affaires. Bienville obtint aisément de lui des primes qui assurèrent provisoirement aux exploitants les mêmes conditions qu'au temps du monopole triomphant de la Compagnie des Indes. Il réussit également à faire réduire, des deux cinquièmes, le montant des dettes contractées par les Louisianais auprès de l'entreprise commerciale qui avait été, pendant dix ans, leur fournisseur exclusif et à quels prix ! Comme la monnaie de papier fabriquée par la société n'avait plus cours depuis la rétrocession de ses privilèges à la Couronne de France, le pays manquait singulièrement de numéraire. En instituant des espèces de remplacement et en obtenant du secrétaire d'État cent cinquante mille livres par an de monnaie de carte, Bienville atténua les revendications des habitants, bien qu'il ne fît que remplacer un artifice monétaire par un autre.

La monnaie de carte avait été créée au Canada, en 1688, afin de remédier, déjà, à la pénurie de numéraire. Fabriquée à partir de cartes à jouer coupées en quatre et timbrées aux armes de France, d'où son nom, elle était reçue comme de véritables billets. En 1717, la monnaie de carte, retirée de la circulation par l'État, avait été reprise par ce dernier à la moitié de sa valeur. Si, dans un premier temps, le nouveau numéraire, accordé à Bienville par ordonnance de 1734, parut satisfaire les Louisianais, les militaires manifestèrent bientôt leur dépit d'être payés avec une monnaie de carte qui, se dépréciant au fil des saisons, menaçait de n'être plus que monnaie de singe !

Les ursulines, dont le roi s'était engagé à payer l'hébergement depuis que la Compagnie des Indes ne l'assumait plus, avaient trois années de loyer de retard et la veuve de M. Kolly, tué lors de la révolte des Natchez, réclamait avec insistance les quatre mille cinq cents livres qui lui étaient dues. Au moment de s'installer, avec trente orphelins, dans leur beau couvent enfin terminé, les religieuses avaient dû emprunter trois mille livres afin de remplacer leur ancien mobilier « vermoulu et rempli de vermine », qu'on avait brûlé. En juin 1734, elles emménagèrent dans les nouveaux bâtiments, orgueil de la cité. « Elles y furent conduites en cérémonie par le clergé, le Conseil supérieur, et toute la ville assista à cette procession. On y porta le saint sacrement ; il y eut prédication et l'on chanta le *Te Deum* dans la nouvelle chapelle », écrivit Bienville au secrétaire d'État. Même si le carrelage de la salle de l'hôpital n'était pas encore sec, on était assuré de pouvoir accueillir les malades à la fin du mois. Cette institution était indispensable car la situation sanitaire de la ville, déjà médiocre, menaçait de devenir catastrophique. Deux ouragans successifs ayant anéanti les récoltes, le spectre de la disette se profilait à l'horizon et la variole, associée à l'épidémie annuelle de fièvre jaune, tuait chaque jour des gens qui ne recevaient pas de soins.

Au cours des années qui vont suivre, les Louisianais les plus aisés, hauts fonctionnaires et concessionnaires des grands domaines, ne souhaitent que se donner confort et agrément. Les maisons que l'on construit à partir de 1732 sont souvent faites de brique confectionnée avec le limon argileux du Mississippi que les esclaves tassent dans des moules de tôle et cuisent dans les fours de la briqueterie de M. Dubreuil, à moins que le soleil ne soit assez fort pour les sécher à moindres frais. Le commissaire ordonnateur Edmé Gratien Salmon, ayant vu, comme d'autres habitants de La Nouvelle-Orléans, sa résidence inondée et ses papiers trempés par la pluie pendant l'ouragan de 1732, a exigé, pour abriter ses archives, une construction plus étanche. Comme il a aussi perdu une partie de son vin, qui souffre plus encore des chaleurs de l'été que des inondations, il a fait construire aux frais de l'État, pour deux mille six cent quarante livres, une coquette maison de brique à un étage, pourvue d'une cave voûtée. Les papiers de la colonie sont au sec et le vin que le commissaire ordonnateur fait venir de Bordeaux, car le bourgogne voyage mal, peut maintenant vieillir en toute sécurité !

Tandis que sous les hangars des indigoteries les esclaves foulent dans des cuves les feuilles et les tiges cuivrées de l'*indigo amil*, arbrisseau décrit par Alexandre, le botaniste de la Compagnie des Indes, pour en extraire la fécule colorante qui teindra les uniformes des soldats du roi de Prusse, la culture du coton se développe. Les planteurs les plus avisés commencent à utiliser le moulin à égrener inventé par l'Anglais Isaac et que le père Beaubois a perfectionné. D'autres exploitants, plus modestes, font encore égrener le coton à la main par les « petites négrittes » habiles à filer au rouet la fibre immaculée « aussi soyeuse que celle d'Égypte ». Le tabac de Louisiane a maintenant acquis une réputation égale à celui de Virginie et M. de Montplaisir, dont la concession du bayou Saint-Jean est citée en exemple, a fait venir de la Manufacture des tabacs de Clérac, en Saintonge, une trentaine d'ouvriers qui encadrent ses travailleurs noirs. Au rythme des saisons, ces derniers plantent, sarclent ou cueillent les grandes feuilles de la variété à fleur rouge que les savants nomment *Nicotiana macrophylla*. Antoine Simon Le Page du Pratz, ingénieur, cartographe et officier français, né aux Pays-Bas, arrivé en Louisiane en 1718 et marié selon la mode indienne à une jolie Chitimacha, s'intéresse à la préparation du tabac. Il a découvert que, séchées, les feuilles du sumac, qu'il préfère appeler *Rhus typhina*, adoucissent l'âpreté de l'herbe à Nicot, alors que macérées dans le vinaigre elles en exaltent le parfum. Stimulés par M. Louis Prat, médecin et homme d'affaires qui investit judicieusement dans l'agriculture, les propriétaires veillent maintenant à défendre, à coups de fusil, la graine verte du cirier, tant appréciée des oiseaux. Ils la recueillent et produisent une cire végétale translucide dont on fait, à Paris, des chandelles odoriférantes.

Le transport de ces produits des concessions à La Nouvelle-Orléans, port d'exportation, crée sur le Mississippi et ses tributaires, comme sur les bayous et les lacs, un trafic incessant. Les bateliers ne chôment pas, et qui, des berges, voit passer barques, canots ou pirogues chargés à ras bord de maïs, de patates douces, de boucauts de tabac, de sacs d'indigo ou de balles de coton peut croire que la Louisiane est un pays prospère. L'impression est, hélas ! trompeuse et M. de Bienville, assisté du commissaire ordonnateur Salmon, se demande toujours comment il bouclera le budget, qui approche un million de livres par an. Trompeur serait aussi le sentiment que l'on se trouve dans une contrée uniformément peuplée. La majorité de la population est concentrée dans la basse Louisiane, entre

Pointe-Coupée et La Nouvelle-Orléans. Le recensement de 1735 – peut-être est-ce le premier du genre ? – révèle que vivent dans la colonie 2 450 Français et 4 225 esclaves noirs. Parmi ces recensés 799 Blancs habitent La Nouvelle-Orléans avec 965 esclaves noirs et 26 esclaves indiens. Ces chiffres, qui ne tiennent pas compte des effectifs militaires – plus d'un millier d'hommes en 1735 – sont certainement inexacts et bien en dessous de la réalité démographique de l'immense Louisiane. Bon nombre de négociants, de coureurs de bois, de traitants, de déserteurs, d'aventuriers établis dans les tribus indiennes échappaient à tout contrôle statistique. Il suffit de savoir qu'à la même époque on compte plus de 800 000 habitants dans les treize colonies anglaises d'Amérique, pour apprécier la dangereuse modicité du peuplement français.

En ce qui concerne le cheptel, les chiffres sont peut-être plus fiables : 9 542 bovins, 174 chevaux, 844 chèvres, 568 moutons, 2 468 porcs.

Les guerres des Chicassa

Les Indiens avaient une conception quasi sportive de la guerre et ne respectaient que les vainqueurs sachant imposer fermement leur loi. À leurs yeux, indulgence passait pour faiblesse, tolérance pour mièvrerie, indécision pour couardise. Ils évaluaient la valeur d'un guerrier autant à sa capacité de tuer sans pitié qu'à celle de mourir sans plainte. Leur estime allait aux combattants plus qu'aux diplomates. Bienville, Franco-Canadien élevé entre les Huron et leurs ennemis les Iroquois, savait cela et se montrait d'une extrême rigueur quand la situation le commandait. Or, en 1735, il devint évident que les atermoiements de Périer n'avaient inspiré aux nations indiennes que mépris pour les Français. Le gouverneur constatait que la cohabitation risquait de devenir impossible si les Indiens, de plus en plus courtisés par les Britanniques, formulaient des exigences irrecevables. La régie royale serait-elle moins efficace que la Compagnie des Indes ?

Dans une lettre à Maurepas du 26 juillet 1733, Bienville avait déjà fait part avec franchise au secrétaire d'État de la nécessité de réagir : « Il eût été bon d'envoyer un corps de Français un peu fort et d'aller attaquer les Chicassa pour faire enfin une action d'éclat, chose indispensable pour relever le moral de la colonie, mais celle-ci est trop dénuée de forces et trop pauvre, et il ne faut pas nous compromettre une fois encore. On a vécu l'an dernier pendant plus de trois mois de grains de roseaux et je suis forcé de rester dans l'inaction quelque douleur que j'en aie. »

Les rapports adressés à Bienville révélaient qu'une sourde agitation couvait dans les tribus qui, jusque-là, s'étaient montrées amicales. On savait les Chicassa prêts à la révolte, mais le commandant du poste des Illinois commençait aussi à douter de l'attitude de cette nation en cas de conflit et pensait que les Ouabache suivraient les Illinois. Les Osage avaient tué onze chasseurs au pays des Arkansa. Le commandant du fort des Natchitoch et ses hommes n'avaient pas osé sortir pendant six mois, de crainte d'être attaqués par les tribus qui s'étaient jusque-là montrées pacifiques.

Quand, au mois de février 1736, on apprit à La Nouvelle-Orléans que les Chicassa avaient construit cinq fortins, entouré leurs villages de rangées de pieux et qu'une troupe de cent quatre-vingts Natchez s'était discrètement reconstituée, Bienville comprit qu'il était temps de passer à l'action. Il réunit à Mobile les forces dont il put disposer et donna l'ordre à d'Artaguiette, commandant du poste des Illinois, de descendre le Mississippi jusqu'à l'ancien fort Prudhomme, tandis que lui-même remonterait le fleuve

avec ses hommes, à bord de grands canots appelés voitures.
Le capitaine d'Artaguiette, neveu de l'ancien commissaire
ordonnateur, réussit à rassembler quatre cent six combattants : quarante et un soldats de la troupe régulière, quatre-
vingt-dix-neuf volontaires et deux cent soixante-six
Iroquois, Arkansa, Illinois et Miami. Pour sa part, Bienville avaient mobilisé cinq cent quarante-quatre Blancs et
quarante-cinq Noirs commandés par des « nègres libres ».
Quand les deux armées auraient fait leur jonction, on
encerclerait les villages fortifiés par les Chicassa et l'assaut
serait donné.

Commencée le 4 mars, l'expédition s'acheva le 29 mai.
Ce fut un désastre. Le premier revers que Jean-Baptiste
Le Moyne de Bienville essuya face aux Indiens. La troupe
commandée par d'Araguiette, précise au rendez-vous, fut
contrainte d'intervenir avant l'arrivée de celle du gouverneur. Le détachement de Bienville avait pris, en effet,
un retard considérable à cause des fabricants de voitures
qui auraient dû livrer les barques le 15 janvier et ne les
mirent que fin février à la disposition de l'armée. Lors de
l'attaque prématurément conduite par d'Artaguiette, la
défense des positions fortifiées, que les Chicassa eussent
été incapables de concevoir et de construire seuls, fut inspirée par ce que nous appellerions aujourd'hui des conseillers
techniques britanniques. Le capitaine d'Artaguiette identifia d'autant plus aisément ces derniers qu'ils ne cher-
chèrent pas à se cacher. « Malgré l'irrégularité de cette
conduite, comme à notre arrivée ils avaient dans l'un des
trois villages arboré un pavillon anglais pour se faire
connaître, je recommandai au chevalier de Noyan d'empêcher qu'on les insultât, s'ils voulaient se retirer, et pour
leur en laisser le temps je lui ordonnai d'attaquer d'abord
le village opposé à celui du pavillon. » On ne peut trouver
geste plus noble et plus fair-play, comme auraient dû en
convenir les agents de George II avant de décamper. Mais

cette élégance de guerre en dentelles coûta la vie à M. d'Artaguiette, au capitaine des Essarts, aux lieutenants Étienne Langlois et de Saint-Ange, aux enseignes de Coulanges, Levieux, Carrière, La Gravière, de Courtigny et à six cadets. Le père Sénac, un missionnaire, et M. Lalande, capitaine de milice, furent blessés et faits prisonniers.

Il arrive que Mars se moque du panache et donne la victoire aux pragmatiques, aux rustauds ou aux butors insensibles à la beauté d'un geste. Quelques années plus tard, Samuel Johnson, lexicographe anglais, exprimera sur le comportement chevaleresque un point de vue britannique alors ignoré du brave d'Artaguiette et qui donne à réfléchir. « Si vous traitez votre adversaire avec respect, vous lui accordez un avantage auquel il n'a pas droit », lança, vers 1750, l'ami de Boswell. En mai 1736, les Chicassa et leurs commanditaires surent user de cet avantage indu.

Après l'affrontement, les Indiens, s'étant emparés des armes et des munitions des Français, attendirent avec assurance l'assaut du groupe commandé par Bienville. Celui-ci fut repoussé avec une vigueur qui surprit le gouverneur et sema la déroute dans les rangs de son armée. Une centaine de Français furent mis hors de combat et il fallut, pour la première fois devant des Sauvages, battre en retraite. Sans l'aide des Chacta, qui comptèrent vingt-deux morts, la défaite eût été encore plus humiliante. M. de Lusser, de la compagnie suisse, le chevalier de Contrecœur, le sieur de Juzan, trois officiers de valeur, avaient été tués ; le chevalier de Noyan, petit-neveu de Bienville, M. d'Hauterive, capitaine des grenadiers, MM. de Velles, Grondel et Montbrun figuraient parmi les blessés.

Il se trouva de bonnes langues à La Nouvelle-Orléans pour murmurer que M. de Bienville ne possédait plus, à cinquante-six ans, la pugnacité de l'âge mûr, et qu'il s'était montré un peu trop timoré. Ces critiques injustes augmentèrent la morosité du gouverneur et le déterminèrent à préparer une nouvelle expédition contre les Chicassa, dont l'outrecuidance ne connaissait plus de bornes. Maurepas, qui soutenait Bienville, obtint de Louis XV tout ce que le gouverneur demandait. En 1738, les renforts attendus arrivèrent à La Nouvelle-Orléans, sept cents soldats bien armés, des sapeurs, des mineurs, des canonniers, des canons, des tonnes de boulets, des vivres, des marchandises : de quoi faire une vraie guerre. En 1739 fut enfin constituée une armée, forte de mille deux cents Français et deux mille huit cents Sauvages, que commandait M. de Noailles d'Amie. Maurepas, qui faisait passer l'efficacité avant le tact, avait jugé prudent d'envoyer en Louisiane un jeune lieutenant de vaisseau nanti de pouvoirs qui obligeraient le gouverneur « à se concerter pour le service de ses troupes avec le sieur de Noailles, qui a les talents et l'expérience nécessaires pour le commandement ». Le 12 novembre, l'armée campa près du fort Assomption, au confluent de la rivière Margot et du Mississippi, près de l'endroit où se trouve aujourd'hui la ville de Memphis, mais il fallut attendre le mois de janvier suivant pour qu'on se mît en route. L'apparition de cette force suffit à convaincre les Chicassa de l'inutilité de toute résistance : ils demandèrent humblement la paix, ce que Bienville leur accorda en échange des derniers Natchez qui furent exterminés. Cette fois encore, la mansuétude des Français ne fut pas récompensée. Les Chicassa, sans oser mener désormais des opérations d'envergure, ne laissèrent jamais passer une occasion de s'en prendre aux chasseurs, aux colons isolés et aux esclaves noirs des plantations françaises. Cette campagne, conclue sans combats ni panache, avait tout de même coûté plus d'un million de livres. À Versailles, l'annonce de cette victoire artificielle, qui ne mettait pas la colonie à l'abri des révoltes indiennes et ne renforçait nullement le prestige des armées de Sa Majesté dans le Nouveau Monde, fit faire la moue au roi et, par ricochet, au ministre. Maurepas prit prétexte d'une autorisation donnée par Bienville à deux familles de Louisiane d'aller s'installer à Saint-Domingue pour rappeler au gouverneur : « Sa Majesté vous défend de permettre à aucun habitant de quitter la colonie sans avoir reçu des ordres pour cela. C'est à quoi vous aurez pour agréable de vous conformer. »

Le ton déplaisant était celui du blâme adressé à un officier subalterne. Bienville prit sa plume et envoya sa démission au ministre de la Marine et des Colonies : « Si le succès avait toujours répondu à mon application aux affaires de ce gouvernement et à mon zèle pour le service du Roi, je lui aurais consacré le reste de mes jours ; mais une espèce de fatalité, attachée depuis quelque temps à traverser la plupart de mes projets les mieux concertés, m'a souvent fait perdre le fruit de mes travaux et, peut-être, une partie de la confiance de Votre Grandeur. Je n'ai donc pas cru devoir me raidir plus longtemps contre ma mauvaise fortune. Je souhaite que l'officier qui sera choisi pour me remplacer soit plus heureux que moi. » Cette démission, acceptée sans commentaire, mit fin à la carrière du gouverneur.

Le 13 mai 1743, la *Charente* mouilla en face de la place d'Armes, à La Nouvelle-Orléans, et Bienville accueillit sur le quai son successeur, le marquis Pierre Rigaud de Vaudreuil, franco-canadien, fils d'un ancien gouverneur du Canada. L'élégant marquis, parfait gentilhomme, était des plus représentatif. Né à Québec le 22 novembre 1698, il avait commencé sa carrière comme garde-marine[1].

---

1. Nom que portaient les jeunes gentilshommes que l'on entretenait dans les ports pour apprendre le service de la marine (Bescherelle, 1867).

Nommé lieutenant de vaisseau en 1729, il avait cessé de naviguer en 1732, quand le roi lui avait confié le gouvernement de Trois-Rivières. Le poste de gouverneur de la Louisiane, qu'il venait d'obtenir sans l'avoir sollicité, ne constituait à ses yeux qu'une étape vers le gouvernement général du Canada, qu'il aurait voulu héréditaire et qui représentait toutes ses ambitions. Quelques semaines après son arrivée, il acheta les biens que M. de Bienville accepta de lui vendre et organisa sa maison. Le 17 août, Jean-Baptiste Le Moyne de Bienville, ayant transmis ses pouvoirs et informé le marquis de tout ce qu'il était bon de savoir sur la colonie et qui ne figurait peut-être pas dans les rapports officiels, fit ses adieux. Accompagné des regrets unanimes de la population, il embarqua pour la France. Il était âgé de soixante-trois ans et quittait la Louisiane, où il avait passé les deux tiers de sa vie, pour n'y plus revenir.

Un marquis aux commandes

M. de Vaudreuil apparut tout de suite comme étant d'un tempérament bien différent de son prédécesseur. Chez Bienville, qui ne manquait pas de manières, il arrivait que le coureur de bois canadien resurgisse à l'occasion d'une colère ou d'une fête ou que le petit-fils du cabaretier normand réapparaisse quand on parlait gros sous. Côté paternel, la noblesse du marquis n'était pas récente et coloniale comme celle des Le Moyne mais gasconne et ancienne. Cependant, c'est à sa mère, née Joybert, roturière française, émigrée au Canada où elle avait épousé l'administrateur Philippe de Vaudreuil, qu'il devait, comme ses trois frères, une ascension rapide. Cette Canadienne avait passé plus de temps à Versailles et à Marly, à intriguer pour le bien de la famille, qu'au côté de son mari à Québec. Ce dernier, mort en 1725, avait terminé sa carrière comme gouverneur général du Canada. En débarquant en Louisiane, Pierre, héritier du marquisat, regretta que sa mère, décédée en 1740, ne l'ait pas vu accéder au gouvernement d'une aussi vaste colonie.

Si Bienville avait l'âme d'un proconsul, Vaudreuil en eut le train. Les frères Le Moyne se faisaient portraiturer en armure, les Vaudreuil posaient en habit de cour. Un historien américain a écrit que ce fut la marquise de Vaudreuil qui créa la *High Society* en Louisiane et il semble que ce soit vrai. Les habitants de La Nouvelle-Orléans virent, pour la première fois, un carrosse tiré par quatre chevaux dans les rues de la ville et, bientôt, toutes les épouses de notable exigèrent de leur mari qu'il fît venir de France des berlines et des chaises. Tandis que sa femme présidait des réceptions et donnait le ton en matière de mode et de danse, M. de Vaudreuil fit l'inventaire de sa juridiction. Ce qu'il trouva ne réjouit guère ce gentilhomme, administrateur expérimenté et adroit. Rejetant la mesquinerie et la lésine, lot des comptables ignorants et à courte vue, qui croient augmenter les recettes en biffant les dépenses, le nouveau gouverneur vit tout de suite la nécessité d'investir pour assurer la survie de l'entreprise Louisiane. La Nouvelle-Orléans n'était pas toute la colonie et la situation économique, comme la sécurité du pays, exigeait qu'on s'occupât attentivement des affaires, surtout depuis que Louis XV avait, le 15 mars 1744, déclaré la guerre à l'Angleterre et à l'Autriche, pendant que les Canadiens échouaient devant Annapolis après avoir envahi la Nouvelle-Écosse.

Dans un long mémoire daté de 1746, le marquis et le nouvel ordonnateur, M. Demezy Le Normand, ont brossé conjointement de la colonie un tableau que l'on peut croire sincère. Ils commencent par reconnaître l'importance du territoire. « De toutes celles [les colonies] que la France possède, il n'en est peut-être point qui sont plus intéressantes, par la situation et par la nature, que la Louisiane. Sa situation, parce qu'elle peut et doit servir de barrière entre les colonies anglaises et les possessions espagnoles de ce continent de l'Amérique ; par sa nature si l'on considère son étendue, ses rivières, la bonté du climat et la fertilité des terres. Cette colonie a été jusque-là dans un état languissant. On ne peut guère entreprendre de la tirer de cette langueur que lorsque la paix sera rétablie en Europe. La tranquillité est nécessaire à l'exécution des projets que l'on pourra former pour la rendre florissante et pour en tirer tous les avantages qu'elle peut produire. » Vient ensuite l'état des lieux. Tous les établissements français, sauf ceux du littoral, sont situés sur la Mobile, le Mississippi et « les rivières qui s'y rendent ».

La Balise, « située à environ une demi-lieue en avant de la barre, côté pleine mer », dans les bouches du Mississippi, possède un fort dont le rempart est revêtu de brique, une batterie de canons qui interdit l'entrée du fleuve, quelques bâtiments, une garnison de cinquante hommes. On y relègue les malfaiteurs qui travaillent à faire des briques avec une trentaine de Noirs « appartenant au roi ». On mesure à la barre de quatorze à vingt-deux pieds d'eau [de quatre mètres soixante à sept mètres vingt-cinq environ] et un profond chenal permet aux plus gros bateaux de remonter le Mississippi. « De la Balise à La Nouvelle-Orléans, le fleuve fait beaucoup de tours et de détours et l'on compte par eau trente lieues [environ cent vingt kilomètres] que les navires mettent quelquefois un mois ou six semaines à remonter. Quelquefois aussi, ils remontent en sept ou huit jours et c'est le temps que les bateaux y emploient le plus communément. »

Sur la rive gauche, en remontant le fleuve, on trouve : à dix lieues de La Nouvelle-Orléans, un établissement appelé Les Allemands. On compte cent habitants, allemands pour la plupart, et « deux cents nègres », qui cultivent le riz, des légumes, élèvent et engraissent des bestiaux. À quarante lieues plus au nord, l'établissement de Pointe-Coupée est un des plus florissants. Deux cents habitants, faisant travailler quatre cents esclaves noirs, récoltent un excellent tabac, qui vaut trois louis la livre ; ils fournissent céréales, légumes et fruits à toute la région. Le marquis de Ternant a été le premier à y construire une belle demeure, flanquée de deux pigeonniers. À cinq lieues au-dessus de Pointe-Coupée se trouve le confluent du Mississippi et de la Rouge[1]. Si l'on remonte sur quatre-vingt-dix lieues cette grosse rivière, qui doit son nom à la couleur du limon charrié par ses eaux, on arrive au poste des Natchitoch. Soixante habitants, deux cents esclaves et cinquante soldats, dont la présence est justifiée par la proximité – sept lieues – d'un poste espagnol dépendant du Nouveau-Mexique, constituent la population locale. Pour le moment, les rapports entre Français et Espagnols sont bons. Les deux partis ont oublié la petite guerre qu'ils se sont livrée dans le golfe du Mexique, en 1719, quand la France et l'Espagne se disputaient encore la jouissance du littoral et que Pensacola changeait de main tous les six mois. Chacun étant revenu sur ses positions en 1720, on vit maintenant en bonne intelligence, de part et d'autre d'une frontière que personne ne s'est jamais soucié de définir. Les relations commerciales sont fréquentes et les officiers des deux puissances échangent les déserteurs de leurs armées. Riz, maïs, tabac et élevage de bestiaux – on compte deux cents huit bovins et trois cent cinquante cochons – assurent une relative prospérité à l'établissement français, fondé en 1714 par Juchereau de Saint-Denys.

De Pointe-Coupée jusqu'au poste des Natchez, à

---

1. De nos jours : Red River.

quatre-vingt-dix lieues de La Nouvelle-Orléans, on ne rencontre aucun établissement. Celui des Natchez, sur la rive droite du fleuve, a perdu son importance depuis le massacre de 1729. Il y reste huit habitants avec une quinzaine de Noirs « qui ne pourraient s'y soutenir s'il n'y avait une compagnie de cinquante hommes ». On y cueille le meilleur tabac du pays, mais en petite quantité faute de bras.

Sur la rive gauche du Mississippi, au-delà du pays des Natchez, à cent soixante lieues environ de La Nouvelle-Orléans, l'établissement des Arkansa, situé au confluent du fleuve Arkansas qui tire son nom de la tribu indienne propriétaire du territoire, compte douze habitants, une dizaine de Noirs et vingt soldats. Les Français, dont la chasse, la pêche, la salaison des viandes, le commerce du suif et de l'huile d'ours sont les occupations principales, cultivent un peu de tabac, à la fois pour leur usage personnel et pour en vendre aux voyageurs. L'établissement le plus éloigné, à quatre cents lieues de La Nouvelle-Orléans, est celui des Illinois. En ligne droite, la distance n'est que de deux cent cinquante lieues, mais les sinuosités du Mississippi sont telles, le courant si rapide, qu'il faut trois mois aux bateaux pour remonter jusqu'au poste. En revanche, dix jours suffisent pour descendre à La Nouvelle-Orléans. Trois cents Blancs, six cents Noirs et soixante-quinze esclaves indiens, répandus dans des villages, cultivent du froment qui fournit une excellente farine. L'élevage est prospère, deux cents chevaux, près de mille bêtes à cornes, mille quatre cents cochons, trois cent cinquante chèvres. Une saline fournit, en sel cristallisé sur place, la colonie et une partie de la province voisine du Canada. Plusieurs mines de plomb sont en exploitation.

Sur le Missouri existent deux établissements français. L'un à quatre-vingt-dix lieues du confluent de ce fleuve avec le Mississippi et à cent lieues du poste des Illinois, l'autre situé sur l'Ouabache « qui prend le nom de Belle-Rivière après sa réunion avec l'Ohio et de là se rend dans le Mississippi ». Le premier poste ne compte qu'une vingtaine d'habitants blancs et dix Noirs, le second une quarantaine de Blancs et cinq Noirs. Ces isolés vivent de la chasse et de la pêche, cultivent du maïs et du tabac pour leur propre consommation.

Au sud, sur le littoral du golfe du Mexique, on trouve d'autres établissements. Au confluent de la Mobile et de la Pascagoula, à dix lieues de La Nouvelle-Orléans, sont installés dix Blancs et soixante Noirs qui produisent du riz, du tabac et élèvent des vaches. Ils envoient beurre et fromage à Mobile. À soixante lieues de La Nouvelle-Orléans, cette agglomération, qui fut la première de la colonie, reste relativement importante. Située à l'embouchure de la rivière qui lui a donné son nom, elle compte cent cinquante colons, autant de soldats et deux cents Noirs. On y récolte du riz, de l'indigo et du maïs. Pour le chantier naval de l'île aux Vaisseaux, les esclaves fabriquent du brai, du goudron, débitent les arbres en planches. Sur la Tombekbé, à cent lieues du confluent de cette rivière avec la Mobile, une garnison de soixante-dix soldats occupe un fort de pieux et subsiste en cultivant maïs et légumes, en chassant ou pêchant. Un autre fort, tout aussi rudimentaire, construit sur la rivière Alabama, est tenu par quatre-vingt-dix militaires, plus cultivateurs que soldats. La plupart sont mariés et exploitent des parcelles rendues très fertiles par le limon que déposent les rivières en regagnant leur lit après les crues fréquentes. Ils sont censés surveiller les Indiens du voisinage.

La colonie ne possède pas une armée de qualité. La discipline est relâchée, les désertions sont quotidiennes et les officiers des postes isolés ne pensent qu'à aller se distraire à La Nouvelle-Orléans où l'on trouve de bonnes tables, des salons où l'on danse, d'autres où l'on joue et partout des femmes charmantes qui s'ennuient. La défense de la Louisiane est assurée par treize compagnies françaises et une suisse, soit, au total, neuf cents soldats. C'est peu et la plupart de ces militaires ne sont pas satisfaits de leur sort. Il arrive même qu'ils se mutinent quand la soupe n'est pas bonne. C'est ainsi que, le 11 juillet 1745, le soldat Braude, appartenant à la compagnie Gauvrit, en garnison à La Nouvelle-Orléans, refusa de manger le pain servi à la troupe en disant qu'il n'était pas bon à donner aux chiens. Le commandant Étienne de Bénac le fit aussitôt arrêter et traduire devant le tribunal militaire comme mutin. Deux jours plus tard eut lieu le procès, au cours duquel cinq témoins furent appelés contre Braude : deux sergents, deux simples soldats et le lieutenant Favrot. Tous confirmèrent que Braude avait refusé de manger le pain de la cantine, ce que le prisonnier reconnut sans tergiverser. Condamné à mort, Braude fut exécuté trois jours plus tard. D'autres soldats, qui avaient refusé le pain, ne furent pas poursuivis et l'on considéra la mutinerie comme terminée. M. de Vaudreuil, qui voulait rétablir dans sa minuscule armée le respect de la discipline, avait exigé de la justice militaire rigueur et promptitude. Le gouverneur sut aussi mettre un terme à certains trafics sur les farines. Le pauvre Braude n'était pas en terre depuis deux jours que le pain servi aux soldats devint mangeable.

Le recensement des guerriers indiens, qui eut lieu à la même époque, fait apparaître des effectifs bien supérieurs à ceux de l'armée française. Les Arkansa peuvent mobiliser deux cent cinquante guerriers, les Illinois quatre cents, les Missouri cinq cents, les Chaouanon deux cents, « toutes nations affectionnées aux Français », assure-t-on au gouverneur. Parmi celles dont l'alliance reste toujours aléatoire figurent les Chitimacha, les Colapissa, les Ouma, les Tunica qui comptent, en tout, cent vingt guerriers. Dans les territoires situés à l'intérieur des terres, sur la rive droite du Mississippi, les Chacta disposent de quatre mille guerriers, les Chicassa de cinq cents. Les Alabama, Abeca, Talachoupa, « tous parents ou alliés considérés comme une seule nation », peuvent aligner deux mille guerriers dont une partie paraît favorable aux Anglais. Les Chéroké, avec six mille guerriers, sont tous « très attachés aux Anglais qui ont des postes parmi eux jusque sur la rivière Chéroké ». Du côté de Mobile, les Biloxi, les Appalache, les Taensa et ces Indiens que les Français nomment Mobiliens comptent deux cent cinquante guerriers, tous fidèles à la France et parfois même chrétiens.

Commentant ces statistiques, M. de Vaudreuil écrit : « Les Anglais sont séparés de ces nations par les montagnes des Appalaches dont la traversée est extrêmement difficile, ce qui ne les empêche point de venir, avec des chevaux chargés, jusqu'à trois lieues du fort français des Alibamons[1], et jusque chez les Chicassa et les Chéroké. On ne peut bien gouverner les Sauvages que par la crainte et l'intérêt et encore plus par l'intérêt que par la crainte. [...]. Quoique ces nations continuent à être sauvages, elles ne sont point aussi errantes qu'autrefois et elles commencent à se laisser gagner par le goût de la propriété, ayant des chevaux, des bestiaux, des cochons et des volailles, ce qui les oblige à une vie plus sédentaire. »

Ces lignes d'un homme intelligent, qui sut voir l'évolution des mœurs et mentalités indiennes sous l'influence de ce que la vanité européenne proclamait civilisation, prouvent que l'eau-de-vie, dont les Blancs abreuvèrent les indigènes d'Amérique et d'ailleurs, ne fut pas la seule arme insidieuse dont ils usèrent pour asservir une race d'hommes libres, en harmonie avec la nature primitive. En dispensant des cadeaux destinés à créer des besoins nouveaux, en développant chez les Indiens « le goût de la propriété », en

---

1. Alabama.

remplaçant le troc ancestral par le commerce et la notion d'échange par celle de profit, les Français, après les Espagnols et les Anglais, non seulement enlevèrent leur terre aux Amérindiens mais dévoyèrent leurs instincts, avilirent leur cœur, infectèrent leur âme.

Le marquis de Vaudreuil aimait à marivauder dans les salons, à parader sur la place d'Armes, à palper les commissions que son maître d'hôtel lui consentait sur le commerce occulte des remèdes, tissus et marchandises diverses directement prélevés dans les magasins du roi avec la complicité active de la marquise. Le gouverneur suivait les progrès de la construction des belles maisons qui s'élevaient au long des rues de La Nouvelle-Orléans, près du bayou Saint-Jean et même en dehors de l'enceinte conçue autrefois par Adrien de Pauger pour protéger la ville. Il admirait, et peut-être enviait, la grande demeure, à deux niveaux et galerie périptère, que l'architecte Alexandre de Batz achevait pour le chevalier de Pradel, sur la rive droite du fleuve, face à la ville. En nommant cette somptueuse résidence Montplaisir, une sorte de profession de foi d'un propriétaire enrichi par les intérêts qu'il avait dans les postes, le gendre de La Chaise avait fait sourire dans les salons. Personne, sauf lui, n'ignorait les relations que sa femme, la belle Alexandrine, entretenait avec un officier de la garnison, devenu chevalier servant depuis que le mari, souffrant de maux divers, évitait bals et réceptions. Dans l'existence coloniale, M. de Pradel et M. de Vaudreuil ne constituaient pas des exceptions. Ils n'étaient ni plus retors, ni plus trompés, ni plus corrompus que d'autres. Tous ceux qui pouvaient avoir accès aux magasins du roi, aux fournitures, aux poudres, aux farines, aux produits importés, et même aux prises effectuées par des corsaires patentés sur des vaisseaux dont on ne cherchait pas à connaître le pavillon, trafiquaient, chapardaient, détournaient, rançonnaient, prenaient pourcentage, pour améliorer soldes et traitements, afin que les épouses puissent être élégantes, tenir leur rang et passer d'agréables cinq à sept avec des célibataires en manque de conversation et de tendresse. Certains sigisbées en uniforme ne dédaignaient pas de recevoir des cadeaux des dames, que le climat rendait tantôt langoureuses et sentimentales, tantôt nerveuses et frénétiques. On fit à Mme de Pradel la réputation d'être spontanément inflammable et on lui attribua la spécialité d'offrir des pendules !

Il advint en Louisiane qu'un commissaire ordonnateur probe et téméraire se risquât à faire son devoir, qui était de veiller aux intérêts du roi, au bon emploi des cadeaux et des crédits, à la sincérité des comptes de la colonie, au respect des règles commerciales et administratives. De telles initiatives ne pouvaient que causer des déboires, d'où ces conflits, déjà rapportés, entre commissaire et gouverneur. Cela se terminait toujours, pour l'un des intéressés, suivant les appuis dont il bénéficiait à Versailles et à Paris, par le rappel circonstancié en métropole. De 1731 à 1752, on vit passer en Louisiane trois commissaires ordonnateurs : Edmé Gratien Salmon, Sébastien François-Ange Demézy Le Normand et Michel de La Rouvillière. Salmon, qui servit sous Bienville, ne fut pas contesté ; les autres surent très vite s'adapter aux mœurs locales et tirèrent quelques bénéfices de leur position, notamment en vendant les marchandises et cadeaux du roi destinés aux Indiens à des négociants à qui l'administration devait racheter ces produits quand leur raréfaction avait fait monter les prix et que les autochtones s'impatientaient !

Si le marquis de Vaudreuil se montrait d'autant plus tolérant avec les trafiquants civils et militaires qu'il participait parfois à leur affaires, il savait aussi se conduire en seigneur et en soldat, avec courage et fermeté, sans crainte ni faiblesse. Il savait que le danger pour la colonie ne pouvait venir que des Anglais, surtout depuis que Louis XV avait déclaré la guerre à George II et que les colons britanniques souhaitaient l'ouverture d'un front contre la France en Amérique. Or, les Chicassa et une partie des Chacta, soi-disant amis des Français, suivaient les consignes de Soulier-Rouge, comblé de présents et d'honneurs par les Anglais. Vaudreuil, décidé à limiter les risques d'un affrontement général, guettait le moment où l'on pourrait dresser les deux nations indiennes l'une contre l'autre et réduire à l'impuissance les mercenaires des Anglais.

En 1747, Soulier-Rouge commit l'erreur de tuer un cadet, le chevalier de Verbois, et deux traitants français, en visite chez les Chacta. En scalpant sans gloire ces voyageurs isolés, le chef indien fournit au marquis l'occasion d'intervenir. Les Chacta, sur le territoire desquels les crimes avaient été commis, furent fermement invités à faire justice. Bien qu'une partie des guerriers de cette nation ait choisi le camp anglais, les chefs de tribu se réunirent à Tombekbé et décidèrent de donner satisfaction aux Français. Il fallut attendre un an pour qu'une action fût entreprise, mais, en juin 1748, des Chacta fidèles à la France apportèrent au gouverneur de la Louisiane la tête de Soulier-Rouge. Ainsi disparut, décapité par les siens, l'un des plus rusés et des plus sanguinaires chefs indiens de l'histoire coloniale américaine. L'ennemi des Français était tombé dans une embuscade alors qu'il regagnait son village, à la tête d'un convoi de marchandises anglaises. La mort du chef suprême des Chicassa ne mit pas fin aux menées britanniques, mais les zizanies qu'elle suscita entre caciques candidats à la succession conduisirent à une aggravation des dissensions tribales, ce qui occupa les guerriers et détourna les chefs de la rivalité franco-anglaise, très provisoirement atténuée par le traité signé en octobre 1748, à Aix-la-Chapelle, pour mettre fin à la guerre de

Succession d'Autriche. Mais les Chacta n'avaient pas besoin de justification, autre que le plaisir de la rapine pour s'en prendre de temps à autre aux colons. En 1750, un groupe de Chacta dissidents ayant attaqué des colons allemands et tué le maître à danser le plus populaire de La Nouvelle-Orléans, plus quelques Noirs, le marquis de Vaudreuil envoya aussitôt un officier demander des comptes aux chefs indiens. Toutes les dames de la ville pleuraient Baby, le gracieux esthète qui leur enseignait le menuet et la pavane sans jamais un geste équivoque ou audacieux envers une femme. On eût peut-être oublié le meurtre des esclaves, mais celui du chorégraphe parut impardonnable. Même un Indien pouvait comprendre cela ! Les Chacta, qui recrutaient leurs maîtres à danser chez les hermaphrodites[1], caste très appréciée dans les tribus, comprirent à demi-mot. Ils s'apitoyèrent, ainsi qu'il convenait, et exécutèrent immédiatement et scrupuleusement la mission exigée par les Français. Les treize assaillants des Allemands eurent la tête fracassée et tous les autres vinrent à résipiscence et signèrent un traité draconien que Bienville n'eût pas désapprouvé. Ce document prévoyait que tout chef ou guerrier des Chacta qui tremperait les mains dans le sang d'un Français serait tué sans rémission, de même que tout chef ou guerrier qui introduirait un Anglais dans son village serait puni de mort avec l'Anglais « sans que qui que ce soit de la nation puisse en prendre vengeance ».

Si la situation sur le front indien s'était améliorée, l'économie de la Louisiane demeurait fragile. Elle devint

---

1. Dumont de Montigny, qui vécut vingt-deux ans en Louisiane, précise le statut particulier du berdache, homme-femme, chez les Natchez : « Ce qu'il y a de certain, et quoiqu'il soit vraiment homme, est qu'il a la même parure et les mêmes occupations que les femmes : il porte comme elles un jupon au lieu d'un brayet, comme elles il travaille à la culture des terres et tous les autres ouvrages qui leur sont propres. » *Mémoires historiques sur la Louisiane*, Bauche, Paris, 1770.

encore plus difficile quand les colons français et anglais s'affrontèrent sur les rives de l'Ohio et que de nouveaux signes de désaccord apparurent entre les lointains gouvernements de France et d'Angleterre. Quand, à la fin de l'année 1752, M. de Vaudreuil apprit qu'il était nommé gouverneur général du Canada, il dit ses regrets d'avoir à quitter la Louisiane où il s'était acquis, par de réels mérites, une politique intelligente, une indulgence circonstanciée, un bon discernement et une parfaite courtoisie, la réputation d'un administrateur brillant et efficace. Les Louisianais, qui aiment à donner des sobriquets aux gens, l'appelaient le Grand Marquis, ce qui ne lui déplaisait pas.

Avant d'embarquer pour Montréal, M. de Vaudreuil, si l'on en croit la chronique mondaine de l'époque, eut le plaisir d'offrir à ses amis, dans le bel hôtel mis à la disposition du gouverneur, la première pièce de théâtre représentée en Louisiane. Inspirée par l'ambiance coloniale, écrite par un Louisianais, M. Le Blanc de Villeneuve, et jouée par des amateurs, cette œuvre connut un franc succès. Seul le titre en est parvenu jusqu'à nous : *le Père indien*.

2.

Imbroglio franco-espagnol

Un baron dans la tourmente

Le 24 janvier 1753, le *Chariot-Royal*, parti de Brest le 17 novembre, mouilla l'ancre face à l'île de la Balise. À bord de ce vaisseau, lourdement chargé, qui avait mis soixante-six jours pour traverser l'Atlantique, se trouvait le dernier gouverneur de la Louisiane. Louis Billouart, baron de Kerlérec, ignorait que Clio lui réservait ce rôle dans l'histoire coloniale de la France. Pour ce Breton[1], le gouvernement d'un si vaste territoire du Nouveau Monde constituait la plus enviable des promotions. Car, à la veille de ses cinquante ans, Kerlérec avait passé plus de temps en mer que sur terre. Il avait néanmoins pris le temps d'épouser, en 1738, Marie-Josèphe Charlotte du Bot, dont la famille, depuis huit générations, avait fourni trois pages aux rois de France et de nombreux officiers à la marine royale.

Fils de Guillaume Billouart, sieur de Kervasegen, Kerbernez, Penarun et autres lieux, secrétaire du parlement de Bretagne, anobli en 1723, Louis ne voulait être que marin. À quatorze ans, il naviguait déjà ; à seize ans, il avait participé à trois campagnes à la Martinique, à Saint-Domingue et, dans le golfe du Mexique, à bord de la

---

1. On sait qu'il avait été baptisé le 27 juin 1704, dans l'église Saint-Ronan, à Quimper, mais on ignore sa date de naissance.

Victoire, un des trois navires envoyés de France avec Le Moyne de Sérigny pour s'emparer de Pensacola, pendant la petite guerre contre les Espagnols. L'adolescent avait connu la tempête qui démâte les nefs, humé l'haleine des biscayens, entendu craquer les plats-bords frappés par les boulets, senti le frôlement des haches d'abordage. On l'avait vu garde-marine entre 1721 et 1751, midship sur le *Dromadaire*, capitaine du cargo *Flore*, aide-major sur l'*Aimable*, chasseur de pirates sur l'*Amazone*, officier de fusiliers sur la *Somme*, garde-côte sur la *Gloire*, officier de pont sur l'*Avenir*, le *Triton*, l'*Astrée*, l'*Élisabeth* et la *Parfaite*, second lieutenant sur le *Superbe*, que commandait M. de Rochambeau, major sur le *Mars*, premier lieutenant sur le *Neptune*. Sa carrière avait failli se terminer sur ce bateau, le 17 octobre 1747, à cinq cents kilomètres au large de Brest, au cours du fameux combat contre la flotte de sir Edward Hawke, que les marins ont retenu sous le nom de bataille de M. de L'Étenduère, commandant du *Neptune*. Grièvement blessé au pied et au dos, fait prisonnier, conduit en captivité à Spithead, Kerlérec n'avait regagné la France qu'en 1750 pour recevoir la croix de Saint-Louis et le commandement de la *Favorite*, frégate de quarante canons chargée de veiller à la sécurité des côtes de Saint-Domingue. En nommant, en février 1752, ce marin breton gouverneur de Louisiane, le roi récompensait un brave et déléguait, pour le représenter dans la colonie, un parfait patriote. Rien n'indiquait que celui-ci fût doué pour l'administration, et d'ailleurs il ne l'était pas !

Quand, le 9 novembre 1753, sur la place d'Armes, à La Nouvelle-Orléans, le marquis de Vaudreuil remit, devant le front des troupes, ses pouvoirs au baron de Kerlérec, la population assemblée eut le sentiment, peut-être pour la première fois dans l'histoire farcie d'intrigues de la colonie, que la relève de l'autorité s'accomplissait dans les règles, dans le calme, dans la concorde. Les deux hommes s'estimaient réciproquement, le partant était enchanté de partir, l'arrivant d'arriver. Le marquis ignorait que le gouvernement général du Canada, auquel il aspirait depuis si longtemps, le conduirait à céder cette terre si française aux Anglais, le baron ne se doutait pas qu'il serait contraint de livrer aux Espagnols celle, non moins française, dont le roi venait de lui confier la régence. Ainsi se croisent parfois, dans un climat serein, les destins des gentilshommes avant que se déchaîne la tourmente d'une guerre. Ainsi l'Histoire met en scène des personnages auxquels seront imposés des rôles insoupçonnés, qui ne peuvent être ni appris ni répétés.

M. de Kerlérec ne débarquait pas seul à La Nouvelle-Orléans. Il était accompagné de sa femme, fort avenante si l'on en juge par un portrait anonyme, sa belle-sœur et plusieurs parents. Pour honorer M. de Vaudreuil et remercier les notables de l'accueil qu'ils lui avaient réservé, le gouverneur, bien que sans fortune, fit largement les choses. Le 29 avril, il offrit, à l'hôtel du gouvernement, un banquet de deux cents couverts. Sous la galerie, dont les colonnes avaient été enrobées de feuillage et décorées de roses, les tables avaient été dressées dans le respect de l'étiquette. Les plats nombreux furent jugés succulents et le vin de Bordeaux coula, pendant des heures, de deux fontaines où chacun venait emplir son verre selon sa soif et son plaisir. Après le souper, le gouverneur accueillit la population et M. de Vaudreuil ouvrit le bal avec Mme de Kerlérec. Un feu d'artifice étonnant acheva la fête quand la marquise et la baronne allumèrent une composition pyrotechnique où l'on reconnut des pigeons, des alligators et des serpents de feu.

Les girandoles éteintes, M. de Kerlérec se trouva face aux devoirs et soucis de sa charge. À Paris, le ministre de la Marine et des Colonies, Antoine-Louis Rouillé, comte de Jouy, ancien intendant du Commerce, ex-commissaire de la Compagnie des Indes, qui avait remplacé Maurepas en 1749, s'était montré catégorique : la Louisiane coûtait cher à la France, des économies s'imposaient. En parcourant La Nouvelle-Orléans, le nouveau gouverneur se rendit compte que sa tâche ne serait pas aisée. La colonie semblait saisie par la folie des grandeurs et le marquis de Vaudreuil n'avait rien fait pour traiter cette affection vaniteuse et typiquement coloniale.

La prison ressemblait plus à un hôtel particulier qu'à une maison d'arrêt et, sur la place d'Armes, les nouvelles casernes qui s'élevaient, à peine achevées après cinq années de travaux, avaient coûté la bagatelle de deux cent trente-cinq mille trois cent cinquante livres ! Les trois terrasses triangulaires de l'observatoire à deux niveaux, dessiné par Baron en 1730, attendaient toujours de recevoir des lunettes astronomiques... et des astronomes. Le porche monumental, que certains esprits mesquins trouvaient un peu disproportionné par rapport à l'immeuble, ouvrait sur des jardins, ce qui donnait bel aspect à l'ensemble, dont le coût n'avait pas encore été révélé. Quant aux dix mille livres léguées à la ville, en 1737, par un certain Jean-Louis, ancien matelot de la Compagnie des Indes, pour construire un hôpital, elles avaient tout juste suffi, étant donné le prix du terrain, à l'achat d'une maison et de quelques lits. M. de Kerlérec et le commissaire ordonnateur Vincent-Guillaume d'Auberville – il avait succédé à Honoré-Michel de La Rouvillière, mort de la fièvre jaune en 1752 –, quand ils ne passaient pas leurs journées à faire des comptes et à tenter de refréner les goûts dispendieux de leurs administrés, essayaient de combattre leurs vices. Si l'adultère, divertissement très répandu, ne provoquait que des scènes de ménage et quelques duels, le jeu, par les proportions qu'il avait prises, causait des difficultés à bon nombre de militaires dont la solde disparaissait entre deux parties de pharaon. Les hommes d'affaires s'y adonnaient aussi et l'on citait le cas de M. Girodeau, armateur de La Rochelle, qui avait perdu trente mille livres au cours de l'année, et celui d'un marchand de la ville qui avait laissé, en une seule nuit, dix mille livres sur le tapis vert.

Le gouverneur, dont le sens pratique ne s'encombrait pas d'hypocrisie, décida, pour provoquer l'extinction des tripots de la ville, de créer, dans un local administratif, une sorte de casino où des officiers, à la fois expérimentés et prudents, acceptèrent de tenir les tables et où les mises furent limitées à cent livres. Le palliatif imaginé par Kerlérec se révéla plutôt stimulant. Non seulement les joueurs, soucieux de discrétion, continuèrent à fréquenter les tripots, mais l'officialisation du jeu, rassurant ceux qui jusque-là avaient craint d'enfreindre la loi, provoqua une expansion sereine du vice qu'on souhaitait contenir. En créant un casino, qui ne devait fonctionner que de l'Épiphanie au mercredi des Cendres, le gouverneur n'avait fait qu'ouvrir un salon de jeu supplémentaire !

Kerlérec, qui ne disposait d'aucun moyen de contrôle sur les dépenses, tenta aussi de combattre la concussion et le trafic d'influence. Il releva de son commandement, à Pointe-Coupée, Jean-Joseph Delfau de Pontalba qui, pour couvrir des opérations foncières douteuses, disait à qui voulait l'entendre qu'il avait donné un pot-de-vin de douze mille livres au gouverneur. Bien qu'étant également au fait de malversations qui rapportaient, chaque mois, des milliers de livres au trésorier Jean-Baptiste Destréhan, connu sous le sobriquet éloquent de « petit ordonnateur » et des manigances du capitaine Pierre-Henri d'Erneville, plus occupé d'affaires que de service, le gouverneur dut longtemps patienter avant de pouvoir intervenir. Il se heurtait à forte partie, à une coterie intrigante et affairiste qui s'était assuré des appuis, sans doute intéressés, à la cour.

Les capucins et les jésuites avaient bien accueilli le Breton, dont la piété paraissait plus évidente que celle de M. de Vaudreuil. Comme chaque fois qu'il y avait eu changement de titulaire à la tête de la colonie, chaque ordre tenta de se faire un allié exclusif du gouverneur. Les fils de saint François et de saint Ignace de Loyola rivalisèrent d'amabilité et d'attention, tout en guettant la dimension des sourires que le gouverneur faisait aux uns et aux autres. On attendit de voir si Mme de Kerlérec choisirait son confesseur chez les franciscains ou parmi les pères de la Compagnie de Jésus ! Il semble qu'elle dut opter pour un de ces derniers, car on reprochera plus tard à son mari d'avoir été l'homme des jésuites, ce qui ne sera pas démontré. En attendant, jésuites et capucins continuaient de se dénigrer mutuellement. Ils fomentaient des intrigues, suscitaient des cabales, mobilisaient chacun ses pénitentes pour propager dans les salons où l'on ragote tout ce qui pouvait nuire à l'ordre concurrent. Les capucins protestaient parce que les jésuites se réservaient l'exclusivité du baptême des enfants noirs dans leur chapelle et qu'ils monopolisaient la fonction d'aumônier des hôpitaux. Le père Michel Beaudoin, jésuite nommé vicaire général de la colonie, répliquait en refusant de montrer aux capucins sa lettre d'accréditation. Le père Georges de Fouquemont, ancien provincial de Champagne devenu supérieur des capucins de La Nouvelle-Orléans, prenait passage pour la France afin d'aller demander justice au roi ! M. de Kerlérec sut, avec sagesse et loyauté, se tenir en dehors de ces rivalités de chapelle. Il appréciait comme une consolation l'attitude des émigrés lorrains qui venaient d'arriver dans la colonie et s'étaient installés aux Cannes-Brûlées, au voisinage immédiat des Allemands avec qui ils entretenaient de cordiales relations. La Louisiane disposait, avec ces gens de l'Est, de cultivateurs sérieux et travailleurs.

En plus de l'obligation de faire face, chaque jour, aux

manœuvres futiles mais agaçantes qui étaient une des plaies de la vie coloniale, M. de Kerlérec assumait ses propres soucis financiers. Dépourvu de fortune, le marin, qui se refusait aux pratiques spéculatives si courantes dans la colonie, ne pouvait que s'endetter pour tenir son rang. Il le faisait en espérant des jours meilleurs. Cette intégrité ne plaisait guère à ceux qui eussent préféré un chef de gouvernement corruptible donc compromis, voire complice.

Pour toutes ces raisons et d'autres plus obscures, le commissaire ordonnateur et le gouverneur reprirent bientôt le scénario connu des conflits de conception, des oppositions souterraines puis des querelles ouvertes, qui ne pouvait manquer de se répéter dans le système bicéphale instauré en Louisiane.

Veillée d'armes

Le baron de Kerlérec avait eu l'heur de plaire aux Indiens. Sa parfaite courtoisie, son assurance de marin valeureux, la clarté de son langage et son respect des accords passés par ses prédécesseurs lui avaient immédiatement attiré l'estime des caciques. Ces derniers, qui jugeaient trop souvent l'amitié des princes d'Europe à la quantité de cadeaux offerts, n'avaient pas manqué de faire observer à Kerlérec que, non seulement, on avait oublié de livrer les présents promis mais que les magasins français, où les squaws se seraient volontiers approvisionnées, étaient vides ou n'offraient que des marchandises à des prix inabordables pour une bourse indienne. Ils faisaient encore observer, avec un rien de chantage, que les Anglais se montraient plus compréhensifs, moins rapaces et que, sans l'attachement très ancien que leurs nations vouaient au roi de France, ils eussent volontiers ouvert leur cœur et leurs terrains de chasse au roi d'Angleterre ! Malgré des appels réitérés, le gouverneur n'obtenait rien de Versailles, où l'on semblait faire peu de cas de l'alliance indispensable d'autochtones versatiles et très sollicités par la concurrence.

Les Anglais, gens obstinés et pratiques, pour qui le traité d'Aix-la-Chapelle ne méritait pas d'être strictement appliqué en Amérique, ne relâchaient pas leur étreinte autour des colonies françaises. Déjà, en 1726, le Parlement de Londres avait offert une prime de vingt mille livres à qui découvrirait le fameux passage du Nord-Ouest, que tant d'explorateurs avaient vainement cherché depuis les excursions prometteuses de Cavelier de La Salle. L'offre était toujours valable[1] et, sous couvert d'exploration, des Britanniques circulaient dans le nord de la colonie sans y avoir été invités.

Depuis 1752, les habitants des treize colonies anglaises se montraient encore plus entreprenants. Les progrès des Français à l'ouest du Mississippi agaçaient ces colons pugnaces et organisés. Ceux de Virginie craignaient que la paix, faite de méfiance et de vigilance, qui avait abouti à une sorte de tolérance territoriale concertée de la part des deux nations rivales, soit un jour remise brutalement en question. Les Américains, ainsi qu'ils se désignaient eux-mêmes de plus en plus fréquemment, pensaient que leur avenir se jouerait, un jour ou l'autre, sur leur frontière de l'ouest. Sur la frontière nord, du côté de la Nouvelle-France, maintenant plus communément nommée Canada, les milices du Massachusetts et du Connecticut étaient souvent harcelées par les Huron et les Miami, alliés des Français. La force de ces derniers, plus que réellement militaire, résidait dans le fait qu'ils détenaient le contrôle des grands fleuves limitrophes des colonies anglaises de la

---

1. Le passage ne sera découvert que le 30 août 1905 par Roald Amundsen, explorateur norvégien.

côte atlantique, déjà très peuplée. « Immense frontière à
tenir que cette ligne sinueuse de lacs et de rivières,
allant de l'estuaire du Saint-Laurent aux larges bouches
du Mississippi. L'ensemble des postes et comptoirs
comprenait à peine quatre-vingt mille Français alors que
plus d'un million d'Anglais fourmillaient au long de la
côte », écrivit fort justement Woodrow Wilson, en 1893,
dans sa biographie de George Washington. Le futur
président des États-Unis exagérait sans doute le nombre
des Français présents entre le Saint-Laurent et le golfe du
Mexique au milieu du XVIIIᵉ siècle, mais, comme il croyait
bon de le préciser devant ses élèves de l'université de Prin-
ceton, « les forces de la Nouvelle-France étaient mobiles
comme une armée, tandis que les Anglais essaimaient
lentement vers l'ouest, sans discipline ni direction, sujets
têtus d'un monarque lointain auquel ils refusaient d'obéir,
capricieux électeurs de nombreuses assemblées locales,
jalouses et tracassières, lentes à élaborer leurs plans et
malhabiles à les exécuter. De plus, il fallait compter avec
l'éloignement des grands lacs centraux et du Mississippi.
Chargés de grains, de viande, de suif, de tabac, d'huile
d'ours, de peaux, de plomb, quelques rares bateaux venus
de l'Illinois descendaient lentement le fleuve devant une
ligne mince de postes isolés, jusqu'au bourg prospère de
La Nouvelle-Orléans, sur le golfe du Mexique ».

Au moment où M. de Kerlérec prit en main le destin
de la Louisiane, les puissances coloniales concurrentes
pouvaient à tout instant devenir belligérantes, car, au
Nouveau Monde comme en Europe, l'Angleterre, bien que
disposant de la maîtrise des mers, considérait toujours la
France comme son ennemie. D'autant plus que les
banquiers de la Cité, les armateurs et les marchands de
Londres ne cessaient de gémir sur les conséquences du
traité signé à Aix-la-Chapelle qui, selon eux, profitait

surtout au commerce français. En Amérique, ces récriminations mercantiles trouvaient des échos tempérés par
l'esprit d'indépendance qui se répandait dans les colonies
britanniques. Français et Anglais, mal renseignés les uns
sur les autres, ignoraient leurs positions et déplacements
respectifs à travers un vaste pays et ne pouvaient que
supputer les forces et les équipements de l'adversaire. Les
Indiens et les traitants servaient souvent d'agents de
renseignements, quelquefois doubles. Non seulement ces
voyageurs et ces indigènes nomades informaient tantôt les
Anglais, tantôt les Français, au gré de leur intérêt du
moment, mais ils pratiquaient aussi, à l'instigation et au
bénéfice de l'un ou l'autre camp, ce qu'on nomme aujour-
d'hui action psychologique ou désinformation ! Kerlérec
savait, comme tous les officiers de son entourage, que, si
les colons anglais s'ébranlaient un jour massivement, les
postes français ne pourraient ni les refouler ni les contenir.

Déjà, les traitants de Pennsylvanie et de Virginie s'installaient sur la rive gauche de l'Ohio, qui était une des
voies d'accès aux grandes vallées du continent. Depuis
1748, des négociants de Londres, qui voyaient plus loin
que Big Ben, avaient fondé une Compagnie de l'Ohio afin
d'encourager la colonisation de nouvelles régions dont ils
pourraient, comme ils l'avaient fait des plus anciennes,
accaparer le commerce. Parmi les vingt associés de la
Compagnie de l'Ohio figuraient Laurence et Augustin
Washington, les demi-frères de George, alors âgé de seize
ans. Le futur émancipateur des colonies anglaises du
Nouveau Monde, héros de l'Indépendance américaine,
n'était encore qu'un jeune arpenteur qui parcourait les
régions désertiques, entre le Potomac et la Shenandoah,
pour en dresser la carte.

Pour tenter de prévenir l'incursion de compagnies
britanniques du genre de celle de l'Ohio, qui annonçait
peut-être l'invasion subreptice des colonies françaises, le

marquis Ange Duquesne de Menneville, gouverneur de la province du Saint-Laurent, avait, au printemps 1753, envoyé mille cinq cents hommes sur la rive méridionale du lac Érié, fait construire à Presqu'île, au portage vers l'Ohio, un solide fort de rondins nommé Lebœuf, et préparé une expédition pour repousser les Anglais « sur leurs limites ». Les négociants britanniques avaient eu vent des projets français. Robert Dinwiddie, gouverneur de Virginie, s'était empressé de réagir. Après consultation de la cour de Saint James, le 31 octobre 1753, il avait chargé le jeune major George Washington, maintenant âgé de vingt et un ans – l'arpenteur était devenu commandant du district nord de la colonie britannique – d'aller porter un pli au commandant français du fort Lebœuf. Malgré la mauvaise saison et les difficultés du parcours, l'officier, accompagné de son maître d'armes, Jacob Vanbraan, qui parlait français, et d'un coureur de bois, Christophe Gist, qui connaissait le pays et les Indiens, avait réussi, en deux mois, à parcourir près de mille kilomètres à travers forêts et montagnes pour remettre son message. Ce dernier était clair : au nom du roi d'Angleterre, le gouverneur de la Virginie invitait les Français, s'ils avaient l'intention d'aller déloger les négociants anglais de l'Ohio, « à se retirer à l'amiable », étant entendu que, s'ils passaient outre à cet avis, les Virginiens se verraient contraints « de les chasser par la force des armes ». Le commandant du fort, M. de Saint-Pierre, ayant reçu avec grande courtoisie le major Washington, s'était empressé de lui confier sa réponse : les Français, maîtres de tout le territoire au-delà des monts Alleghany, confirmaient leur intention de marcher sur l'Ohio. Au printemps 1754, ils étaient passés aux actes, et le détachement, commandé par le capitaine de Contrecœur, avait construit aux fourches de l'Ohio, c'est-à-dire au confluent de la rivière Alleghany et de la

Monongahela[1], un puissant fort aussitôt nommé Duquesne.

C'était encore Washington, promu lieutenant-colonel, qui, ayant rencontré le 26 mai 1754, sur les bords de l'Alleghany, un petit détachement sorti du fort, avait fait ouvrir le feu sans sommation et tué un officier français, Villiers de Jumonville, alors que les hommes de ce dernier n'étaient même pas en possession de leurs armes. Ce geste avait eu pour effet immédiat de déclencher la colère des Franco-Canadiens. Le 3 juillet, sept cents soldats, commandés par le frère de Jumonville, Coulon de Villiers, avaient attaqué le fort Necessity, où Washington se trouvait avec trois cent cinquante coureurs de bois et vagabonds recrutés par les Virginiens. L'affaire avait été chaude et celui que les assaillants considéraient comme l'assassin d'un officier français avait dû capituler et évacuer le fort. George Washington avait ainsi perdu sa première bataille. Il en gagnerait d'autres, et de plus décisives, car il aimait se battre, ainsi qu'il l'avait écrit quelques jours plus tard à son frère : « J'ai entendu siffler les balles et crois-m'en, il y a quelque chose de délicieux dans ce bruit[2]. »

Toutefois, le futur premier président des États-Unis devait encore faire, avec les Français, une seconde expérience douloureuse. Aide de camp du général anglais Braddock, que George II avait envoyé en Amérique avec deux régiments pour prendre le fort Duquesne, Washington avait assisté, le 9 juillet 1755, à la déroute des « tuniques rouges » et vu tomber autour de lui soixante-trois des quatre-vingt-neuf officiers de son régiment. Ce

---

1. À l'endroit où se trouve aujourd'hui la ville de Pittsburgh.
2. Cité par Woodrow Wilson dans *George Washington, fondateur des États-Unis*, Harper and Brothers, New York, 1896. Publié en France par Payot, Paris, 1927.

jour-là, il avait constaté que les balles au bruit « délicieux » tuaient les hommes !

Avant et pendant ces événements, d'autres postes français avaient été construits ou consolidés pour fermer l'accès des défilés de l'ouest. Le fort Niagara verrouillait la route des Grands Lacs et, à Crown Point, sur le fleuve Champlain, le fort Saint-Frédéric contrôlait le chemin des comptoirs anglais de l'Hudson. Pour répliquer à cette surveillance accrue, les Anglais s'étaient dépêchés de fonder sur la rive méridionale du lac Ontario le port d'Oswego[1] afin d'y recevoir la fourrure apportée par les traitants qui leur faisaient confiance.

Tel était donc le face-à-face franco-anglais, périodiquement animé par de sanglantes échauffourées, quand, en 1754, avait été discuté à Albany[2] le plan d'union proposé par Benjamin Franklin aux représentants des colonies anglaises. L'idée n'était pas neuve : elle datait de 1637, soit dix-sept ans après le débarquement des pèlerins du *Mayflower.* Trois ans après la colonisation du Connecticut, les magistrats de cette province avaient, en effet, suggéré à ceux du Massachusetts, du Maryland et de la Virginie de s'unir pour une défense commune de leurs intérêts. Une vingtaine d'années avaient été nécessaires pour permettre à l'idée de faire son chemin. L'âpreté de la compétition territoriale avec la France avait, depuis 1752, stimulé les promoteurs de l'union et convaincu les tièdes de son utilité. La Louisiane, pas plus que la Nouvelle-France, ne pouvait tirer avantage d'une réelle cohésion des colonies britanniques.

Pendant que certains Louisianais, les moins nombreux, hélas ! s'employaient à développer l'agriculture et l'élevage, à organiser des circuits commerciaux, d'autres spéculaient

1. Aujourd'hui dans l'État de New York.
2. Aujourd'hui capitale de l'État de New York.

sur les produits importés, imaginaient des combines pour s'enrichir sans fatigue, s'adonnaient au jeu familier des intrigues et des cabales, batifolaient dans les salons. Or, simultanément, un drame se jouait en Nouvelle-Écosse, dont les Acadiens faisaient les frais.

Depuis le traité d'Utrecht, signé en 1713, la Nouvelle-Écosse péninsulaire, c'est-à-dire l'Acadie, appartenait à l'Angleterre. Cependant, jusqu'à la fondation de Halifax, en 1749, les Acadiens avaient eu le sentiment de rester français sur un territoire britannique. Certes, Port-Royal était devenu Annapolis et des négociants de Nouvelle-Angleterre parcouraient le pays, mais l'occupation anglaise restait peu contraignante. Comme le nouveau suzerain redoutait de voir émigrer les colons qui exploitaient les terres, il avait refusé à ces derniers, malgré les termes du traité, de passer avec leurs troupeaux et leurs biens dans la partie de l'Acadie restée française. Au fil des années, tandis que bon nombre d'Acadiens rongeaient leur frein, tout en s'administrant eux-mêmes, et refusaient périodiquement de devenir sujets britanniques, les autorités occupantes avaient introduit dans le pays des familles anglaises, plusieurs milliers de personnes, afin, comme l'avait conçu le gouverneur Philipps, « de coloniser le pays avec des sujets de Sa Majesté ». En 1755, alors qu'augmentaient les tensions entre la France et l'Angleterre, les dirigeants de la Nouvelle-Écosse avaient jugé le moment opportun pour se débarrasser des Acadiens qui refusaient de prêter serment d'allégeance au roi d'Angleterre. Le 31 juillet 1755, tous furent prévenus du sort que leur réservaient les autorités : « Le Conseil a délibéré et décidé que les habitants français soient déportés hors du pays le plus tôt possible. On a résolu de commencer par ceux des régions de l'isthme », c'est-à-dire Grand-Pré. Ainsi avait commencé le honteux déplacement de population que l'histoire a retenu sous le nom de Grand Dérangement.

Pendant l'année 1755, plus de dix mille Acadiens des provinces maritimes furent déportés dans les colonies britanniques, notamment dans les Carolines et en Georgie, tandis que les récalcitrants étaient emprisonnés à Halifax ou envoyés en Angleterre sur les pontons-prisons. Ceux qui réussirent à prendre la fuite se cachèrent dans les bois, passèrent dans les établissements français du Canada, se réfugièrent sur l'archipel de la Madeleine, à l'embouchure du Saint-Laurent. D'autres encore, ayant pu revenir en France, se fixèrent à Belle-Île et dans le Poitou. Parmi ces rapatriés, M. de Choiseul, secrétaire d'État aux Affaires étrangères, en trouva qui acceptèrent d'aller s'installer en Guyane et aux Malouines. Plus tard, des centaines d'Acadiens, transportés de force dans les colonies anglaises d'Amérique, devaient fuir les résidences imposées et se mettre en marche vers la Louisiane, où les premières familles arriveront en 1765. Mais, entre-temps, la Louisiane sera devenue espagnole !

Les affres de l'isolement

Dès le printemps 1755, le baron de Kerlérec avait été informé par le ministre de la Marine du risque d'une guerre prochaine avec l'Angleterre. Aussitôt, le gouverneur de la Louisiane avait entrepris, au long du Mississippi, la construction de fortins et réclamé des troupes, considérant fort justement que, sur les mille deux cents soldats qui émargeaient sur les rôles de la colonie, il aurait bien du mal, en cas de conflit, à en rassembler trois cents prêts à se battre !

Les hostilités attendues et redoutées furent ouvertes par l'Angleterre, à la fin de l'année 1755, quand des navires britanniques attaquèrent trois vaisseaux français au large de Terre-Neuve. En janvier 1756, deux corvettes, qui

venaient de quitter La Nouvelle-Orléans, furent inter-
ceptées, dans le golfe du Mexique, par l'ennemi qui
s'empara des dépêches que le gouverneur de Louisiane
expédiait à Versailles. Les Anglais eurent ainsi connaissance des besoins de la colonie, donc de sa tragique
faiblesse. Pendant ce temps, en Europe, le renversement
des alliances avait donné à l'Angleterre l'appui de la Prusse,
jusque-là amie de la France, laquelle s'était assuré, pour sa
part, le concours de l'Autriche et de l'Espagne. Le 9 juin
1756, une nouvelle guerre, qui allait durer sept ans et faire
plus de cinq cent cinquante mille morts, fut officiellement déclarée.

Comme chaque fois que la France est en guerre, que ses
forces sont mobilisées sur les théâtres d'opérations européens, que sa marine doit combattre, sur toutes les mers,
la puissante marine britannique, la Louisiane retourne à
son triste isolement. En 1756, un seul bateau vint de
France et aucun n'entra dans le port de La Nouvelle-
Orléans avant le 16 avril 1758. Ce jour-là, l'*Opale* et la
Fortune arrivèrent avec quarante-cinq soldats suisses et
vingt-deux colons. Beau renfort, en vérité, pour une
colonie aux frontières floues mais démesurées ! De la
Fortune débarqua aussi un commissaire ordonnateur,
Vincent Gaspard Pierre de Rochemore, désigné pour
remplacer Jean-Baptiste Bobé-Descloseaux, qui assurait
l'intérim depuis la mort d'Auberville.

Le nouvel administrateur, troisième fils du marquis de
Rochemore, est âgé de quarante-cinq ans. Il a renoncé à
la prêtrise pour entrer dans la marine où il a fait carrière
dans les bureaux, après des études à l'université d'Avignon.
Sur les navires, on l'a rencontré plus souvent comme
passager que sur la dunette. Commissaire à Rochefort,
puis à Marseille, il était venu en Louisiane en 1745, à bord
de l'*Éléphant*. Il avait même demandé, à l'époque, à M. de
Vaudreuil « à entrer dans la colonie », ce qui lui avait été

refusé. Un peu plus tard, il avait cependant obtenu d'y séjourner comme garde-magasin, chargé des fortifications. Individu aux idées courtes et confuses, procédurier en diable, cupide, Rochemore attend d'un poste colonial ce qu'il n'a pu trouver dans ses fonctions en métropole : le moyen de s'enrichir aux dépens de la communauté. Le nouveau commissaire ordonnateur est en plus flanqué d'une épouse redoutable. Mme de Rochemore, une harpie qui ne manque ni d'esprit ni de courage, excelle dans la médisance et compose des chansons fielleuses contre ceux qui lui déplaisent. Le gouverneur, qui a vite évalué les ambitions du couple, sera sa tête de Turc favorite. Kerlérec a bien accueilli les Rochemore. Il comprend le jeu du nouvel arrivant quand il le voit se mettre en affaires avec les pires combinards de la colonie, les Destréhan, les Derneville, et fréquenter les officiers les plus frondeurs, comme Simard de Belle-Isle et le Suisse Jean-Philippe Goujon de Grondel. Ce dernier, qui ne souhaite que s'installer comme planteur et commander à des esclaves, prend de coupables libertés avec le service.

Fort heureusement, la compagnie suisse a, depuis le 1er septembre 1752, un nouveau commandant, Jean-François-Joseph, chevalier de Hallwyl, qui, devenu colonel, a donné son nom au régiment du défunt Louis-Ignace de Karrer, fils aîné du fondateur de l'unité. On parle maintenant du régiment de Hallwyl avec respect car cinquante hommes, envoyés en Nouvelle-France pour participer à la défense de Louisbourg, assiégé par les Anglais, se sont vaillamment battus sans avoir pu contenir les assaillants. Le 27 juillet 1758, ces derniers ont rasé la vieille citadelle française après la reddition de la ville.

Chaque mois va désormais apporter en Louisiane, avec retard car les liaisons sont rares, son lot de mauvaises nouvelles. On apprend, à la fin de l'année 1759, qu'au mois de septembre Montcalm a péri, comme Wolfe, le général britannique, au cours de la bataille des plaines d'Abraham. C'est une cuisante défaite et les Louisianais accueillent à La Nouvelle-Orléans, avec toute l'affection et la considération dues à des combattants malheureux, les restes de la garnison de deux cents hommes du fort Duquesne. Exténués, transportant blessés et malades, les soldats de M. de Ligneris ont descendu le Mississippi après avoir sabordé leur forteresse de rondins, incendié les magasins et les maisons pour ne laisser aux « tuniques rouges » du général Forbes que ruines inhabitables, retranchements effondrés et silos vides. Quelques mois plus tard parviennent en Amérique les échos du désastre naval de la baie de Quiberon. Le 9 novembre 1759, la flotte française de Brest, commandée par le comte de Conflans, maréchal de France, qui approchait des côtes pour embarquer les troupes du duc d'Aiguillon, destinées à un débarquement en Angleterre, a été attaquée par l'escadre britannique de l'amiral Hawke. Les vaisseaux que les Anglais n'ont pas coulés, brûlés ou truffés de boulets se sont fracassés sur les récifs ! Ces pertes en navires ne peuvent qu'aggraver l'isolement de la colonie, qui ne dispose plus que des rares et médiocres bateaux qu'on y construit. À la fin de l'année 1760, la chute de Québec et la reddition de Montréal, intervenue en septembre, portent un coup sérieux au moral de la population qui, en dépit de toutes les difficultés de déplacement, s'est accrue pour atteindre onze mille Blancs et cinq mille Noirs.

Kerlérec, qui avait écrit, depuis 1755, quinze lettres, restées sans réponse, à Rouillé, puis à Machault d'Arnouville, son successeur au ministère de la Marine, n'a pas plus de chance avec le duc de Choiseul qui détient, à partir de 1761, les ministères de la Guerre et de la Marine. À tous, le gouverneur a tenu et tient le même langage : la Louisiane manque de tout, les magasins du roi sont dégarnis, les réserves des particuliers épuisées, on a dû demander aux Espagnols de Veracruz vingt mille livres de salpêtre et de soufre pour faire de la poudre à canon. Les exploitants agricoles, qui ensemencent de plus en plus de surface, ont produit quatre-vingts tonnes de tabac, un record, qui valent trois millions six cent mille livres, quarante et une tonnes d'indigo, ce qui devrait rapporter plus de quatre cent mille livres, de la cire à chandelles et d'autres produits, mais ils ne trouvent comme acheteurs que les Espagnols de Pensacola, aussi démunis de numéraire qu'eux-mêmes. Les négociants, qui ont entassé dans leurs entrepôts pour deux cent cinquante mille livres de peaux – castor, lynx, loup, renard, chat sauvage, bison, chevreuil –, d'huile d'ours, de planches de cyprès, ne peuvent trouver preneurs qu'en Europe et attendent en vain les navires qui pourraient transporter ces marchandises. Si l'on ajoute à cela que la colonie détient, en lettres de change tirées sur le Trésor de la marine, la valeur de six millions six cent quatre-vingt-seize mille livres, on peut considérer que l'économie de la Louisiane serait acceptable sans la guerre qui ferme la plupart des débouchés et empêche les relations maritimes. Autre conséquence de l'isolement et du manque de navires, l'augmentation périodique du coût de la vie. Une barrique de vin coûte trois mille cinq cents livres, un baril de quatre-vingts kilos de farine six cents livres, un kilo de beurre vingt livres, un chapeau de castor quatre cents livres, une paire de bas de soie cent cinquante livres, un canard douze livres. Il est aussi très coûteux de se loger à La Nouvelle-Orléans, où le loyer mensuel d'une chambre meublée « sans vin » *[sic]* atteint cinq cents livres. Dans la conjoncture, les ouvriers, les petits employés et les militaires, dont les uniformes tombent en loques, souffrent de malnutrition et d'inconfort, mais les chevaliers d'industrie, les aigrefins, les spéculateurs, les fonctionnaires prévaricateurs, les concessionnaires et les escrocs s'enrichissent.

Le gouverneur, dont l'honnêteté contrarie bon nombre de notables, s'efforce d'assainir la situation sans y parvenir. Il a fait jeter en prison l'amant de Mme de Rochemore, le lieutenant Paul de Rastel de Rocheblave, militaire affairiste qui néglige son service. Il a aussi demandé au ministre de la Marine le rappel du mari de la poétesse. Rochemore, qui se croit tout permis, a franchi les bornes des malversations coloniales courantes. Il a profité d'un voyage de Kerlérec à Mobile pour faire saisir la cargaison de farine du *Texel*, propriété de l'armateur David Diaz Arias. Ce navire, envoyé secrètement par le gouverneur de la Jamaïque, apportait de quoi nourrir les militaires de la garnison, qui ne mangeaient plus depuis des semaines que du pain de maïs et du riz. Rochemore et le trésorier Destréhan, ignorant que M. de Kerlérec attendait ce bateau, virent là une bonne affaire. Comme le capitaine refusait de céder à bas prix aux deux hommes la farine qu'ils eussent revendue avec bénéfice à l'armée affamée, Rochemore, exhibant un édit de 1615, confirmé par une ordonnance de 1727, s'était emparé du chargement et l'avait vendu. Les textes en question interdisaient, en effet, à tous les navires appartenant à des armateurs anglais ou juifs l'accès aux ports de Louisiane. Or M. Diaz Arias était juif et sujet britannique. Le commissaire ordonnateur avait donc fait appliquer le règlement et s'était s'assuré, sans bourse délier, un bon bénéfice ! L'usage inopportun d'une telle procédure risquait de décourager tous les capitaines qui pourraient être tentés, à l'avenir, de ravitailler la Louisiane. Mais l'arnaqueur n'avait cure de ce genre de considération, surtout quand un profit substantiel se doublait pour lui du plaisir de mettre le gouverneur dans l'embarras.

Kerlérec, qui avait d'autres reproches à formuler contre cet étrange ordonnateur, parvint à faire passer en France, sur une goélette commandée par un capitaine risque-tout, son neveu, porteur d'un rapport circonstancié et sollicitant la révocation du fripon. Rochemore, inquiet, avait réussi à faire discrètement embarquer sur le même bateau l'enseigne Fontenette, lesté de vingt mille livres. Cette somme judicieusement utilisée permettrait à l'envoyé spécial du prévaricateur de rendre les gens du ministère moins sensibles aux arguments du gouverneur.

Le 29 avril 1762, la réponse du ministre parvint à La Nouvelle-Orléans quand trois vaisseaux, les premiers depuis quatre années, se présentèrent devant une population d'autant plus ravie que la *Médée*, le *Bien-Aimé* et la *Fortune* apportaient, en plus des médicaments et des munitions tant attendus, quatre cent quarante-six soldats et trente-cinq officiers, soit dix compagnies du régiment d'Angoumois commandées par le marquis de Frémeur. La vue des uniformes frais et des armes neuves réjouit les colons et impressionna les Indiens. Un quatrième navire, le *Bien-Acquis*, transportant M. Jean-Jacques Blaise d'Abbadie, nommé le 29 décembre 1761 « directeur général, ordonnateur et commandant pour Sa Majesté de la Louisiane », avait été capturé par les Anglais et conduit à la Barbade.

Quand M. de Kerlérec eut pris connaissance des plis cachetés remis par un officier, quelques-uns firent grise mine. M. de Rochemore notamment, qui s'entendit, sur l'heure, signifier sa révocation. Privé de traitement, l'ex-commissaire ordonnateur était convoqué en France. Le ministre assurait le gouverneur que Bellot, secrétaire de Rochemore, qui avait participé à l'affaire du *Texel*, serait arrêté dès son arrivée à Paris ; Fontenette, dont on ignorait l'usage qu'il avait pu faire des vingt mille livres, avait été contraint de démissionner de la marine ; Simard de Belle-Isle, officier indiscipliné et complice des agissements de Rochemore, était dégradé et rappelé en France ; Jean-Baptiste Destréhan, trésorier indélicat, autre complice de Rochemore, devait venir s'expliquer sur l'origine d'une fortune un peu trop rapide, évaluée à six cent mille livres ; Pierre-Henri d'Erneville, qualifié de « chef de cabale », rappelé à Paris, se voyait relevé de ses fonctions ; Antoine-Philippe de Marigny de Mandeville, comme Reggio et Orville, comparses de Rochemore, devaient être sévèrement réprimandés. Et, comme le duc de Choiseul avait pensé à tout, un autre commissaire ordonnateur figurait parmi les passagers de la *Fortune*, M. Denis-Nicolas Foucault qui, en l'absence de M. d'Abbadie, tiendrait les comptes. Comme la plupart des nouveaux arrivants expliquèrent que la guerre allait bientôt se terminer d'une façon ou de l'autre, les peuples, les armées et les marines étant à bout de souffle, les Louisianais se voyaient déjà au seuil de la paix et de la prospérité. Ils ignoraient encore que la marine espagnole, sur laquelle Choiseul avait compté pour combattre la flotte anglaise, était incapable de tenir tête aux escadres britanniques ; ils ignoraient aussi que les « tuniques rouges » s'étaient emparées de la Guadeloupe et de la Martinique et que les Britanniques s'apprêtaient à dicter leurs conditions à Louis XV et à Charles III. Aussi furent-ils surpris d'apprendre, un matin de mai 1762, que la cour de Madrid avait accepté de céder les Florides aux Anglais, pour conserver Cuba et Porto Rico que sa marine n'était plus en mesure de défendre. Bien que les Florides soient considérées comme un territoire couvert de savanes et de lagunes insalubres, les colons français imaginèrent aisément que les Anglais allaient y installer des colonies nouvelles.

Mais, en cette année 1762, se préparait à Fontainebleau, pour les Louisianais, une surprise plus douloureuse. Ils n'en eurent connaissance, du fait de la miséricordieuse lenteur des communications, que le 7 avril 1763, quand d'Abbadie, libéré par les Anglais, débarqua de l'*Aigrette* avec le titre, nouveau pour la colonie, de commissaire général de la marine et ordonnateur de la Louisiane.

La Louisiane, cadeau royal

Au XVIIIe siècle, un roi ne sollicitait pas l'avis de ses sujets quand il décidait d'offrir un morceau du patrimoine national à un autre roi. Les sujets faisaient partie du cadeau, comme il arrive encore aujourd'hui, à l'occasion d'un changement de propriétaire, que le personnel d'une entreprise soit compris, comme le mobilier, dans la transaction ! C'est ainsi que les Louisianais, qui s'étaient endormis français le 3 novembre 1762, se réveillèrent espagnols le lendemain ! Entre-temps, Louis XV avait donné la Louisiane à son cher et bien-aimé cousin, le roi Charles III d'Espagne. En vertu du pacte de Famille, le souverain français entendait, par cette cession, dédommager le fils de Philippe V et d'Élisabeth Farnèse de la perte des colonies qui lui seraient enlevées par le futur traité de Paris. Ces accords, destinés à mettre fin à la guerre entre l'Angleterre, la Prusse et le Portugal d'une part, la France, l'Espagne et l'Autriche d'autre part, étaient déjà en cours de discussion.

Le royal cadeau de Louis XV à Charles III procédait des préliminaires de paix et avait naturellement fait l'objet d'un accord particulier entre les deux souverains dont le contenu devait rester secret jusqu'à la signature du traité en cours d'élaboration. Le document historique avait été signé, au château de Fontainebleau, par le duc de Choiseul et le marquis Jerónimo de Grimaldi[1], ambassadeur d'Espagne

---

1. 1706-1789. Diplomate d'origine génoise, qui renonça à l'état ecclésiastique pour se consacrer, comme son père, à la diplomatie. Passé au service des souverains espagnols, il servit pendant quarante-cinq ans Fernando VI puis Charles III. Ambassadeur auprès des cours de Suède, de Parme et de France, il devint le conseiller le plus écouté de Charles III. Il participa à l'élaboration du pacte de Famille de 1761, puis des traités de Fontainebleau et de Paris en 1762 et 1763. Il succéda à Richard (Ricardo) Wall comme ministre d'État. Ayant choisi le parti de l'Angleterre contre celui des insurgents, il résigna sa fonction en 1776.

à Paris. Par ce texte, Sa Majesté Très Chrétienne cédait « en toute propriété, purement et simplement, et sans aucune exception, à Sa Majesté Catholique et à ses Successeurs à perpétuité, tout le pays connu sous le nom de Louisiane, ainsi que La Nouvelle-Orléans et l'Isle dans laquelle cette ville est située ». L'appellation île pour désigner la contrée où s'étendait chaque jour davantage La Nouvelle-Orléans s'expliquait par la topographie des lieux. Les cartes approximatives de la région pouvaient, à cette époque, donner l'impression que la ville était construite sur un territoire entouré d'eau, puisque délimité par le Mississippi, le lac Pontchartrain, le lac Maurepas, les bayous Saint-Jean et Manchac. Le 13 novembre 1762, Charles III, qui avait un moment hésité à accepter un cadeau jugé encombrant, fit connaître son consentement en escomptant que la Louisiane pourrait lui servir de base contre l'Angleterre. Il contresigna l'accord à San Lorenzo el Real, après avoir tracé les mots « Moi le Roi ». Richard Wall[1], alors ministre d'État, qui devait représenter Charles III pour la mise au point du traité de Paris, avait paraphé le document. C'était la première fois que l'Espagne intégrait à son empire d'Amérique un domaine entièrement colonisé par une autre puissance et peuplé de Blancs d'origine étrangère.

Quand les Louisianais connurent la teneur exacte de l'accord de Fontainebleau, ils refusèrent d'y croire, puis, imaginant une manœuvre diplomatique, ils se prirent à espérer une annulation de la cession lors de l'élaboration du traité de Paris. Or les parlementaires chargés de faire la paix confirmèrent le don fait par Louis XV à son cousin

---

1.?-1776. Marin français d'origine irlandaise, né à Nantes. Il entra au service de l'Espagne en 1718. Après une brillante carrière dans l'armée, il devint ministre d'État en 1759 et participa à ce titre, comme Grimaldi, à l'élaboration du pacte de Famille et des traités qui mirent fin à la guerre de Sept Ans. Il se retira à Rome et y mourut.

Charles III. Le 10 février 1763, le sort de la Louisiane fut scellé : une partie devint colonie espagnole, l'autre fut livrée aux Anglais. Car, décision consternante pour les Français, l'article 6 du traité attribuait aux Britanniques la rive gauche du Mississippi, sauf La Nouvelle-Orléans et son « île », territoire dévolu à l'Espagne avec ceux de la rive droite du fleuve. Cela signifiait que le riche pays des Illinois, pour lequel on s'était tant battu, était livré aux colons anglo-saxons, ainsi que les établissements du littoral dont Mobile, deuxième ville de la colonie. Comme en prenant possession des Florides les Anglais s'étaient installés à Pensacola, dont ils développaient les installations, le port de La Nouvelle-Orléans risquait fort de perdre son rôle commercial. Mais de tout cela les Louisianais ne devaient être informés que plus tard. Ils allaient encore passer de longs mois dans une béate incertitude, se berçant d'illusions, tantôt proclamant leur indéfectible attachement à Louis le Bien-Aimé, tantôt prêts à accueillir des Espagnols qui ne se montraient pas !

On pourrait admettre que, le traité du 10 février 1763 ayant mis un terme à l'aventure coloniale de la France en Amérique, notre récit s'achevât sur l'image d'une Louisiane indolente et soumise. Ce serait une dérobade devant la réalité historique, doublée d'ingratitude pour un pays où l'amour de la France est resté vivace jusqu'à nos jours[1], en dépit de tous les abandons. Si les traités disposent, il arrive que les hommes imposent. Si paradoxale que l'évolution

---

1. En avril 2003, suite au différend diplomatique suscité par la guerre en Irak, quelques politiciens louisianais firent amener les drapeaux français qui ornaient traditionnellement de nombreux bâtiments privés et édifices publics de La Nouvelle-Orléans. Cela n'enlève rien à la réalité historique : sans son héritage franco-espagnol tellement séduisant pour le tourisme, tellement apparent dans sa culture, sa langue, son mode de vie, son architecture, sa gastronomie, ses noms de familles et de rues, la Louisiane ne serait pas la Louisiane. Et le premier Américain à entrer dans Paris encore occupé, en juin 1944, fut le major Samuel Broussard, un Louisianais.

puisse paraître dans un monde où s'accélèrent toutes les décolonisations, jamais la Louisiane ne fut autant française que sous la domination espagnole ! C'est pourquoi l'intermède vaut d'être conté.

Vaines résistances

Le traité de Paris, un des plus humiliants que la France ait jamais été contrainte de signer, réduisit son empire de treize millions de kilomètres carrés à quelques îles : la Martinique, la Guadeloupe, Sainte-Lucie, Belle-Isle, avec l'aumône d'un droit de pêche à Terre-Neuve et à Saint-Pierre-et-Miquelon. La monarchie perdait, en plus de la Louisiane, le Canada, l'île Royale, la Grenade et les Grenadines, le Sénégal, sauf l'île de Gorée. De son domaine des Indes, elle ne conservait que les cinq comptoirs dont les écoliers devraient plus tard retenir les noms sonores, lest opulent des rêves exotiques : Chandernagor, Yanaon, Karikal, Pondichéry, Mahé !

Dans cette débâcle coloniale, la Louisiane, si souvent abandonnée par une mère patrie lointaine et inconstante, ne s'abandonna pas. D'abord, la lenteur des relations maritimes et l'indolence de l'administration royale firent qu'il fallut attendre le mois d'octobre 1764 pour que M. d'Abbadie eût en main une lettre de Louis XV, datée du 21 avril et contresignée par le duc de Choiseul. Le souverain et le ministre informaient officiellement les Louisianais de leur changement de nationalité intervenu... deux ans plus tôt ! Il annonçait aussi au directeur général, à qui M. de Kerlérec avait remis ses pouvoirs avant de rentrer en France, qu'un gouverneur et des officiers espagnols viendraient bientôt remplacer les administrateurs, afin d'assumer les responsabilités qui revenaient, de droit, aux représentants de Sa Majesté Catholique. Le brave d'Abbadie, qui, le 8 janvier, avait fait chanter un *Te Deum* à la cathédrale et donné un repas de cent couverts pour fêter la paix, fut tellement surpris qu'il tomba malade. Peut-être avait-il lu, dans une gazette, que M. de Voltaire s'était indigné, à Ferney, de voir « la France abandonner un pays au climat si agréable et dans lequel on produisait du tabac, de la soie, de l'indigo et mille autres choses utiles ».

Les Louisianais, qui voyaient toujours flotter sur les bâtiments publics le drapeau blanc à fleurs de lis, restèrent sceptiques et continuèrent de s'interroger sur leur avenir. Pour eux, la Louisiane était espagnole *de jure* mais restait française *de facto* ! Ils pensaient toujours de même quand, le 4 février 1765, à deux heures de l'après-midi, M. d'Abbadie mourut, « d'une maladie qui s'est d'abord déclarée colique nerveuse et ensuite épileptique », écrivirent, conjointement au ministre, M. Aubry, commandant des troupes, et M. Foucault, membre du Conseil supérieur faisant fonction de commissaire ordonnateur. Les deux notables, qui allaient se partager les responsabilités du défunt, tout en se querellant pour ne pas déroger à une détestable habitude de l'administration louisianaise, ajoutaient, pour d'Abbadie, cette oraison funèbre : « Il est généralement regretté. Son caractère doux et conciliant l'avait accrédité dans l'esprit de tous les honnêtes gens et les étrangers même ont témoigné, en plusieurs occasions, qu'ils seraient fort peinés de le perdre. » Les deux hommes estimaient, comme beaucoup d'habitants de La Nouvelle-Orléans, que la maladie de M. d'Abbadie avait été provoquée par une trop grande assiduité au travail. Par la même lettre, les signataires annonçaient au ministre l'arrivée en Louisiane de deux cent trente et un Acadiens. D'autres familles acadiennes, qui avaient fui le Canada et les colonies anglaises, étaient attendues. Il s'agissait des premiers groupes de francophones qui devaient, au fil des années, contribuer à l'augmentation de la population d'origine française. Les autorités avaient prévu de donner à ces émigrés, spoliés par les Anglais et encore sous le coup des souffrances endurées, des terres au pays des Opelousa et des Attakapa situés à soixante et quatre-vingts lieues de La Nouvelle-Orléans. « Nous y sommes portés d'autant plus volontiers que la fertilité des terres de ce quartier arrosé de plusieurs petites rivières, et où il y a depuis peu beaucoup d'habitants, mettra en peu d'années ceux-ci, la plupart cultivateurs et fort industrieux, en état, non seulement, de fournir à la consommation de cette ville, mais même d'y attirer plusieurs vaisseaux par leurs cultures et par le commerce qu'ils seront à portée de faire avec les nations et les Sauvages des environs. Ces pauvres malheureux n'ayant d'autres ressources que la charité du roi, nous avons cru devoir les aider en vivres, munitions et remèdes pour faciliter leur établissement. »

Ces Français, chassés d'Acadie par le Grand Dérangement, arrivaient le plus souvent à bord de mauvaises charrettes contenant leur maigre bien et suivies de quelques bêtes à cornes efflanquées. La plupart des chefs de famille cherchaient aussitôt à faire honorer la monnaie de carte et les billets qu'ils détenaient pour toute fortune. Ces effets, « répandus pour le service du Canada et de l'Acadie », n'inspirant pas grande confiance aux commerçants, l'administration, elle, était contrainte de les prendre en compte, sans trop savoir qui, du Trésor français ou du Trésor ibérique, les rembourserait peut-être un jour ! En attendant de résoudre ces difficultés, M. Aubry, un petit homme sec, que les commères incluaient dans la liste des amants de Mme de Pradel, prit sur lui d'informer clairement ses compatriotes que la cession à l'Espagne était une réalité qu'il serait vain de méconnaître et qu'un gouverneur espagnol était attendu avant la fin de l'année. Il s'efforça, dans le même temps, de convaincre les Indiens fidèles à la France de laisser les Anglais circuler librement dans les territoires qui leur avaient été dévolus par le traité de Paris, ce qui n'était pas facile. Les Britanniques voulaient notamment s'installer au pays des Natchez, occuper le poste de Baton Rouge et créer sur le Mississippi, au confluent de la rivière Iberville, un port capable de concurrencer La Nouvelle-Orléans, où leurs bateaux de commerce n'avaient pas accès. Aubry, qui commandait à quatre malheureuses compagnies, s'en inquiéta auprès de Choiseul. « Si leurs troupes [celles des Anglais] étaient attaquées par nos petites nations en y allant comme c'est arrivé l'an passé, il serait à craindre qu'ils s'en vengeassent cruellement en engageant les Chacta à désoler nos établissements, à quoi nous ne pourrions guère nous opposer, n'ayant point de troupes suffisantes pour défendre le pays. Je vais aussi, Monseigneur, préparer, autant qu'il sera possible, la voie aux Espagnols et annoncer aux Sauvages qu'ils ne doivent point être surpris de leur arrivée ; attendu que les Empereurs de France et d'Espagne sont frères et du même sang, que les deux nations n'en font plus qu'une, qu'ils auront pour eux les mêmes égards que nous et qu'ils verront, dans leurs troupes, des chefs et des guerriers français, auxquels ils sont accoutumés, ce qui doit leur prouver la bonne amitié et union qui règnent entre nous. » Malgré cette manière un peu simpliste, et même fallacieuse, de présenter les choses, les Sauvages regimbèrent, ce qui donna beaucoup de soucis aux Anglais, du côté des Grands Lacs où Pontiac, le chef des Ottawa, conduisit contre eux un soulèvement meurtrier, et aussi à M. de Saint-Ange, commandant du poste des Illinois. Les Indiens de cette région, Miami et Huron, refusant de prendre en considération le traité de Paris, à l'élaboration duquel nul ne les avait conviés, avaient décidé d'interdire l'accès des établissements français aux nouveaux propriétaires. Ils n'entendaient pas changer de protecteurs ni d'habitudes et, comme on les avait, depuis un demi-siècle, incités à combattre les Espagnols et les Anglais, présentés comme envahisseurs sanguinaires, ils s'en tenaient à cette conception. Quand on leur traduisit l'article du traité par lequel la France cédait leurs terres à l'Angleterre, ils firent remarquer avec hauteur qu'ils n'étaient pas tous morts, que les Français n'avaient pas le droit de les distribuer comme des marchandises et qu'ils verraient ce qu'ils auraient à faire !

Déjà, au mois de février 1765, Pontiac avait envoyé ses plus beaux guerriers à La Nouvelle-Orléans pour présenter à M. d'Abbadie un wampum[1] de guerre de deux mètres de long et de douze centimètres de large, portant les symboles d'alliance des quarante-sept tribus auxquelles il commandait du côté des Grands Lacs. Le directeur général de la colonie, qui devait décéder quelques heures après avoir reçu les représentants du chef indien, les avait exhortés au calme.

Au printemps 1765, les Français commencèrent à manifester leur inquiétude. Les habitants de Mobile, déjà sous administration anglaise, avaient été informés qu'ils devaient maintenant prêter serment de fidélité à George III, roi de Grande-Bretagne et d'Irlande, dont on disait qu'il avait le cerveau dérangé. Le commandant des troupes britanniques en Louisiane, Robert Farmar, major du 34e régiment, avait été formel. Ceux qui refuseraient cette allégeance se verraient « dépossédés de leurs terres et de leurs biens et devraient quitter la partie du pays cédée à la nation anglaise ». Les Français qui s'y conformeraient seraient protégés. Même si le gouverneur anglais des établissements du littoral, M. Johnston, entretenait les meilleurs rapports avec Aubry, un des rares Français

---

1. Ceinture faite de coquillages enfilés sur des lanières de cuir. Les coquillages étaient parfois remplacés par des perles. Utilisé comme monnaie, le wampum devenait symbole d'accréditation quand un chef indien le confiait à un ambassadeur, notamment pour rallier les tribus, à la veille d'une guerre.

capables de parler sa langue, on percevait chez les nouveaux occupants un désir vif et légitime de contrôler pleinement leur domaine. Les Espagnols, quand ils arriveraient, car ils finiraient bien par se montrer, seraient sans doute enclins à agir de la même façon.

Prenant exemple sur les Sauvages, les habitants de La Nouvelle-Orléans décidèrent d'envoyer une délégation à Versailles, auprès du roi. Quand furent réunis en ville tous les notables, les représentants des paroisses et bon nombre de citoyens ordinaires, M. Nicolas Chauvin de La Fresnière, procureur général, donna lecture d'une adresse qui serait portée à Louis XV. Les colons, les marchands et les militaires, unanimes, suppliaient le roi de France de ne pas les abandonner, de renoncer à détacher la Louisiane de la mère patrie. L'assemblée désigna comme ambassadeur Jean Milhet, un riche négociant, commandant de la milice locale, qui embarqua par le premier bateau. En arrivant à Paris, le Louisianais eut l'idée de solliciter le concours de l'homme qui, ayant voué sa vie à la Louisiane, pouvait le mieux l'aider à plaider la cause de la colonie devant le duc de Choiseul et, si possible, devant le roi soi-même.

Jean-Baptiste Le Moyne de Bienville, que Jean Milhet s'en fut quérir, était un vieillard mélancolique de quatre-vingt-cinq ans. Trois générations de Le Moyne avaient vécu, et souvent péri, pour fonder un empire français en Amérique. Tous avaient combattu, sur mer et sur terre, les Anglais et les Espagnols pour empêcher ces colonialistes rapaces de prendre le Canada, l'Acadie, la Louisiane, qu'un monarque, d'un trait de plume, leur avait donnés. Du grand rêve américain des Le Moyne ne restaient que ruines et tombes. Souvenirs aussi, et c'est pourquoi M. de Bienville accompagna Milhet à Versailles, pour tenter de rendre un dernier service au lointain pays qui était le sien plus que Paris, où il s'ennuyait. Le ministre accueillit le vieillard avec déférence, écouta les observations de Milhet, reçut comme un hommage à son roi la requête des Louisianais, mais ne put obtenir l'audience royale. Louis XV, de moins en moins Bien-Aimé, qui avait perdu sa prestance, dont « le teint livide, presque olivâtre » avait impressionné Anton Kaunitz, chancelier d'Autriche, considérait cette affaire d'Amérique comme classée et le fit clairement savoir. Bienville rentra chez lui, Milhet reprit le bateau. Le roi l'avait dit : la cession à l'Espagne était irrévocable.

Enfin l'Espagnol vint !

Personne ne croyait plus à l'apparition d'un gouverneur espagnol quand, le 14 février 1766, on annonça l'arrivée à la Balise d'un brigantin battant pavillon sang et or, ayant à son bord trente soldats portant barbichette. Partis de La Havane le 17 janvier, ces militaires constituaient l'avant-garde de don Antonio de Ulloa y de la Torre, chargé par le roi d'Espagne de prendre, en son nom, possession de la Louisiane.

Les gens de la Balise, qui accueillent cordialement le détachement, devront cependant attendre le 5 mars pour voir enfin le représentant de Charles III. C'est un homme de petite taille, sec, au visage maigre. On remarque tout de suite le front ample, le nez puissant, les lèvres ourlées, le regard lourd sous de gros sourcils noirs. Sa tenue sobre, sa discrète élégance rassurent, mais, malgré une simplicité de bon aloi, l'Espagnol montre immédiatement un réel souci de l'étiquette. Les Français constatent avec plaisir qu'il parle leur langue, ce qui n'est pas le cas de tous ceux qui l'accompagnent. Recevant Aubry à bord de son bateau, qui transporte, avec soixante soldats, le capitaine de Villemont, officier français passé au service de l'Espagne, le trésorier royal Esteban Gayarré, le commissaire des guerres Juan José de Loyola et trois capucins, dont le frère

Clemente Saldaña, le gouverneur déclare aussitôt qu'il ne prendra officiellement possession de la colonie qu'au jour où il aura des militaires en nombre suffisant pour en assurer le contrôle et la défense. Après ce préambule, la réception à La Nouvelle-Orléans, où Ulloa débarqua le 10 mars, fut polie mais sans chaleur.

Les notables de la ville avaient été renseignés sur la personnalité de ce gentilhomme, dont la réputation paraissait universelle dans les milieux scientifiques.

Antonio de Ulloa y de la Torre, fils de Bernardo de Ulloa, *Alcalde Mayor*, auteur d'ouvrages économiques, était né à Séville le 12 janvier 1716. Au célèbre collège Santo Tomas il avait été l'élève du fameux mathématicien Vásquez Tinoco, avant d'être admis, en 1732, dans la prestigieuse institution des gardes-marine, réservée aux fils de la noblesse qui voulaient faire carrière dans la flotte royale. Il avait commencé à naviguer comme garçon de cabine de l'amiral Manuel Pintado, alors commandant de l'escadre de galions armés pour l'Amérique, puis avait pris ses grades d'officier. Parce qu'il était féru d'astronomie et de sciences naturelles, le roi l'avait désigné, en 1734, pour participer à l'expédition scientifique française, dirigée par Pierre Bouguer[1] et Charles-Marie de La Condamine[2], qui s'était rendue au Pérou, à la demande de l'Académie des sciences de Paris, afin de déterminer la longueur d'un arc de méridien de un degré sur l'équateur même. Promu capitaine, Ulloa avait collaboré, de 1740 à 1744, avec Jorge Juan pour l'établissement d'un rapport confidentiel sur le statut militaire des colonies espagnoles en Amérique du Sud. Son bateau ayant été capturé par les Anglais alors

---

1. 1698-1758, astronome et mathématicien français, inventeur de l'héliomètre et fondateur de la photométrie.

2. 1701-1774, géographe et naturaliste français. Il explora l'Amazone et rapporta en France les premiers échantillons de caoutchouc.

qu'il regagnait l'Espagne, il avait été conduit comme prisonnier de guerre en Angleterre, où sa réputation d'homme de science lui avait valu un traitement inattendu. Non seulement lord Charles Stanhope l'avait fait libérer, mais Martin Folkes, vice-président de la Royal Society of London, l'avait fait élire membre de cette institution savante. De retour en Espagne, Ulloa avait créé un cabinet d'histoire naturelle, un laboratoire de métallurgie, construit un observatoire, découvert sur la Lune un nouveau cratère auquel il avait donné son nom, rédigé divers ouvrages, aussitôt traduits en plusieurs langues, et entretenu une correspondance suivie avec les membres des académies des sciences française et anglaise. Répondant à une invitation, il avait rendu visite, à Berlin, à Frédéric le Grand.

En 1758, le roi d'Espagne reconnaissant à la fois les mérites du savant et de l'administrateur, avait nommé Antonio de Ulloa gouverneur de la province péruvienne de Angares, où se trouvaient les fameuses mines de mercure de Huancavelica. Nanti d'un traitement annuel de huit mille pesos, cet homme sans fortune pensait développer l'exploitation des mines par des méthodes modernes de sa conception. Il avait compté sans la corruption qui régnait à l'état endémique dans cette région riche où, du vice-roi au dernier des fonctionnaires, tout le monde trafiquait. Gouverneur intègre et technicien réaliste, Ulloa s'était senti incapable de réformer les mœurs de fonctionnaires et de colons qui contrecarraient ses décisions et disposaient, à Madrid, d'appuis efficaces. Ayant demandé au roi de le tirer de ce qu'il nommait lui-même le « purgatoire péruvien » et de le rendre à ses chères études, le savant avait été exaucé et envoyé à Cuba, dans l'attente d'une nouvelle affectation. Ce devait être le poste de gouverneur de la Louisiane.

À peine était-il installé dans ses fonctions que M. de Ulloa connut une série de désillusions. Dans cette ville de cinq mille cinq cents habitants, beaucoup de choses lui déplurent dès le premier jour. Il y avait les moustiques, certes, plus qu'en Amérique du Sud, mais ceux-ci le gênèrent moins que la crasse et le délabrement des maisons, des casernes, des hôpitaux et même de l'église Saint-Louis. Les capucins espagnols estimèrent que le sanctuaire ressemblait à une écurie. Trois autels avaient été dépouillés de leurs ornements sacrés. Pour se signer, les fidèles devaient faire couler sur leurs doigts l'eau bénite contenue dans une vieille bouteille de fer-blanc, les bancs avaient disparu et personne ne semblait souffrir de cette situation. Quand il apprit que l'église servait, à l'occasion, de salle des ventes et de théâtre, le représentant de Sa Majesté Catholique fit transporter ailleurs le saint sacrement.

Ne disposant que de soixante-dix-neuf soldats – onze avaient déserté en mettant pied à terre –, le gouverneur pensait intégrer dans l'armée espagnole les trois cents militaires français présents dans la colonie. Or ces derniers refusèrent catégoriquement de servir le roi d'Espagne. Ils préférèrent conserver leurs uniformes rapiécés et ne pensaient d'ailleurs qu'à regagner la France où ils eussent dû être rapatriés en 1763 ! M. de Ulloa leur fit observer qu'il attendait un bataillon de quatre cents hommes, en cours de formation à Cuba, mais qu'il devait, jusqu'à l'arrivée de celui-ci, maintenir les Français en service, ne serait-ce que pour assurer la sécurité de leurs compatriotes. Avec une outrecuidance qui choqua le Sévillan, les officiers répondirent « qu'ils ne pouvaient faire ce sacrifice que pour leur roi ». Foucault, qui restait en fonctions, ne put que rapporter au ministre de la Marine ce premier incident. « Le corps des officiers [espagnols] s'est assemblé pour délibérer sur ce qu'il y avait à faire à ce sujet et, réfléchissant qu'une contrainte serait très déplacée et pourrait entraîner quelque chose de fâcheux, il a été unani-

mement décidé qu'on les laisserait [les Français] les
maîtres d'accepter ou de refuser. S'ils persistent dans leur
résolution, il sera impossible à M. de Ulloa de prendre
possession de cette colonie. [...] Cette conjoncture nous
oblige, M. Aubry et moi, à continuer le gouvernement et
l'administration sur le pié *[sic]* où elle est encore, ce dont
je suis fort peiné, d'autant que je me retrouve par là dans
la nécessité où j'étais de constituer le roi dans de nouvelles
dépenses, entre autres objets pour l'achat de presque tout
ce qu'il faudra consommer pour son service ; caves et
magasins d'ici sont très dépourvus de tout, comme j'ai eu
l'honneur de vous en prévenir, Monseigneur, en particulier
en commun avec M. Aubry. »

Les militaires français étant restés insensibles aux arguments des officiers espagnols et aux exhortations de
MM. Aubry et Foucault, M. de Ulloa confirma qu'il ne
prendrait pas possession de la Louisiane, ni n'en assu-
merait l'administration, donc les frais, tant qu'il ne dispo-
serait pas d'une force capable de soutenir son autorité.
C'est ainsi que naquit dans cette colonie un gouvernement
mixte d'où allait découler, pour les Espagnols comme pour
les Français, la situation unique et paradoxale d'une
colonie appartenant à une nation et gérée par une autre !
Instable, ambigu, générateur d'une foule de conflits, ce
type de gestion allait conduire la Louisiane au chaos, Ulloa
à sa perte et quelques Français au poteau d'exécution.

Après avoir fait savoir que la solde des soldats français
inactifs serait ramenée à sept livres par mois, alors que
les militaires espagnols percevaient trente-cinq livres, et
qu'aucun équipement ne serait désormais distribué à ceux
qui ne voulaient pas servir le roi d'Espagne, le Sévillan
prit, le 4 mai 1766, un décret qui allait lui attirer l'hostilité
de la population. En suspendant le paiement des lettres de
change, Ulloa jeta la consternation dans toute la colonie,
où le montant de ces effets en attente de règlement attei-

gnait la somme record de un million cent quatre-vingt-douze mille livres. Dans un pays sans ressources en numéraire, cette décision détruisit le peu de confiance que les colons avaient jusque-là accordée aux Espagnols. Les Acadiens, qui arrivaient chaque mois plus nombreux avec de la monnaie de carte, dont personne ne voulait plus, et des lettres de change, que le trésorier espagnol refusait d'honorer, se trouvaient dans le dénuement le plus complet.

Ayant signé ce décret, qui devait agir comme une véritable bombe à retardement, M. de Ulloa choisit d'aller visiter le pays. Il mobilisa sa petite troupe espagnole, emprunta quatre bateaux et, accompagné de l'ingénieur Joseph Dubreuil, remonta le Mississippi. Tour à tour, les colons de Pointe-Coupée, des Cannes-Brûlées, du pays des Natchitoch, les concessionnaires, les Acadiens et les Allemands reçurent le gouverneur avec courtoisie. Ce dernier regagna La Nouvelle-Orléans satisfait de ces contacts, mais conscient des difficultés de sa tâche. Le capitaine Aubry, rendant compte au duc de Choiseul de l'inspection de M. de Ulloa, se fit l'écho des propos de ce dernier : « La connaissance exacte que M. de Ulloa a de cette colonie lui a bientôt fait comprendre combien le gouvernement en était difficile. Il sait qu'il ne sera pas aisé de concilier à la fois les intérêts et les caractères des différentes nations qui sont ici présentement et que telles sages précautions que l'on prenne on aura bien de la peine à y entretenir la paix et l'union. Il voit que, depuis le haut de la colonie jusqu'au bas, on ne rencontre de toutes parts que des Anglais et des Sauvages, ce qui occasionne une continuelle succession d'événements souvent tragiques et toujours inquiétants. [...] Il voit que les Anglais ayant Pensacola et la Mobile, avec la libre communication du fleuve et des lacs, on est absolument obligé de fortifier la base de la colonie pour mettre l'île de La Nouvelle-Orléans en sûreté et qu'on est également dans l'indispensable nécessité de fortifier, non seulement l'entrée de toutes les rivières qui viennent du côté du Mexique, mais aussi le haut de la colonie, c'est-à-dire le pays des Illinois où ils peuvent [les Anglais] tout d'un coup pénétrer par le Canada et la Belle-Rivière. À cet égard, les intérêts de Leurs Majestés Catholique et Très Chrétienne sont les mêmes. »

Un mariage trop discret

Antonio de Ulloa, décidé à protéger le territoire des convoitises britanniques, estima que le premier accès à contrôler était celui des bouches du Mississippi, principalement la passe est, dite passe aux Loutres, la plus aisément navigable. Il fit immédiatement entreprendre à la Balise d'importants travaux de fortification, afin de faire du vieux fort français une véritable citadelle. Comme l'ambiance lui plaisait plus que celle de La Nouvelle-Orléans, il s'y installa pendant neuf mois pour surveiller lui-même l'activité des maçons, des charpentiers et des artisans habiles qu'il avait amenés de La Havane. Il fit bâtir, sur une pointe voisine, qu'il nomma Reina Católica, une jolie chapelle blanche et une maison à galerie afin de pouvoir, le soir venu, goûter la brise relativement fraîche du golfe du Mexique et se livrer, par ciel clair, à des observations astronomiques, son vrai plaisir. Dans cette résidence, le gouverneur aurait coulé des jours heureux s'il n'y avait eu, à quelques jours de navigation, Aubry, Foucault, les deux fonctionnaires espagnols, le Conseil supérieur de la colonie et les Français. Chaque semaine lui apportait, par pirogue rapide, des rapports, des lettres, des demandes d'argent, des récriminations. Or ces gens ignoraient que le gouverneur avait voulu parfaire les installations de la Balise, non seulement pour prendre ses distances avec une société qui l'agaçait, mais aussi pour accueillir la marquise péruvienne qu'il avait épousée par procuration !

Deux ans plus tôt, le savant avait en effet décidé qu'il était en âge – quarante-huit ans à l'époque – de se marier. Comme il n'avait guère l'occasion de rencontrer des demoiselles en mal d'époux, il s'était adressé au roi, d'abord pour obtenir la permission de prendre femme, ensuite pour demander à Charles III de lui en trouver une ! Dans une lettre touchante, il avait expliqué au souverain qu'étant second fils de Bernardo de Ulloa, il n'hériterait aucune des propriétés familiales proches de Séville et que, n'ayant pas de fortune personnelle, il devait penser à sa retraite ! Une dot serait bienvenue ! Il ajoutait que les cinq fils Ulloa étaient tous célibataires, l'un parce qu'il était prêtre, les autres par goût. Il fallait qu'il y en eût un qui se dévouât pour perpétuer le nom. Charles III, n'ayant pas trouvé de fiancée disponible sur le marché péninsulaire, s'était rabattu, en 1766, sur la fille du comte de San Xavier, la belle marquise d'Abrado, doña Francisca Ramírez de Lareda y Encalda. Cette Péruvienne, la plus belle fille du pays, disait-on, apportait en dot une fortune. Née créole, elle ne pouvait qu'être flattée de devenir la femme d'un authentique gentilhomme *peninsular*, c'est-à-dire métropolitain ! Certes, elle avait trente ans de moins que son futur mari, mais, les suggestions du roi d'Espagne étant des ordres, elle avait envoyé son joli minois peint sur ivoire au fiancé qui venait d'être nommé gouverneur de Louisiane. On ignore si M. de Ulloa avait expédié en retour son portrait miniaturisé, mais le mariage avait été scellé par procuration, la cérémonie nuptiale et la consommation étant remises à plus tard. Or, au printemps 1767, on fit savoir à doña Francisca que tout était prêt pour la recevoir. Elle prit le bateau pour la Balise, où son époux l'accueillit avec des marques considérables d'estime et d'affection. À cent vingt kilomètres de là, la bonne société de La Nouvelle-Orléans, informée par les bateliers, attendait l'arrivée de la petite fiancée du gouverneur et se préparait à la célébration d'un mariage qui n'était encore que de papier. On repeignit l'église, qui retrouva ses bancs et ses bénitiers, et l'on balaya les rues. Pendant ce temps, les dames apprêtaient leurs toilettes, se concertaient pour l'organisation des réceptions et des bals, recensaient les porcelaines de Limoges qu'elles prêteraient volontiers pour le banquet et, dans toutes les maisons, les esclaves astiquaient l'argenterie. Le mariage du gouverneur serait l'événement de la saison.

On guettait encore l'arrivée des cartons d'invitation quand on apprit que M. de Ulloa et sa jolie marquise avaient échangé, en toute intimité, les alliances bénies par un simple capucin dans la chapelle blanche de Reina Católica, à la Balise, le seul endroit où flottait le pavillon du roi d'Espagne ! Le gouverneur, qui avait déjà contre lui les notables, les négociants, les militaires, les Acadiens et les Allemands, fournit ce jour-là aux ennemis des Espagnols un contingent supplémentaire et particulièrement agressif : les dames de La Nouvelle-Orléans. Privées d'un grand mariage mondain et des distractions afférentes, celles-ci prirent la dérobade de l'Espagnol comme une humiliation préméditée, comme une insulte, et se répandirent en propos fielleux. La belle Mme de Ulloa fut détestée avant que d'être connue. Les maris et les galants tinrent le gouverneur pour un goujat et se réservèrent de le lui faire sentir. Le savant fut décrit, à l'époque, par Jean de Champigny[1], dont il faut prendre la description avec grande réserve, comme étant « laid, sans noblesse, ni

---

1. Auteur de *la Louisiane ensanglantée*, Londres, 1773.

dignité, ni maintien ». « Sa figure respire l'hypocrisie et sa pensée est sans ressources », ajoutait l'officier.

Ces médisances passent pour observations véridiques quand les nouveaux mariés décident de venir s'installer à La Nouvelle-Orléans. Le 12 juillet 1767, le commissaire Juan José de Loyola, qui n'est pas en très bons termes avec Foucault, son *alter ego* français, prévient le gouverneur, qui passe sa lune de miel à la Balise, que rien n'a été préparé pour recevoir le couple. L'hôtel du gouvernement est dans un état de délabrement avancé et ne ressemble guère à un palais. Il est d'ailleurs occupé par Aubry, le gouverneur français, et sa famille qu'on ne peut décemment pas mettre dehors. Loyola se démène pour trouver deux maisons mitoyennes, qu'il loue à l'année, huit cent quatre-vingts pesos. Les artisans espagnols envoyés de la Balise se dépêchent de restaurer ces demeures, les relient par une galerie et les Ulloa font à La Nouvelle-Orléans une entrée protocolaire glaciale, malgré la chaleur étouffante de l'été subtropical.

Doña Francisca n'est certainement pas une jeune femme heureuse. Dès sa première nuit en ville, dans une maison qui n'a rien des grandes et confortables *fincas* péruviennes où elle a toujours vécu, elle est assaillie par des nuées de moustiques. Elle qui n'a jamais eu à sa disposition que des couverts d'argent massif souffre du manque de raffinement. Et puis, ce petit mari sec et ratatiné, si courtois et prévenant qu'il soit, ne ressemble pas aux héros des romans dont on lui faisait la lecture, le soir, tandis qu'une Indienne brossait longuement ses cheveux. Le fait de se trouver dans une demeure sans confort « à la frontière extrême de la civilisation », alors qu'elle doit faire figure de première dame du pays, lui paraît dérisoire. Mais c'est une femme de devoir, à qui une parfaite éducation a donné la force de supporter les rigueurs du destin. Elle a donc accepté le mari et la ville.

Si M. de Ulloa ne parvient pas à comprendre pourquoi tous les Louisianais qui l'approchent ont l'air de le détester, sa femme, qui ne parle pas français, est encore plus surprise de se voir ignorée par les épouses des grands propriétaires. Trois fois par semaine, les Ulloa accueillent chez eux les notables de la cité, mais ne reçoivent pas d'invitations en retour. Ils se sentent exclus d'une société qui, par certains aspects, ne manquerait pas de charme. Les aristocrates, ou qui se prennent pour tels, conservent le souvenir de la frustration nuptiale imposée par le gouverneur. Ils ont remarqué que la marquise est venue du Pérou avec ses suivantes et ses domestiques, belles Indiennes des hauts plateaux, qu'elle traite comme des égales. Or, pour les Louisianais, tout ce qui a la peau colorée est esclave et tout ce qui est esclave doit être tenu à distance. Il est vrai que les manières raffinées de Mme de Ulloa n'ont rien de la rusticité coloniale. C'est une femme gracieuse mais réservée, qui se défend d'émettre une opinion sur celle-ci ou celui-là et qui ne parle jamais des soucis que peut avoir son mari. Les bigotes la trouvent hautaine parce qu'elle ne se rend pas à l'église comme tout le monde pour y papoter et entend la messe chaque jour dans la chapelle aménagée sous son toit. Les épouses de planteurs rient de sa pusilla-nimité parce qu'elle a interdit qu'on fouette les esclaves sous ses fenêtres. En faisant allusion à la façon de vivre du couple, on parle dans les salons de suffisance sévillane ! La femme du gouverneur donnera à nouveau prise à la médisance quand elle s'isolera plus encore, à partir du jour où elle attendra un bébé. Les commères de la ville pensent qu'elle a honte de s'être livrée à un vieux mari. Elles ignorent que, dans la bonne société espagnole, les femmes enceintes ne paraissent pas en public. Ayant mis au monde une fille au printemps 1768, la jeune mère sera vivement critiquée pour avoir fait venir de Cuba une nourrice noire.

« Les Ulloa ne veulent pas que leur fille ait le moindre contact avec le sang français », dit-on stupidement en ville.

La rébellion française

Les choses seraient peut-être restées en l'état dans cette colonie sous gouvernement mixte franco-espagnol, où tous les bâtiments arboraient, comme au temps de Bienville, le pavillon à fleurs de lis des rois de France, si Antonio de Ulloa n'avait décidé de réformer le régime commercial de la Louisiane. La balance du commerce extérieur a toujours été un indicateur économique apprécié des gouvernants et M. de Ulloa enrageait chaque fois qu'il devait comparer le volume des importations à celui des exportations. Non seulement le fléau de la balance penchait côté achats, mais les statistiques indiquaient que la plus grande partie des marchandises importées dans la colonie provenaient de France, et notamment le vin de Bordeaux, dont les Louisianais faisaient une forte consommation. Au printemps 1768, le déséquilibre atteignit de telles proportions que le gouverneur demanda et obtint de la cour de Madrid un décret destiné à remédier au déficit de la balance louisianaise et à garantir des débouchés nouveaux aux produits espagnols. Ces décisions, loin d'améliorer la situation, suscitèrent la colère des Français et, les historiens se plaisent à le reconnaître, la première révolution de colons contre une puissance coloniale du continent américain !

Le décret du 3 mars 1768, publié à La Nouvelle-Orléans quatre jours avant la mort à Paris, à l'âge de quatre-vingt-huit ans, de Jean-Baptiste Le Moyne de Bienville, vénéré comme père de la Louisiane, mit en fureur les habitants. Le Conseil supérieur protesta ; les armateurs, les négociants, les propriétaires s'assemblèrent pour faire connaître leur sentiment. Le décret suspendait

les relations commerciales avec la France et limitait aux
ports espagnols de Cadix, Séville, Alicante, Carthagène,
Málaga, Barcelone, Santander, La Corogne et Gérone les
échanges commerciaux avec la Louisiane. Ne pourraient
assurer ces relations que les bateaux construits en Espagne,
commandés par un capitaine espagnol et dont l'équipage
serait composé, pour deux tiers, de marins espagnols. Les
navires ne devraient plus faire escale dans aucun port
espagnol de l'Amérique et les armateurs ne pourraient
plus vendre aux escales des marchandises embarquées.
Les contrevenants se verraient retirer leur permis de navigation.

Le texte, signé du marquis de Grimaldi, ministre
d'État, interdisait également l'exportation, à partir de La
Nouvelle-Orléans, des produits ne provenant pas de la
colonie. À ces consignes le gouverneur ajouta, de son
propre chef, l'interdiction d'importer des Noirs de Saint-
Domingue et de Martinique. Les esclaves en provenance
de ces îles avaient, d'après lui, mauvais esprit et pratiquaient le vaudou qui était, pour tout chrétien, une insupportable manifestation de paganisme et de bestialité.
Enfin, l'importation de vins étrangers étant supprimée, les
Louisianais devraient renoncer au bordeaux et boire des
vins de Catalogne !

Ces mesures équivalaient toutes à supprimer la liberté
du commerce, mais ce fut la dernière qui poussa les
Français à la rébellion. En quelques jours, le bordeaux
devint breuvage patriotique, symbole des libertés bafouées
par l'occupant, qui n'avait même pas hissé ses couleurs sur
une si belle colonie, obtenue sans mérite et acceptée sans
enthousiasme. Les planteurs et les commerçants se décla-
rèrent prêts à quitter le pays, et même à passer chez les
Anglais. Jean-Baptiste Payen de Noyan, neveu de Bienville, annonça qu'il allait vendre sa plantation et partir pour
Cayenne avec ses Noirs, la Louisiane devenant un pays

inhabitable ! M. de La Fresnière, procureur du roi et beau-père du précédent, assura qu'il imiterait son gendre si la liberté de commerce n'était pas rendue à tous. Pendant l'été, les conciliabules allèrent bon train dans les plantations hors les murs, où se réunissaient les mécontents. Les meneurs étaient incontestablement Nicolas Chauvin de La Fresnière, bel homme, orateur brillant et convaincant, et Denis-Nicolas Foucault, commissaire ordonnateur, gérant du Trésor royal, doyen du Conseil supérieur. Cet homme, très écouté à Versailles, était aussi l'amant d'une femme de tête qui détestait Mme de Ulloa. La belle Alexandrine, née de La Chaise, que la mort de son mari, M. de Pradel, avait rendue à une totale indépendance, organisait les réunions des protestataires.

M. de Ulloa, qui disposait d'informateurs, dont le capitaine Aubry, que les rebelles considéreront plus tard comme traître à leur cause, eut vite connaissance de l'agitation et de l'identité des agitateurs. Il comprit qu'un véritable complot était en cours quand il apprit que ses instigateurs avaient rendu visite au général Frederic Haldiman, commandant des troupes anglaises à Pensacola, afin d'obtenir la protection britannique. Craignant des troubles, le gouverneur espagnol tenta de calmer les esprits en expliquant que les décrets du mois de mars ne visaient pas à réduire le commerce de la colonie, qu'il fallait se méfier des racontars des marchands, que l'interdiction du vin de Bordeaux constituait un prétexte ridicule, etc.

Ces déclarations lénifiantes ne furent d'aucun effet, le texte du décret étant sans ambiguïté. D'autres notables rejoignirent bientôt les rangs des mécontents : Jean Milhet et Pierre Caresse, tous deux capitaines de la milice, Pierre Marquis, ancien officier du régiment suisse devenu planteur, Joseph de Villeré, beau-père de La Fresnière et capitaine des Allemands, François de La Barre, commandant de poste du Détour-aux-Anglais et membre du Conseil supérieur, François Chauvin de Léry, commandant de poste chez les Tchapitoula et cousin de La Fresnière, et d'autres dont il serait fastidieux de donner la liste.

Au commencement du mois d'octobre, La Fresnière présenta au Conseil supérieur de la colonie une longue pétition des Louisianais, *Mémoire des habitants et négociants de la Louisiane*, dont l'avocat Julien-Jérôme Doucet était le principal rédacteur. Ce document fut imprimé « à La Nouvelle-Orléans, chez Denis Braud, imprimeur du roi », expédié à Versailles et répandu dans toute la colonie. Après avoir respectueusement demandé au roi « qu'il suspende pour quelques moments ses pénibles travaux, pour se livrer aux sujets qui sont représentés aujourd'hui, comme les plus dignes de son attention et de son ministre », les habitants, négociants, artisans « et autres peuples » exprimaient à nouveau leur déception et leur chagrin d'avoir été livrés au roi d'Espagne et formulaient toutes les critiques réunies à l'encontre de l'administration espagnole. Ils réclamaient le retour des privilèges dont avait toujours joui la colonie, le rétablissement de la liberté de commerce et aussi, ce qui constituait l'exigence la plus grave, « que M. de Ulloa soit déclaré infractaire *[sic]* et usurpateur, en plusieurs points, de l'autorité dévolue au Gouvernement et au Conseil, puisque toutes les lois, ordonnances et coutumes veulent que cette autorité ne soit exercée par aucun officier, qu'après qu'il aura rempli toutes les formalités prescrites, et c'est à quoi M. de Ulloa n'a point satisfait ». Suivaient les considérations justificatives découlant de l'étrange situation d'une colonie dont les Espagnols n'avaient jamais pris officiellement possession, ce qui leur interdisait juridiquement toute intervention dans les affaires intérieures du pays. Et les Louisianais d'exiger sur le même ton de leur Conseil supérieur, toujours en fonction, « l'éloignement de M. de Ulloa, auquel il doit être enjoint de s'embarquer dans le premier bâtiment qui partira, pour se rendre où bon lui semblera, hors de la dépendance de cette province ». Tous les officiers espagnols devraient également quitter la Louisiane.

Ce texte, signé par cinq cent trente-six habitants, fut naturellement reçu par le Conseil supérieur, soumis au procureur du roi et approuvé par le tribunal. En foi de quoi les treize membres de l'assemblée coloniale se prononcèrent dans ces termes : « Le Conseil, par sa prudence ordinaire, se trouve obligé d'enjoindre, comme de fait il enjoint, à M. de Ulloa de sortir de la colonie sous trois jours pour tout délai, soit dans la frégate de S.M.C. [Sa Majesté Catholique] sur laquelle il est venu, ou dans tel autre bâtiment qui lui paraîtra convenable, et d'aller rendre compte de sa conduite à S.M.C. »

Avant d'apposer son paraphe sous la formule « Par le Conseil », le greffier en chef Garic avait ajouté « Donné en la Chambre de Conseil, le vingt-neuf octobre mil sept cent soixante-huit ». Pendant que l'on délibérait de l'expulsion du gouverneur, les Louisianais manifestaient sur la place d'Armes, pour appuyer les conseillers et prouver leur détermination. Aubry en rendit compte deux jours plus tard au duc de Praslin, ministre de la Marine : « Le samedi 29 octobre, jour du Conseil, il s'est trouvé, tant de la ville que de la campagne, près de neuf cents hommes armés, tous les officiers de milice à leur tête, avec un pavillon blanc qu'ils ont arboré sur une place, criant tous généralement "Vive la France" et qu'ils ne voulaient point d'autre roi, paraissant même disposés à faire craindre pour la vie des Espagnols, si on avait *[sic]* pas d'égard à leur démarche. Voyant qu'on ne reconnaissait plus l'autorité et que le peuple avait franchi les bornes du respect et de l'obéissance dus à leurs supérieurs, je priai M. de Ulloa, contre qui l'animosité était la plus grande, de se retirer dans la frégate espagnole. Je l'y ai accompagné moi-même avec Mme son épouse, enceinte, et un enfant de six mois [...]. J'ai protesté contre l'arrêt du Conseil qui enjoint à M. de Ulloa de s'embarquer sous trois fois vingt-quatre heures pour aller rendre compte à S.M.C. de sa conduite », concluait le capitaine Aubry. Examinée par le Conseil, la protestation du cogouverneur français, qui traduisait la désapprobation de plusieurs notables, fut rejetée comme « nulle et non avenue ». L'officier, qui avait eu quotidiennement affaire à M. de Ulloa, s'était conduit en gentilhomme en épargnant toute injure au savant et à son épouse. Car les risques étaient bien réels pour les Espagnols. Aux insurgés s'étaient joints une centaine de colons allemands. Ces derniers ne cachaient pas leur colère contre le gouverneur, qui différait depuis plusieurs mois le paiement de leur blé réquisitionné pour nourrir les Acadiens sans ressources.

Le jour de la Toussaint, à quatre heures de l'après-midi, le *César*, frégate française louée par le gouverneur expulsé[1], leva l'ancre, emportant vers La Havane M. de Ulloa, doña Francisca et leur bébé né sur une terre où tous avaient été indésirables. Arrivé à Cuba le 3 décembre, M. de Ulloa, dont l'amertume était grande, s'absorba dans la rédaction d'un long rapport destiné au marquis de Grimaldi. Après avoir vainement attendu, pendant plus de deux mois, des ordres de Madrid, il fut autorisé à rentrer en Espagne, où il arriva le 14 février 1769.

À La Nouvelle-Orléans, on avait fêté le départ du gouverneur comme une libération, ce qui était un peu déplacé. Les Louisianais, se croyant revenus dans le giron du roi de France, s'étaient livrés « à une manifestation qui offrait une grande ressemblance avec les cérémonies que l'on consacrait à Bacchus dans l'Antiquité ! » commenta

---

1. La frégate espagnole la *Volante*, qui avait transporté le gouverneur, eût été, d'après son capitaine, incapable de traverser le golfe du Mexique.

un étranger de passage. Cette liberté reconquise, les Louisianais n'aspiraient qu'à l'offrir à Louis le Bien-Aimé.

Et pourquoi pas la république ?

Livrés à eux-mêmes, les habitants de La Nouvelle-Orléans se tournèrent vers les membres du Conseil supérieur, seule autorité en place avec le commissaire ordonnateur Foucault, un des meneurs de la rébellion victorieuse. Le capitaine Aubry, qui, aux yeux de certains, avait épousé la cause du gouverneur et qui usait encore de son autorité pour faire respecter les biens espagnols, notamment la frégate la *Volante*, dont un exalté avait coupé l'amarre afin de la voir dériver sur le fleuve, était tenu à l'écart. Les insurgés ayant décidé d'envoyer à Versailles deux délégués, Julien Le Sassier et Saintelette, le Conseil prit en charge les affaires courantes en attendant de connaître la réaction du roi de France et du duc de Praslin. Tandis que leurs représentants voguaient vers La Rochelle, les Louisianais se berçaient d'illusions neuves. Ils imaginaient Louis le Bien-Aimé ouvrant les bras avec émotion et gratitude à la colonie fidèle, qui s'était elle-même libérée, rétablissant les privilèges du commerce, honorant toutes les dettes accumulées et distribuant quelques cordons bleus du Saint-Esprit aux rebelles patriotes. Quand, au mois d'avril 1769, les délégués se présentèrent à Versailles, ils trouvèrent le duc de Choiseul, Premier ministre du roi, et le duc de Praslin, ministre de la Marine, très au fait des événements. Ces messieurs avaient été successivement informés par l'ambassadeur d'Espagne et par un envoyé secret du capitaine Aubry, M. de La Perlière. L'audience accordée par Choiseul, plus heureux d'avoir annexé la Corse, après la Lorraine, que de se voir restituer la Louisiane, fut brève. Il refusa de conduire les envoyés de la révolution chez le roi, qui n'avait aucune envie de les entendre. Louis XV, tout à ses amours avec la comtesse du Barry et qui s'apprêtait à suspendre le monopole et les privilèges de la Compagnie des Indes, ne voulait plus entendre parler ni de la Louisiane ni de ses turbulents habitants. Son cousin Catholique, le roi d'Espagne, n'avait qu'à prendre soin de son empire colonial !

Ce refus de la France de récupérer le territoire offert à l'Espagne en 1762 ne surprit qu'à demi les Louisianais. À La Nouvelle-Orléans, les chefs de la rébellion avaient imaginé une solution de rechange, qu'ils proposèrent aussitôt aux notables et aux habitants. Celle-ci constituait une étonnante innovation en matière de décolonisation et de système politique, puisqu'il s'agissait de fonder une république indépendante, qui eût été la première du continent américain !

Certains des promoteurs de ce projet inattendu, sur lequel nous disposons aujourd'hui encore de peu d'informations, avaient lu Jean-Jacques Rousseau, *la Nouvelle Héloïse* et *Du contrat social*, d'autres connaissaient des œuvres de Voltaire, le *Traité sur la tolérance* et le *Dictionnaire philosophique*. Les échos des désaccords, de plus en plus fréquents, entre le gouvernement britannique et les treize colonies anglaises, qui venaient de rejeter un impôt du timbre et une taxe sur le thé fixés par le Parlement de Londres, parvenaient jusqu'en Louisiane et incitaient les gens à concevoir une gestion semblable pour la colonie abandonnée.

Le Suisse Pierre Marquis, plus pragmatique, suggérait de prendre exemple sur le système en vigueur dans son pays d'origine, une confédération de cantons réunis dans la plus ancienne république d'Europe. Il présenta même à ses amis un brouillon de Constitution et proposa la composition d'un conseil de quarante membres, véritable parlement national. À l'enthousiasme mitigé des uns pour une forme inédite de gouvernement s'opposaient les réticences réalistes des autres. Ces derniers inspirèrent à un auteur anonyme un *Mémoire contre les Républicains*, que Denis Braud imprima comme il avait imprimé le manifeste des mécontents qui avait provoqué l'éviction de Ulloa. Les opposants au projet de république entendaient rester fidèles à la monarchie et trouvaient utopique l'idée d'une république indépendante de Louisiane. Leurs remarques ne manquaient pas de sagesse : « Le caractère distinctif des républiques est l'équité et l'autorité des mœurs dans tous les domaines. Dès que les républiques faiblirent en cette matière, la tyrannie les saisit et elles tombèrent sous le joug du despotisme. Pour former une république, il faut que l'État qui s'y dispose ait des ressources en lui-même et des alliés intéressés à ce changement pour pouvoir se soustraire à la domination tyrannique dont il veut se délivrer. Cette colonie n'a aucune monnaie ni aucun métal. Quelques-uns disent que l'on fera du papier mais peut-on dire sérieusement une pareille absurdité ! Que peut valoir ce papier, s'il n'y a pas, en quelque endroit, des fonds numéraires ou du métal pour répondre de la valeur du papier ; personne ne l'acceptera. »

On en était encore à discuter avec véhémence du meilleur gouvernement possible, pendant qu'à Madrid Charles III et son ministre Grimaldi prenaient des décisions qui allaient rapidement régler le sort de la république louisianaise. Sa Majesté Catholique n'avait pas admis qu'un groupe d'energumènes eût renvoyé, comme un valet, le plus savant et le plus lettré des gouverneurs coloniaux de la Couronne d'Espagne. Le roi convoqua le plus rude des mercenaires à son service, un gaillard qui lui avait sauvé la vie et qu'il venait de nommer lieutenant général de l'armée. Le souverain donna carte blanche à ce soldat pour remettre de l'ordre en Louisiane, faire justice et laver l'injure.

Alexander O'Reilly and McDowell, comte par la grâce de Charles III, est un baroudeur qui a réussi. Né à Dublin en 1725, il est entré, à l'âge tendre de dix ans, dans l'armée espagnole. Promu lieutenant pendant la guerre de Succession d'Autriche, il a servi, de 1757 à 1759, dans l'armée autrichienne avant de changer une nouvelle fois d'uniforme et de passer dans l'armée française, pour se distinguer à la bataille de Minden. Sa conduite héroïque ayant été remarquée par le duc de Broglie, ce dernier le recommanda au roi d'Espagne qui le nomma lieutenant-colonel. Devenu major général pendant la guerre de Sept Ans, il fut chargé, la paix signée, de réorganiser l'armée. C'est en 1765 qu'il s'était attiré la faveur royale en protégeant efficacement Charles III, menacé par la foule qui assiégeait le palais.

Sa désignation comme commandant général et gouverneur de la Louisiane, le 16 avril 1769, le trouva tout disposé à jouer le rôle qu'on attendait de lui. Ayant promptement concentré à La Havane une flotte capable de transporter deux mille six cents hommes bien armés, il mit à la voile et les premiers navires se présentèrent le 20 juillet à la Balise, où personne ne les attendait. O'Reilly, qui ne disposait pour le moment que de deux bataillons, expédia une estafette au capitaine Aubry, lui demandant de dissuader les Français de toute résistance et le priant d'informer les habitants de La Nouvelle-Orléans qu'une force espagnole considérable remontait le Mississippi. Cette préparation psychologique était bien inutile. Les Louisianais n'avaient aucune envie de se battre et la plupart d'entre eux, écœurés par l'anarchie et la misère qui régnaient dans la colonie – on avait créé un établissement de prêt sur gage et accepté sans honte des secours envoyés par le gouverneur de La Havane –, n'aspiraient qu'à redevenir sujets du roi d'Espagne, puisque le roi de France n'avait pas voulu d'eux et que la république restait une aimable utopie. Aussi est-ce sans avoir tiré un coup de feu que, le 18 août, le général O'Reilly prit, avec trois cents hommes, possession de la colonie. Ayant compté vingt-trois vaisseaux, dont les canons étaient pointés sur la ville, et vu débarquer les troupes « avec un ordre et un appareil redoutable », les habitants de La Nouvelle-Orléans reçurent courtoisement le vengeur de Ulloa et l'invitèrent à entendre dans leur église un *Te Deum* qui ressemblait fort à une manifestation spontanée d'allégeance. Sans attendre, O'Reilly, qui possédait tout l'esprit de décision dont avait manqué Ulloa, fit hisser partout les couleurs espagnoles, s'installa à l'hôtel du gouverneur, envoya sa troupe occuper les casernes et constata que bien peu de Français s'étaient enfuis de la ville pour chercher refuge chez les Anglais, comme ils avaient prétendu le faire. Le procureur général La Fresnière, Foucault, Marquis, Caresse et Milhet vinrent saluer le condottiere et solliciter la clémence d'un si prestigieux représentant du roi d'Espagne.

O'Reilly parut entendre cet appel et fit afficher, le 21 août, une proclamation rassurante pour la population :

« En vertu des ordres et pouvoirs dont nous sommes munis de Sa Majesté Catholique, déclarons à tous les habitants de la province de la Louisiane que, quelque juste sujet que les événements passés ayent donnés *[sic]* à Sa Majesté de leur faire sentir son indignation, Elle ne veut écouter aujourd'hui que la clémence envers le Public, persuadée qu'il n'a péché que pour s'être laissé séduire par les intrigues de gens ambitieux, fanatiques et mal intentionnés, qui ont témérairement abusé de son ignorance et trop de crédulité ; ceux-ci répondront de leurs crimes et seront jugés selon les lois.

« Un acte aussi généreux doit assurer Sa Majesté que ses nouveaux sujets s'efforceront chaque jour de leur vie de mériter par leur fidélité, zèle et obéissance, la grâce qu'Elle leur fait et la protection qu'Elle leur accorde, dès ce moment. »

Tous les habitants, civils et militaires, respirèrent, sauf les meneurs de la révolution de 1768 dont le cas était évoqué dans la proclamation.

O'Reilly, qui désirait mener les choses rondement et faire sentir son autorité, avait écrit à Aubry deux jours plus tôt pour le sommer de donner, par retour du courrier, les identités des auteurs de la conspiration. La sécheresse de ton du mercenaire irlandais contrastait singulièrement avec l'humeur pateline qu'il avait montrée à son arrivée. « Il est très essentiel que je sache la personne qui écrivit, qui imprima et avec quelle autorité et permission furent formés, imprimés, et répandus au public le papier titré *Arrêt du Conseil*, sa date 28 octobre 1768, et l'autre papier titré *Mémoire des habitants et négociants de la Louisiane*. » Et le nouveau commandant militaire n'ajoutait comme formule de politesse qu'un « Dieu vous ait en Sa garde » à peine rassurant. Aubry s'exécuta et, après avoir raconté par le menu les événements d'octobre 68, sans oublier de faire observer qu'il avait toujours été d'une parfaite loyauté vis-à-vis de M. de Ulloa et prêt à donner sa vie pour défendre le savant et les siens, il livra les noms des chefs du complot, sans en omettre aucun : « Messieurs Mazan, chevalier de Saint-Louis, La Fresnière, procureur général, Marquis, commandant réformé de la compagnie suisse, Noyan, capitaine de cavalerie, Noyan-Bienville, son frère, enseigne de la marine, Villeré, capitaine de milice de la côte des Allemands, tous les plus riches et les plus distingués du pays sont les chefs de cette criminelle entreprise. Quoique M. Foucault, ordonnateur, n'ait pas été placé dans le même rang, je ne peux cependant me dispenser de prononcer qu'il est très coupable. Il a permis qu'on imprimât la requête des habitants, qui est rebelle aux ordres du roi et outrageante à la nation espagnole, et il a permis qu'on imprimât la requête des habitants, qui est rebelle aux ordres du roi et outrageante à la nation espagnole, et il a permis qu'on imprimât le *Mémoire des habitants*, où il y avait des blasphèmes contre la nation espagnole, que j'ai fait retrancher, et plusieurs calomnies contre M. de Ulloa. C'est chez lui [Foucault] qu'on a travaillé aux lettres qui étaient adressées à Mgr le duc d'Orléans, le Prince de Conti, le Chancelier [Maupeou]. Tandis que je faisais mes efforts pour faire aimer le gouvernement et la nation espagnole, il ne cessait, avec ces messieurs, de mettre en jeu toutes sortes de ressorts pour détruire mon ouvrage et persuader le contraire, donnant à entendre à tout le monde que dans les colonies les gouverneurs d'Espagne étaient des tyrans et le peuple des esclaves. » Aubry, dans sa formule de politesse terminale, reconnaissait O'Reilly comme « le libérateur qui a rétabli le calme et la tranquillité dans la colonie ».

On a beaucoup reproché, et avec raison, semble-t-il, à Charles-Philippe Aubry cette dénonciation et une obséquiosité qui met le lecteur mal à l'aise. Pour la plupart des historiens, le capitaine s'est clairement déshonoré en livrant ses compatriotes. Toutefois, il est probable qu'il n'a rien appris à O'Reilly, et qu'avant de quitter La Havane le général connaissait les noms et les activités des hommes qui avaient conduit la rébellion. Le mémoire de cent dix-huit pages envoyé par Ulloa à la cour contenait assez d'informations précises pour que la liste des coupables fût complète. Néanmoins, c'est fort de la confirmation des responsabilités de chacun, délivrée par écrit et avec tant de complaisance par celui qui aurait dû être le premier avocat des rebelles, que l'Irlandais allait faire passer la justice de son roi.

Le 21 août, le soldat de fortune, promu pour huit mois dictateur de la Louisiane, convoqua les comploteurs. Tous se présentèrent, sauf Villeré, qui, se trouvant dans sa plantation de la côte des Allemands, à quarante-cinq kilomètres de La Nouvelle-Orléans, n'avait pas été touché par la convocation. Après avoir signifié à chacun des membres de l'état-major rebelle les chefs d'inculpation qu'il leur imputait, O'Reilly ajouta : « Je souhaite que vous puissiez prouver votre innocence afin que je sois à même de vous rendre les épées que je viens de vous ôter. » La formule ne manquait pas de noblesse, mais elle était vide de sens, celui qui la prononçait, comme ceux qui l'entendaient, sachant déjà à quoi s'en tenir. Il fut précisé aux inculpés qu'en vertu de la loi espagnole leurs femmes et leurs enfants recevraient tous les secours dont ils pourraient avoir besoin, car la confiscation des fortunes et des biens des rebelles devait intervenir sur l'heure. Tandis que les prisonniers étaient conduits les uns à la prison militaire, les autres sur les bateaux espagnols amarrés en face de la place d'Armes, des officiers allèrent faire l'inventaire des biens à saisir. C'est ainsi que nous savons que M. Foucault possédait six fauteuils de canne, deux matelas de laine et crin, neuf couverts d'argent, quatre cents bouteilles de bordeaux, une toilette « garnie de vernis Martin », des estampes, une tapisserie chinoise et « seize nègres et neuf négresses » qui furent saisis comme le mobilier !

L'instruction, aussitôt commencée, et le procès durèrent deux mois. Foucault, en tant que commissaire ordonnateur, refusa tous les interrogatoires et fit admettre à O'Reilly qu'il ne pouvait être jugé, étant donné sa haute fonction, que par une juridiction française. Le général le laissa donc embarquer pour la France, le 14 octobre 1769, sous la garde d'un officier espagnol qui répondait de sa personne[1]. Un des frères Noyan, celui que l'on nommait Noyan-Bienville, pour le différencier de Jean-Baptiste Payen de Noyan, autre conjuré de 68, échappa lui aussi à la justice espagnole. Il avait pris un bateau pour Saint-Domingue avant l'arrivée de O'Reilly. Ce dernier demanda au marquis de Grimaldi d'exiger de la cour de France des poursuites contre ce neveu de Bienville, mais Noyan ne fut jamais inquiété. Joseph Roué de Villeré, commandant des Allemands, n'eut pas à comparaître. Il résista aux militaires chargés de l'arrêter, obligea ces derniers à faire usage de leurs armes, fut grièvement blessé au cours de l'échauffourée et mourut trois jours plus tard.

Le 27 octobre 1769, soit un an après avoir contraint M. de Ulloa à quitter la Louisiane, onze Français, accusés de sédition, furent amenés pour une dernière audience devant leurs juges espagnols. Pendant tout le procès, conduit dans le strict respect des lois et de la défense, le siège du procureur du roi avait été occupé par un fonctionnaire du Trésor en poste sous Ulloa. L'accusateur avait donc vécu les péripéties de la révolte et connaissait tous les accusés. Ces derniers entendirent, sans broncher, prononcer les sentences. Six furent condamnés à mort par pendaison : Nicolas Chauvin de La Fresnière, Jean-Baptiste Payen de Noyan, Pierre Caresse, Pierre Marquis, Joseph Milhet et Joseph Roué de Villeré. Comme ce dernier avait déjà cessé de vivre, le président du tribunal déclara solennellement : « Je condamne sa mémoire comme infâme. » Aux six autres prévenus les juges imposèrent des peines de prison : à perpétuité pour Joseph

---

1. Arrêté à son arrivée à La Rochelle le 10 janvier 1770, il fut interné à la Bastille pendant qu'on examinait son cas. Il en sortit le 22 juin, sans qu'aucune condamnation ait été prononcée contre lui, et devint, en 1776, commissaire ordonnateur du comptoir de Pondichéry. Il prit sa retraite en 1783 et mourut à Tours, le 3 septembre 1807, ayant eu le temps de voir la Louisiane devenir américaine.

Petit, dix ans pour Balthazar de Mazan, qui avait été le trésorier de la rébellion, dix ans pour l'avocat Julien-Jérôme Doucet, rédacteur du *Mémoire des habitants et négociants de la Louisiane*, six ans pour Pierre Hardy de Boisblanc, Jean Milhet et Pierre Poupet[1]. Denis Braud, l'imprimeur, fut relaxé après avoir rapporté la preuve qu'il avait imprimé le pamphlet des habitants sur l'ordre de Foucault, commissaire ordonnateur de la colonie.

On procéda aux exécutions le jour même, à trois heures de l'après-midi, dans la cour de la caserne où était cantonné le régiment de Lisbonne. Personne n'ayant jamais voulu occuper les fonctions de bourreau, la Louisiane ne disposait pas d'exécuteur des hautes œuvres. Dans l'impossibilité de pendre les condamnés, O'Reilly choisit de les fusiller. Noyan, Marquis, Caresse et Milhet ayant revêtu leur uniforme d'officier français, La Fresnière portant la jaquette, les cinq hommes eurent les bras garrottés. Devant tout le régiment formé en carré, ils entendirent une nouvelle fois la sentence qui leur ôtait la vie, lue en espagnol par Rodriguez, le crieur public, puis en français, par le chirurgien Henri Gardat. Au commandement du colonel Liboa, les armes crachèrent deux salves. Quand un officier et le médecin français eurent constaté que les corps étaient « sans mouvement et privés absolument de vie », le général O'Reilly signa le procès-verbal des exécutions. Avec l'économie de termes et l'absence d'émotion propres au personnage, il conclut, par un bref communiqué, le triste épisode franco-espagnol : « Ce jugement répare pleinement l'insulte faite à la dignité et à l'autorité du Roi dans cette province, ainsi que le mauvais exemple qui avait été donné aux sujets. »

---

1. Internés au château de Moro, à Cuba, les prisonniers furent libérés en 1770, à la demande de la cour de France, après qu'ils se furent engagés à ne pas retourner en Louisiane.

Charles-Philippe Aubry, que les amis des victimes de la répression considéraient comme un traître et un délateur, s'embarqua pour la France le 29 novembre, avec cinquante-huit militaires français libérés, sur le *Père-de-Famille*, un brigantin commandé par M. Jacquelin. Le navire, qui, après une escale à La Corogne, devait gagner Bordeaux, essuya une tempête devant Soulac, avant d'atteindre l'estuaire de la Gironde, et se brisa. Seul le capitaine, le médecin du bord et deux sergents survécurent au naufrage. Plus tard, en apprenant la nouvelle, les Louisianais proclamèrent que l'océan avait fait justice en emportant Aubry et, avec lui, le cadeau offert par O'Reilly, trois mille pesos qui avaient l'odeur des quarante deniers de Judas !

Émergeant de ces soubresauts, la Louisiane allait devenir, pour trente ans, une colonie à part entière de la Couronne d'Espagne. Les Français, à défaut d'y faire la loi, y vivraient à l'aise.

3.

En attendant l'oncle Sam

Les bons gouverneurs espagnols

Le dernier quart du XVIIIe siècle fut, pour l'Ancien comme pour le Nouveau Monde, une période révolutionnaire au sens universel du terme. Les treize colonies anglaises d'Amérique s'émancipèrent de la tutelle britannique, au prix d'une guerre, et fondèrent une république fédérale qui dure encore ; la France anéantit la monarchie, pour la remplacer par une république éphémère et terrifiante, avant de se donner à l'Empire. Le destin de la Louisiane, alors colonie espagnole, fut influencé tant par les événements continentaux que par ceux d'Europe, dont nous ne pouvons ignorer les conséquences, puisqu'elles permirent aux États-Unis d'accéder à l'indépendance et de doubler leur superficie pour un prix dérisoire.

Mais, avant de connaître cette intégration, si naturelle du point de vue géographique et si raisonnable du point de vue politique, la Louisiane allait vivre, grâce à des administrateurs espagnols éclairés, intègres, habiles et courageux, une paix et une prospérité qu'aucune administration française n'avait su lui donner.

Dès qu'Alexander O'Reilly eut remis de l'ordre dans le pays et se fut assuré que les Français se tiendraient désormais tranquilles, il installa dans ses fonctions le gouverneur déjà désigné par Charles III, Luis de Unzaga y Amézaga. Cet officier de trente-cinq ans était arrivé par le même bateau que le général, mais avait attendu, pour apparaître, que l'Irlandais eût accompli sa mission, fait rendre justice au roi et à M. de Ulloa. Le 1ᵉʳ décembre 1769, les colons apprirent que « le Sanguinaire » – c'était le sobriquet donné à O'Reilly par les habitants de La Nouvelle-Orléans – cédait la place à un gestionnaire et que la vie administrative allait prendre un tour nouveau.

Il n'était plus question de gouvernement mixte, comme au temps de M. de Ulloa. Le Conseil supérieur avait été aboli et remplacé par un cabildo[1] composé de six directeurs, deux *alcaldes*, un procureur général et un commis. Les esclaves indiens avaient été rendus à la liberté, le régime des concessions modifié. Désormais, les terres seraient attribuées, au nom du roi, par le gouverneur de la colonie. Les domaines ordinaires auraient de six à huit arpents de large et quarante arpents de profondeur. Les concessionnaires devaient, dès lors, s'engager à édifier, en bordure des fleuves, rivières ou bayous, une levée protectrice, à tracer un chemin de vingt pieds de large et à laisser deux arpents en jachère avant la zone de culture. Seuls pouvaient bénéficier d'une concession de quarante-deux arpents de large ceux qui possédaient cent bêtes à cornes, plusieurs chevaux, des moutons et au moins deux esclaves. Un des derniers actes du « Sanguinaire », unanimement approuvé celui-là, avait été d'interdire la constitution d'un tribunal inquisitorial souhaité par les capucins, seuls maîtres des institutions religieuses depuis l'éviction des jésuites en 1763.

---

1. Le mot *cabildo*, du latin *capitulum*, peut désigner un chapitre de religieux, une assemblée, un conseil municipal et aussi la salle, voire le bâtiment, où se réunissent les membres de ces institutions. Les Louisianais, de langue française ou anglaise, continuent à nommer Cabildo l'ancien siège du gouvernement espagnol, aujourd'hui transformé en musée.

Les Louisianais acceptèrent sans rechigner d'être administrés comme des Espagnols, pourvu qu'on les laissât vivre comme des Français. Déçus, une fois de plus, par la cour de France, où aucune voix ne s'était élevée pour défendre les insurgés de 1768, ni même pour s'émouvoir des exécutions, les habitants de la ville et des campagnes ne souhaitaient que la paix, sous un gouvernement juste et respectueux de leur langue et de leurs coutumes.

Le nouveau gouverneur, le colonel Luis de Unzaga, avait servi en Espagne, en Italie et en Afrique, avant de commander un régiment à La Havane. Il se présenta aux Français, encore traumatisés par la répression, comme un réconciliateur, ce qui fut admis d'autant plus aisément qu'il épousa bientôt une créole d'origine française, Joséphine, fille d'un riche négociant de La Nouvelle-Orléans, Antoine-Gilbert de Saint-Maxent. Unzaga, observateur intelligent et courtois, comprit vite que toute tentative d'hispanisation de la Louisiane serait vouée à l'échec, à moins qu'il ne parvienne à faire entrer dans la colonie plus de familles espagnoles qu'il n'existait de familles françaises. Or les premiers colons espagnols, venus des îles Caraïbes, qui s'installèrent sur les rives du Mississippi adoptèrent rapidement le mode de vie des Français et même leur langue. Une religion commune, un héritage culturel issu d'une latinité partagée, une sorte de complicité européenne face aux Indiens et l'alliance contre l'Anglais, ennemi constant, facilitèrent cet amalgame et aboutirent, au fil des générations, à la constitution d'une communauté originale et typiquement louisianaise. Luis de Unzaga, cependant soucieux de protéger la langue de son pays, inaugura, en 1772, une école ouverte à tous ceux qui souhaitaient apprendre le castillan. Cet établissement reçut des élèves français, comme les écoles françaises accueillirent des élèves espagnols. Dans le dessein de faire

cesser rivalité et disputes entre capucins des deux nationa-
lités – les Espagnols reprochaient aux Français une tolérance coupable pour les mœurs dissolues de leurs
compatriotes et les Français trouvaient le sectarisme et
l'intransigeance des religieux ibères inopérants sous les
tropiques –, le gouverneur attribua à chaque communauté
des responsabilités distinctes et précises.

C'est sous le gouvernement de cet homme prudent que
les Louisianais apprirent la mort de Louis XV, survenue à
Versailles le 10 mai 1774. Avec le Bien-Aimé, terrassé par
la petite vérole, disparaissait le dernier souverain français
dont le pavillon eût flotté sur la Louisiane. En lui
succédant, son petit-fils, Louis XVI, héritait d'un empire
colonial amputé.

Mais l'attention des Louisianais était plus sollicitée par
ce qui se passait alors dans les colonies anglaises que par
l'accession de Louis XVI au trône de France. L'événement
le plus lourd de conséquences se produisit le 4 juillet
1776, quand fut proclamée, à Philadelphie, la Déclaration
d'indépendance des colonies anglaises d'Amérique. Ce
texte, dont la portée devint universelle au fil des siècles,
avait été rédigé par un comité qu'animaient Thomas
Jefferson, Robert Livingston, John Adams, Benjamin
Franklin et Roger Sherman. Sa divulgation avait soulevé
l'enthousiasme des colons et mobilisé toutes les volontés.
Deux ans plus tôt, au mois de septembre 1774, un congrès
continental des colonies, réuni à Philadelphie, avait déjà
adopté une Déclaration des droits de l'homme « fondée
sur les lois éternelles de la nature » qui reconnaissait à
chaque être humain « le droit à la vie, à la liberté, à la
propriété, à la propriété ». À partir de ce jour, les « Américains » avaient souhaité, plus ou moins ouvertement, la
constitution d'une fédération d'États, indépendante de la
Couronne britannique. Au cours de l'année 1776, les
affrontements entre troupes anglaises loyalistes et milices

américaines, à Lexington, Concord et Bunker Hill notamment, avaient démontré qu'une véritable révolution était en marche.

La Déclaration d'indépendance du 4 juillet 1776 équivalant pour George III et ses ministres à une déclaration de guerre, les échauffourées étaient devenues de vraies batailles. George Washington, qui s'était autrefois battu contre les Franco-Canadiens, avait rang de général et conduisait les opérations, auxquelles participaient, depuis l'été 1777, des volontaires français comme le marquis de La Fayette. Dès le 2 mai 1776, la France avait marqué son soutien aux insurgents quand Louis XVI avait fait ouvrir, au bénéfice de ces derniers, un crédit de un million de dollars. Le 10 juin, Charles III d'Espagne avait imité le souverain français.

Washington venait de traverser le Delaware et d'infliger une première défaite à lord Charles Cornwallis quand, en janvier 1777, Unzaga, qui s'était efforcé de maintenir la Louisiane dans la neutralité par rapport au conflit en cours, avait appris qu'il était nommé capitaine général de Caracas. Les habitants de La Nouvelle-Orléans virent s'éloigner avec regret celui qui avait su faire oublier la brutalité de la répression de 1769 et protéger les particularismes français d'une colonie qui n'avait encore d'espagnol que le nom.

Bernardo de Gálvez y Gallardo, qui succéda au réconciliateur, était né le 25 juillet 1746 dans une famille modeste de Macharavialla, un village de la province de Málaga. Il devait laisser dans l'histoire de la colonie le souvenir d'un administrateur exceptionnel, d'un soldat courageux et d'un homme de cœur. À trente ans, il possédait des états de service impressionnants. Jeune lieutenant, il s'était distingué pendant la guerre hispano-portugaise, avant d'obtenir, en 1765, le grade de capitaine en Nouvelle-Espagne. Grièvement blessé par les Apache, il avait dû rentrer en 1772 à Séville pour se soigner. Il avait ensuite choisi de servir, pendant trois ans, dans l'armée française, afin de perfectionner sa connaissance de la langue des Encyclopédistes. En 1775, il avait participé, sous les ordres de O'Reilly, à la malheureuse expédition d'Alger et avait été blessé une deuxième fois lors du débarquement qui avait causé la mort de cinq cent vingt-sept Espagnols. Promu colonel du régiment Fijo, stationné à La Nouvelle-Orléans, il était arrivé en 1776 en Louisiane, où son comportement lui avait attiré d'emblée la sympathie des Français. Celle, en particulier, de la belle-sœur d'Unzaga, la charmante Félicité de Saint-Maxent, qu'il avait épousée au mois de novembre 1777, dix mois après avoir été promu gouverneur de la colonie. Ces mariages de nobles espagnols avec les filles d'un notable français qui avait entretenu de bons rapports avec Antonio de Ulloa parachevèrent la réconciliation de deux communautés décidées à œuvrer, dans l'union, au mieux-être de tous.

Les Gálvez faisaient tous de brillantes carrières coloniales, militaires ou diplomatiques. Le père de Bernardo, Matías de Gálvez, était vice-roi de Nouvelle-Espagne ; son oncle José, homme de confiance de Charles III, occupait les fonctions importantes de *ministro universal de las Indias*. Un autre oncle, Miguel, représentait le roi d'Espagne à la cour de Catherine II, à Saint-Pétersbourg, et le plus jeune des frères de Matías, Antonio, venait d'être promu maréchal de camp. Sous le gouvernement de Gálvez, mille cinq cent quatre-vingt-deux colons espagnols, venus des Canaries et de la province de Málaga, s'installèrent en Louisiane, principalement sur les bords des bayous Teche et Lafourche. Ils fondèrent un établissement important nommé Nueva Iberia et entretinrent d'excellentes relations avec les Acadiens qui les avaient précédés dans cette région.

Bernardo de Gálvez avait du charme et en jouait. Sa forte personnalité, son esprit de décision lui assurèrent vite l'estime et l'affection des Louisianais. Actif, intelligent, astucieux, fin diplomate, il avait une conception moderne et réaliste du fonctionnement des institutions et un grand respect des hommes. Dès qu'il détint le pouvoir, il sut donner à tous le sentiment que la Louisiane était son pays et qu'il ferait tout pour en assurer le développement et la prospérité. Il commença par réprimer la contrebande anglaise, tolérée par Unzaga, encouragea la culture du tabac, autorisa à nouveau l'introduction des esclaves noirs de Guinée et, surtout, apporta son aide aux insurgents quand commença la guerre qui devait aboutir à la fondation des États-Unis. En autorisant les déserteurs de l'armée anglaise, qui ne voulaient pas se battre contre leurs compatriotes, à fonder une ville à laquelle ils donnèrent son nom, Gálveztown[1], il prit nettement position pour les « rebelles ».

Quand, en 1779, l'Espagne entra en guerre contre l'Angleterre, après que le gouvernement français eut promis à Charles III de lui faire recouvrer Gibraltar, Gálvez convoqua au Cabildo les représentants des colons pour envisager des opérations contre les possessions britanniques. Immédiatement, dans les districts des Attakapa, des Opelousa et à Pointe-Coupée, six cents volontaires français s'enrôlèrent dans l'armée espagnole pour se lancer à la conquête des forts tenus par les Anglais dans la basse vallée du Mississippi. En 1779, les Britanniques furent chassés de Manchac, Baton Rouge et Natchez. Mobile leur fut ravie le 14 mars 1780 et Pensacola le 8 mai 1781. Au lendemain de l'occupation de cette dernière ville, le gouverneur envoya à George Washington, alors en Caroline du Sud, une carte pour lui annoncer l'éviction

---

1. Aujourd'hui Galveston, au Texas.

des Anglais et lui dire qu'il espérait de cette campagne une heureuse influence sur le déroulement des opérations, puisqu'elle avait mobilisé, un moment, les forces britanniques destinées à la Georgie. L'aide de Bernardo de Gálvez et des Louisianais aux Américains, en lutte pour leur indépendance, ne se limita pas à ces opérations de reconquête, qui bénéficiaient surtout à la colonie espagnole. En faisant saisir onze bateaux anglais sur le bas Mississippi, en autorisant Oliver Pollock, financier des insurgés, et le capitaine Willing à s'installer à La Nouvelle-Orléans afin d'organiser plus aisément le ravitaillement des Américains, Gálvez collabora effectivement à la guerre d'Indépendance[1]. Fait comte par le roi Charles III, puis capitaine général de la Louisiane et des Florides, territoires que les Anglais avaient été contraints de céder à l'Espagne, Bernardo dut quitter La Nouvelle-Orléans pour conduire une expédition à la Jamaïque, puis assumer, à la suite de son père, la vice-royauté de la Nouvelle-Espagne, tout en conservant le titre de gouverneur de la Louisiane.

Esteban Rodríguez Miró, désigné pour assurer l'intérim de Gálvez comme gouverneur de la colonie en 1782, était un Catalan de trente-huit ans dont la carrière militaire avait été semblable à celle de son prédécesseur. Personnage plus terne que Unzaga et Gálvez, Miró continua cependant l'œuvre des premiers gouverneurs et fut apprécié des Louisianais. Sa femme, Céleste MacCarthy, une Louisianaise d'origine allemande, devint l'arbitre des élégances et sut entretenir autour du gouverneur, en titre à partir de 1785, une chaleureuse ambiance qui lui valut la sympathie de la population.

---

1. Le Congrès de Philadelphie lui décerna plus tard des remerciements officiels et Pollock demanda qu'un portrait de Gálvez fût acquis par le Congrès « afin de perpétuer sa mémoire dans les États-Unis et les signalés services qu'il rendit à la cause de la liberté ».

C'est au cours des années 1780 qu'arrivèrent en Louisiane un grand nombre d'Acadiens, qu'ils vinssent des colonies anglaises en guerre, de Saint-Domingue ou de France. Beaucoup d'anciens cultivateurs de Nouvelle-France, rapatriés dans les régions de Nantes, Saint-Malo et Morlaix, ne s'étaient pas habitués à la vie métropolitaine et ne souhaitaient que retourner en Amérique. Louis XVI, sur les conseils de Calonne et de Vergennes, avait autorisé cette émigration, ajoutant que, pour faciliter leur départ, les finances royales assumeraient les dettes et le passage des Acadiens. On a estimé à plus de deux mille cinq cents le nombre des Acadiens qui, après neuf années de séjour en France, choisirent de s'installer en Louisiane, où ils retrouvèrent tous ceux qui étaient venus directement d'Acadie, du Canada ou des colonies britanniques.

Parmi les Acadiens déportés dans les provinces anglaises qui réussirent à rejoindre la Louisiane figurait une jeune fille qui allait devenir grâce au poète Longfellow, sous le nom d'Evangeline[1], le pitoyable et pur symbole des victimes du Grand Dérangement. La véritable Evangeline se nommait pour les uns Emmeline Labiche, pour d'autres Emmeline Lemaire. Il est à peu près certain qu'elle venait de Grand Pré, en Acadie, et qu'elle arriva à Saint Martin-ville, en Louisiane, avec ses parents. Au moment de la déportation des familles acadiennes, elle avait été séparée de son fiancé, Louis Arceneaux – Gabriel dans le poème de Longfellow –, mais les amoureux s'étaient promis de se retrouver en Louisiane. Emmeline attendit longtemps, au bord du bayou Teche, qui coule derrière l'église de la petite ville la plus francophone de Louisiane. Sous le vieux chêne, près duquel débarquaient les voyageurs venus par bateau, la jeune fille mélancolique vécut l'alternance des saisons,

---

1. *Evangeline or a Tale of Acadie*, publié en 1847 par Henry Wadsworth Longfellow (1807-1882).

désespérant de voir apparaître l'homme qu'elle aimait. Il vint enfin... accompagné d'une épouse et de trois enfants ! La raison d'Emmeline la fidèle vacilla. Elle mourut de consomption et fut enterrée dans le petit cimetière qui jouxte l'église. Sur sa tombe vont se recueillir, aujourd'hui encore, tous ceux qui portent au cœur la cicatrice d'un amour déçu. Quant aux Arceneaux, ils défrichèrent des terres sur lesquelles vivent toujours les descendants de Louis[1].

Les dernières années espagnoles

Le vendredi saint 1788 se produisit, à La Nouvelle-Orléans, une catastrophe qui allait modifier complètement l'aspect du centre de la ville et donner à ce qu'on appelle toujours le Vieux Carré, ou le French Quarter, son ambiance typiquement espagnole. Ce jour-là, le 21 mars, le feu prit, à l'angle des rues de Chartres et de Toulouse, dans la maison de don José Vicente Nuñez, payeur général de l'armée[2]. Une chandelle votive, allumée devant une châsse, mit le feu à un rideau, et en un instant l'incendie, attisé par un fort vent du sud, se propagea à une vitesse effrayante, dévorant, les unes après les autres, les maisons faites de bois et de boue séchée. Le feu progressa d'autant plus aisément que l'alerte n'avait pas été donnée à la première flamme, la plupart des habitants étant réunis à l'église paroissiale pour l'office du vendredi saint.

Quand l'incendie cessa, faute d'aliment, on constata qu'un cinquième des immeubles de la ville, huit cent soixante-cinq édifices, étaient détruits. Beaucoup de

---

1. L'un de ces derniers, William Arceneaux, fut, de 1984 à 1988, secrétaire à l'Éducation pour les universités de l'État de Louisiane.
2. Aujourd'hui 538 Chartres Street.

maisons particulières, mais aussi la vieille église Saint-Louis, la prison, les casernes, l'armurerie et les archives de la cité étaient parties en fumée ! Seules les maisons proches de la levée du Mississippi avaient pu être protégées par les pompes puisant l'eau du fleuve. On remarqua, pendant ce drame, le dévouement du gouverneur Esteban Miró, qui, dès le lendemain, fit déblayer les décombres et entreprendre la reconstruction. Celle-ci, qui prit plusieurs mois, fit apparaître, à la place des maisons de bois et de bousillage, des demeures aux soubassements de brique, construites autour de patios et souvent ceinturées de galeries.

Grâce à la générosité de don Andrés Almonester y Roxas, l'église Saint-Louis fut reconstruite, d'après les plans de l'architecte français Gilbert Guillemard, avec des briques en partie récupérées après destruction de la clôture du vieux cimetière de la rue Saint-Pierre. Flanquée de deux tours hexagonales, dallée de marbre, décorée de fresques, pourvue d'un maître-autel orné de peintures et de sculptures et considéré par les Louisianais comme « le plus magnifique du monde occidental », la nouvelle église, dont la façade avait été recouverte de plâtre blanc, faisait honneur à la cité. Hélas ! ce sanctuaire qu'on avait mis quatre années à construire, qui avait coûté quatre-vingt-dix-huit mille neuf cent quatre-vingt-dix-huit pesos, soit cent mille dollars de l'époque, somme considérable, venait à peine d'être consacré, qu'un nouvel incendie menaça de le détruire.

Le 8 décembre 1794, alors que les habitants de La Nouvelle-Orléans célébraient, dans leur belle église, la fête de l'Immaculée Conception, le feu se déclara rue Royale, en plein centre de la ville, et anéantit, en quelques heures, deux cent douze maisons. Le gouverneur Francisco Luis Héctor, baron de Carondelet, qui avait succédé à Miró en 1791, décida, fort opportunément, qu'on ne construirait plus désormais, dans le centre de la cité, que des maisons de brique, qu'elles aient un ou deux étages. La deuxième reconstruction du Vieux Carré accentua encore le caractère espagnol du quartier dessiné autrefois par Adrien de Pauger. C'est de cette époque que datent les beaux bâtiments qui encadrent la basilique Saint-Louis – palais du Cabildo et presbytère – et constituent, depuis, la toile de fond de la place d'Armes, devenue Jackson Square.

Le baron Hector de Carondelet, né en 1748 dans une famille aristocratique du Hainaut, province de la Flandre espagnole, avait, lui aussi, servi sous O'Reilly, dans l'armée de Charles III, puis, comme gouverneur de la province de San Salvador, au Guatemala. Pendant six ans, il administra la Louisiane avec compétence et efficacité. Doué pour l'urbanisme, il transforma La Nouvelle-Orléans coloniale en une ville de son temps, divisée en quatre districts administratifs, et fit creuser un canal, qui prolongea le bayou Saint-Jean et permit aux bateaux qui venaient du lac Pontchartrain de pénétrer jusqu'au rempart nord de la ville. Les Louisianais, reconnaissants, donnèrent à cette voie d'eau, très fréquentée par les Indiens et les maraîchers, le nom de son promoteur. L'infatigable baron inaugura encore l'éclairage public au gaz en faisant installer quatre-vingts lampadaires, organisa un service de *serenos*[1], et ouvrit, en octobre 1792, le premier théâtre de la cité, où se produisirent d'abord les comédiens venus de Saint-Domingue avec Louis Tabary. Cette troupe était arrivée en 1791, avec les nombreuses familles de planteurs chassées de l'île, lors de la révolution conduite par Toussaint Louverture.

---

1. En Espagne et dans les colonies espagnoles : vigiles chargés de faire des rondes de nuit dans les rues, afin de veiller à la sécurité des personnes et des biens et de donner l'alerte en cas d'incendie. À l'origine, ils chantaient, à voix haute, l'heure et les conditions météorologiques. Dans les villes modernes, ils détenaient les clefs des immeubles et on les appelait, pour se faire ouvrir, en frappant dans les mains.

Privés de leurs terres, les propriétaires avaient choisi de s'installer en Louisiane avec leurs esclaves noirs, adeptes du vaudou, mais formés à la culture de la canne. Les autorités espagnoles, qui s'efforçaient de développer la production de sucre, accueillirent ces nouveaux émigrants, qui permirent la création d'une véritable industrie sucrière, après que le créole Étienne de Boré eut mis au point, en 1795, sa machine à cristalliser le sucre.

Sous le gouvernement de Carondelet, « homme travailleur, alerte et judicieux, bien que de tempérament colérique », si l'on en croit un contemporain, Louis Duclot, autre réfugié de Saint-Domingue, commença la publication du premier journal de la colonie, *le Moniteur de la Louisiane*[1], qui paraissait sur quatre pages, au moins une fois par quinzaine. Carondelet encouragea également la création d'écoles privées, d'hôpitaux, d'asiles et fit aménager au long des rues principales les premières « banquettes[2] », très appréciées des dames les jours où les fortes pluies, fréquentes dans le delta, transformaient les rues en bourbiers. Le pape Pie VI ayant accepté, le 25 avril 1793, d'ériger la Louisiane et les Florides en diocèse, le gouverneur accueillit, en juillet 1795, le premier évêque de La Nouvelle-Orléans, don Luis Ignacio María de Peñalver y Cárdenas. Ce dernier constata avec un peu de déplaisir que, sur les douze mille paroissiens blancs que comptait la ville, quatre cents seulement suivaient assidûment les offices et communiaient régulièrement. Le prélat n'obtint pas pour autant du baron l'institution d'un tribunal de l'Inquisition, que O'Reilly avait autrefois refusé aux capucins.

Tout aurait été pour le mieux dans la meilleure des colonies possibles si les Américains, et quelques Français,

---

1. Cette feuille, qui devint, en 1797, le journal officiel du gouvernement louisianais, parut jusqu'en 1814.
2. Trottoirs dans le parler acadien.

n'avaient donné du souci à M. de Carondelet et aux membres du Cabildo. Le traité de Paris, signé à Versailles le 3 septembre 1783, avait reconnu l'indépendance des États-Unis, confirmé la souveraineté de l'Espagne sur les Florides et définitivement enlevé le Canada à la France. Cependant, les Espagnols avaient dû se résoudre, un peu plus tard, à voir la jeune république américaine s'adjuger la partie de la Louisiane orientale, limitée à l'est par la Virginie et la Caroline du Nord et bordée par le Mississippi à l'ouest. En 1792 et 1796, ce territoire devait donner naissance à deux nouveaux États de la confédération, le Kentucky et le Tennessee.

Tant que les hommes politiques américains avaient été occupés par la mise en place d'une administration fédérale et par les mille questions que soulevait l'harmonisation relative des législations d'État, ils ne s'étaient guère inquiétés des perspectives du commerce international. Dès qu'ils s'y intéressèrent, à la demande des colons installés sur le versant ouest des monts Alleghany, ce fut pour réclamer, au bénéfice des navires américains, la liberté de navigation sur le Mississippi et ses affluents, seules voies praticables pour le transport des denrées et des produits manufacturés.

L'Espagne, qui contrôlait la rive droite du fleuve, du golfe du Mexique à la frontière du Canada, et les deux rives entre le golfe et le confluent de la Rouge, détenait un monopole de droit et de fait sur le trafic fluvial. De longues discussions avaient été nécessaires avant que don Manuel de Godoy y Alvarez de Faria, Premier ministre de Charles IV, et Thomas Pinckney, ambassadeur des États-Unis à Madrid, parvinssent, le 27 octobre 1795, à un accord par lequel l'Espagne concédait, pour trois ans, aux Américains la liberté de navigation sur le Mississippi, l'accès au port de La Nouvelle-Orléans et la libre circulation des marchandises entrant ou sortant de la fédération, sans taxes ni droits. Le traité étant tacitement reconductible, les États-Unis disposèrent dès lors d'un moyen de pénétration commercial, politique et stratégique dans le domaine espagnol.

En 1797, le baron de Carondelet, qui avait vécu toutes les péripéties de la confrontation diplomatique en première ligne, s'efforçait, tout en faisant bonne figure aux Américains, de sauvegarder le commerce de son pays. Du balcon du Cabildo, il voyait cependant, de plus en plus nombreux, les navires marchands de l'Union mouiller l'ancre en face de la Crescent City, ainsi que les capitaines appelaient la ville dédiée au défunt Régent. Dans la forêt des mâts flottaient maintenant autant de pavillons à bandes horizontales, rouges et blanches frappés sur un rectangle bleu de quinze étoiles d'or, que de flammes sang et or, aux armes d'Espagne. On y voyait aussi des drapeaux bleu, blanc, rouge qui avaient remplacé l'étendard blanc à fleurs de lis des rois de France. Jusqu'en Amérique, la Révolution française affichait ses couleurs.

Les Français de Louisiane, bien que sujets de Charles IV d'Espagne, s'intéressaient toujours intensément aux événements de France. Or depuis mai 1789, date de réunion des États généraux à Versailles et de l'installation, à New York, de George Washington, premier président de la république des États-Unis, beaucoup de choses avaient changé dans la lointaine mère patrie. Les échos de la Révolution, de la prise de la Bastille, du renversement de la monarchie, des procès et exécutions de Louis XVI et Marie-Antoinette, des travaux des assemblées nationale, constituante puis législative, des excès sanglants de la Terreur et de la proclamation de la république, étaient parvenus en Louisiane, au fil des mois et des années. Même si le sinistre chuintement du tranchet de la guillotine n'arrivait qu'atténué, par la distance et le temps, sur les rives du Mississippi, des clans s'étaient formés au sein de la communauté française. Des associations patriotiques, une société des Jacobins notamment, avaient été créées par les plus ardents zélateurs d'une république qui avait tergiversé, jusqu'au 4 février 1794, pour abolir l'esclavage des Noirs... sans l'interdire dans ses colonies !

Le baron de Carondelet détestait le désordre et trouvait déplacé que l'on chantât *la Marseillaise* et le *Ça ira* dans certains cafés, alors que dans d'autres se réunissaient des nobles émigrés, arrivés avec leur argenterie et leurs bijoux pour tout viatique. Il dut intervenir quand une proclamation incitant la population à se soulever pour rendre la Louisiane indépendante, c'est-à-dire pour provoquer son retour dans le giron français, fut placardée dans la ville. Le gouverneur, ayant identifié les exaltés, leur fit savoir qu'ils seraient expulsés, sur l'heure, en cas de récidive. Cette menace suffit à calmer les ardeurs révolutionnaires qu'avait attisées, de Philadelphie, le citoyen Genêt, « ministre plénipotentiaire de la République française près les États-Unis de l'Amérique ».

Le représentant de la France n'avait cessé, depuis son arrivée, de faire de l'agitation, cherchant à former une légion de volontaires pour reconquérir le Canada sur les Anglais et la Louisiane sur les Espagnols. Il tenait Washington pour un usurpateur et avait poussé l'outrecuidance jusqu'à armer un corsaire dans le port de Philadelphie, ce que les Américains, qui s'estimaient au moins aussi bons républicains que le délégué des Girondins et, en tout cas, de plus longue date que les Français, avaient fortement désapprouvé. Thomas Jefferson, alors ministre des Affaires étrangères, avait demandé à la Convention le rappel de Genêt et écrit à son ami James Madison, membre du Congrès et futur quatrième président des États-Unis[1] : « Le choix qu'on a fait de cet homme pour nous l'envoyer est une véritable calamité. C'est un cerveau

---

1. De 1809 à 1817.

échauffé, tout imagination, sans jugement, passionné, irrévérencieux jusqu'à l'indécence dans ses communications écrites ou verbales avec le Président. Placés sous les yeux du Congrès et du public, ses propos exciteraient l'indignation. Sa conduite ne peut être défendue, même par le plus furieux jacobin. »

Robespierre, en tout cas, ne le défendit pas et, le 25 vendémiaire an II (16 octobre 1793), le Comité de salut public prit un arrêté décidant de l'envoi « dans le plus grand secret, à Philadelphie, [de] quatre commissaires chargés de pleins pouvoirs pour arrêter Genêt[1], Dupont et les autres fonctionnaires publics de la France qui se sont rendus coupables de malversations ». Le texte prévoyait que tous les corsaires armés par Genêt seraient désarmés, qu'un des commissaires, le nouveau ministre plénipotentiaire, devrait désavouer « formellement, au nom de la République, la conduite criminelle de Genêt et de ses complices » et que tous les consuls qui avaient secondé l'ambassadeur seraient destitués.

Il se trouva quelques mois plus tard à Philadelphie, un homme que le rappel de l'étrange représentant de la République française amusa beaucoup et satisfit plus encore *a posteriori* que Jefferson. Il s'agissait de M. d'Autun, nom d'emprunt, à usage américain, de Charles-Maurice de Talleyrand-Périgord, diplomate, prêtre, franc-maçon et libertin, qui avait préféré mettre provisoirement l'océan entre sa boiteuse personne et une république trop soupçonneuse. Il incarnait exactement le genre d'émigré à qui M. Genêt eût aimé couper la tête !

Les trois derniers gouverneurs espagnols de Louisiane,

---

1. Edmond Charles Genêt (1763-1834) fut sauvé de la guillotine par le gouvernement américain, qui l'autorisa officiellement à résider à Charleston, en Caroline du Sud. Quelques années plus tard, il obtint la nationalité américaine et épousa une fille de George Clinton, gouverneur de New York.

qui se succédèrent de 1797 à 1801, quand le baron de Carondelet, nommé maréchal de camp et président de la Real Audiencia de Quito, dut quitter la colonie, eurent des rôles inégaux. Manuel Gayoso de Lemos, en application du traité de San Lorenzo, commença l'évacuation des postes militaires espagnols situés au nord du trente et unième parallèle et mourut de la fièvre jaune, à La Nouvelle-Orléans, le 18 juillet 1799. Le marquis de Casa-Calvo et Juan Manuel Salcedo, justement surnommés les liquidateurs, eurent, l'un et l'autre, des rôles difficiles. Ils durent faire admettre à leurs compatriotes les termes d'un traité qui restituait la Louisiane à la France, puis assumer l'humiliante obligation d'amener les couleurs du roi d'Espagne devant un préfet colonial français.

Car au tournant du siècle allait se jouer le dernier acte, fertile en rebondissements, de l'aventure coloniale de la France en Amérique.

Rendez-nous la Louisiane !

En France, le coup d'État du 18 brumaire (9 novembre 1799), approuvé par un plébiscite, avait marqué la fin des années révolutionnaires et porté au pouvoir quasi absolu, pour dix ans, un soldat chéri de la victoire : le général Bonaparte. Devenu Premier consul, le futur empereur, qui avait dû renoncer à faire débarquer des troupes en Angleterre, ne souhaitait que contrer la puissance du dernier ennemi invaincu partout où l'on pouvait le rencontrer. Or la Louisiane, bêtement offerte à l'Espagne par Louis XV, constituait, aux yeux du stratège, une base dans le Nouveau Monde qu'il eût été bon de récupérer. Elle appartenait, certes, à Charles IV, mais la colonie était peuplée, en grande majorité, par des Français qui conservaient pour l'ingrate mère patrie un attachement mélancolique, vaguement rancunier, mais bien réel. Les Français de Louisiane avaient, en effet, suivi avec fierté les campagnes victorieuses des armées de la République contre l'Autriche et la Prusse, puis en Italie, comme les péripéties de la téméraire expédition d'Égypte. Ces descendants des pionniers n'attendaient peut-être qu'un signe pour manifester leur volonté de voir le pays, défriché au nom de Louis XIV, rendu à la France républicaine. Les idées farfelues exposées par Genêt et reprises, sur le ton mineur, par Pierre Auguste Adet, le nouvel ambassadeur de France aux États-Unis, avaient été de nature à encourager, pendant quelque temps, ceux qui penchaient pour la reconquête de la Louisiane. Dans une lettre du 24 février 1797 au ministre des Relations extérieures, M. de Talleyrand, opportunément rentré d'Amérique après l'élimination de ses ennemis et le démontage de la guillotine, Adet, qui, depuis 1794, essayait de faire entendre sa voix, expliquait naïvement : « Instruit par les intelligences que j'avais au Canada du vif désir que les Canadiens avaient de se réunir à leur mère patrie, je proposai au gouvernement un plan à ce sujet. Robespierre ne me fit point de réponse. Après sa mort [1794], ne doutant pas que ce tyran n'ait soustrait mon mémoire, j'écrivis à la neuvième commission, qui me fit réponse des plus satisfaisantes, ayant eu pour ce sujet audience du Comité de salut public. » L'ambassadeur ajoutait qu'il voyait alors cent mille Canadiens capables de porter les armes pour rendre quatre cent mille Français à leur patrie, car tous avaient horreur des Anglais. On aurait pu, aussi, compter sur l'aide américaine, la jeune confédération craignant toujours un retour offensif de l'ancien tuteur ! C'était déjà, en 1793, une vision romantique et irréaliste de la situation. En 1797, on ne pouvait y voir qu'une chimère épuisée.

M. de Talleyrand jouissait heureusement de plus de bon

sens et possédait de meilleurs informateurs que le représentant de la France aux États-Unis. Il savait que les
Américains aimaient à proclamer, depuis 1793, leur goût
pour une prudente neutralité vis-à-vis des belligérants
européens, la France et l'Angleterre principalement, et que
le gouvernement de Philadelphie ne soutiendrait certainement pas le genre d'action souhaitée, hors saison, par
Adet. La teneur du message d'adieu à la nation, prononcé
par George Washington le 19 septembre 1796, avait d'ailleurs donné le ton des nouveaux rapports franco-améri-
cains. Les Français, pour avoir tant œuvré afin d'aider les
États-Unis à conquérir leur indépendance, s'étaient sentis
frustrés d'une gratitude escomptée. Aussi, dès que le
gouvernement fédéral, présidé par Thomas Jefferson, avait
accepté, en vertu du principe de neutralité, un droit de
visite de ses navires par les Anglais, le Directoire avait
ordonné à sa Marine d'arraisonner les bateaux américains
qui, pour neutres qu'ils fussent, se trouvaient depuis lors
soumis à toute sorte de brimades. Mieux valait donc tenter
de reprendre la Louisiane par voie diplomatique et oublier
le Canada.

Il était déjà apparu, pendant les discussions préliminaires des traités de Bâle et de La Haye, en 1795, et après
que l'Espagne se fut retirée de la coalition européenne, que
la Louisiane pourrait devenir une pièce échangeable sur
l'échiquier colonial lors de marchandages diplomatiques.

Le Premier consul savait que le traité signé le 19 août
1796, à San Ildefonso, entre la France et l'Espagne
comportait des clauses secrètes, qu'il suffisait de réanimer.
L'article 7 prévoyait en effet : « Comme il est de l'intérêt
de Sa Majesté Catholique, pour la garantie de la sûreté
des provinces de la Nouvelle-Espagne, celles du Vieux et
du Nouveau-Mexique et autres de ses possessions éloi-
gnées et situées dans le nord-ouest de l'Amérique, qu'une

autre puissance que celle des États-Unis et de la Grande-Bretagne se place sur le fleuve Mississipi, Sa Majesté Catholique déclare qu'elle cédera à la République française la Louisiane lorsque, par ses efforts, le roi d'Espagne aura obtenu la restitution de Gibraltar, s'engageant en outre, le Directoire exécutif, à ne rien négliger pour obtenir le rétablissement des pêcheries de Terre-Neuve, sur le pied où elles étaient après la paix d'Utrecht et de rendre communs aux Espagnols les avantages qui en résulteront pour les Français. » Ces dispositions, annexées au traité officiel, avaient été signées à Aranjuez, le 27 juin 1796, pour la France par le général Dominique Catherine de Pérignon, ambassadeur à Madrid, pour l'Espagne par le prince de la Paix, titre que portait Godoy, Premier ministre de Charles IV et favori de la reine !

Le Premier consul, nanti des pleins pouvoirs, s'appliqua d'abord à restaurer l'amitié franco-américaine, qui avait eu à souffrir des mesures prises par le Directoire, puis il envoya, comme ambassadeur à Madrid Charles-Jean-Marie Alquier, ancien député aux États généraux, ancien membre de la Convention, puis du Conseil des Cinq-Cents, avec mission de rappeler aux Espagnols leurs engagements de 1796. Cette démarche, après bien des discussions, aboutit à la rédaction d'un nouveau traité, qui fut signé à San Ildefonso le 1er octobre 1800. En échange d'un royaume offert au duc de Parme, en Italie, l'Espagne rendait la Louisiane à la France et confirmait, avec les clauses du traité de 1796, son alliance « offensive et défensive » contre la Grande-Bretagne. Les diplomates s'engagèrent à conserver le secret de ces décisions jusqu'à ce que la rétrocession de la colonie fût organisée.

On avait omis volontairement, de part et d'autre des Pyrénées, de s'informer de ce que les Américains penseraient de ce changement de propriétaire. Or, au mois de mars 1801, Jefferson, président des États-Unis, et le secrétaire d'État Madison apprirent ce qui se tramait. Sans s'insurger vraiment contre la réapparition de la France dans la vallée du Mississippi, les Américains réclamèrent discrètement aux Espagnols la Floride occidentale, tandis que Talleyrand, qui n'en était pas à une dissimulation près, niait, avec un sourire candide, l'existence même du traité de San Ildefonso ! Les Anglais, quant à eux, s'inquiétèrent, mais acceptèrent tout de même de signer, le 1er octobre 1801, les préliminaires de paix en discussion depuis plusieurs mois, puis, le 18 avril 1802, le traité d'Amiens, qui rendait à la France une partie de son ancien domaine colonial en Afrique, en Asie et en Amérique, dont la Louisiane.

Quand on en vint à étudier la façon dont la France allait s'y prendre pour réoccuper le vaste territoire annexé cent vingt ans plus tôt par Cavelier de La Salle, Bonaparte prit les choses en main. Il conçut le statut de la colonie, nomma un capitaine général qui détiendrait l'autorité suprême, un préfet colonial, maître de l'administration, et un commissaire de justice chargé de réprimer les crimes et délits. C'est ainsi que le général de division Claude Perrin, dit Victor, un des plus valeureux officiers issus de la Révolution, qui s'était distingué à Marengo et commandait, depuis 1800, l'armée de réserve, fut nommé capitaine général de la Louisiane. Chargé de constituer et de conduire le corps expéditionnaire qui prendrait possession de la colonie recouvrée et assurerait la présence française du golfe du Mexique aux Rocheuses, il entreprit aussitôt le recrutement d'un état-major – qui comprendrait trois généraux, des officiers d'artillerie, du génie, des ingénieurs et géographes – et d'une troupe de trois mille quatre cents hommes.

Le 19 août 1802, Pierre-Clément de Laussat, issu d'une famille de magistrats du Béarn, fut nommé préfet de la Louisiane et invité à préparer son départ afin de précéder le capitaine général Victor et l'armée, que l'on formait aussi discrètement que possible à Helvoët Sluys, aux Pays-Bas.

Le baron de Laussat, né le 23 novembre 1756 à Pau, n'avait rien d'un administrateur colonial. Sous la monarchie, il avait été receveur général des finances de Pau et Bayonne. À la Révolution, il avait prudemment abandonné sa particule et obtenu un certificat de civisme, en acceptant le poste de trésorier-payeur de l'armée des Pyrénées. Devenu membre du Conseil des Anciens, il avait « fait partie de cette majorité, fameuse par son opposition platonique et sa bienveillance à accepter les coups d'État[1] ». S'étant rallié au Premier consul, dès le 19 brumaire, et jouissant d'appuis dans l'entourage de ce dernier, il était entré au Tribunat, puis avait posé sa candidature à un poste diplomatique. La préfecture de la Louisiane constituait, pour cet homme honnête, docile, de bonne compagnie et grand faiseur de discours, une importante promotion. À quarante-six ans, il ne disposait que de modestes revenus pour entretenir une épouse, née Marie-Anne de Péborde, et trois filles, Zoé, Camille, Sophie.

Nanti d'instructions secrètes, qui fixaient l'attitude qu'il devrait avoir avec les autorités espagnoles et « nos voisins américains », envers qui il faudrait marquer « l'expression de sentiments d'une grande bienveillance », car ces derniers « verraient avec jalousie la France prendre possession de la Louisiane », Laussat s'embarqua, le 10 janvier 1803, pour l'Amérique, sur un brick portant trente-deux canons, le *Surveillant*, commandé par le capitaine Girardais. Le préfet avait fait graver un superbe papier à lettres orné d'une vignette montrant, entre deux palmiers étiques, une matrone assise sur une balle de coton, tenant de la main droite un caducée, de la gauche une branche

---

1. « La question de la Louisiane » F.-P. Renaut, *Revue de l'histoire des colonies françaises*, 2ᵉ, 3ᵉ et 4ᵉ trimestre 1918, Paris.

qui pourrait être d'indigo et tournant le dos à un vaisseau qui s'éloigne, tandis qu'un coq gaulois, perché sur un boucaut de tabac, pousse son cocorico ! Les Laussat étaient accompagnés de vingt et un passagers, dont un cousin du préfet qui lui servait de secrétaire, M. d'Augerot, du chef d'état-major du général Victor, l'adjudant-général Burthe, d'un officier du génie, le commandant Vinache, et du docteur Blanquet du Chayla.

Contraint par les règles diplomatiques de passer par l'Espagne pour y recevoir les documents, signés de Charles IV, qui accréditaient le « repreneur » de la Louisiane, les Laussat, père, mère et filles, faillirent périr noyés dans le port de Santander, la chaloupe qui les transportait à terre ayant été drossée contre un navire et défoncée par une chandelle d'acier.

La suite du voyage s'effectua paisiblement et, le 17 mars, la Balise fut en vue. Le *Surveillant* et la batterie du fort se saluèrent mutuellement de sept coups de canon et les Espagnols firent porter aux Laussat quelques vivres frais, dont un bœuf entier et des pains de sucre. Le 27 mars, à bord du canot envoyé à la Balise par le gouverneur Salcedo, le préfet débarqua à La Nouvelle-Orléans, accueilli par le gouverneur et tous les notables espagnols, tandis que, sur la place d'Armes, des salves d'artillerie annonçaient à la population l'arrivée du Français. Accompagnés à leur hôtel par un chaleureux cortège, les Laussat se sentirent tout de suite à l'aise et le préfet, flatté par la qualité de la réception, écrivit dans son premier rapport : « Je n'ai trouvé que des cœurs tout français et, il faut dire, tout Bonaparte. Impossible de parler un instant de la république, de ses guerres, de ses paix, de ses prodiges, de ses destinées, sans que son nom revienne s'y mêler continuellement et toujours avec les termes de l'admiration. Nous, qu'il a envoyé, on nous voit en lui et on nous reçoit à cause de lui, dans la joie et l'espérance. » La République avait hérité la courtisanerie monarchique ! Le baron de Laussat, qui estimait la population louisianaise à cinquante mille âmes, dont dix mille répandues en haute Louisiane, découvrit que la moitié des habitants étaient des esclaves noirs. Cet homme, bon et généreux, n'approuvait certainement pas l'esclavage, mais, par une note aux consuls qui lui avait été communiquée, Decrès, ministre de la Marine et des Colonies, avait prévenu tous les scrupules qui auraient pu assaillir le Béarnais : « La colonie de la Louisiane a deux espèces de cultures, celle par des hommes libres, celle par des esclaves. Les mêmes motifs qui nous ont déterminés à maintenir ces dernières dans les Antilles sont applicables à la Louisiane. En conséquence, j'ai l'honneur de vous proposer l'application, à cette colonie, de la loi du 30 floréal an X. » La loi en question maintenait l'usage de la main-d'œuvre servile, seule adaptée aux travaux des champs sous les tropiques !

Le sort des Noirs étant ainsi réglé, les grands planteurs et les riches négociants reçurent les Laussat avec mille démonstrations d'amitié. Après tout, cette république savait assouplir ses propres principes et elle ne laisserait pas, comme à Saint-Domingue, les Noirs se révolter, ce qui avait fort inquiété les propriétaires d'esclaves. Quand le préfet eût confirmé qu'on ne toucherait pas à la liberté du commerce, que l'administration des Finances ne songeait pas à remplacer la monnaie d'argent par des assignats et qu'on ne lèverait pas plus d'impôts que les Espagnols, les Louisianais se dirent plus ouvertement fiers d'être redevenus français.

Les consuls avaient aussi pensé aux Indiens, dont on ne pouvait ignorer l'existence. On avait prévu de les amadouer avec des médailles. Le ministre de la Marine en avait fait frapper soixante de la grande forme et cent cinquante de la petite. Elles portaient l'effigie du nouveau maître du pays avec ces mots : *Bonaparte, Premier consul de la République française*. Le revers montrait une couronne de lauriers « à peu près semblable à celle de la médaille espagnole mais avec pour envoi : *À la fidélité* au lieu de *Al mérito* ». Autre avantage de la médaille offerte par la République, par rapport à celle donnée par Charles IV : elle était pourvue d'un anneau « qui lui donne plus de grâce qu'à la médaille espagnole ». Les chefs indiens, qui aimaient se suspendre au cou, voire aux oreilles ou au nez, toute sorte de breloques, pourraient ainsi promener le mâle profil de Bonaparte au bout de leur appendice nasal, pensait-on à Paris !

Laussat, qui pendant les premières semaines avait été enchanté de la compréhension des Espagnols, découvrit, en juin, alors qu'il souffrait de la forte chaleur et des agressions nocturnes des moustiques et des mouches-brûlots, que les gens du Cabildo ne se montraient plus aussi coopératifs. Ils entretenaient le désordre ; la police faisait défaut et répandait le bruit que la rétrocession ne se ferait point, à cause des événements qui se préparaient en Europe. De plus, les autorités ne marquaient aucun empressement à céder officiellement la place. Juan Manuel Salcedo, sexagénaire podagre, superstitieux, bête mais retors, répétait à Laussat qu'il fallait attendre qu'arrivât de La Havane l'avant-dernier gouverneur de Louisiane, renvoyé dans la colonie avec le titre de commissaire du roi et nanti des pouvoirs spéciaux, pour organiser le transfert du territoire à la France. Un autre vieillard, don Andrés López de Armesto, secrétaire du gouverneur, se montrait d'une arrogance insupportable. Le président du tribunal, don María Nicolás Vidal, menait une existence de libertin et touchait des pots-de-vin.

Quant aux bons voisins américains, avec qui on avait recommandé à Laussat d'entretenir les meilleures relations, ils ne paraissaient pas enchantés de voir la France reprendre pied à leur porte. Le général Jonathan Dayton, ancien speaker de la Chambre des représentants, rendant visite au préfet, s'était exprimé clairement sur le sujet. Après avoir confié au Français qu'il était souvent question de la Louisiane au Congrès, il exprima le sentiment de répugnance avec lequel les Anglo-Américains voyaient approcher la rétrocession. Laussat s'en ouvrit au ministre Decrès : « Les Anglo-Américains vont avoir, maintenant, une foule d'intérêts mêlés aux nôtres, d'où naîtront fatalement des frictions. Ils appréhendent le génie ambitieux et entreprenant de notre gouvernement et de notre nation. Ils craignent de voir arriver une foule d'hommes inquiets, turbulents, qui n'ont rien à perdre et tout à gagner, dont on dit que le gouvernement français veut débarrasser le sol de l'Europe en les transportant en Amérique. Ils craignent que nous suscitions le désordre dans leurs États de l'Ouest, pour y faire naître l'idée de séparation d'avec les États de l'Est. »

Le baron s'efforçait de tenir au mieux le rôle qu'on lui avait assigné et attendait impatiemment l'arrivée du général Victor et de son corps expéditionnaire, dont la composition, à Helvoët Sluys, était achevée et des plus satisfaisante : trois bataillons de la 54e demi-brigade, deux bataillons du 17e de ligne, deux compagnies du 7e régiment du génie, un escadron de cent cinquante dragons, deux escouades d'ouvriers d'artillerie, une compagnie du train d'artillerie. Pourvue de vingt-quatre canons ou obusiers, de deux mille cinq cents fusils, de six cent mille cartouches et de trois mille deux cent soixante-treize gibernes, plus vingt tambours avec leurs baguettes, l'armée de la République ferait bon effet sur la place d'Armes, à La Nouvelle-Orléans. Ce qu'ignorait encore le préfet, car les communications avec la France n'étaient guère plus rapides qu'au siècle précédent, c'est que cette force n'embarquerait jamais pour la Louisiane !

Le 3 mai 1803, Bonaparte avait décommandé l'expédition et le ministre de la Marine s'était dépêché d'envoyer un courrier aux Pays-Bas, où six bâtiments se préparaient à prendre la mer. « Les troupes déjà embarquées sur les deux frégates, la *Furieuse* et la *Libre*, ainsi que sur les transports, seront débarquées sur-le-champ et le général Victor réglera leur destination. » L'explication de ce changement d'attitude apparaissait dans le même message : « La guerre s'est rallumée entre l'Angleterre et nous, par suite des violations du traité d'Amiens, dès longtemps méditées par cette puissance et, déjà, les hostilités ont commencé. » Une fois de plus, à cause d'une guerre européenne, la Louisiane était abandonnée par la France. Cette fois-ci, elle ne serait pas donnée, mais vendue !

Pour quinze millions de dollars

C'est par la presse que le préfet colonial apprit la nouvelle et il refusa d'y croire, car il était de bon ton, déjà, de tenir les journalistes pour des menteurs ! Le 8 août 1803, ayant pris connaissance de l'information, il fit immédiatement part de son incrédulité au ministre : « Le courrier de terre de Washington (É.-U.) a porté avant-hier ici le bulletin imprimé ci-joint. C'est la nouvelle officielle de la cession de la Louisiane aux États-Unis, par traité signé, à Paris, le 30 avril 1803. Ce bulletin, répandu avec profusion et accompagné de lettres qui donnent les conditions et autres détails de cet arrangement, a produit ici une sensation considérable. Les Anglo-Américains extravaguent d'allégresse [*sic*] ; les Espagnols, entre la joie de voir cette colonie échapper à la domination française et le regret de la perdre eux-mêmes, ont, la plupart, la stupidité de se montrer satisfaits ; les Français, c'est-à-dire neuf dixièmes de la population, sont stupéfaits et désolés, ils ne parlent que de vendre et de fuir ce pays. Pour moi, je les tranquillise et leur dis, comme je peux, que cette nouvelle, de quelque caractère qu'on la revête, est un mensonge invraisemblable et impudent. Je n'y vois qu'une œuvre de cabale de la part d'un parti qui, en ce moment des élections dans les États-Unis et à la veille de l'expiration de la présidence de Jefferson, a imaginé de jeter subitement, au milieu des assemblées électorales, cette nouvelle, pour y donner plus de faveur aux partisans du président actuel. L'effet qui en résulte, c'est d'électriser de plus en plus les têtes anglo-américaines pour la possession de la Louisiane et d'y décourager les affections françaises. Sur ce point de vue, ces bourdes font beaucoup de mal. »

La nouvelle était parfaitement exacte et l'affaire avait été réglée en un temps record, encore qu'on eût connu, à Paris, depuis le 30 avril 1802, le désir de Thomas Jefferson d'acquérir de la France le port de La Nouvelle-Orléans, afin d'assurer définitivement la liberté de circulation des navires américains sur le Mississippi. Le Président avait donné à cet effet des instructions à l'ambassadeur des États-Unis à Paris, Robert R. Livingston. Le 12 janvier 1803, tandis que le brave Laussat s'embarquait pour la Louisiane et alors que le gouvernement français, qui voyait poindre un nouveau conflit avec la Grande-Bretagne, commençait à prendre en considération la demande américaine, Jefferson avait dépêché à Paris un ministre plénipotentiaire de qualité, son ami James Monroe, ancien gouverneur de Virginie. Les conversations reprirent entre les deux diplomates américains, Talleyrand, ministre des Relations extérieures, et François de Barbé-Marbois, ancien intendant général à Saint-Domingue, ministre du Trésor public, marié à une Américaine.

Le Premier consul souhaitait régler la question avant que la guerre avec l'Angleterre reprenne, ce qui ne pouvait manquer d'arriver, depuis qu'il avait vivement reproché, en public, le 14 mars, à l'ambassadeur de Grande-Bretagne, lord Witworth, la violation par son gouvernement des accords d'Amiens. C'est pourquoi Bonaparte avait convoqué, le 10 avril, à Saint-Cloud, Barbé-Marbois[1] et Decrès. L'entretien, destiné à rester confidentiel, avait eu lieu dans le cabinet du Premier consul et, si l'on en croit Barbé-Marbois, Bonaparte avait parlé comme un homme qui a déjà pris sa décision. « Je reconnais pleinement la valeur de la Nouvelle-France et j'ai désiré réparer la faute des diplomates français, qui l'avaient abandonnée en 1763. Quelques lignes d'un traité me l'avaient rendue, mais, à peine l'ai-je reconquise qu'il me faut songer à la perdre à nouveau. Toutefois, si elle m'échappe, elle coûtera plus cher, un jour, à ceux qui m'obligent à me dépouiller d'elle qu'à ceux à qui je souhaite de la donner. Les Anglais ont réussi à prendre à la France le Canada, le Cap-Breton, Terre-Neuve, la Nouvelle-Écosse et les plus riches parties de l'Asie. Ils sont maintenant en train d'exciter des troubles à Saint-Domingue. Ils n'auront pas le Mississippi qu'ils convoitent ! » Plus tard, le Premier consul avait clairement dévoilé sa pensée à ses interlocuteurs : « J'ai idée de céder [la Louisiane] aux États-Unis. C'est à peine si je puis dire que je la leur cède, puisqu'elle n'est pas encore en notre possession. Mais, si je laisse du temps à nos ennemis, je ne pourrai plus transmettre qu'un vain titre à ces républicains dont je recherche l'amitié. » Barbé-Marbois avait approuvé : « Il ne faut pas hésiter à faire le sacrifice de ce qui va nous échapper. La guerre contre l'Angleterre est inévitable ; pourrons-nous défendre la Louisiane contre cette puissance avec des forces navales très inférieures ? » Quand reprirent les conversations avec Monroe et Livingston, ces derniers, qui ne demandaient que l'île de La Nouvelle-Orléans, ne furent pas peu

---

1. *Histoire de la Louisiane et de sa cession*, Paris, 1829.

étonnés de s'entendre offrir la Louisiane tout entière ! Le 3 mai, l'acte de vente était signé[1]. La Louisiane, dont les frontières conservaient une certaine fluidité, mais dont la superficie était d'environ un million six cent mille kilomètres carrés, était cédée aux États-Unis pour la somme de quatre-vingts millions de francs[2], soit quinze millions de dollars. Au prix de neuf cents et demi l'hectare, le gouvernement de M. Jefferson avait doublé la superficie des États-Unis !

Il se trouva, au Congrès et dans la presse, des esprits chagrins qui jugèrent l'affaire coûteuse et sans intérêt. Le *New York Herald* du 5 juillet 1803 ne se priva pas d'ironiser : « Quinze millions de dollars ! Jamais la vente d'un désert n'a atteint un prix aussi élevé. Ferdinand Gorges ne reçut que douze cent cinquante livres en échange de la province du Maine. William Penn a payé à peine plus de cinq mille livres le désert qui porte aujourd'hui son nom. Quinze millions de dollars ! [...] Si vous la pesez [la somme], vous trouverez qu'elle représente quatre cent trente-trois tonnes d'argent solide ; si vous voulez la transporter, il vous faudra huit cent soixante-six wagons...[3] » En 1953, à l'occasion du cent cinquantième anniversaire de la cession, un autre journaliste américain du *New York Times* considérait, lui, que cet achat était bien la meilleure affaire jamais faite par le gouvernement fédéral et calculait qu'en monnaie de l'époque l'aviation militaire américaine n'aurait pu acquérir, pour le prix payé en 1803 à la France, que cinq bombardiers B-36[4] ! De nos jours, le coût de la

---

1. Cet acte a été vendu le 25 janvier 1996 par Christie's, à New York, pour la somme de 772 500 dollars.
2. Un banquier de bonne volonté a calculé, en 1989, que cette somme équivalait à deux milliards quatre cents millions de francs.
3. Cité par J. Finley dans *les Français au cœur de l'Amérique*.
4. Cité par Jean-Louis Aujol dans *l'Empire français du Mississippi*, À tire-d'aile, G.F.P.E.

Louisiane représenterait peut-être le prix d'une superproduction en technicolor à Hollywood...

Restait, le 4 mai 1803, à fixer les modalités de paiement de la somme. Pour cela, un financier suisse paraissait – déjà – tout indiqué. Les acheteurs disposaient du meilleur d'entre eux, alors secrétaire au Trésor des États-Unis : Albert Abraham Gallatin.

L'argent est une affaire suisse

Albert Gallatin, dont des rues portent le nom, à Genève et à La Nouvelle-Orléans, et dont une statue semble monter la garde au seuil du ministère des Finances, à Washington, était né à Genève le 12 janvier 1761. Orphelin de père et de mère dès l'âge de neuf ans, il avait été élevé par sa tante, Catherine Pictet, amie de Mme de Staël, femme de qualité, instruite, attentive à l'évolution d'une société où circulaient les idées des philosophes et des Encyclopédistes. Diplômé en lettres et philosophie par l'Académie de Genève, Albert Gallatin avait eu souvent l'occasion, au cours de son adolescence, de rencontrer Voltaire à Prégny, chez sa grand-mère Mme Gallatin-Vaudenet. Il écoutait l'ermite de Ferney discourir sur la justice, la religion, les mœurs, les passions de l'homme. Mais son désir d'Amérique et de liberté lui vint plutôt à l'Académie Calvin, que fréquentaient des étudiants américains. Ce sont leurs propos enthousiastes sur la guerre d'Indépendance qui le décidèrent, en 1780, à traverser l'Atlantique avec son ami Henri Serre, qui partageait ses idées et son goût de l'aventure. La grand-mère Gallatin souhaitait qu'Albert fît une carrière militaire afin d'honorer le blason de la famille : d'azur à la fasce d'argent accompagnée de trois besans d'or. Elle pensait aux régiments du Landgrave de Hesse qui avaient combattu les *minutemen* du Massachusetts au côté des Anglais. Elle accepta donc de voir s'éloigner son petit-fils, imaginant qu'il allait, lui aussi, lutter contre les insurgents dans les rangs de l'armée britannique. Or Albert Gallatin tenait pour la république naissante et se souciait peu de revêtir la tunique rouge des soldats du roi d'Angleterre. En fait, il n'endossa aucun uniforme, se battit peu et dut s'astreindre à toute sorte de petits métiers pour subsister. Il fut colporteur, professeur de français, interprète dans une banque, ce qui lui donna l'idée de participer à des opérations immobilières, qui se révélèrent désastreuses. En 1782, ayant eu la chance de rencontrer George Washington, la tante Pictet, qui avait des relations américaines, s'était résolue à envoyer quelques lettres de recommandations et Gallatin put devenir citoyen des États-Unis. Grâce à un héritage de cinq mille dollars, il acquit un domaine agricole. Il se maria tandis que les Parisiens prenaient la Bastille mais se trouva veuf après quelques mois. Il choisit alors d'entrer en politique et fut élu, en 1790, membre de la Chambre des représentants de l'État, puis sénateur de Pennsylvanie en 1793, année où il convola avec Hanna Nicholson. Devenu, un an plus tard, membre de la Chambre des représentants à Washington, il fut l'un des fondateurs du groupe antifédéraliste Democratic-Republican Party, futur parti républicain, et entra au comité chargé de surveiller les opérations financières du gouvernement fédéral. C'est à Gallatin, plus que jamais attaché au principe de liberté, que l'on doit la fondation, en 1796, de la colonie de New Geneva, destinée à recevoir les Suisses que la Révolution avait incités à s'expatrier.

Quand Thomas Jefferson devint président de l'Union, il offrit au Suisse, dont on moquait l'accent et critiquait la pingrerie, un des postes les plus importants du gouvernement, le secrétariat au Trésor. Les modalités comptables de l'achat de la Louisiane relevaient donc de la compétence

de Gallatin et il sut manœuvrer pour limiter les conséquences financières de l'opération, que désapprouvaient les
fédéralistes, ennemis de Jefferson. Selon les termes du
traité, les États-Unis ne devaient payer au Trésor français
que onze millions deux cent cinquante mille dollars, trois
millions sept cent cinquante mille dollars ayant été
déduits, après un savant calcul de Gallatin, comme dus par
la France, d'une part, au titre de compensation de dettes
contractées par des citoyens français insolvables, d'autre
part, en dédommagement des prises effectuées sur des
navires marchands américains par les corsaires armés
autrefois par Genêt ! Pour la somme à verser, dont Bonaparte avait grand besoin, Gallatin recommanda l'émission
d'un emprunt à six pour cent. En attendant, deux banques
privées, Hope, à Londres, et Baring, à Amsterdam,
consentirent les prêts qui permirent la mise à disposition
de la République française des fonds dont ne disposait pas
l'acheteur. Ce fut, pour les États-Unis, le moins coûteux
des modes de financement. Barbé-Marbois, qui avait
conduit les tractations, reçut une commission de cent
quatre-vingt-douze mille francs. On ignore ce qui revint à
M. de Talleyrand !

Épilogue patriotique et sentimental

À La Nouvelle-Orléans, même le préfet colonial
Clément de Laussat finit par admettre officiellement que
Bonaparte avait vendu la Louisiane aux États-Unis. Mais,
pour la céder aux représentants du gouvernement fédéral,
encore fallait-il qu'il en prît possession au nom de la
France. Cela se fit le mercredi 30 novembre 1803, avec
beaucoup de solennité, au cours d'une cérémonie, sur la
place d'Armes, et en présence d'une foule de Louisianais
qui avaient autant envie de sourire que de pleurer. On vit

le vieux Salcedo et le marquis de Casa-Calvo encadrer Laussat et lui présenter, sur un plateau d'argent, les clefs des forts protégeant la ville. Il ne restait qu'à amener le pavillon espagnol pour le remplacer par le drapeau français, ce qui fut fait en un instant, avant que le représentant de la France ne s'asseye symboliquement dans le fauteuil du gouverneur. En homme qui savait les manières, le marquis de Casa-Calvo donna une réception le 8 décembre et M. de Laussat, ci-devant baron, envoya, quelques jours plus tard, une centaine d'invitations à dîner.

« Le citoyen Laussat, préfet colonial, commissaire du gouvernement pour la reprise de la Louisiane des mains de l'Espagne et sa remise aux États-Unis, vous prie d'assister chez lui, jeudi prochain 23 frimaire [15 décembre], à une soirée qu'il dédie à Monsieur le marquis de Casa-Calvo, brigadier des armées espagnoles, l'un des commissaires de Sa Majesté Catholique, en retour du noble et brillant accueil qu'il a fait en lui ces jours derniers au représentant de la nation française et en signe de l'union et de l'amitié qui règnent entre leurs deux augustes et puissants gouvernements. À sept heures du soir. »

Cinq jours plus tard devait se jouer le dernier acte et, de loin, le plus important de l'histoire du pays. Tous les habitants de La Nouvelle-Orléans, qui avaient vécu depuis des décennies dans l'incertitude de leur nationalité du lendemain, savaient maintenant que la Louisiane serait à jamais américaine. Le 18 décembre, le commissaire américain, William C. Claiborne, gouverneur du territoire du Mississippi, et le brigadier général de l'armée des États-Unis, James Wilkinson, étaient arrivés à la pointe Marigny, où campait le détachement américain. Le même jour, ils avaient rendu visite à Laussat, afin de mettre au point le protocole de la cérémonie de cession. Dans une calèche escortée par une trentaine de cavaliers, le civil et le militaire s'étaient avancés vers la ville, jusqu'à ce qu'ils aient rencontré le commandant du génie Vinache, que Laussat avait envoyé au-devant d'eux. Salués par dix-neuf coups de canon à leur arrivée sur la place d'Armes, les deux hommes avaient été introduits dans le salon du préfet colonial, où ils avaient conféré pendant une heure, puis ils avaient regagné leurs quartiers.

Le mardi 20 décembre, dès les premières heures de la matinée, les soldats de la milice de La Nouvelle-Orléans, en uniforme français de la Garde nationale, ceux de la compagnie française du capitaine Bougaud et de la compagnie des citoyens du capitaine Charpin étaient rangés, en ordre de bataille, sur la place d'Armes, la compagnie des citoyens assurant la garde du drapeau. Les commissaires américains arrivèrent à l'heure dite, à la tête de leurs troupes, qui prirent position sur la place, face aux troupes françaises. Après une salve de vingt-quatre coups de canon, Claiborne et Wilkinson pénétrèrent dans le Cabildo, où les attendait le préfet. Ils lui remirent leurs lettres d'accréditation, reçurent la sienne et entendirent la lecture de l'acte de cession. Tous signèrent, comme Laussat, le procès-verbal d'échange des ratifications. Alors, Clément de Laussat proclama officiellement la remise de la Louisiane aux États-Unis, tendit aux Américains les clefs de la ville qu'il avait reçues huit jours plus tôt des mains du marquis de Casa-Calvo et déclara déliés du serment de fidélité à la République française tous les habitants qui voudraient rester sous la nouvelle domination. Des procès-verbaux de ces déclarations furent établis, en français et en anglais, et signés par les trois hommes. Ensuite, ceux-ci s'avancèrent sur le balcon, pour assister au geste le plus symbolique et le plus émouvant.

Deux mâts égaux avaient été dressés au centre de la place. Tandis que le drapeau français glissait lentement le long d'un mât, la bannière étoilée montait à l'autre. Quand, à mi-hauteur, les pavillons se croisèrent, un coup de canon fit vibrer l'air froid. Les batteries des forts et celles des navires ancrés dans le port tirèrent les salves d'honneur. L'enseigne de vaisseau Dusseuil, capitaine de l'*Argo*, avait reçu la triste mission d'amener les couleurs françaises et le citoyen Legrand, sergent-major de la compagnie des citoyens, l'honneur de recueillir, sur ses bras tendus, le drapeau qu'il présenta au capitaine Charpin. Ce dernier noua l'emblème en écharpe autour de son buste et, encadré par deux officiers, sabre au clair, vint se placer devant le Cabildo, tandis que les troupes des deux nations se mettaient en marche pour le défilé et rendaient les honneurs. Après la relève du corps de garde, au pied du mât portant le drapeau américain, Laussat remit au général Wilkinson le commandement de la milice.

Commentant la cérémonie dans son rapport à Decrès, le baron de Laussat fit part de son émotion : « Le gouvernement aura peine à se représenter, citoyen ministre, le sentiment de consternation et de douleur qui se manifesta sur tous les visages, et les larmes qui s'aperçurent dans la plupart des yeux au moment où le drapeau français disparut. Un groupe d'Américains eut beau crier, dans un coin de la place, "hurrah", le silence était, partout ailleurs, général et profond. »

Le moment de chagrin patriotique passé, vint le banquet, puis la fête, et M. le Préfet, qui n'était plus qu'un visiteur étranger dans ce pays américain, emporta dans sa chambre le drapeau tricolore, qu'il avait apporté quelques mois plus tôt.

Sur les murs de la ville, les mots de la dernière proclamation de Pierre Clément de Laussat aux Louisianais, faite au nom de la République française, se diluèrent, avec l'encre, à la première averse. Ce texte méritait cependant d'être conservé pour l'honneur d'un parfait serviteur de l'État : « La mission qui m'avait transporté à travers deux mille cinq cents lieues de mer au milieu de vous, cette

mission dans laquelle j'ai longtemps placé tant d'hono-
rables espérances et tant de vœux pour votre bonheur, elle
est aujourd'hui changée : celle dont je suis en ce moment
le ministre et l'exécuteur, moins douce, quoique également
flatteuse pour moi, m'offre une consolation, c'est qu'en
général, elle vous est encore beaucoup plus avantageuse. »

Elle le fut, en effet. Bien que l'immense Louisiane ait
été découpée en territoires, puis en États nouveaux, il
subsiste, autour du delta du Mississippi, une terre à nulle
autre pareille en Amérique du Nord : la dix-huitième
étoile de la constellation inscrite sur la bannière de
l'Union.

La Louisiane d'aujourd'hui, chaude contrée au nom de
femme, ne couvre plus que cent quinze mille kilomètres
carrés – un cinquième de la France – sur lesquels vivent
cinq millions six cent mille habitants[1], dont trente pour
cent descendent des anciens esclaves noirs. Mais on y parle
encore français et espagnol. On y déguste les andouilles
comme à Vire, les grattons comme à Lyon, mais aussi le
gazpacho et la *tortilla* comme en Espagne, les galettes de
maïs et le *succotash* des Indiens. Dans les vieux cimetières
dorment, côte à côte, les Fernández et les Marigny, les
Saucier et les Segura, dont les ancêtres défrichèrent les
terres limoneuses sillonnées de bayous où rêvassent les
alligators.

Ce riche passé colonial exhale, mêlé aux senteurs
subtropicales, les parfums oubliés d'une vieille Europe
rustique et raffinée, celle des rois ingrats et des aventuriers
chevaleresques. C'est pourquoi le soir, à l'heure mauve,
quand l'oiseau moqueur se tait et que le héron bleu, aux
pattes de verre filé, s'endort dans les roseaux, on se prend
à guetter, sur la galerie d'un vieux manoir de l'ère coloniale,
l'aubaine de quelque prodige.

---

1. Chiffre des années quatre-vingt-dix.

Tout peut arriver quand le *julep* est bien dosé et que le vent du sud caresse les scalps gris qui pendent aux branches des très vieux chênes. C'est l'instant où parfois, dans la brume blanchâtre, exsudation moite du fleuve, glisse, sans un clapot, sur l'eau lisse, la pirogue fantôme. Debout à la proue, devant les rameurs indiens courbés par l'effort, est campée une flamme bleue, couronnée d'un panache d'argent. C'est le spectre de René Robert Cavelier de La Salle, le Normand, seigneur des Sauvages, qui va à la rencontre de Hernando de Soto, le conquistador espagnol, sur le Mississippi retrouvé.

REPÈRES CHRONOLOGIQUES

1492. Premier voyage de Christophe Colomb en Amérique.

1513. Ponce de Léon prend possession de la Floride au nom du roi d'Espagne.

1519. Alvarez de Pineda découvre un fleuve qui pourrait être le Mississippi.

1528. Pánfilo de Narváez débarque à l'est de Pensacola. Cabeza de Vaca fait partie de l'expédition.

1540. Hernando de Soto arrive en Floride.

1542. Hernando de Soto meurt après avoir atteint le Mississippi.

1667. Cavelier de La Salle rejoint son frère à Montréal.

1682. Cavelier de La Salle prend possession de la Louisiane au nom de Louis XIV, roi de France.

1687. Cavelier de La Salle est assassiné par ses compagnons.

1697. L'Angleterre et la France signent la paix de Ryswick.

1699. Iberville atteint la baie de la Mobile.

1702. Ouverture de la guerre de Succession d'Espagne.

1712. Crozat reçoit le monopole exclusif du commerce avec la Louisiane.

1713. L'Angleterre, l'Espagne et la France signent le traité d'Utrecht.

1717. Antoine Crozat renonce au monopole et John Law prend le contrôle de la Compagnie d'Occident.

1718. Fondation de La Nouvelle-Orléans.

1720. Banqueroute de John Law.

1724. Bienville décide de mettre le Code noir en application.

1726. Arrivée du premier contingent d'esclaves.

1727. Arrivée des premières ursulines.

1729. Massacre des Français par les Natchez.

1730. Représailles contre les Indiens.

1732. Bienville enfin nommé gouverneur de la colonie.

1742. Bienville démissionne.

1762. L'Espagne et la France signent le traité de Fontainebleau.

1763. Le traité de Paris confirme le traité de Fontainebleau : la Louisiane devient discrètement espagnole.

1766. Antonio de Ulloa, premier gouverneur espagnol, arrive en Louisiane.

1800. Signature du traité de San Ildefonso : l'Espagne rend secrètement la Louisiane à la France.

1801. L'accord de Madrid confirme le traité de San Ildefonso.

1803. La France vend la Louisiane aux États-Unis.

1812. La Louisiane entre dans l'Union, en tant que dix-huitième État.

BIBLIOGRAPHIE SÉLECTIVE

AUDET F.-Émile, *Les Premiers Établissements français au pays des Illinois*, Fernand Solot, Paris, 1938.

AUJOL Jean-Louis, *L'Empire français du Mississippi*, À tire-d'aile, G.F.P.E.

BAUDRILLART Alfred, *Philippe V et la Cour de France*, Paris, 1890-1901.

BÉNARD DE LA HARPE Jean-Baptiste, *Journal historique de l'établissement des Français en Louisiane*, New Orleans, Louisiana, 1831.

BODIN Jérôme, *Les Suisses au service de la France, de Louis XVI à la Légion étrangère*, Albin Michel, Paris, 1988.

BOISNARD Luc, *Les Phélypeaux*, Sedopols, Paris, 1986.

BONASSIEUX Pierre, *Les Grandes Compagnies de commerce*, Plon, Paris, 1892.

BOSSU Jean-Bernard, *Nouveaux Voyages en Louisiane 1751-1768*, Aubier-Montaigne, Paris, 1980.

BRASSEAUX Carl A., *Denis-Nicolas Foucault and the New Orleans Rebellion of 1768*, McGinty Publications-Department of History, Louisiana Tech University.

BUFFET Henri-François, *La Ville et la citadelle du Port-Louis*, Bahon-Rault, Rennes.

CABEZA DE VACA Alvar Núñez, *Relation et commentaires*, Mercure de France, Paris, 1980.

CASAS Bartolomé de las, *Brevísima relación de la destrucción de las Indias*, Cátedra, Madrid, 1987.

CATLIN George, *Les Indiens de la Prairie : dessins et notes sur les mœurs, les coutumes et la vie des Indiens de l'Amérique du Nord*, Club des libraires de France, Paris, 1959.

CHALLE Robert, *Journal d'un voyage fait aux Indes orientales*, Mercure de France, Paris, 1983.

CHARLEVOIX, *Voyage en Nouvelle-France*, Paris, 1744.

CHATELAIN Verne E., *The Defenses of Spanish Florida, 1565 to 1763*, Carnegie Institution of Washington, Publication 511, Washington, D. C., 1941.

CHINARD Gilbert, *Les Réfugiés huguenots en Amérique*, société d'édition Les Belles-Lettres, Paris, 1925.

CONSTANTIN-WEYER M., *Cavelier de La Salle*, Rieder, Paris, 1927.

DAVIS Edwin Adams, *The Story of Louisiana*, Volume I, J. F. Hyer Publishing Company, New Orleans, Louisiana, 1960.

DIXON Hepworth, *La Conquête blanche : voyage aux États Unis d'Amérique*, Hachette, Paris, 1877.

DUBOSC Georges, *À travers Rouen ancien et moderne*, librairie Henri Defontaine, Rouen, 1920.

DUCHÊNE Albert, *La Politique coloniale de la France : le ministère des Colonies depuis Richelieu*, Payot, Paris, 1928.

DUSSIEUX L., *Le Canada sous la domination française*, J. Lecoffre, Paris, 1862.

DUVIOLS Jean-Paul, *L'Amérique espagnole vue et rêvée : les livres de voyages de Christophe Colomb à Bougainville*, Promodis, Paris, 1985.

EYMA Xavier, *Les Trente-Quatre Étoiles de l'Union américaine*, Michel Lévy frères, Paris, A. Lacroix, Verboeckhoven et Cie, Bruxelles et Leipzig, 1862.

FAURE Edgar, *La Banqueroute de Law*, collection Trente Journées qui ont fait la France, Gallimard, Paris, 1977.

FONTENOT Mary Alice and FREELAND Re Paul, D.D., *Acadia Parish, Louisiana : a History to 1900*, Claitor's Publishing Division, Baton Rouge, 1976.

FRÉGAULT Guy, *Le Grand Marquis Pierre de Rigaud de Vaudreuil et la Louisiane*, Fides, Montréal, 1952 ; *Pierre Le Moyne d'Iberville*, Fides, Montréal, Paris.

GAYARRÉ Charles, *History of Louisiana*, Pelican Publishing Company, New Orleans, 1965.

GIRARD abbé, *Histoire abrégée des officiers suisses qui se sont distingués dans les grades supérieurs*, 1781.

GIRAUD Marcel, *Histoire de la Louisiane française*, volumes 1 à 4, Presses universitaires de France, Paris, 1953-1974.

GOURMONT Rémy de, *Les Français au Canada et en Acadie*, librairie Firmin-Didot et Cie, Paris, 1889.

GRACE Albert L., *The Heart of the Sugar Bowl : the Story of Iberville*, Plaquemine, Louisiana, 1946.

GRIFFIN Harry Lewis, *The Attakapas Country : a History of Lafayette Parish, Louisiana*, Pelican Publishing Company, New Orleans, 1959.

GRIFFIN Peter, *Ernest Hemmingway*, Gallimard, Paris, 1989.

GUÉNIN Eugène, *La Louisiane*, Hachette, Paris, 1904.

GUÉNIN G., *L'Épopée coloniale de la France racontée par les contemporains*, collection les Manuels coloniaux, librairie Larose, Paris, 1932.

GUILCHET Jacques, *Hennebont : l'histoire mouvementée d'une petite ville*, imprimerie Le Roux, Hennebont, 1987.

HÉBERT François, *Mémoires du curé de Versailles*, Les Éditions de France, Paris, 1927.

HENNEPIN Louis, *Nouvelle Découverte d'un très grand pays situé dans l'Amérique, entre le Nouveau-Mexique et la mer Glaciale*, Utrecht, 1697.

HIBON DE FROHEN André, *La Famille Hibon de Frohen à l'île Bourbon*, université de Provence, Aix-en-Provence, 1973.

HILLAIRET Jacques, *Dictionnaire historique des rues de Paris*, Les éditions de Minuit, Paris, 1963.

JÉGOU François, *Histoire de Lorient*, Eugène Lafoyle, Lorient, 1887.

JOUTEL Henri, *Journal historique du dernier voyage que feu M. de La Salle fit dans le golfe du Mexique pour trouver l'embouchure et le cours de la rivière Mississippi*, E. Robinot, Paris, 1713.

JUMONVILLE Florence M., *This Country of Louisiana : A tricentennial Bibliography of Selected Material about La Salle at the Historic New Orleans Collection, The Historic New Orleans Collection*, New Orleans, Louisiana, 1982.

KANE Harnett T., *Deep Delta Country*, Duell, Sloan & Pearce, New York, 1944.

KROUSEL Hilda S., *Don Antonio de Ulloa, First Spanish Governor To Louisiana*, V.A.A.P.R., Baton Rouge, Louisiana.

LANGTOT Gustave, *A History of Canada*, Harvard University Press, Cambridge, Massachusetts, 1965.

LANIER L., *L'Amérique*, Belin frères, Paris, 1909.

LA RONCIÈRE Charles de, *Cavelier de la Salle explorateur de la Nouvelle-France*, Mame, Tours, 1936.

LAUVRIÈRE Émile, *La Tragédie d'un peuple : histoire du peuple acadien de ses origines à nos jours*, Plon, Paris, 1924.

LEMONNIER Léon, *Cavelier de La Salle et l'exploration du Mississippi*, Gallimard, Paris, 1942 ; *La Formation des États-Unis, 1493-1765*, Gallimard, Paris, 1948 ; *La Guerre indienne et la formation des premiers États de l'Ouest, 1760-1783*, Gallimard, Paris, 1952.

LE PAGE DU PRATZ M., *Histoire de la Louisiane*, Paris, 1758 ; *The History of Louisiana*, T. Becket, London, 1774, reprinted 1972 by Claitor's Publishing Division, Baton Rouge, Louisiana.

LEPROHON Pierre, *Cavelier de La Salle fondateur de la Louisiane*, éditions André-Bonne, Paris, 1984.

LESCARBOT Marc, *Histoire de la Nouvelle-France*, 1609.

MARIENSTRAS Élise, *La Résistance indienne aux États-Unis*, collection Archives, Gallimard-Julliard, Paris, 1980.

MAURICE René, *Mœurs et crimes à Lorient au XVIIIᵉ siècle*, Lorient, 1939.

MICELLI Augusto P., *The Man with the Red Umbrella*, Claitor's Publishing Division, Baton Rouge, Louisiana, 1974.

MONTERO DE PEDRO José, marqués de Casa Mena, *Españoles en Nueva Orleans y Luisiana*, Ediciones cultura hispánica, Centro íberoamericano de cooperación, Madrid, 1979.

MONTET Albert de, *Dictionnaire biographique des Genevois et des Vaudois qui se sont distingués dans leur pays ou à l'étranger par leurs talents, leurs actions, leurs œuvres littéraires ou artistiques, etc.*, Georges Bridel, Lausanne, 1877.

MONTOLIEU Isabelle de, *La Princesse de Wolfenbuttel*, Colburn, Londres, 1808.

MOUSNIER Jehan, *Journal de la Traite des Noirs*, Éditions de Paris, 1957.

MOSER Harold D. and MACPHERSON Sharon, *The Papers of Andrew Jackson*, University of Tennessee Press, Knoxville, 1984.

OUDARD Georges, *La Très Curieuse Vie de Law, aventurier honnête homme*, Plon, Paris, 1927 ; *Vieille Amérique : la Louisiane au temps des Français*, Plon, Paris, 1931.

PASQUET D., *Histoire politique et sociale du peuple américain*, tome I : des origines à 1925, Auguste Picard, Paris, 1924.

PERIAUX Nicétas, *Histoire sommaire et chronologique de la ville de Rouen, de ses monuments, de ses institutions, de ses personnages célèbres, etc., jusqu'à la fin du XVIIIe siècle*, Gérard Monfort, Brionne, 1977.

PORTRÉ-BIBINSKI Germaine and SMITH Clara Mildred, *Natchitoches the Up-to-Date Oldest Town in Louisiana*, Dameron-Pierson Co., Ltd., 1936.

RAPPARD William E., *Albert Gallatin, citoyen de Genève, ministre des États-Unis*, Imprimerie centrale, Genève, 1917.

RENAUT F.-P., *La Question de la Louisiane*, Société de l'Histoire des colonies françaises-Édouard Champion-Émile Larose, Paris, 1918).

ROMIEUX Yannick, *De la hune au mortier ou l'histoire de la Compagnie des Indes, leurs apothicaires et leurs remèdes*, A.C.L., Nantes, 1986.

ROUJOUX baron de, *Histoire pittoresque de l'Angleterre et de ses possessions dans les Indes, depuis les temps reculés jusqu'à la réforme de 1832*, Administration de l'histoire pittoresque de l'Angleterre, Paris, 1836.

ROUX DE ROCHELLE M., *États-Unis d'Amérique*, Firmin Didot frères, Paris, 1837.

ROZ Firmin, *Histoire des États-Unis*, Arthème Fayard et Cie, Paris, 1930.

SAINT-GERMAIN Jacques de, *Louis XIV secret*, Hachette, Paris, 1970.

SAINT-SIMON F. de, *La Place Vendôme*, Vendôme, Paris, 1982.

Saint-Simon (Louis de, duc et pair de France), *Mémoires complets et authentiques*, tomes premier à vingtième, Jean de Bonnot, Paris, 1966.

SAUCIER Corinne L., *Histoire et géographie des Avoyelles en Louisiane*, Pelican Publishing Company, New Orleans, Louisiana, 1956.

SAXON Lyle, *Old Louisiana*, The Century Co., New York-London, 1929.

SAZE Fraize, *The Fighting Le Moynes*, The Ryerson Press, Toronto, 1957.

SPARKS W. H., *The Memoirs of Fifty Years*, E. Claxton & Company, Philadelphia-J. W. Burke & Co., 1882.

SURREY N.M.M., *The Commerce of Louisiana During the French Regime, 1699-1763*, Columbia University Press and Longmans, New York, 1916.

THÉVENIN René et COZE Paul, *Mœurs et histoire des Peaux-Rouges*, Payot, Paris, 1928.

TRANCHEPAIN Révérende Mère Saint-Augustin de, *Relation du voyage des premières ursulines à la Nouvelle-Orléans et de leur établissement en cette ville*, Presse Cramoisy de Jean-Marie Shea, Nouvelle York, Isle de Manate, 1859.

VILLIERS DU TERRAGE baron Marc de, *Histoire de la fondation de La Nouvelle-Orléans*, Imprimerie nationale, Paris, 1917, *Les Dernières Années de la Louisiane française*, E. Guilmoto, Paris, 1905 ; *The Last Years of French Louisiana*, Center for Louisiana Studies, University of Southwestern Louisiana, Lafayette, Louisiana, 1982.

WALTERS Raymond Jr., *Albert Gallatin, Jeffersonian Financier and Diplomat*, The Macmillan Company, New York, 1957.

WILSON Woodrow, *George Washington, fondateur des États-Unis*, Payot, Paris, 1927.

WISMES Armel de, *La Vie quotidienne dans les ports bretons aux XVIIe et XVIIIe siècles : Nantes, Brest, Saint-Malo, Lorient*, Hachette Littérature, Paris, 1973.

WITT Cornelis de, *Thomas Jefferson*, Didier et Cie, Paris, 1871.

ZAVALA Silvio, *El mundo americano en la época colonial*, Porrua, Mexico, 1967.

Ouvrages collectifs

Biographie portative universelle, Garnier, Paris, 1852.

Diccionario de historia de España, Revista de Occidente, Madrid, 1952, Alianza Editorial, Madrid, 1979.

Dictionnaire historique et biographique de la Suisse, Administration du Dictionnaire historique et biographique de la Suisse, Neuchâtel, 1926.

Dictionary of American Biography, Charles Scribner's Sons, New York, 1934.

Encyclopædia of New Orleans Artists : 1718-1918, The Historic New Orleans Collection, New Orleans, 1987.

Frenchmen and French Ways in the Mississippi Valley : An Unpublished Memoir of Spanish Louisiana : 1796-1802, by René J. Le Gardeur, Jr. and Henry C. Pitot ; *François Saucier, Engineer of Fort de Chartres, Illinois*, by Walter J. Saucier and Kathrine Wagner Seineke ; *Iberville at the Birdfoot Subdelta : Final Discovery of the Mississippi River*, by Richebourg Gaillard McWilliams ; *Ignace François Broutin*, by Samuel Wilson, Jr. ; *Jérôme Phélypeaux, Comte de Pontchartrain, and the Establishment of Louisiana, 1696-1715*, by John C. Rule ; *The Superior Council in Colonial Louisiana*, by James D. Hardy, Jr., Board of Trustees of the University of Illinois, Urbana, Chicago, London, 1969.

Heraldry in Canada : Les Drapeaux des régiments français en Nouvelle-France, 1755-1763, par René Chartrand.

Histoire de Lorient, sous la direction de Claude Nières, Privat, Toulouse, 1988.

Karl Bodmer's America, Joslyn Art Museum, 1984.

La Révolution française et l'Europe 1789-1799, catalogue de l'exposition organisée à Paris, Galeries nationales du Grand Palais, en 1989, XXe exposition du Conseil de l'Europe ; ministère de la Culture, de la Communication, des Grands Travaux et du Bicentenaire, éditions de la Réunion des musées nationaux.

Le Mississippi, Atlas, Paris, Erasme, Bruxelles, Anvers, Éditions transalpines, Lugano, 1975.

L'Orient Arsenal, XVIIe-XVIIIe siècles, catalogue de l'exposition commémorant le tricentenaire de la mort de Colbert, organisée à Lorient, par le service historique de la Marine, en 1983, ministère de la Défense, service d'information et de relations publiques des Armées.

Louisiane et Texas, voyage de la mission Cavelier de La Salle, Cahiers de politique étrangère, dirigés par Gabriel Louis Jaray, Institut des études américaines, Paris – Paul Hartman éditeur, Paris, 1938.

Naissance de la Louisiane, tricentenaire des découvertes de Cavelier de La Salle, 1682-1731, catalogue de l'exposition organisée à Paris en 1982, ministère de la Culture, Paris, délégation aux célébrations nationales, délégation à l'action artistique de la Ville de Paris, fondation MacDonald Stewart.

Petit Manuel d'histoire d'Acadie, des débuts à 1976, Librairie acadienne, université de Moncton, 1976.

Southern Writers : a Biographical Dictionary, Louisiana State University Press, Baton Rouge and London, 1979.

Swiss in American Life, exhibition prepared by Pro Helvetia on behalf of the Coordinating Committee for the Presence of Switzlerland Abroad, Fondation Pro Helvetia, Zurich.

Journaux, magazines, revues

American Heritage, December 1984, *The Death of Marquette*, by Walter D. Edmonds.

Louisiana Studies, Volume XIV, Number 4, Winter, 1975, *Some Legal and Practical Aspects of the Office of* Commissaire Ordonnateur *of French Louisiana*, by Donald Lemieux.

Southern Studies, Spring, 1978, *The Mississippi Valley, New France, and French Colonial Policy*, by Donald Lemieux.

The Louisiana Historical Quarterly, Vol. 3, January-October 1920, *The Cabildo Archives* ; Vol. 28, Nº 1, January 1945, *Pointe Coupee in Historical Writings* ; Vol. 29 January-October 1946, *History of Royal Hospital, Ursuline Convent*.

Versailles, nº 47, 2ᵉ trimestre 1972, *Albert Gallatin : un démocrate antihamiltonien, de Genève*, par le professeur Leo Schelbert.

Publications diverses

Annales du cercle royal d'histoire et d'archéologie d'Ath et de la région et musées athois, tome XLVII, 1978-1979 : *Le Cas du*

Père Louis Hennepin, récollet, missionnaire de la Louisiane ou Histoire d'une vengeance, par Armand Louant.

Association des Amis suisses de Versailles et de la Fondation pour l'histoire des Suisses à l'étranger, compte rendu du *Voyage organisé, à l'occasion du trentième anniversaire de l'Association, à New York et sur le Mississippi en 1985,* dossier établi par Viviane Juillerat, sous la direction de Jean-René Bory, Fondation pour l'histoire des Suisses à l'étranger, Genève.

Bulletin trimestriel de l'Association des Amis du Musée de la Marine, n° 2, 1933 : *Vieux régiments de la Marine et de l'Infanterie coloniale,* par E. Delisle Parker.

Campaigns, n° 21, March-April 1979, vol. II : *The Karrer/Hallwyl Swiss Regiment, 1719-1763 : a Colonial Corps in France's 18th Century American Empire,* by René Chartrand.

Comptes rendus de l'Athénée louisianais, années 1974-1975 : *Trois Regards sur la Louisiane au XVIIIᵉ siècle,* par Gérard Roubichou, La Nouvelle-Orléans, Louisiane.

Inventaire des Archives coloniales : *Correspondance à l'arrivée en provenance de la Louisiane,* tomes I et II, Archives nationales, Paris, 1976 et 1983.

Figurina Helvetica, décembre 1979 : *Un ancêtre de la Légion étrangère : le régiment Karrer 1719-1763,* par W. Gehri.

Fondation pour l'histoire des Suisses à l'étranger, janvier 1989, *La Suisse et les États-Unis d'Amérique : quelques réflexions,* par Jean-René Bory, Genève.

Smithsonian Institution, Bureau of American Ethnology, Bulletin 48 : *The Choctaw of Bayou Lacomb, St. Tammany Parish, Louisiana,* by David I. Bushnell Jr., Government Printing Office, Washington, D. C., 1909 ; Bulletin 132 : *Source Material on the History and Ethnology of the Caddo Indians,* by John R. Swanton, United States Government Printing, Washington, D.C., 1942.

Swiss American Historical Society, Newsletter, Volume XVIII, n° 1, February 1982 : *Introduction to the Special Newsletter Issue on Albert Gallatin, 1761-1849,* by Heinz K. Meier ; *Albert Gallatin : America's Geneva Connection,* by William B. Lloyd ; *Albert Gallatin : the Man of Peace,* by William D. Carter III ; *Albert Gallatin, 1761-1849, a Genevan in the American*

Enlightenment : an Essay in Interpretation, by Leo Schelbert ; *Papers of Albert Gallatin : Project Description*, by Barbara Oberg, Genève.

The Mystic Club Program, New Orleans, 1927.

The USL History Series, N° 13 : *A Comparative View of French Louisiana, 1699 and 1762 : the Journals of Pierre Le Moyne d'Iberville and Jean-Jacques-Blaise d'Abbadie*, Center for Louisiana Studies, University of Southwestern Louisiana, Lafayette, Louisiana, 1979.

West Baton Rouge Parish Police Jury : *Julien de Lalande Poydras Statesman, Poet, Philanthropist*, by Ethel C. Dameron, Baton Rouge, Louisiana.

Archives et sources d'information.

En Louisiane :

Louisiana State Library, Baton Rouge.

Louisiana State University, Department of Archives and Manuscripts, Baton Rouge.

The Historic New Orleans Collection, New Orleans.

Tulane University, Department of Archives and Manuscripts, New Orleans.

Archives familiales de Mrs. Myldred M. Costa, New Orleans.

Thèse de M. Donald Jile Lemieux : *The Office of* commissaire-ordonnateur *in French Louisiana, 1731-1763 : a Study of French Colonial Administration*. A Dissertation Submitted to the Graduate Faculty of the Louisiana State University and Agricultural and Mechanical College in partial fulfillment of the requirements for the degree of Doctor of Philosophy in the Latin American Studies Institute, Baton Rouge, Louisiana, 1972.

En Suisse :

Association des Amis suisses de Versailles, Genève.

Bibliothèque militaire fédérale, Berne.

Dossiers Rouges de Charles Keller.

Fondation pour l'histoire des Suisses à l'étranger, Genève.
Musée des Suisses à l'étranger, Genève.
Documentation privée de M. Michel Rochat, Genève.

En France :

Archives coloniales, Archives nationales, Paris : articles $C^{13\,A}$: 1 à 54 ; $C^{13\,B}$: 1 ; $C^{13\,C}$: 1 à 5.

DU MÊME AUTEUR

Les Trois Dés, Julliard, 1959, roman.
Une tombe en Toscane, Julliard, 1960 ; Fayard, 1999, roman. Prix Claude-Farrère. Livre de poche, 2001.
L'Anglaise et le Hibou, Julliard, 1961, roman.
Les Délices du port, Fleurus, 1963, essai.
Enquête sur la fraude fiscale, Jean-Claude Lattès, 1973.
Lettres de l'étranger, Jean-Claude Lattès, 1973 ; Denoël, 1995, chroniques. Préface de Jacques Fauvet.
Comme un hibou au soleil, Jean-Claude Lattès, 1974, roman. Livre de poche, 1984.
Louisiane, Jean-Claude Lattès, 1977, roman, premier tome de la série *Louisiane*. Prix Alexandre-Dumas ; prix des Maisons de la Presse. Livre de poche, 1985.
Fausse-Rivière, Jean-Claude Lattès, 1979, roman, deuxième tome de la série *Louisiane*. Prix Bancarella (Italie). Livre de poche, 1985.
Un chien de saison, Jean-Claude Lattès, 1979, roman. Livre de poche, 1982.
Bagatelle, Jean-Claude Lattès, 1981, roman, troisième tome de la série *Louisiane*. Prix de la Paulée de Meursault. Livre de poche, 1985.
Pour amuser les coccinelles, Jean-Claude Lattès, 1982, roman. Prix Rabelais. Livre de poche, 1983.
Alerte en Stéphanie, Hachette Jeunesse, 1982, conte. Illustrations de Mérel.
Les Trois-Chênes, Denoël, 1985, roman, quatrième tome de la série *Louisiane*. Folio, 1989.
La Trahison des apparences, Éditions de l'Amitié-G. T. Rageot, 1986, nouvelles. Illustrations d'Alain Gauthier. J'ai lu, 1994.
L'Adieu au Sud, Denoël, 1987, roman, cinquième tome de la série *Louisiane*. Folio, 1989.
Les Années Louisiane, Denoël, 1987, en collaboration avec Jacqueline Denuzière, sixième tome de la série *Louisiane*. Folio, 1989.
L'Amour flou, Denoël, 1988, roman. Folio, 1991.
La Louisiane du coton au pétrole, Denoël, 1990, album, en collaboration avec Jacqueline Denuzière.
Helvétie, Denoël, 1992, roman, premier tome de la série *Helvétie*. J'ai lu, 1993.
Rive-Reine, Denoël, 1994, roman, deuxième tome de la série *Helvétie*. J'ai lu, 1995.

Romandie, Denoël, 1996, roman, troisième tome de la série *Helvétie.* J'ai lu, 2000.

Beauregard, Denoël, 1998, roman, quatrième tome de la série *Helvétie.* J'ai lu, 2001.

Et pourtant elle tourne..., Fayard, 1998, chroniques.

Le Cornac, Fayard, 2000, roman. Livre de poche, 2002.

Amélie ou la Concordance des temps, Fayard, 2001, roman.

La Trahison des apparences et autres nouvelles, édition augmentée, Fayard, 2002.

Le Pont de Buena Vista, Fayard, 2003, roman, premier tome de la série *Bahamas.*

INTRODUCTIONS ET PRÉFACES

Boulevard des Italiens, Draeger, 1975, album hors commerce, photographies de John Craven.

Lettre de Vittel, Société générale des eaux minérales de Vittel, 1979, hors commerce.

Walter Uhl, le rêve capturé, de Claude Richoz, Éditions du Vieux-Chêne, Genève, 1985, album.

À l'ombre de la Perdrix, de Jean Andersson, Créer, Nonette, 1986, écrits sur le Pilat, illustrations de Maurice Der Markarian, album.

La Guerre de cent ans des Français d'Amérique aux maritimes et en Louisiane, 1670-1769, de Robert Sauvageau, Berger-Levrault, Paris, 1987.

Voyages dans les Hébrides, de Samuel Johnson et James Boswell, traduction de Marcel Le Pape, La Différence, Paris, 1991.

Manufrance, les regards de la mémoire, de François Bouchut, Éditions de l'Épargne, 1992, album.

Terrenoire, pays noir dans un écrin vert, de Marcelle Beysson, Bibliothèque municipale de Terrenoire, Évasion culturelle terranéenne, 1992, récit historique illustré.

La Suisse, de Louis-Albert Zbinden, photographies d'Alfonso Mejía, Romain Pages, Sommières, 1993, album.

À PARAÎTRE

Au pays des bayous :
Tome 2. *La Louisiane américaine,* Fayard.

Bahamas
Tome 2, Fayard.

*Composition et mise en pages réalisées
par ÉTIANNE COMPOSITION
à Montrouge.*

Achevé d'imprimer en novembre 2003
par la Sté TIRAGE sur presse numérique
www.cogetefi.com

35-14-1407-02/2
Dépôt légal : novembre 2003
N° d'édition : 41869 - N° d'impression : 110028
ISBN : 2-213-61207-2
Imprimé en France